사회복지 프로그램 개발과 평가

사회복지 프로그램 개발과 평가

황성철

공 동 체

머리말

오늘날 우리나라 사회복지실천현장에서 일하는 사회복지사들의 역할을 한마디로 규정한다면 프로그램 관리자라 해도 과언이 아닐 것이다. 사회복지사들은 사회복지기관에 근무하면서 상담, 치료, 교육, 보호, 재활, 정보제공 그리고 의뢰서비스 등 다양한 사회복지서비스를 클라이언트 집단에게 제공하는 일을 한다. 이러한 사회복지서비스 제공 활동의 행정단위이면서 모체가 되는 것이 바로 사회복지 프로그램이다. 실제로 사회복지사를 채용하는 구인광고도 주로 프로그램 중심으로 이루어지고 기관 내 업무분장의 단위도 프로그램이듯이 사회복지사 인력충원과 직원배치의 기준도 프로그램이다. 아동복지 담당자, 그룹홈 책임자, 재가복지 담당자 등 프로그램을 책임 맡을 능력 있는 사회복지사의 모집광고와 실제로 채용된 사회복지사의 직무도 이처럼 프로그램으로 분류된다. 그렇다면 프로그램을 관리하고 프로그램을 수행하면서 각종 사회복지서비스를 제공하는 우리나라 사회복지사에게 가장 필요한 전문적 지식과 기술이 사회복지 프로그램 개발과 평가라는 사실은 자명한 이치이다.

사회복지사를 양성하는 학계와 마찬가지로 실무계에서도 최근까지 사회복지 프로그램 개발과 평가는 크게 주목을 받지 못했다. 그러자 1990년대 중반부터 사회복지에 대한 정부투자가 확대되어 각종 사회복지서비스 조직이 팽창하여 정부도 사회복지사업에 대한 평가에 관심을 두기 시작했으며 사회복지공동모금회와 각종 기업복지재단들이 프로그램 공모에 의한 지원사업을 점차 확대함에 따라 학계와 실무계의 관심은 크게 고조되기 시작했다. 최근 한국사회복지행정학회를 운영하면서 학술대회나 워크숍에서 주제를 프로그램 개발과 평가와 관련된 내용으로 정했을 때 종합사회복지관을 비롯한 다양한 사회복지시설에서 근무하는 사회복지사들의 높은 참여도와 호응도는 이에 관한 지식적 욕구가 얼마나 큰지를 짐작하고도 남았다. 실무계의 열화와 같은 지식적 욕구는 학계에서 연구자들에 의해서 충족될 수밖에 없듯이 이에 관한 교재와 참고서도 최근에는 갑자기 늘어나 지금까지 약 10여 권에 달하게 출판되었다.

대학에서 학생을 가르치고 종합사회복지관에서 실무를 보면서 프로그램 개발과 평가에 관한 교육과 슈퍼비전을 하는 과정에서 평소에 느낀 점이 두 가지 있다. 하나는 학생은 물론 경험이 많은 사회복지사들도 프로그램 개발과 평가에 관한 이론과 구체적인 기술과 기법에 관한 지식이 결여되어 있다는 점이다. 다른 하나는 방대한 프로그램 개발과 평가에 관한 지식을 이들에게 효과적이고 체계적으로 전달하는 도구 또는 매체가 턱없이 부족하다는 점이었다. 실제로 사회복지 프로그램 개발과 평가의 교육내용은 사회복지정책론, 사회복지행정론, 사회복지조사방법론, 사회복지실천기술론, 지역사회복지론 등 실천, 정책, 조사의 모든 영역에 걸쳐 있으며 관련 교과목들의 다양한 지식과 기술을 통합적 관점에서 재구성해야 하므로 일관된 체계하에서 책을 편다는 것은 어려운 작업임에는 틀림이 없다. 기존에 발간된 교재들도 각기 장단점이 있듯이 본 저자가 펴낸 이 교재도 미흡한 부분이 많으리라 예견된다. 그러나 최소한 이 책에서는 프로그램 개발과 평가에 관한 구체적 내용들을 사회복지사의 입장에서 현장에 적용할 수 있도록 상세히 서술하도록 노력했으며 전반적으로 관련 내용들을 하나의 일관된 이론적 틀 속에서 구성했다는 점에서 기존의 매개체와는 다른 차별성을 부여하고 싶다.

그래서 이 책은 제 1 부에서 사회복지 프로그램 개발과 평가에 관한 개념과 이론을 종합적으로 정리한 뒤 PIE 모델이라는 개념적 틀에 따라 프로그램 개발과 평가를 기획 및 설계단계(planning & design stage), 실행단계(implementation stage), 평가단계(evaluation stage)의 세 단계로 나누어 각각 제 2 부, 제 3 부, 제 4 부로 나누었다.

제 2 부는 사회문제분석, 욕구조사, 목표설정, 개입전략 모색 등 주로 프로그램 기획 및 설계단계의 주요내용을 목차로 해서 제 3 장에서 제 6 장까지 서술하였다. 대체로 기존의 사회복지 프로그램 개발과 평가에 관한 교재들이 기획 및 설계에 치중되어 있거나 또는 평가에 과도하게 중점을 두고 기술된 것에 반하여 이 책은 균형감각을 잃지 않으려고 프로그램의 실행단계의 주요내용을 포함시켜 구체화했다. 제 3 부의 제 7 장은

실행단계의 주요과업인 모니터링을 중심으로 다루었고 제 8 장은 서비스의 질 관리에 초점을 두어 논의를 전개했다. 제 4 부의 프로그램 평가영역에서는 제 9 장의 프로그램 평가이론과 방법으로부터 시작해서 효과성 평가, 효율성 평가, 질적 평가, 단일사례조사평가 등으로 제 13 장까지 내용을 구성하였다.

이 책에서 발견할 수 있는 독특한 점 한 가지는 프로그램 개발과 평가의 전 과정에서 사회복지사가 터득하여야 할 실천기법의 활용방법과 사례를 들어 각 장마다 다루었다는 점이다. 그래서 독자들은 각 장별로 제시되는 이론과 지식에 대한 궁금증도 해결하고 관련기법을 실제로 적용하는 방법을 잘 습득할 수 있을 것이다.

본 저자가 근무하는 대학은 백양산 깊은 산속에 위치하여 낙동강과 김해평야가 한눈에 보이는 자연 경관이 빼어난 곳에 자리 잡고 있다. 덕분에 시간이 나면 간편한 복장으로 짧은 시간 내 등산을 할 수 있는 기회를 마음껏 누리고 있다. 등산을 하면서 발견하는 놀라운 사실은 아무리 깊은 산에도 길이 있다는 것이었다. 처음엔 산에 길이 없었을 것이다. 그러나 어느 누군가가 오래전에 지나갔기 때문에 길이 났을 것이다. 사회복지학과 관련 학문에서 이미 오래전부터 길을 닦아 온 선현들의 덕택으로 이 책도 만들어질 수 있었다. 이 책이 새 길을 여는 것은 아니다. 그러나 양질의 사회복지서비스를 기대하는 우리 클라이언트들을 위하여 사회복지사들이 체계적으로 사회복지 프로그램을 개발하고 평가할 수 있도록 관련 지식과 기술에 접근하고 안내하는 지름길이 되었으면 하는 바람은 있다. 끝으로 이 책은 부모님의 은공으로 이루어졌으며 아내의 인내심과 아이들의 후원을 바탕으로 만들어졌다. 그리고 이 책의 필요성을 역설하여 동기를 부여한 도서출판 공동체 사장님께 고마움을 표시하고 직원들의 노고에도 감사를 느낀다. 수많은 원고를 일일이 정리하여 한 권의 단행본으로 나오게 하는 과정에서 묵묵히 일해 준 대학원생 박은진 양에게도 고맙다는 말을 전한다.

2005년 11월

백양산 캠퍼스에서 **황 성 철**

차 례

머리말 4

제1부 사회복지 프로그램 개발과 평가의 기초

제 1 장 사회복지 프로그램 개발과 평가의 의의 17

제 1 절 프로그램의 개념 17
1. 프로그램의 정의 17
2. 프로그램의 기본적 구성요소 18
3. 유사개념과의 구별 22

제 2 절 우수 프로그램의 요건 28
1. 적합한 인력배치와 안정적 재원 28
2. 고유의 정체성과 철학 29
3. 이론적 근거와 실증적 개입 29
4. 과학적이고 체계적인 평가노력 30

제 3 절 프로그램의 유형 30
1. 프로그램의 성격 및 정책별 유형 30
2. 표적집단 또는 실천대상별 유형 33
3. 기능별 유형 34
4. 구성체계별 유형 34
5. 기타 프로그램의 분류 36

제 4 절 프로그램 개발과 평가의 개념 37
1. 프로그램 개발의 개념과 의의 37
2. 프로그램 평가의 의의와 유형 41

연구과제 43

제 2 장 사회복지 프로그램 개발의 이론과 모형 45

제 1 절 사회복지 프로그램 개발의 접근방법과 의사결정모형 45
1. 합리모형 47
2. 점증모형 48

3. 혼합관조모형 ········· 48
4. 쓰레기통 모형 ········· 49

제 2 절 사회복지 프로그램 개발의 이론적 모형 ········· 50
1. Kamerman의 모형 ········· 51
2. Patti의 모형 ········· 53
3. Thomas의 디자인 개발모형 ········· 55
4. Rapp과 Poertner의 설계모형 ········· 57
5. Kettner, Moroney, Martin의 설계관리모형 ········· 59
6. Kirst-Ashman과 Hull의 IMAGINE 모형 ········· 61
7. 종합평가 ········· 63

제 3 절 PIE 모형 ········· 68
1. PIE 모형의 개념적 틀 ········· 68
2. PIE 모형의 단계별 과업과 절차 ········· 73

연구과제 ········· 75

제 2 부 사회복지 프로그램의 기획과 설계

제 3 장 프로그램 기획과 사회문제분석 ········· 79

제 1 절 사회복지 프로그램 기획 ········· 79
1. 기획의 개념과 필요성 ········· 79
2. 기획과 사전조사 ········· 81
3. 새로운 프로그램 창출의 원천 ········· 83
4. 프로그램 개발과 기획에서의 창의성 ········· 85

제 2 절 사회문제의 분석 ········· 88
1. 사회문제의 규정과 유형 ········· 88
2. 사회문제분석의 틀 ········· 91
3. 사회문제규모의 추정 ········· 96
4. 클라이언트 문제정의와 욕구파악 ········· 98

제 3 절 문제지도작성과 역장분석 ········· 101
1. 문제지도작성 ········· 102
2. 역장분석 ········· 105

연구과제 ········· 108

제 4 장 욕구조사 109

제 1 절 욕구의 개념과 유형 109
1. 욕구의 개념 109
2. 욕구의 유형 112
3. Bradshow 욕구유형의 적용 119

제 2 절 욕구조사의 필요성과 절차 120
1. 욕구조사의 필요성 120
2. 욕구조사의 절차 122

제 3 절 욕구조사의 방법 125
1. 직접적 욕구조사방법 127
2. 간접적 욕구조사방법 135
3. 욕구조사방법의 선택과 적용 140

연구과제 143

제 5 장 프로그램 목적과 목표설정 145

제 1 절 프로그램과 서비스 전달구조 145
1. 기관의 설립이념 146
2. 기관의 목적 147
3. 프로그램의 목적과 목표 148

제 2 절 목표의 유형 152
1. 상위목표와 하위목표 152
2. 과정목표와 성과목표 152
3. 기관목표와 활동목표 153
4. 영향목표와 서비스 목표 154

제 3 절 목표설정의 방법 155
1. 목표설정의 기준 155
2. 목표진술의 방법 156

연구과제 163

제 6 장 프로그램 설계와 개입전략 165

제 1 절 개입전략 모색과 내용구성 165
1. 프로그램 가설설정 165
2. 개입전략의 유형 167

3. 개입전략의 활동과 프로그램 내용구성 …… 174
4. 프로그램 내용의 선정 및 조직원리 …… 176
제 2 절 프로그램 및 서비스 대상자 선정 …… 179
1. 대상자 선정과 표적집단 …… 179
2. 표적집단 선정방법 …… 183
3. 표적효율성 …… 185
제 3 절 프로그램 수행인력구성 및 예산수립 …… 187
1. 프로그램 수행인력구성 …… 187
2. 프로그램 예산수립 …… 187
제 4 절 브레인스토밍과 의사결정계통분석 …… 197
1. 브레인스토밍 …… 197
2. 의사결정계통분석 …… 200
연구과제 …… 201

제 3 부 사회복지 프로그램 실행

제 7 장 프로그램의 실행과 모니터링 …… 205
제 1 절 프로그램의 실행 …… 205
1. 프로그램 실행의 의미와 주요과업 …… 205
2. 프로그램 실행계획수립 …… 206
제 2 절 프로그램 마케팅과 기록 및 정보관리 …… 208
1. 프로그램 마케팅 …… 208
2. 기록관리 및 정보관리 …… 222
제 3 절 프로그램 모니터링과 기법 …… 233
1. 프로그램 모니터링 …… 233
2. 프로그램 평가검토기법 …… 242
연구과제 …… 244

제 8 장 서비스의 질 관리 …… 247
제 1 절 서비스의 본질과 질 관리의 접근방법 …… 247
1. 사회복지서비스의 본질과 질 관리 …… 247

2. 서비스 질 관리의 이론적 접근방법 ······ 250
제 2 절 총체적 품질관리 ······ 254
1. 총체적 품질관리의 개념과 원리 ······ 254
2. 총체적 품질관리의 특성과 준거 틀 ······ 255
3. TQM의 적용과 방법 ······ 257
제 3 절 서비스 만족도 조사 ······ 259
1. 서비스 만족도 조사의 중요성 ······ 259
2. 만족도 조사의 불패 신화 ······ 261
3. 바람직한 만족도 조사 ······ 262
제 4 절 PDCA 관리 사이클과 특성요인도 작성법 ······ 266
1. PDCA 관리 사이클 ······ 266
2. 특성요인도 작성 ······ 268
연구과제 ······ 269

제 4 부 사회복지 프로그램 평가

제 9 장 프로그램 평가이론과 방법 ······ 273
제 1 절 프로그램 평가의 개념과 정치사회성 ······ 273
1. 프로그램 평가의 개념과 필요성 ······ 273
2. 프로그램 평가의 정치사회적 과정 ······ 280
제 2 절 프로그램 평가의 이론과 모형 ······ 285
1. 프로그램 평가의 이론적 모형 ······ 285
2. 프로그램 평가의 유형과 기준 ······ 293
제 3 절 프로그램 평가의 절차 ······ 303
1. 기획 및 설계단계 ······ 303
2. 자료수집 및 분석단계 ······ 304
3. 결과판단과 활용단계 ······ 305
연구과제 ······ 305

제 10 장 효과성 평가 ···· 307

제 1 절 효과성 평가의 개념과 논리모형 ···· 307
1. 효과성의 개념과 평가지표 ···· 307
2. 논리모형 ···· 310
3. 성과측정의 방법 ···· 313

제 2 절 효과성 평가를 위한 조사설계의 유형 ···· 323
1. 전실험설계 ···· 323
2. 유사실험설계 ···· 327
3. 실험설계 ···· 328
4. 타당도 및 비교설계 ···· 331

제 3 절 효과성 평가의 방법 ···· 332
1. 목표달성척도 ···· 332
2. 과업성취척도 ···· 334

연구과제 ···· 336

제 11 장 효율성 평가 ···· 337

제 1 절 효율성 평가에 대한 시각과 의미 ···· 337
1. 효율성 평가의 관점 ···· 337
2. 효율성 평가의 유형과 개념 ···· 339

제 2 절 비용효과분석 ···· 340
1. 비용효과분석 ···· 340
2. 비용효과분석의 절차와 방법 ···· 341

제 3 절 비용편익분석 ···· 344
1. 비용편익의 의미 ···· 344
2. 비용편익분석의 방법 ···· 345
3. 비용편익분석의 실례 ···· 351

연구과제 ···· 353

제 12 장 질적 평가 ···· 355

제 1 절 질적 평가의 개념과 효용성 ···· 355
1. 질적 평가의 의미 ···· 355
2. 질적 평가의 유용성과 한계 ···· 356

제 2 절 질적 평가의 방법 …… 358
1. 평가설계 …… 359
2. 자료수집 …… 363
3. 자료분석 …… 368
4. 평가의 질 관리와 검증 …… 372
제 3 절 질적 평가의 사례 …… 373
연구과제 …… 375

제 13 장 단일사례조사평가 …… 377

제 1 절 단일사례조사설계 …… 377
제 2 절 단일사례조사설계의 기본원칙과 유형 …… 379
1. 단일사례조사설계의 기본원칙 …… 379
2. 단일사례조사설계의 유형 …… 380
제 3 절 단일사례조사평가의 적용 …… 384
1. 형성평가 …… 385
2. 총괄평가 …… 386
3. 질 관리 평가 …… 387
연구과제 …… 388

참고문헌 …… 389
부록
〔부록 1〕 노인복지정책 및 프로그램 개발을 위한 초점집단 활용방법사례 …… 405
〔부록 2〕 사회복지 프로그램 평가척도 …… 419
〔부록 3〕 2009년 사회복지공동모금회 배분신청서 양식 …… 430
찾아보기 …… 439

제1부 사회복지 프로그램 개발과 평가의 기초

제 1 장 사회복지 프로그램 개발과 평가의 의의
제 2 장 사회복지 프로그램 개발의 이론과 모형

1 사회복지 프로그램 개발과 평가의 의의

제 1 절 프로그램의 개념

사회복지 프로그램에서 프로그램은 우리가 가장 흔히 사용하는 용어이지만 그 실체를 정확히 파악하기에는 매우 어려운 개념이다. 왜냐하면 프로그램이란 때로는 정책과 동의어로 사용되기도 하고 또한 어떤 경우에는 실천과 서비스와 혼용되기도 하기 때문이다. 일반적으로 프로그램이란 조직이나 기관을 전제로 하며 그곳에서 추진되는 사업 또는 프로젝트로 알려져 있다. 그래서 프로그램은 조직의 목적달성을 위한 수단 또는 활동체계로 이해할 수 있다. 그러나 정책, 실천, 서비스 또한 조직의 목적달성을 위한 다양한 지침과 활동체계로 볼 수 있기 때문에 이러한 개념 간의 구별이 애매모호해진다. 여기서는 대표적인 학자들의 정의를 기초로 하여 프로그램의 본질적인 개념을 파악해 보겠다.

1. 프로그램의 정의

Barker(1995 : 297)는 사회복지사전에서 프로그램을 "해야 할 일에 관한 계획과 지침"이라 했다. 한편 Rapp과 Poertner(1992 : 29)는 프로그램을 "하나의 목적달성을 위한 여러 활동의 집합체"로 정의하고, 사회복지 프로그램은 사람을 돕는 방법과 관련된다고 보았다. 프로그램 관리에 관해서 학계에서 보편적으로 인정하는 저술서를 펴낸 Patti(1983 : 50)는 프로그램을 "조직의 설립이념 또는 사명(mission)을 충족시키기 위해서 서비스 기술이 클라이언트 집단에 적용되는 활동이 이루어지는 체계"로 정의하여 프로그램이 결국에는 조직의 설립이념 또는 사명과 직접적으로 관련된다는 점을 강조했다. Royse와 동료 학자들(2001 : 5)은 "특정한 목표달성을 위한 조직화된 활동의 체계"로 프로그램을 정의하고 프로그램은 궁극적으로 프로그램의 대상이나 참여자에게 영향을 주기 위한 개입이나 서비스를 의미한다고 주장했다. Weingbach(2003 : 87)은 프로그램을 하나의 계획단위로 보면서 "자체적으로 다소간에 목적, 목표, 정책, 절차, 규칙 그리고 예산을 갖춘 조직의 한 구성요소"로 간주하였다.

이상의 정의를 종합해 본다면 사회복지 프로그램의 개념은 조직의 목적달성을 위해 이루어지는 활동의 체계로 이해한다는 점에서는 학자 간에도 견해가 일치하고 있다. 그러나 이러한 조직 내의 활동의 체계는 무계획적으로 진행되지 않으며, 또한 그것을 뒷받침하는 자원과 기술이 결여된다면 하나의 독립된 개념으로서의 프로그램으로 성립되기는 어렵다. 따라서 이 책에서는 여러 학자들의 정의를 종합하여 프로그램을 "특정한 목적달성을 위하여 자원과 기술이 투입되어 일정한 절차에 따라 이루어지는 조직의 계획적인 활동체계"로 정의하고자 한다. 이와 같은 정의에서 핵심이 되는 단어는 목적, 자원과 기술, 계획적 활동인데 이러한 것들은 프로그램으로 간주되기 위해서 필요한 가장 기본이 되는 구성요소들이다.

2. 프로그램의 기본적 구성요소

1) 목 적

모든 사회복지 프로그램은 그 자체의 목적성을 갖는다. 목적 없는 프로그램은 있을 수 없다. 프로그램의 목적(goal)은 프로그램 활동이 궁극적으로 추구하고자 하는 가치와 바람직한 미래의 상태를 의미한다. 그런데 프로그램의 목적은 두 가지 방향성을 갖는다.

우선 프로그램은 조직이나 기관을 전제로 성립될 수밖에 없는 개념이기 때문에 프로그램의 목적은 조직이나 기관의 목적달성을 위한 수단이 되고, 조직이나 기관의 설립목적(purpose)은 기관의 설립이념 또는 사명헌장에 종속된다. 따라서 프로그램 목적의 방향성은 상향적으로 기관의 설립이념과 사명헌장(mission statement)의 달성을 위한 수단이 된다. 그래서 기관 내 각 프로그램의 목적이 달성된다면 결국 기관의 설립목적과 이념도 달성되는 셈이다. 내용적인 측면에서 사회복지 프로그램은 클라이언트 개인이나 가족 그리고 집단 또는 지역사회가 당면한 문제를 해결하고 클라이언트 집단의 복리증진과 기능향상과 관련된 목적이 설정된다.

다른 한편 프로그램 목적(goal)의 방향성은 하향적으로 구체적인 목표(objectives)로 분화하고 이러한 구체적인 목표는 개별 클라이언트의 변화목표로 세분화된다. 각 프로그램의 목적과 목표가 상향적으로 조직의 이념이나 목적으로 연계되는 경우 목적은 통합되는 과정을 거친다고 표현하고, 특정 프로그램의 목적과 목표가 하향적으로 개별 클라이언트 목표로 나누어지는 경우는 분화의 과정을 거친다고 말한다. 〔그림 1-1〕은 프로그램 목적의 통합과 분화과정을 나타낸 것이다.

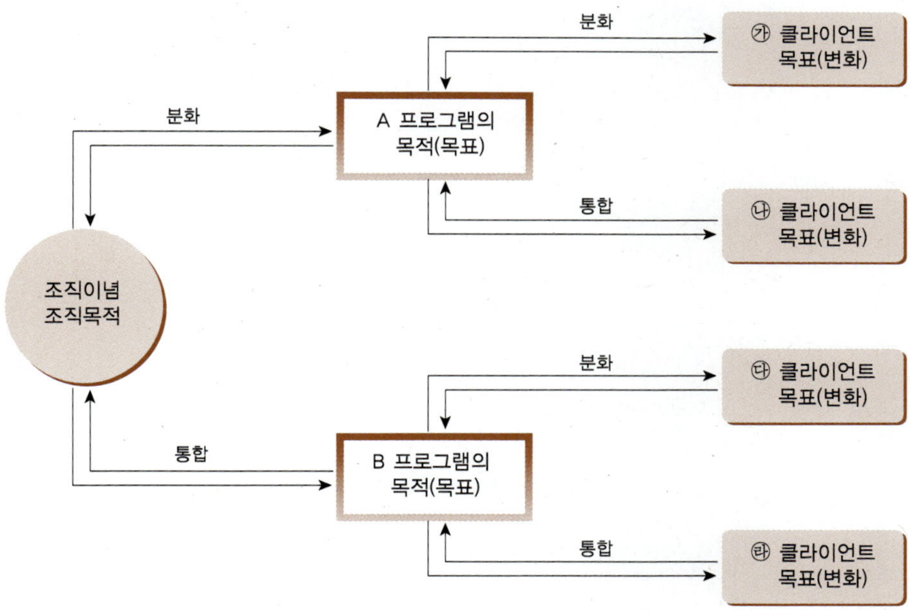

[그림 1-1] 프로그램 목적의 분화와 통합

2) 자원과 기술

사회복지 프로그램에는 반드시 자원과 기술(resources and technology)이 결합되어 있다. 프로그램 수행에 필요한 자원(resources)은 인적 자원과 물적 자원으로 나누어진다. 사회복지기관의 관리자, 사회복지사, 자원봉사자 등이 인적 자원에 해당되는데 이들이 프로그램의 수행인력으로 활동하는 것이 보편적이다. 물적 자원의 주요형태인 재원(fund)이 뒷받침되지 않는 프로그램은 존재하기가 불가능하고 또한 설령 존재한다고 해도 성공적으로 추진되기도 어렵다. 따라서 프로그램은 조직이나 기관에서 예산의 뒷받침하에 일정한 재원이 소요되며 조직에 다양한 인력들의 활동이 결합된, 하나의 사업단위로 볼 수 있다.

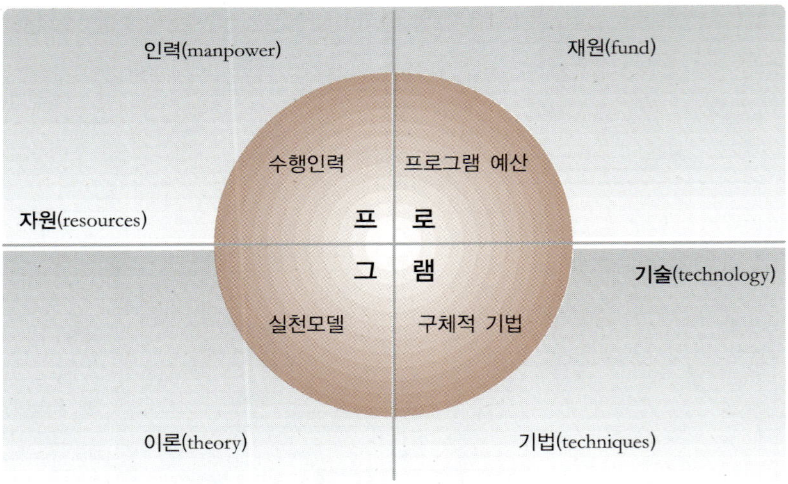

[그림 1-2] 프로그램의 자원과 기술

넓은 의미로 기술(technology)이란 사회복지실천이론과 기법을 포괄한다. 사회복지 프로그램 속에는 반드시 클라이언트나 대상체계의 변화를 위한 실천이론, 모델, 방법과 기법들이 농축되어 있으며 프로그램의 수행과정에서 이러한 이론과 기법들이 광범위하게 적용되고 그 효과를 발휘한다. 예를 들면 가정폭력의 피해자인 여성을 대상으로 하는 프로그램에는 위기개입모델과 면접의 기술 또는 기법이 크게 활용된다. 〔그림 1-2]에서 보는 바와 조직 내에서 인력은 다양하지만 프로그램 과정에 편입되면 수행인력이 되고 조직이 활용할 수 있는 재원의 종류와 범위는 많지만 일단 프로그램으로 전환되면 프로그램 예산이라는 명칭이 부여된다. 또한 사회복지조직이 활용하는 기술의 영역에서 사회복지실천과 관련된 이론과 기법은 다양하지만 특정 이론이 공공연히 프로그램에 적용될 때에는 실천과 관련되어 있고 현실에 보다 적합하게 변형되기에 실천모델로 기능하게 되며, 다양한 실천기법들은 구체적인 프로그램 운영기법과 실천기법으로 활용된다. 예컨대 초점집단(focus group)의 기법은 일반적으로 사회복지실천의 기법과 범주에 속하지만 프로그램과 관련될 때에는 욕구조사의 기법으로 보다 구체화된다.

3) 계획된 활동

사회복지 프로그램은 무작위로 일어나지 않는다. 그래서 프로그램 관리자는 항상 일정한 기간을 설정하고 순차적으로 진행될 활동을 의도적으로 계획하여 진행시킨다. 프로그램의 매뉴얼을 개발하고 지침서가 마련되는 경우가 있는데 이것은 계획된 활동(planned activities)이 체계적으로 진행되도록 만들어진 것이다. 프로그램이 체계적인 이유는 바로 프로그램에는 계획성 또는 기획과정이 내포되어 있기 때문이다. 다시 말해서 사회복지 프로그램은 사회문제를 해결하거나 클라이언트의 욕구를 충족시켜 주는 방향으로 프로그램이 조직적으로 설계되어 수행된다. 그래서 프로그램 개발은 반드시 기획(planning)과정을 내포한다.

여기서 활동(activities)이란 크게 세 가지로 나누어진다. 우선 직접적으로 클라이언트 집단에 서비스를 제공하는 활동이 있는데 이러한 서비스 제공 활동(service delivery activities)은 프로그램 활동의 주축을 이룬다. 일반적으로 사회복지서비스(social services)라 일컫는 각종 상담, 치료, 교육, 재활, 보호, 정보제공, 의뢰 등의 서비스를 제공하는 활동은 프로그램의 주요내용을 구성한다. 서비스 제공 활동 이외에도 프로그램 활동에는 행정활동(administrative activities)이 내포된다. 각종 프로그램 수행과 관련해 서류작성과 기록, 프로그램 예산수립 및 집행, 권한의 위임과 보고, 슈퍼비전과

회의 등 조직 내 프로그램을 효과적으로 진행시키기 위해서 수반되는 행정활동은 다양하다. 마지막으로 프로그램 수행인력의 활동에는 지역사회활동(community activities)이 포함되는데 오늘날 점차 이러한 활동이 중요시되고 있다. 지역사회활동이란 프로그램의 목적을 성공적으로 달성하기 위해서 기관 외부에서 또는 지역사회 차원에서 이루어지는 활동으로 프로그램에 관한 지역사회나 정부기관으로부터의 합법성과 지지 확보, 클라이언트와 후원자의 모집과 홍보, 지역사회자원동원, 마케팅활동, 지역복지 네트워크 구축활동 등이 있을 수 있다. 결국 이러한 활동도 프로그램을 효과적으로 수행하기 위해서 요구되는 중요한 활동으로 일정한 계획에 따라 진행된다.

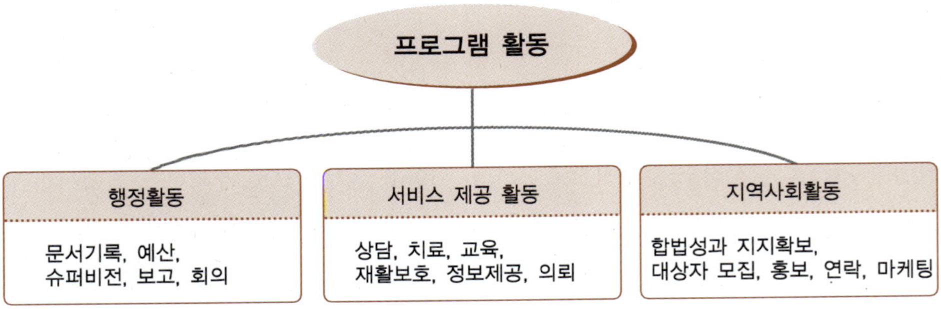

[그림 1-3] 프로그램 활동의 세 가지 요소

3. 유사개념과의 구별

1) 정 책

사회복지에서 정책(policy)과 프로그램은 흔히 혼용해서 사용된다. 예를 들면 보건복지부의 아동사업은 아동정책임과 동시에 아동복지 프로그램이다. 미국의 TANF와 Head Start Program은 보통 프로그램으로 불린다. 사회복지정책은 사회구성원의 삶의 질 향상과 복리를 증진시키기 위한 일련의 행동계획과 원칙을 말한다(Gilbert & Terrell, 1998 : 2). 정책에는 정책문제를 해결하는 단계를 의미하는 과정적 개념과 법률, 프로그램, 행정지침 등으로 표현되는 결과적 개념이 있다. 즉 법률과 프로그램은 정책결정과정의 결과물로 나타난다. 따라서 프로그램은 법률과 행정지침과 마찬가지로 결과적 개념으로서 정책과 동일시된다. 노인복지법은 노인복지에 관한 정책의 결과물이고, 동시에 노인복지 프로그램의 의미를 담고 있다. 그래서 정책과 프로그램은 동일한 개념으로 간주되거나 매우 유사한 의미를 갖고 있다.

그러나 정책은 공공성을 내포하여 정부와 공공기관의 목적달성을 위한 주요 행동계획과 원칙을 의미하기에 서비스를 제공하는 일선기관의 프로그램과는 구별된다. 우리나라에서 사회복지서비스는 주로 사회복지관을 비롯한 비영리 민간기관의 프로그램을 통해서 전달된다. 따라서 사회복지서비스를 제공하는 민간기관의 입장에서 본다면 정책은 프로그램보다는 상위의 개념 또는 포괄적 개념으로 볼 수 있다. 즉 정책은 프로그램의 형태로 구체화되거나 프로그램을 포함할 수도 있지만, 법률과 행정지침 등 다른 형태로도 표현되고 시행될 수 있다. 일선의 사회복지조직이나 기관의 프로그램을 염두에 두고 말하자면 정책은 프로그램의 선행요건이 되기도 한다.

다시 말해서 정부의 정책이 먼저 성립되어야 일선 사회복지기관의 프로그램이 창출되고 시행될 수 있다는 것이다. 예컨대, 정부의 자활지원정책이 수립되어야 민간 자활후견기관의 up-grade형 자활 프로그램이 만들어지고 시행될 수 있다. 그러나 정 반대의 경우도 성립된다. 일선 사회복지기관의 프로그램이 효과적으로 시행되고 있는 경우 정부가 이를 확산시키고자 정책으로 개발하여 예산지원을 하는 경우도 성립된다. 19세기말 미국 사회복지관의 방문간호사업은 민간기관의 독자적인 프로그램이 연방정부의 정책으로 확대된 대표적인 사례이다.

결국 정책과 프로그램을 구태여 구별해서 말하자면 정책이 목적적인 개념으로 인식되고 프로그램은 수단적이고 구체적인 개념으로 이해되고 있지만 반드시 그렇지만은 않다. 그래서 보다 실용주의적인 관점에서 양자를 구별하자면 정책과 프로그램은 개발과 시행의 주체가 누구인가 또는 정책이나 프로그램으로 인하여 영향을 받는 표적집단의 범위의 포괄성 또는 일반성 기준에 따라 구별하는 방법이 필요하다. 그래서 정부나 공공기관이 사회복지와 관련된 사회문제해결을 위해서 법률과 규정으로 대략적인 방향과 행동지침으로 광범위한 지역적 범위와 모든 클라이언트 집단을 대상으로 개입하는 경우는 정책으로 보고, 일선의 개별 사회복지기관을 중심으로 지역사회의 한정적이고 구체적인 문제해결을 위해 체계적이고 계획적으로 접근하는 경우를 프로그램으로 보는 것이 타당하다.

2) 실 천

사회복지실천이란 개인, 가족, 집단, 조직, 지역사회의 사회적 기능을 회복 또는 증진시키고 이러한 목적달성을 위해서 유리한 사회환경을 조성하는 전문직의 활동이다(NASW, 1974 : 4-5). 프로그램이 사회복지실천의 대상체계를 중심으로 표적체계의 변화를 목적으로 시행되고 있다는 점에서는 실천(practice)과 유사하지만 반드시 실천과 동일시될 수는 없다. 또한 사회복지실천의 가치, 윤리, 지식과 기술이 사회복지 프로그램에 스며들 수 있지만 반드시 일치하는 것은 아니다.

우선 프로그램에는 타 전문직과 비전문가인 자원봉사자의 활동도 포함된다. 이러한 의미에서 엄격하게 사회복지사에 의해서 이루어지는 사회복지 전문직의 실천활동과는 구별된다. 사회복지실천에서는 결국 사회복지사에 의한 전문직의 활동이 강조되기 때문이다. 그리고 프로그램은 조직의 활동단위인 데 반해서 실천은 사회복지 전문가의 활동체계인 점에서 다르다. 사회복지조직이나 기관을 중심으로 일어나는 활동의 단위로 주간보호 프로그램을 생각해 볼 수 있는데, 이 프로그램에는 사회복지사의 인테이크와 상담, 그리고 가족교육 및 여가활용서비스 등 사회복지사에 의한 제반 실천활동도 일어나지만 간호사의 의료 및 간병 서비스 제공 활동도 포함되고 자원봉사자의 각종 보조활동도 포함되기 때문에 프로그램 활동은 사회복지사의 실천활동의 범위를 초월한다.

그러나 사회복지실천을 넓은 의미로 해석하여 거시적 실천(macro practice)과 미시적 실천(micro practice)으로 나눌 경우 프로그램 개발과 평가와 관련된 활동은 조직과 지역사회를 변화대상체계로 개입하는 거시적 실천의 한 분야로 간주된다. 왜냐하면 사회복지 프로그램을 개발하고 평가하는 작업은 사회복지조직의 효과성을 향상시키는 노력임과 동시에 지역사회 주민의 충족되지 않은 욕구나 문제를 해결하는 사회복지조직 차원의 실천활동이기 때문이다. Weil과 Gamble(1995 : 580-589)에 의하면 프로그램 개발은 독특한 형태의 지역사회조직모델의 일종으로 개념화되었다. 조직의 관점에서 프로그램 개발을 본다면 사회복지행정과 밀접히 관련되기 때문에 사회복지 프로그램 개발과 관리는 사회복지행정의 주요영역(황성철 외, 2003 : 35-37) 중의 하나로서 거시적 실천의 일환으로 간주될 수 있다.

3) 서비스

전술한 바와 같이 프로그램 활동의 주요내용을 구성하는 것은 서비스(services) 제공 활동이다. 사회복지 프로그램을 담당하는 수행인력은 클라이언트에게 직접적으로 상담, 치료, 교육, 재활, 보호, 의뢰, 정보제공 등의 사회복지서비스를 제공하는 활동에 주안점을 둔다. 따라서 프로그램 활동의 핵심은 서비스 제공 활동이지만 프로그램 활동은 프로그램의 목적을 달성하기 위해서 필요한 그 밖의 행정활동과 지역사회활동을 포함한다.

현실적으로 프로그램 담당 사회복지사는 인테이크나 프로그램 수행과정에 관한 기록을 유지하고, 예산을 수립하며, 프로그램의 결과를 평가하는 행정활동도 수행하며, 때로는 타 기관과의 협력체계를 구축하는 등의 다양한 대외활동도 동시에 수행한다. 그래서 프로그램은 서비스 제공 활동을 포함하면서 다른 기본적인 프로그램의 구성요소와 관련된 행정과 지역사회활동을 수반하기에 서비스 제공 그 자체의 범위를 초월한다. 예를 들면 가출청소년의 가정복귀 프로그램을 시행하는 경우 학교사회사업가가 가출청소년에 대해서 개별적 상담서비스를 제공하지만 필요시 집단 프로그램을 운영하거나 학교의 담임교사와 협력하여 관할 교육청에 재정지원을 요구하거나 다른 학교와 연계하는 지역사회활동도 수행할 수 있다.

결국 프로그램은 내용적인 측면에서 서비스 제공 활동을 본질적으로 포함하지만 사회복지서비스보다는 넓은 개념으로 파악해야 한다. 따라서 사회복지서비스는 사회복지 프로그램 구성내용의 일종이다.

지금까지 우리는 사회복지 프로그램과 동의어 또는 유사어로 사용되고 있는 정책, 실천, 서비스 등의 개념을 살펴보았다. 이러한 유사개념들은 학자나 연구자에 따라 거의 같은 의미로 사용되는 경우가 허다해서 상호구별하기가 용이하지 않다. 비록 사회복지 프로그램이 사회복지조직이나 기관을 전제로 성립될 수밖에 없는 개념이라 하더라도 프로그램을 개발하는 사람이 누구인가, 즉 프로그램의 개발자와 관리자의 입장에서 본다면 프로그램은 정책이 될 수도 있고 실천활동도 될 수가 있다. 예컨대 보건복지부와 같은 정부 또는 공공조직에 속해 있는 사회복지사의 자격증을 갖는 공무원이 개발한 프로그램은 새로운 복지정책으로 전국적 단위로 시행될 수 있으며 그는 이러한 정책 또는 프로그램의 개발로 인해서 거시적 또는 정책적 실천활동을 전개하고 있다고 주장할 수 있다. 그래서 프로그램은 조직의 성격과 개발자 또는 평가자의 위치나 입장에 따라 때로는 그 자체가 정책이 될 수 있으며 동시에 실천활동이 되고 구체적인 서비스 제공 활동도 될 수 있다는 것이다.

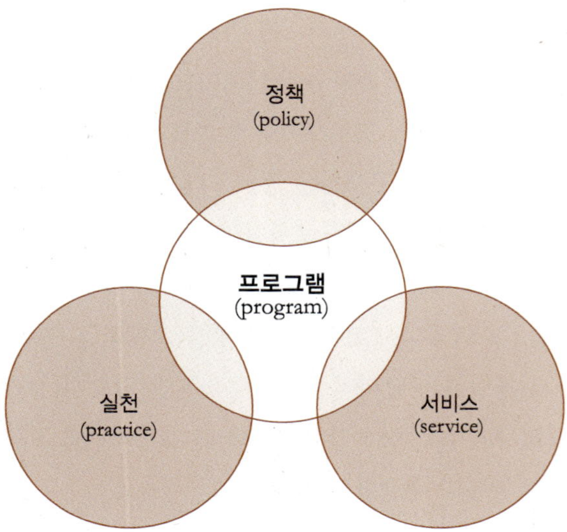

[그림 1-4] 프로그램과 정책, 실천, 서비스와의 관계

결국 프로그램은 〔그림 1-4〕에 제시되는 바와 같이 정책, 실천, 서비스와 동의어로 취급되어 공유되는 부분도 존재하지만 프로그램의 개념정의와 기본적 구성요소를 염두에 두면서 현실적으로 민간의 일선 사회복지조직과 기관을 중심으로 전개되는 프로

그램의 개발 및 시행주체와 관리자의 입장에서 본다면 이러한 개념과는 차별되는 성격이 있기 때문에 분명히 구별할 필요가 있을 것이다. 이 책에서는 NGO 기관을 포함한 주로 우리나라 민간 사회복지조직을 염두에 두고 이러한 조직이나 기관에서 국지적이고 한정된 표적집단을 대상으로 개발되고 시행되는 각종 사회복지 프로그램을 중심으로 접근하고자 한다.

프로젝트

프로젝트(project)란 조직이나 지역사회에서 특정한 문제, 욕구, 이슈, 조건 등에 대해 직접 또는 간접적으로 대응하기 위해서 진행되는 구체적이고 단기적이며 결과중심의 활동을 말한다(Kettner, Daley, & Nichols, 1985 : 39). 따라서 프로젝트는 시간제한적이며 단기간에 수행되는 특정한 과업이나 활동을 일컫는다. 프로그램이 클라이언트 욕구충족을 위해서 상대적으로 지속적이며 일정한 구조를 갖추고 진행되는 데 반해서 프로젝트는 비교적 짧은 시간에 구체적인 문제나 이슈를 해결하기 위해서 진행된다는 점에서 다르다. Kettner와 동료들(1985 : 161-163)은 사회복지기관에서 흔히 사용되는 프로젝트를 크게 서비스 프로젝트(service project)와 지원 프로젝트(support project)로 나누어 설명하는데 서비스 프로젝트는 클라이언트 욕구나 문제와 관련하여 새롭고 혁신적이며 과거에는 시행되지 않았던 접근방법을 시도해 보는 것으로 프로그램으로 정착되기 이전에 실험적으로 행하는 과업을 말한다. 한편 지원 프로젝트는 한시적으로 지역사회 내의 다른 기관이나 자기 조직을 지원하기 위해서 구체적 목적을 갖고 수행하는 활동으로 기관 내 직원훈련계획을 마련하거나 다른 기관을 돕기 위해 모금활동을 하는 것을 예로 들 수 있다. 이와 같이 프로젝트는 일정한 시간 내에 특정한 과업을 수행하기 위해서 이루어지는 조직 내의 활동이다. 예를 들면 서비스 효과성을 검증하기 위해서 재가노인에 대한 가정봉사원파견사업을 실험집단과 비교집단을 설정하여 객관적으로 검증해 보는 조사연구도 프로젝트에 해당한다. 그러므로 프로젝트는 특수한 문제나 이슈 등을 해결하기 위해서 한시적으로 이루어지는 시험적이고 특별한 활동의 체계로 이해할 수 있다. 프로그램이 사회문제의 해결과 클라이언트 집단을 대상으로 변화를 도모하는 데 초점이 모여 있으며 지속적이며 체계적인 구조를 갖춘 반면에 프로젝트는 그 밖에 다른 목적으로 한시적이거나 실험적 형태로 이루어지는 활동의 체계이다.

출처 : Kirst-Ashman & Hull.(2001). *Generalist Practice with Org. & Communities.* p.167

제 2 절 우수 프로그램의 요건

앞서 우리는 프로그램의 개념을 프로그램의 기본적인 구성요소 중심으로 사회복지 프로그램은 목적성을 갖고 자원과 기술이 결합되어 계획된 활동이 일어나는 체계로 보았다. 사회복지 프로그램으로 간주되기 위해서는 최소한 ① 목적성, ② 자원과 기술, ③ 계획된 활동 등의 세 가지 요소가 필요불가결하지만 이러한 조건들이 구비되었다고 반드시 훌륭한 프로그램이 되지는 않는다. 이러한 측면에서 Royse와 동료 학자들(2001 : 5-11)은 우수한 프로그램이 되려면 다음과 같은 요건들이 충족되어야 한다고 주장한다.

1. 적합한 인력배치와 안정적 재원

사회복지 프로그램의 기본 구성요소인 자원은 인적 자원과 물적 자원으로 나누어진다. 어떤 프로그램의 기획과 실행에는 이에 적합한 자격을 갖춘 인력이 배치(staffing)되지 않는다면 그 프로그램의 질적 수준과 성과를 기대하기가 어렵다. 따라서 특정 프로그램의 성격과 특성에 알맞은 전문 또는 비전문의 인력이 적재적소에 배치되어야 성공적인 프로그램으로 발전될 수 있을 것이다. 예를 들어 발달장애아동의 사회성 향상 프로그램의 담당자로 전공이 무관하고 교육수준도 낮고 경험이 없는 일반직원을 배치할 경우 프로그램의 질적 수준은 기대하기 어려울 것이다.

프로그램 수행에 필요한 재원의 안정적 공급(stable funding)은 프로그램 성패를 좌우할 수 있다. 특히 한시적으로 공동모금회나 기업재단의 지원으로 진행되는 프로그램은 연속성과 지속성을 보장해 주지 못하기 때문에 불안정한 상태로 운영되고 있는 경우가 흔히 나타난다. 성공적인 프로그램은 충분한 예산적 뒷받침 아래 일관성 있는 프로그램의 수행이 뒤따라야 하므로 안정적 재원의 공급은 무엇보다 중요하다. 프로그램 관리자나 담당자가 재원확보를 위해 프로포절(proposal)을 작성하거나 후원모금에 지나치게 에너지를 낭비할 경우 자칫 본연의 프로그램 관리활동이 소홀해질 수 있기 때문에 프로그램의 질적 수준이 저하되기도 한다.

2. 고유의 정체성과 철학

우수한 프로그램의 요건으로 반드시 필요한 것은 특정 프로그램이 갖는 고유의 정체성(identity)과 서비스 제공의 철학(philosophy)이다. 정체성은 개성과 특성을 의미하므로 개성과 특성이 있는 프로그램은 그 목적, 대상, 개입방법에서 유사 프로그램과 구별되는 요소를 지녀야 하고, 이러한 요소가 지역사회나 대중에게 널리 인식되어야 한다. 흔히 특정 프로그램에 캐치프레이즈를 붙이거나 프로그램의 이름을 보다 강하게 부각시켜 뚜렷이 일반에게 인식시키려는 노력이 이루어지고 있는데 이러한 노력은 바로 프로그램의 정체성을 확립하기 위한 방안의 하나이다. 예를 들면 노인의 사회활동 참여를 장려하는 프로그램명을 'Active Aging'으로 하거나 청소년의 비행예방을 위하여 거리나 현장중심의 접근을 통해서 사회복지사가 직접적으로 담당하는 프로그램명을 'Street Fighter'로 명명하는 경우가 이에 해당한다.

또한 성공적인 프로그램은 그 프로그램 수행과 서비스 제공 활동에서 클라이언트에 대한 철학을 담고 있어야 한다. 예를 들면 클라이언트 욕구충족의 최우선이라든가 자원배분의 공평성이라든지 하는 철학적 원리와 원칙이 수립되어 그에 따라 프로그램이 조직적으로 시행될 필요가 있다.

서비스 제공에서의 철학적 기반은 주로 사회복지실천의 가치와 윤리와도 조화로운 관계에 있어야 한다. 그래서 인간의 존엄성과 독특성이 인정되고 클라이언트의 자기결정권을 보장하는 원칙에 위반되어서는 안 된다.

3. 이론적 근거와 실증적 개입

사회복지 프로그램은 특정한 사회문제를 해결하기 위해서 고안되고 시행되고 있다. 여기서 사회문제는 문제를 야기한 조건과 그 결과로 인해서 발생하는 인간의 고통과 사회적 비용에 대한 연구와 조사를 통해서 문제의 심각성이 알려진다. 사회문제를 해결하고자 마련된 사회복지 프로그램은 문제의 원인에 대한 적절한 처방이 되어야 하기 때문에 과학적인 이론의 뒷받침(theoretical foundation)이 필요하다. 성공적인 사회복지 프로그램은 사회문제의 원인과 결과로 제시되는 인과관계에 관한 명확한 사회과학과 사회복지이론에 기초하여 설계되고 시행되어야 한다.

또한 사회복지 프로그램의 구성요소인 개입방법의 선택에 있어서도 지금까지 이루어진 과학적이고 체계적 연구결과로 인해서 효과성이 검증된 방법을 사용하려는 노력이 있어야 한다. 사례관리나 과제중심모델은 지속적으로 실천의 효과성이 입증된 개입방법으로 잘 알려져 있다(황성철, 1998 : 215-245). 따라서 이와 같이 과학적으로 서비스의 효과성이 검증된 실천방법(evidence-based practice)과 절차를 사용하려는 노력이 특별히 강조된다.

4. 과학적이고 체계적인 평가노력

성공적인 프로그램의 요건으로 마지막으로 제시되는 요건이 과학적이고 체계적인 평가노력(efforts for empirical evaluation)이다. 이론이 현실에 적용되는지의 여부를 확인하고 프로그램의 목표가 어느 정도 달성되었는지를 따져 보는 작업이 평가이다. 따라서 어떤 프로그램이 성공적이었다면 인과관계에 기초하여 사회복지 프로그램의 개입으로 클라이언트 집단의 문제가 해결되거나 삶의 조건이 향상되었는지를 과학적이고 객관적인 측정으로 성과를 확인할 수 있어야 한다. 프로그램 관리자나 담당자의 주관적 평가는 신뢰도가 약하기 때문에 과학적이고 체계적인 자료수집과 전문가적인 판단으로 평가가 이루어져야 한다. 과학적이고 체계적인 평가의 중요성은 정부나 자원제공자에게 프로그램의 효과성을 알려 주는 구실을 할 뿐만이 아니라 프로그램의 정당성을 확보하는 방안도 되기 때문에 더욱 평가가 강조되는 경향이 있다.

제 3 절 프로그램의 유형

1. 프로그램의 성격 및 정책별 유형

사회복지 프로그램의 종류나 유형은 분류기준에 따라 매우 다양하게 나누어진다. 우선 Kahn과 Kamerman(1976 : 4)은 사회복지서비스의 성격별로 대상자의 욕구나 문제에 따라 사회복지 프로그램을, ① 개인의 사회화와 발달적 욕구충족을 위한 서비스 및 프로그램, ② 문제를 지닌 개인 또는 가족에 대한 치료, 보호, 구체적 지원서비스, ③ 제반 서비스에 대한 접근을 위한 안내 및 조언서비스 또는 프로그램으로 분류하였다. 이러한 분류에 의한 사회복지 프로그램의 성격과 예시는 다음과 같다.

1) 사회화와 발달적 욕구충족을 위한 프로그램

이러한 프로그램은 개인이 인간으로 성장하고 발전하는 전 생애에 걸쳐 제기되는 욕구의 충족을 목적으로 하는 프로그램이다. 따라서 사회화와 발달적 욕구충족을 위한 서비스나 프로그램은 보편적으로 모든 사회구성원들이 인간으로서 기본권과 생존권을 향유하기 위해 제공되는 것으로 낙인이 부여되지 않는다.

① 아동양육 및 보육 프로그램
② 청소년 성장집단 프로그램
③ 노인의 사회참여 강화 프로그램
④ 가족상담 및 캠프 프로그램
⑤ 경로당 활성화 프로그램
⑥ 가족계획 프로그램 등

2) 문제를 갖는 개인 또는 가족의 치료, 보호, 지원서비스

이러한 유형의 프로그램은 문제중심의 프로그램으로 특히 개인과 가족이 당면한 사회적 관계와 적응상 문제를 해결하기 위해서 마련되는 프로그램의 성격을 갖고 있다. 이러한 프로그램은 정상적인 가족생활이나 사회경제활동에서 이탈된 사람을 대상으로 한다는 점에서 치료 또는 재활중심의 프로그램으로 간주되기도 한다.

① 입양 및 위탁가정보호 프로그램
② 가출 청소년 선도 프로그램
③ 위기가정 상담 및 집단치료 프로그램
④ 정신장애인 음악치료 프로그램

⑤ 빈곤모자가정 사회재활 프로그램
⑥ 보호관찰 청소년 선도 프로그램
⑦ 임상적 학교사회사업 프로그램 등

3) 서비스 접근성을 확보하기 위한 안내 및 의뢰 프로그램

이러한 유형의 프로그램은 일반적으로 홍보, 정보제공, 의뢰, 연계서비스를 의미하기 때문에 단독으로 독립된 프로그램의 형태로 구성되는 경우는 거의 없고 다른 주된 프로그램에 부수적으로 수반되는 하위 서비스나 활동의 형태로 나타난다.

① 홍보 및 정보제공 또는 접근성 향상을 목적으로 시행되는 활동
② 클라이언트의 의뢰나 신규대상자 접수와 관련된 활동
③ 다른 기관과 연계하여 진행하는 협동 프로그램의 일환으로 전개되는 활동

Kahn과 Kamerman의 프로그램 분류체계는 서비스 대상자 욕구의 성격에 따라 크게 두 가지로 분류하고 나머지 부수적인 정보제공과 의뢰서비스를 분류한 것으로 실제로 내용적인 측면에서 사회복지서비스인 상담, 치료, 보호, 재활, 교육, 정보제공, 의뢰 등의 서비스를 망라하고 있으나 현실적으로 사회복지기관의 프로그램은 이러한 분류체계를 따르지 않는다는 점에서 문제가 있다.

한편 DiNitto(2000 : 2-4)는 사회복지 프로그램을 미국 연방정부의 사회복지정책에 따라, ① 소득유지, ② 영양, ③ 보건, ④ 복지서비스 등 크게 네 가지로 분류하였다. 따라서 소득유지 프로그램에는 대표적으로 TANF(Temporary Assistance for Needy Families)와 SSI(Supplemental Security Income)가 포함되고, 영양 프로그램에는 식품권(Food Stamps)과 식사배달(Meals-on-Wheels) 프로그램이 속하고, 보건에는 Medicaid와 Medicare 프로그램이 있으며, 복지서비스에는 아동보호, 가족보전, 지역사회 정신건강, 직업능력개발 등으로 구성되어 있다. DiNitto의 분류체계를 빌려서 우리나라 사회복지제도와 정책을 프로그램별로 나누어 보면, 우선 공공부조 프로그램으로는 기초생활보장제도가 있으며, 사회보험은 국민연금, 건강보험, 산재보험, 고용보험 등이 속하고, 복지서비스는 아동, 청소년, 노인, 장애인, 여성 등 대상영역별 또

는 내용별로 다양한 프로그램이 포함되는 것으로 나눌 수 있다. 그러나 이러한 분류 기준은 사회복지정책 또는 프로그램의 대략적 분류이며 현실적으로 프로그램을 개발하거나 평가하는 일선 사회복지기관의 프로그램 관리자에게는 별로 도움이 되지 않는다. 그러므로 여기서 우리는 현재 사회복지기관에서 수행되는 프로그램에 대한 이해를 돕기 위해서 실천중심 또는 현장중심의 분류기준과 체계에 따라 사회복지 프로그램을 분류해 보기로 한다.

2. 표적집단 또는 실천대상별 유형

사회복지 프로그램의 종류를 표적집단 대상별로 나누면 우선 개인, 가족, 집단, 조직, 지역사회, 전체 사회가 표적집단이 된다. 표적집단이란 실천이나 프로그램에서 변화의 대상이 되는 체계를 말한다. 주로 개인, 가족, 집단을 대상으로 클라이언트와 대면관계를 이루어 직접적 서비스 제공의 형태로 진행되는 프로그램은 임상적(clinical) 프로그램이라 한다. 임상적 프로그램은 주로 상담, 치료, 재활, 정보제공, 의뢰서비스의 사회복지서비스가 제공된다.

조직과 지역사회 또는 전체 사회를 대상으로 하는 프로그램은 사회복지행정과 지역사회조직 등 거시적 실천과 관련된 것으로 제도적(institutional) 프로그램이라 칭한다. 제도적 프로그램에는 사회복지조직 또는 기관을 변화시키기 위해서 이루어지는 reengineering 프로그램과 학습조직(learning organization) 프로그램 등 조직의 구조와 제도를 근본적으로 변화시키는 프로그램이 있을 수 있고, 사회복지조직의 구성원인 사회복지사의 역량강화를 위해서 만들어진 직원능력개발 프로그램 등이 이에 속한다. 지역사회를 변화의 대상체계로 접근하는 제도적 프로그램은 지역사회개발, 사회계획, 사회행동 등 Rothman(1995)의 분류체계에 따른 지역사회조직모델 프로그램이 사회제도나 정책의 변화를 추구하는 개별 프로그램의 형태로 발전될 수 있다. 표적집단 대상별 프로그램의 유형은 결국 사회복지실천방법에 따른 분류와 거의 일치한다.

3. 기능별 유형

사회복지 프로그램의 분류기준으로 각종 사회복지기관에서 가장 보편적으로 사용하는 분류체계는 프로그램을 기능별로 나누는 방법이다. 기능별 프로그램의 분류는 프로그램의 근본적인 목적과 방향에 있어서 서로 다른 점이 가장 잘 부각되고 있다. 예를 들면 아동복지기관에서 입양 프로그램과 상담 프로그램은 기능별로 다르고, 공동모금회의 모금 프로그램과 배분 프로그램도 기능별로 그 목적과 방향성에서 차이가 확연히 드러난다. 그 밖의 기능별 프로그램의 구분은 다음과 같다.

① 교육 프로그램, 치료 프로그램, 재활 프로그램
② 재활 프로그램에서도 심리사회재활과 직업재활 프로그램
③ 종합사회복지관의 가족기능강화 프로그램, 지역사회보호 프로그램, 지역사회조직 프로그램 등

4. 구성체계별 유형

사회복지실천현장에서 가장 흔히 사용하는 프로그램의 유형이 구성체계별 프로그램의 형태이다. 사회복지 프로그램을 체계론적 관점에서 분석하면 상위 프로그램과 하위 프로그램으로 나눌 수 있다. 상위 프로그램을 기준으로 보면 하위 프로그램은 전체 프로그램의 한 구성단위로 단위 프로그램(unit program)이 된다. 만일 아동복지 프로그램이 상위 프로그램이라 하면 결식아동지원 프로그램과 발달장애아동 프로그램은 각각 하위의 단위 프로그램이 된다.

몇 개의 단위 프로그램이 연속적으로 일어나고 어느 한 개의 단위 프로그램이 종료된 다음 다른 단위 프로그램이 시작되는 형태로 구성된 프로그램을 연속 프로그램(continuous program)이라 한다. 연속 프로그램은 특히 교육이나 훈련 프로그램에서 사용되는 경우가 허다한데 초기의 단위 프로그램은 초보적이고 단순한 활동의 형태로 진행되다가 점차 심층적이고 고난도의 문제나 과제가 주어지는 방향으로 연속적 또는 단계적으로 이루어지는 프로그램을 말한다. 예를 들면 정신장애인을 위한 컴퓨터교육

프로그램의 경우 연속 프로그램으로 구성하지 않으면 그 본래의 목적을 달성하기 어려울 것이다. 주로 교육과 훈련의 성격을 갖는 프로그램은 연속 프로그램인 경우가 많다.

반면 단순 프로그램(simple program)은 하나의 단순한 목적을 달성하기 위해서 비교적 짧은 시간에 다른 프로그램과는 유기적인 관련성이 적은 프로그램으로 주로 1회성으로 이루어지는 프로그램을 지칭한다. 아동학대예방 캠페인, 방학 중 청소년 자원봉사활동 프로그램, 장애아동 여름캠프 프로그램, 재가노인을 대상으로 한 주거환경 개선 프로그램 등이 이에 속한다.

단순 프로그램은 그 자체로서도 하나의 프로그램으로 성립될 수는 있지만 보통 여러 개의 단순 프로그램들이 융합된 형태의 종합 프로그램(comprehensive program)에 귀속하는 경우가 대부분이다. 종합 프로그램은 몇 개의 단순 프로그램이 합쳐져서 구성될 수도 있지만 프로그램의 내용구성에서도 더욱 복합적 성격을 갖고 있다. 우리가 일반적으로 프로그램이라 하면 종합 프로그램을 의미하는 것으로 이해하고 있다. 종합 프로그램은 상위 프로그램으로 그 하위의 몇 개 단위 프로그램들이 의미 있는 조합을 이룰 때에도 형성된다. 종합 프로그램은 개별상담과 집단활동을 혼합하는 경우도 있으며 상담, 치료, 교육, 재활, 보호, 정보제공, 의뢰, 지원 등 각종 사회복지서비스들이 유기적으로 혼합되는 형태를 유지한다. 예를 들어 위기가정 적응력 강화 프로그램이 있다면 이러한 프로그램에는 상담과 교육서비스는 물론이고 경제적 지원과 자활을 위한 다양한 활동이 포함될 수 있으며, 부모를 대상으로 자기주장훈련을 중심으로 하는 집단 프로그램과 같은 개별적 단위 프로그램도 마련될 수 있으며, 아동을 위해서는 방과후 지도라는 또 다른 단위 프로그램도 시행될 수 있을 것이다.

〔그림 1-5〕는 방과후 아동보호 프로그램이 종합 프로그램으로서 각각 3개의 단위 프로그램이 하위 프로그램과 유기적으로 결합되어 있으며, 각각 단위 프로그램의 내용에 따른 서비스 및 활동의 예가 잘 제시되어 있다.

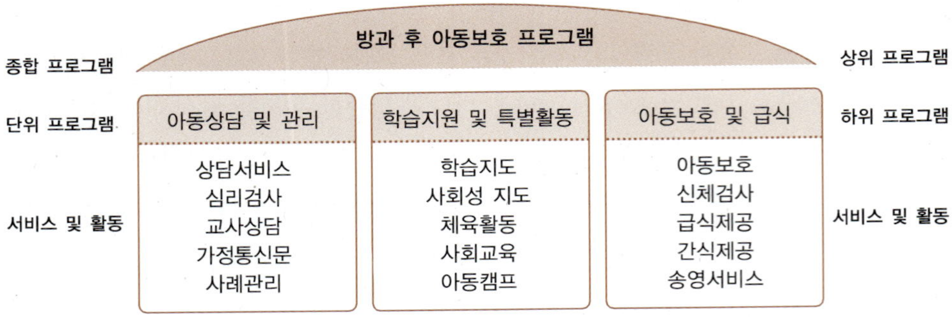

[그림 1-5] 구성체계별 프로그램의 유형 예시

5. 기타 프로그램의 분류

사회복지 프로그램의 분류방법은 그 밖에도 클라이언트 집단의 연령층(age)에 따라 아동 프로그램, 청소년 프로그램, 노인 프로그램 등이 있으며, 특수한 문제나 욕구(needs)를 갖는 클라이언트 집단에 따른 유형에는 장애인복지 프로그램, 탈북이주자 프로그램, 노숙자보호 프로그램 등으로 나누어진다. 또한 프로그램이 수행되는 장소(place)에 따라 내방 프로그램과 방문 프로그램으로 분류되고, 지역사회의 다른 사회복지기관과의 협력과 연계의 유무와 정도에 따라 단독과 공동 프로그램으로 나누어진다. 그러나 프로그램의 유형별 분류방법에서 가장 흔한 경우는 아마도 문제(problems) 영역별 프로그램 분류일 것이다.

예를 들면 아동복지 프로그램에서도 문제영역별로 발달장애아동 프로그램, 방임아동 프로그램, 빈곤가정아동 프로그램 등 문제나 문제와 관련된 아동의 특성에 따라서 나눌 수도 있다. 청소년복지 프로그램의 경우에도 비행문제, 학업문제, 집단따돌림문제 등으로 프로그램들이 세분화될 수 있으며 노인복지 프로그램도 문제영역별로 노인건강 프로그램과 노인여가선용 프로그램 등으로 나눌 수 있다.

제 4 절 프로그램 개발과 평가의 개념

1. 프로그램 개발의 개념과 의의

사회복지 프로그램은 사회복지조직의 목적달성을 위해 사회문제를 해결하고 취약계층과 일반시민의 사회복지적 욕구를 충족시켜 주기 위해서 자원과 기술이 동원되어 클라이언트 체계의 변화를 촉진시키는 매개체이다. 즉 사회복지 프로그램을 통해서 클라이언트 체계는 변화될 수 있으며 이러한 프로그램은 사회복지조직이나 기관의 관리자나 담당자에 의해서 개발되고 시행된다는 것이다. 여기서 사회복지 프로그램 개발의 의미는 협의와 광의로 나누어진다.

1) 협의와 광의의 개념

흔히 우리는 새로운 프로그램을 창출시키거나 기존의 프로그램을 수정 또는 보완해서 더욱 효과적인 프로그램으로 개선시키는 노력과 과정을 프로그램 개발이라고 한다. 이때 새로운 프로그램을 기획하거나 설계하는 데 초점을 맞춘다면 욕구조사나 문제의 분석, 목표설정 또는 개입전략의 선택 등 주로 프로그램 발전과정에서 초기단계의 활동이 강조된다. 따라서 협의의 사회복지 프로그램 개발은 새로운 프로그램을 기획(plan)하거나 설계(design)한다는 의미로 사용된다. 그러나 이미 시행되고 있는 기존 프로그램이 표적집단을 잘못 선정해서 원래 프로그램의 목적달성이 어려운 때에는 어떻게 해야 하는지의 문제에 봉착한다. 이러한 경우 기존 프로그램의 개선을 위해서는 반드시 기획과 실행상의 문제점을 분석하는 평가과정이 요구된다.

따라서 광의의 프로그램 개발은 협의의 개념을 포함하여 새로운 프로그램을 창시하는 것은 물론이고 기존 프로그램의 수정과 보완을 위한 노력도 포함하여 단계적으로도 프로그램의 기획과 설계단계에만 그치는 것이 아니라 실행, 평가 등 전 단계를 망라하여 프로그램을 개선시키는 작업으로 이해해야 한다. 그러므로 넓은 의미의 프로그램 개발은 프로그램의 기본방향을 설정하고 클라이언트 집단의 욕구나 문제를 사정하고 프로그램의 내용구성을 하는 일련의 기획 및 설계과정을 거쳐 실제로 프로그램이 시행되어 목표달성을 위한 제반 활동이 이루어지는 실행과정을 포함하고 일정한 프로그램 성과를 측정하는 기준을 설정하여 평가하는 평가과정과 환류(feedback)작용이 일어나는 전체 프로그램의 순환적 과정을 포괄한다.

이러한 프로그램의 발전 전 단계를 관장하는 조직의 입장에서 본다면 프로그램 개발은 프로그램의 관리과정과 일치하게 된다. 학자에 따라서는 협의의 프로그램 개발과정을 강조하는 모델을 제시하기도 하지만 대부분의 학자들(Kamerman, 1975; Patti, 1983; Kirst-Ashman & Hull, 2001)은 광의의 개념에서 프로그램 개발모델을 제시하고 있다.

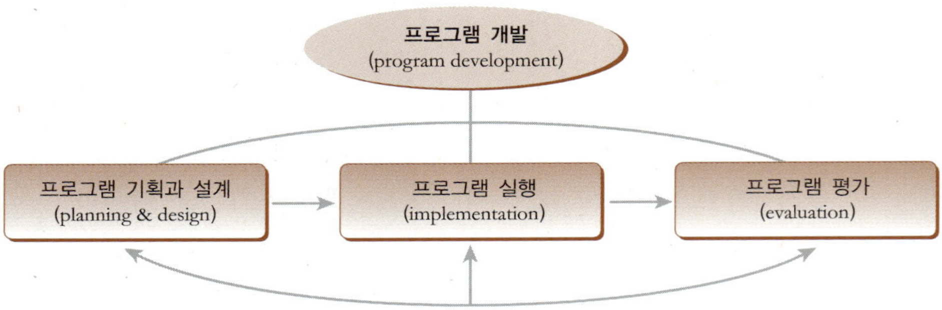

[그림 1-6] 사회복지 프로그램 개발의 개념적 모형

2) 프로그램 개발의 성격

[그림 1-6]에서 보는 바와 같이 사회복지 프로그램 개발은 프로그램의 기획과 설계, 프로그램 실행, 프로그램 평가, 환류과정을 망라하는 매우 복잡한 절차와 방법을 포괄하는 과정이다. 사회복지 프로그램 개발이 사회복지조직의 관점에서 어떤 의의를 갖는지에 관해서는 프로그램 개발의 성격을 살펴보면 자명해진다.

첫째, 사회복지 프로그램 개발은 사회복지조직의 책무성(accountability) 확보와 혁신(innovation)을 위한 전략으로서 그 성격을 갖고 있다. 사회복지조직은 정부 또는 자원제공자와 이해관계 당사자들에 대해서 양질의 서비스나 프로그램을 제공하려는 노력의 일환으로 프로그램을 개발하여 시행한다. 따라서 사회복지조직의 이러한 노력이 바로 책무성을 보여주는 방법이 된다. 오늘날 사회복지조직은 클라이언트 체계변화에 어느 정도 효율적으로 성과가 있었는지에 관한 문제뿐만 아니라 서비스 전달과 적용범위에 있어서도 정당성을 갖추어야 한다. 또한 프로그램 개발은 끊임없이 변화하는 복지환경과 지역주민의 욕구에 적절히 대응하는 방법으로 새로운 프로그램을 모색하거나 기존의 프로그램을 체계적으로 평가하는 작업을 수반하므로 사회복지조직을 혁신하는 하나의 방안으로 간주되기도 한다. 새로운 프로그램이 성립되면 기존 인력과 자원의 재분배가 요구되기 때문에 조직의 관점에서는 변화가 불가피하다.

둘째, 사회복지 프로그램 개발은 조직 내 집단적 협력(corporation)과 의사결정(decision-making)과정을 내포하고 있다. 사회복지조직에서 프로그램의 개발은 프로그램 개발 담당자 혼자만의 노력으로 이루어질 수는 없다. 효과적이고 효율적인 프로그램을 창출하는 작업은 문제의식을 갖고 현존하는 프로그램과 사업의 방향과 성과를 비판하는 관리자의 리더십이 요구되는 것과 동시에 프로그램 담당자의 의지와 노력도 절실히 필요하다. 이와 같이 프로그램 개발은 조직의 안팎에 걸쳐 관련되는 참여자들의 협력적인 활동을 필요로 한다. 또한 프로그램 개발은 연속적이며 집단적인 의사결정의 과정을 거치게 된다. 욕구조사의 대상은 누구로 할 것이며, 욕구의 우선순위는 어떻게 결정할 것이며, 프로그램의 시행시기는 언제로 잡을 것이며, 주요내용은 무엇으로 구성하며, 평가를 위한 기준과 방법은 어떻게 할 것인가 등 전 과정에 대한 연속적이며 지속적인 의사결정을 요구한다. 프로그램 개발에는 명목집단기법(NGT), 브레인스토밍(brain storming), 프로그램 평가검토기법(PERT) 등의 기획 및 의사결정기법들이 널리 활용되는 이유도 여기에 있다.

셋째, 프로그램 개발은 과학성(science)에 기초한 창조적 예술(art)활동이다. 사회복지실천을 과학적 예술로 표현한다(Sheafor et al., 1994). 즉 사회복지실천은 인간행동과 사회환경에 관한 기본적이고 체계적인 지식과 이론을 기초로 하여 사회복지사의 개인적 자질과 능력을 창의적으로 클라이언트 체계에 적용하고 개입하는 활동을 전개한다는 것이다. 마찬가지로 프로그램 개발자도 과학적인 문제분석과 측정을 위해서 각종 자료와 정보를 체계적으로 수집, 비교, 검토하는 과정은 물론이고 창의적으로 대안을 모색하여 적용시키는 활동도 수행하므로 과학성과 예술성을 동시에 내포하고 있다. 그래서 우수한 사회복지 프로그램은 과학적이고 경험적인 증거에 기초한 개입방법을 포함해야 하며 프로그램 개발자와 담당자는 이러한 프로그램을 실행하고 평가하는 데 있어서도 창의성을 십분 발휘해야 한다. 평가에 있어서도 창의적 평가는 방법론적으로 어떤 주어진 틀에 얽매이는 것보다 유연성을 갖고 평가자나 평가기관의 여건과 환경에 알맞도록 설계되는 것이다(Patton, 1981 : 67-68).

3) 프로그램 개발의 개념적 영역

사회복지 프로그램 개발은 사회복지의 다른 학문영역 또는 학문체계와 어떤 관련성을 맺고 있는지에 관한 의문이 제기될 수 있다. 우선 사회복지 프로그램 개발은 사회복지행정의 한 영역으로 간주되기도 한다. 행정의 관심사가 주로 조직과 프로그램의 효과성과 효율성에 있다면, 프로그램 관리와 개발은 분명히 사회복지행정활동의 일환으로 그 영역에 속한다. 행정은 정책을 서비스로 전환시키는 조직의 과정으로 이해(Gates, 1980)되기 때문에 다양한 서비스를 포함하는 프로그램 개발활동은 사회복지행정과정에서도 핵심적인 요소가 된다.

또한 프로그램은 개념적으로 정책과 유사성을 갖기 때문에 프로그램 개발에 관한 이론과 방법은 정책개발의 모델과 기법을 그대로 차용하는 경우가 허다하다. 예를 들면 정책결정과정에 관한 이론적 모델인 합리주의와 점증주의 모델들은 프로그램 개발과정, 특히 프로그램의 대안을 모색하고 선택하는 기획 및 의사결정모델로 활용되기도 한다. 따라서 사회복지정책에 관한 지식과 기술이 프로그램 개발에서도 그대로 사용되어 양자의 공유영역이 존재하는 것이다.

실제로 프로그램을 설계하는 개발단계에서 프로그램 관리자나 개발자는 실천모델과 방법 등 개입방법을 구체적으로 선택하게 된다. 그리고 프로그램 개발과 관리에 관한 다양한 기법들은 통칭 실천기법과 기술로, 특히 간접적 실천기법으로 간주되기 때문에 실천의 이론과 기법은 필요에 따라 사회복지 프로그램 개발과 평가에서도 차별적으로 적용될 수 있다.

마지막으로 프로그램 개발과 평가에는 욕구조사, 단일사례조사, 질적 조사, 효율성 평가, 효과성 평가 등 사회복지조사방법이 실제적으로 활용되고 있다. 사회복지 프로그램 개발의 과학성과 체계성은 엄격한 조사연구의 설계에 따른 경험적인 자료수집과 분석과정을 내포하기 때문에 사회복지조사방법에 관한 지식과 기술이 광범위하게 적용된다. 이상과 같이 사회복지 프로그램 개발의 개념적 영역과 다른 사회복지 학문체계와의 관계는 〔그림 1-7〕에서 나타나는 바와 같이 공유하는 영역이 있지만 독특한 학문체계를 형성하고 있다.

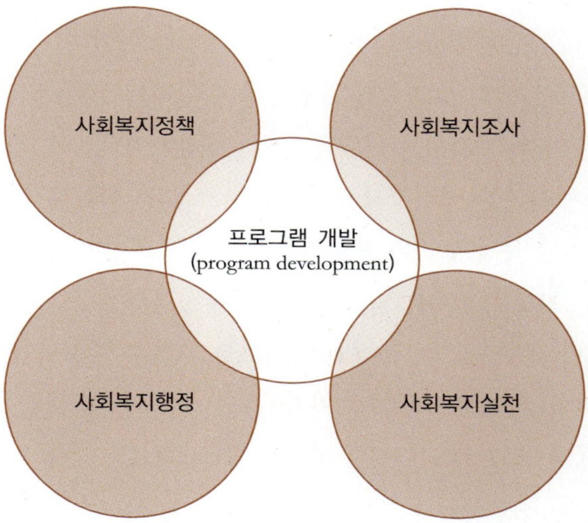

[그림 1-7] 사회복지 프로그램 개발의 개념 영역

2. 프로그램 평가의 의의와 유형

일반적으로 프로그램의 평가는 프로그램의 목적과 목표가 어느 정도 달성되었는지를 측정하는 방법과 관련되어 있다. 따라서 평가는 사회조사의 한 유형으로 실제성을 강조하는 차원에서 보자면 응용사회조사(applied social research)의 형태를 띠고 있다. 학술적으로 평가의 개념정의는 학자에 따라 약간씩 차이를 보이고 있다. Weiss(1998 : 4)는 평가를 "정책이나 프로그램의 개선을 목적으로 일련의 내재적 또는 외재적 기준

에 따라 효과성 혹은 시행상태를 체계적으로 사정하는 작업"으로 정의했다. 한편 Rossi와 Freeman(1993 : 3)은 평가를 "사회개입 프로그램의 개념화, 설계, 시행, 효용성 등을 사정하기 위해서 사회조사방법을 체계적으로 응용하는 것"이라고 정의했다. 결국 평가는 체계적이고 과학적인 측정 또는 사정방법을 사용하며 프로그램의 효과성과 효율성을 향상시키려는 노력과 과정으로 이해될 수 있다.

평가의 목적은 궁극적으로 정책결정자, 행정가, 프로그램 관리자들에게 현존하는 기관의 활동과 서비스 성과에 관한 환류적 정보를 제공해 주는 데 있다고 보고 이러한 환류적 정보제공이 의사결정 또는 정책결정에 어떻게 영향을 미치는지를 평가의 유형과 관련해서 Posvac과 Carey(1997 : 14)는 다음과 같이 설명하고 있다.

첫째, 평가는 프로그램의 효과성과 효율성을 향상시키기 위한 서비스 계획과정과 서비스 전달체계를 더욱 보강하는 구실을 한다. 이러한 방향으로 평가에 의한 환류적 정보가 제공될 때에 평가는 형성평가(formative evaluation)의 성격을 갖게 된다. 왜냐하면 형성평가의 주된 목적은 기존 프로그램의 수정과 보완에 있기 때문이다(Scriven, 1981 : 39 ; 남세진 · 최성재, 1994 : 172). 따라서 형성평가는 프로그램이 진행되는 도중에 환류적 정보의 제공으로 더욱 효과적인 프로그램 수행을 도와주는 역할을 한다.

둘째, 평가는 어떤 프로그램에 대한 지속, 중단, 확대 등에 관한 정책 및 의사결정에 필요한 주요정보를 제공하는 구실을 한다. 이러한 평가는 보통 총괄평가(summative evaluation)에 의해서 이루어지고 있다(Chambers, 1994 : 10). 총괄평가에 의해서 특정한 프로그램이 얼마나 가치 있는 것인지를 판단하고, 성격이 유사한 새로운 프로그램을 다시 시작해야 할지 아니면 그 프로그램을 종결시킬지에 관한 의사결정이 이루어진다. 그러나 실제로 평가자료에 전적으로 의존하여 어떤 프로그램이 중단되거나 종결되는 의사결정을 하는 경우는 매우 드물다(Shadish et al., 1991 : 25). 왜냐하면 평가자료는 정책 및 의사결정에서 고려되는 다양한 정보 중의 하나에 불과하고, 정책결정에는 정치적 요인의 작용 또는 다른 사회환경적 변수가 크게 작용하기 때문이다.

셋째, 형성평가에 의해서 기존 프로그램이 수정 또는 보완되어 효과적으로 수행된다 하더라도 그 프로그램의 질적 수준 관리를 위해서는 여전히 환류적 정보제공이 필요하다. 이때 이루어지는 평가의 형태는 점검평가(monitoring evaluation)이다. 점검평가는 프로그램의 수행과정과 성과에 대해서 지속적으로 자료를 수집, 분석하여 프로그램이 성공적으로 수행되고 있는지의 여부를 살펴보고 문제가 발생할 시에는 이에 대한 적절한 조치를 취하는 후속적 작업이 필요하다.

연구과제

1. 프로그램과 서비스가 상호구별되는 이유는 무엇인가?
2. 정책과 프로그램이 동의어로 사용되는 경우를 예시하시오.
3. 종합 프로그램과 단위 또는 단순 프로그램의 차이는 무엇인가?
4. 광의의 프로그램 개발 개념에 포함되는 내용 중 핵심요소는 무엇인가?
5. 우수 프로그램의 요건으로 고유의 정체성을 갖기 위해서 학교사회사업의 프로그램명을 지어 보시오.
6. 탈북이주자를 위한 종합 프로그램에 단위 프로그램으로 포함될 수 있는 것을 열거해 보시오.

2 사회복지 프로그램 개발의 이론과 모형

제 1 절 사회복지 프로그램 개발의 접근방법과 의사결정모형

사회복지 프로그램을 개발할 때 프로그램 개발자는 지역사회 내 현존하는 사회문제의 심각성을 인식하고 대상집단의 욕구를 체계적으로 사정한 뒤 프로그램의 목적과 목표를 설정하고 이러한 목적달성을 위한 구체적 계획을 세우면서 프로그램을 개발할 것이다. 이렇게 프로그램 개발의 과정을 묘사하는 것은 사회복지 프로그램 개발에서 체계적 욕구조사, 표적집단 선정, 적합한 개입방법 모색 등 과학적 자료수집의 절차와 합리성을 강하게 부각시켜 준다. 실제로 사회복지 프로그램을 개발할 때 우리는 이러한 합리적이고 과학적인 절차를 중요시한다.

그러나 다른 한편, 프로그램 개발자는 문제나 욕구를 갖는 대상자의 다양한 의견을 조정하고 프로그램을 기획하고 실행할 때 조직이나 기관 안팎에 관련되는 이해관계 당사자와의 부단한 의견조율과 협상의 정치사회적 과정을 거치면서 특정한 해결책을 모색하고 결정할 것이다. 실제로 새로운 프로그램의 탄생은 현존하는 사회문제의 심각성이 정치사회적 과정을 거쳐 크게 부각되고 새로운 프로그램의 수행에 필요한 인력과 재원의 확보는 기존 프로그램과의 마찰에 따른 조정과정을 요구하기에 반드시 정치사회적 과정을 거치게 된다. 이러한 프로그램 개발의 과정은 프로그램 개발과정에 필수적으로 수반되는 정치성 또는 사회적 요소를 강하게 부각시킨다.

사회복지 프로그램 개발의 과정은 실제로 기획과 의사결정의 과정을 내포하고 있기 때문에 프로그램 개발자의 역할과 과업수행의 성격에 따라 접근방법 또는 시각에서 차이가 있다. 이러한 관점에서 Gilbert와 Specht(1977 : 72)는 사회복지 프로그램의 기획과 의사결정에 관한 이론적 접근을 크게 기술방법론적(technomethodological) 측면을 강조하는 시각과 사회정치적(sociopolitical) 측면을 강조하는 시각으로 나누고 각기 다른 시각에 따라 의사결정의 모형이 다르게 제시된다고 보았다.

사회복지 프로그램을 기획하고 의사결정을 하는 과정에서 기술방법론적 측면을 강조하는 차원에서 프로그램 개발자가 수행해야 하는 과업은 주로 분석적(analytic) 과업이 된다. 분석적 과업에 속하는 것들은 자료수집, 계량화, 우선순위 결정, 목표구체화, 프로그램 설계, 비용효과 추계 등이 있다. 분석적 과업을 주로 수행하는 프로그램 개발자는 전문기술자(technocrat)의 역할을 수행한다고 볼 수 있다. 다른 한편으로 사회정치적 차원에서 프로그램 개발자가 수행해야 하는 과업은 주로 조직 내외적으로 관련 당사자에 설득, 협상, 주장하는 등의 상호작용적(interactional) 과업을 수행하고 이러한 프로그램 개발자는 새로운 프로그램의 중요성을 강조하거나 기존 프로그램을 존속시키려는 옹호자(advocate) 역할을 주로 수행한다고 볼 수 있다. 양자의 중간적 위치에 있는 프로그램 개발자는 관료(technocrat)의 역할을 수행한다. 분석적 과업과 상호작용적 과업의 구별은 프로그램 개발자의 역할을 구분하는 근거로 작용하지만 결국 기획 및 의사결정의 모델도 이에 따라 상호구별된다.

〈표 2-1〉 프로그램 개발의 접근방법과 의사결정모델

프로그램 개발과정 강조점	프로그램 개발자 주요과업	프로그램 개발자 주된 역할	기획 및 의사결정 모델
기술방법론	분석적	전문기술자	합리모형
		관료	혼합관조모형
사회정치성	상호작용적	옹호자	점증모형

앞서 언급한 바와 같이 사회복지 프로그램 개발자가 수행하는 과업과 활동은 매우 다양하다. 그럼에도 불구하고 사회복지 프로그램 개발과정은 필연적으로 기획과 의사결정과정을 수반한다. 따라서 사회복지 프로그램 개발에 관한 복잡다양한 과업과 활동의 강조점을 기술방법론적으로 접근하는 경우와 사회정치적으로 접근하는 경우에

따라 프로그램 개발자의 주된 과업과 역할도 달라질 수 있으며 결국 기획 및 의사결정의 모델도 구별된다. 그러므로 여기서는 프로그램 개발과정의 본질적 특성을 기획과 의사결정과정으로 보고 프로그램 개발자가 수행하는 활동의 강조점에 따라 합리모형, 점증모형, 혼합관조모형으로 나누어 살펴보겠다.

1. 합리모형

합리모형(rational model)에 의하면 사회복지 프로그램의 개발과 기획과정은 사회문제나 표적집단의 욕구나 관련된 사실(fact), 이론, 가설 등의 분석을 기초로 문제의 진단과 행동에 이르는 전 과정이 체계적이고 논리적인 순서에 따라 이루어진다고 가정한다. 따라서 문제가 정의되고 욕구가 측정되면 문제해결과 욕구충족의 방안이 결정되고 효과적인 개입방법의 수단을 활용하여 프로그램이 실행된다는 것이다. 합리모형에 따르면 프로그램 개발자는 표적집단의 욕구나 문제에 관심의 초점을 맞추고 달성해야 할 분명한 목표를 설정한 뒤 그 목표달성을 위한 최적의 대안을 선택하는 데 상당한 노력을 기울인다.

그러므로 합리모형의 프로그램 개발에서는 기술방법론적인 측면이 강조되고 프로그램 개발자는 전문기술자의 역할수행이 요구된다. 실제로 효과적이고 혁신적인 사회복지 프로그램 14개가 어떻게 개발되는지에 관하여 조사연구한 Goldberg(1995 : 616)에 의하면 사회복지 프로그램개발의 시작단계는 합리모형에 따라 진행되고 있다는 사실이 확인되었다.

합리모형이 사회복지 프로그램 개발에서 이상적 접근방법으로 간주되지만 인간의 능력으로 완전하고 종합적인 정보수집과 처리가 사실상 어렵고, 문제의 정의와 해결방안의 모색에서 현실적으로 작용하는 정치사회적인 과정을 완전히 배제하기는 어렵다는 점에서 이 모형은 한계를 갖는다.

2. 점증모형

점증모형(incrementalism)을 제시한 Lindbloom(1959)에 의하면 조직의 의사결정은 항상 합리적 방법으로 이루어지는 것이 아니라 현실을 인정하고 약간 향상된 대안을 선택하는 것이 일반적이라는 것이다. 그는 "적당히 이루어지는 과학"(The Science of Muddling Through)이라는 유명한 논문에서 당시 유행하던 과학적이고 합리적인 계획 또는 의사결정을 비판하면서 의사결정과정에서 필연적으로 작용하는 사회정치적 요소를 무시할 수는 없다고 주장했다. 점증모형에 따라 프로그램 개발과정을 설명하면 프로그램 개발은 체계적인 자료수집과 분석보다는 기존 프로그램에서 약간 향상되는 차원에서 약간 변형되거나 수정된 형태로 나타나는 것이 대부분이라고 주장한다. 다시 말해서 최선의 프로그램보다는 점증적이고 중화적인 형태로 프로그램이 확정되고 시행되는 것이 현실적이라는 것이다. Goldberg(1995 : 620)는 프로그램 개발과정에 관한 연구에서 점증모형으로 프로그램이 개발되는 경우 기존 프로그램이 시행착오과정을 거치면서 단계적으로 프로그램의 예산과 인력이 확충되어 변모한다는 사실을 발견했다.

이 모형에 의하면 프로그램 개발자는 상호작용적 과업인 상호입장교환, 협상, 당사자 간의 합의 등 사회정치적 과정이 중요시되고 프로그램 개발자는 기존 프로그램의 합법성, 예산, 당사자의 이익을 대변하는 옹호자의 역할을 수행하게 된다. 이 모형은 현실을 인정하고 혁신을 배제한다는 점에서 보수적이며 의사결정에서 지나치게 현실의 여건과 정치성을 강조하기 때문에 체계성과 과학성이 결여된다는 비판을 받고 있다.

3. 혼합관조모형

혼합관조모형(Mixed Scanning Model)은 Etzioni(1964)에 의해 제시된 것으로 합리모형과 점증모형의 혼합형태를 이룬다. 혼합모형에서 조직의 기본적인 방향설정과 같은 master plan을 할 때에는 문제의 원인분석과 합리적 대안모색과 선택이 바람직하나, 세부적 mini plan의 경우에는 점증모형의 의사결정이 바람직하고 더욱 현실적이라는 입장을 취한다. 사회복지 프로그램 개발과정과 관련해서 사회복지기관에서 야심적으로 추구해야 할 장기적인 프로그램이나 핵심사업의 경우 합리모형에 따라 문제의 원인분석과 대안모색이 합리적이며 과학적으로 이루어질 필요가 있으나 단기적이거나 세부 단위사업, 또는 기존 프로그램의 문제점을 해결하는 방향으로 프로그램을 개발하는 경우 점증모형에 따라 기존의 세력과 당사자 간의 협상과 합의가 이루어질 수 있도록 한다는 것이다. 혼합관조모형에 의해 프로그램 개발을 시도하는 프로그램 개발자는 관료의 역할을 수행한다. 그리고 프로그램 개발자는 거시적 차원에서 의사결정을 하는 경우 분석적 업무를 수행해야 하나, 미시적 차원에서는 상호작용적 과업을 주로 수행할 수 있다.

혼합관조모형은 합리모형이 추구하는 지나치게 이상적인 합리성을 약간 중화시키는 동시에 점증모형이 갖는 보수성을 극복한다는 점에서 장점이 있지만 장·단기사업과 핵심 또는 주요사업에 대한 조직구성원의 동의 또는 합의가 없는 한 이러한 의사결정도 문제가 될 수 있다는 점이 단점으로 지적된다.

4. 쓰레기통 모형

쓰레기통 모형(garbage can model)은 혼란스럽고 복잡한 상황하에서 조직의 의사결정과정을 비관적으로 설명한다. Cohen과 March(1974)에 의해서 제시된 쓰레기통 모형은 마치 각종 쓰레기가 한 통 속에 모여지듯이 네 가지 독립적 투입물인 문제, 해결책, 참가자, 선택기회 등이 하나의 의사결정과정이라는 통 속에 들어와서 조직의 모호한 목표와 불확실한 기술 때문에 투입물 간의 합리적인 연계 없이 특수한 혼합에 의해 의사결정이 이루어진다는 것이다. 이러한 의사결정의 결과는 현존하는 문제를 충분히 고려하지 않고 문제를 간과하거나 핵심문제와 관련이 없는 의사결정 또는 문제해결에 도움이 되지 않는 도피로 나타나며 실제로 문제해결을 위한 진정한 의사결정은 거의 이루어지지 않는다고 본다. 특히 이 모형은 우선순위 부재, 모호한 기술, 무질서한 참여, 조직과 환경의 경계불명확 등을 특징으로 하는 무정부조직(organized anarchy)에서 발견되고 있다.

쓰레기통 모형에 따라 사회복지 프로그램 개발과 기획과정을 설명하면 프로그램 개발과 기획은 현존하는 조직구조에서 조직의 문화와 규범적 맥락, 그리고 조직구성원의 신념과 관심 등에 의해서 영향을 받기 때문에 실제로 표적집단의 핵심적인 문제해결을 위한 새로운 프로그램의 창시나 기존 프로그램의 개혁은 요원한 일로 간주된다는 것이다. 현실적으로 각종 사회복지기관의 프로그램 관리자들은 기존 프로그램의 중요성, 예산의 한계, 인력부족에 따른 업무과중, 조직목표의 불확실성과 사회복지서비스 기술의 모호성 등 현실적 제약요건으로 인해서 진정한 문제로부터 도피하거나 간과하여 결국 기존의 문제투성이인 프로그램을 그대로 수행하거나 피상적인 프로그램의 수정이나 기존 프로그램의 차용과 같은 형태로 프로그램이 개발될 수 있는 개연성이 매우 크다. 실제로 쓰레기통 모형이 적용되는 프로그램 개발과 의사결정의 사례를 확인할 수 있는데, 이러한 사례에서는 문제가 주어지고 문제해결을 위한 해결책의 강구보다는 미리 의사결정자나 프로그램 개발자가 문제와 더불어 해결책도 동시에 의사결정과정에 투입시키고 있었다(Goldberg, 1995 : 621).

아무튼 이 모형은 사회복지 프로그램 개발이라는 명제에 주어진 현실적 기관의 여건과 사회복지사들의 복잡다양한 상황을 잘 설명해 주고 있지만 실제로 의사결정의 결과가 바람직스러운 프로그램의 개편보다는 조령모개식의 의사결정으로 궁극적으로는 함량미달의 프로그램이 지속되거나 약간은 변형된 형태로 나타난다는 점에서 비판을 받고 있다.

제 2 절 사회복지 프로그램 개발의 이론적 모형

지금까지 사회복지 프로그램은 기획과 의사결정과정을 내포한다는 전제하에 사회복지 프로그램 개발에 대해서 접근할 때 기술방법론적인 측면이 강조되느냐 아니면 사회정치적 측면이 강조되느냐에 따라 합리모형, 점증모형, 혼합관조모형 그리고 쓰레기통 모형으로 나누어 제각기 다른 모형으로 접근할 경우 어떤 특성이 있는지를 살펴보았다. 이러한 모형들은 사회복지 프로그램 개발의 전체 성격적인 측면을 대략적으로 이해하는 데에는 도움을 주지만 실제로 사회복지 프로그램 개발자가 사회문제를 해결하고자 체계적으로 접근하는 데 있어서 구체적인 방법과 지침을 제공해 주지는 못한다. 따라서 사회복지 프로그램 개발의 원리나 방법론적 차원에서 더욱 구체적인 이론적 모형을 탐색해 볼 필요가 있다.

사회복지 프로그램 개발에 관한 이론적 모델은 학자마다 시각과 강조점을 달리하기에 매우 상이하게 제시되고 있는데, 여기서는 학계와 실무계에서 보편적으로 인정되는 대표적 모델을 살펴보고자 한다. 각 모델의 특성을 비교하여 명확한 이해를 도모하기 위해서 사회복지 프로그램 개발의 개념구성, 프로그램 개발의 단계, 각 단계별 프로그램 개발자가 수행해야 할 과업 등을 중심으로 서술하겠다.

1. Kamerman의 모형

사회복지 프로그램 개발에 관해서 최초로 체계적인 이론적 모형을 제시한 학자는 Kamerman이다. 그는 1973년 미국 Columbia 대학에서 지역사회중심의 아동복지 프로그램 평가에 관한 실증적 연구를 기반으로 한 박사학위논문을 마치고 당시 프로그램 개발분야에서 사용되었던 Kahn(1969)의 모델은 소규모의 사회복지 프로그램 개발보다는 정부의 복지정책기획과 개발에 역점을 둔 모델이었다고 비판하고, Brager와 Specht(1973)의 모형 역시 지역사회 프로젝트를 추진하고 실행하는 데 다루어야 할 요소를 설명하는 데는 유용하지만 조직이나 기관차원에서 새롭고 체계적인 사회복지 프로그램 개발에는 부적합한 모델이라고 비판하면서 사회복지이론과 실천을 연계시키는 새로운 모델을 제시했다. Kamerman(1975)은 사회복지조직에서 전반적인 기관의 정책이나 목적이 설정되었다면 이를 성취하기 위한 구체적·집단적 활동과정을 프로그램으로 정의하고, 프로그램의 활동과정을 기획, 개시, 실행의 3단계로 나누는 프로그램 개발의 개념적 틀을 완성했다.

1) 기 획

새로운 프로그램이 창출되는 과정에서 초기단계인 기획(planning)단계는 시간적 차원에서나 관련된 활동의 내용 차원에서도 실제로 프로그램이 시행되는 단계와는 구별된다. 기획단계에서 프로그램 개발자가 수행해야 할 과업은 우선적으로 지역사회의 당면문제를 인식하거나 클라이언트 집단의 욕구파악이 선행된다. 또한 프로그램 개발자는 새로운 프로그램을 기획할 때 소비자, 전문가, 지역사회의 유관기관 등 이해관계 당사자들의 참여를 보장해야 하며, 지역사회에서 지도적 역량을 발휘하는 사람과 세력집단의 관심과 의도를 식별하는 것도 중요하다.

그리고 기획단계에서는 목적 및 목표의 구체화, 개입방법과 기술의 선택, 프로그램 수행에 적절한 조직구도의 설계, 행정 및 재정적 자원의 확보와 지원 등의 과업이 수행되어야 한다.

2) 개 시

프로그램의 개시(initiation)는 기획이 이루어진 다음 프로그램을 보다 구체적으로 작동할 수 있도록 만들어 시행하는 단계이다. 사회복지 프로그램 개발에 관한 경험적 조사연구의 결과 프로그램의 기획과 개시는 시간적 차원과 활동성격의 차원에서도 상호구별되었다(Kamerman, 1973). 프로그램의 개시는 다음과 같은 세 가지 요건이 충족되거나 결정되었을 때 시작된다. ① 프로그램 수행에 필요한 재원이 확보되었고, ② 상부기관이 프로그램을 기획하는 기관에 대해서 프로그램 시행에 관한 인준이 이루어졌을 때, ③ 조직과 조직 내 집단이 새로운 프로그램을 수행하기로 결정했을 때에 프로그램 개시가 이루어질 수 있다.

개시단계 프로그램 개발자가 수행하거나 해결해야 할 과업에는 우선 조직의 이념 또는 사명(mission)을 프로그램 체계로 전환시키는 작업이다. 이러한 과업은 프로그램의 목표를 논리적으로나 범주적으로 조직의 사명에 일치시키는 노력이 핵심을 이룬다. 그 다음 프로그램 담당부서 확정, 직원채용, 역할정의 등 프로그램 수행을 위한 조직구조를 형성하고 또한 이해관계집단의 의견을 수렴하여 프로그램의 합법성을 확보하려는 활동이 수반된다. 마지막으로 목표를 세분화하고 개입의 직접적 표적집단을 선정하면서 개입전략을 확정하고 서비스 제공 활동이 시작된다. 당초의 프로그램 목표와 표적집단이 선정되고 전략, 서비스, 행동이 시작되면 개시단계가 종료된다.

3) 실 행

프로그램 수행에 필요한 기제들이 충분히 작동되고 성과가 나타나고 평가가 될 수 있을 때 실행(implementation)단계가 시작된다. 이 단계는 프로그램이 구조화되어 지속적으로 서비스가 산출되면 시작되고 계획된 서비스가 완전히 클라이언트 집단에 제공되면 끝난다.

실행단계의 주요과업에는 조직의 관리자와 직원의 프로그램 목표달성에 대한 공헌과 의지 유지, 프로그램 인가와 목표의 강화, 효과적이고 효율적인 자원활용, 소비자나 지역사회에 대한 책임성 확보를 위한 장치의 통합 등이 있다. 프로그램이 실행되어 계획된 성과와 영향이 평가되면 이 단계가 종료된다.

2. Patti의 모형

사회복지 프로그램 개발과 관련된 광범위한 지식과 기술을 통합하여 체계적으로 프로그램 개발의 단계, 목적, 과업, 관련 이슈를 선행연구의 경험적 토대하에 제시한 모델이 Patti(1983)의 모형이다. 사회복지 프로그램은 조직의 공식적 행정체계 아래서 클라이언트 집단에게 재활, 접근성, 개별적 서비스를 제공하는 구체적인 활동의 체계로 정의하면서 사회복지 프로그램을 조직이나 행정의 관점에서 관리의 대상으로 파악했다는 점에서 특성이 있다.

Patti(1983)는 사회복지 프로그램 개발과정을 3단계로 나누어 설명하면서 각 단계별로 프로그램 개발자가 해결해야 할 문제나 딜레마를 부각시키고 또한 각 단계별로 요구되는 과업과 기법을 상세히 다루었다.

1) 설 계

사회복지 프로그램 설계(design)단계에서 이루어지는 핵심적인 내용이 기획이다. 기획(planning)은 일정한 기간 동안 자원과 수단을 사용하며 미래의 바람직한 결과를 성취하도록 준비하는 과정으로 프로그램 개발자는 욕구조사, 목표설정, 개입전략선택, 자원결정 등의 주요과업을 수행해야 한다. 특히 이 단계에서 욕구조사의 방법과 기술이 강조되고 목표달성을 효과적으로 수행하기 위해서 MBO(Management By Objective)에 의한 목표관리방법을 자세히 기술하였다. 설계단계의 특징은 외부적 요인과 내부적 요인으로 프로그램 창출의 원인을 규명했으며 자원획득과업에서 다양한 프로그램의 재원을 마련하는 방법을 자세히 다루었다는 것이다.

2) 실 행

실행(implementation)단계는 프로그램이 실제로 운영되는 상태로 진입함으로써 시작된다. 실행단계의 특징은 프로그램에서 제공되는 서비스를 받을 합당한 클라이언트 집단의 안정적 확보와 지역사회의 여타 기관과의 상호교류와 협력관계를 유지하는 노력에 있다. 실행단계에서 프로그램 개발자가 수행해야 하는 주요과업은 크게 자원확보, 조직구조개발, 직원능력개발이 있다. 자원확보과업은 잠재적 클라이언트 집단에 대한 효과적 홍보와 타 기관과의 협력과 의뢰로 충분한 클라이언트 자원을 확보하는 데 역점을 둔다. 조직구조개발과업은 프로그램의 효과적이고 효율적인 수행을 위해서 전문화, 부서화, 집권화, 공식화 등 조직구조개발을 위한 원리를 잘 활용할 것을 권장한다. 직원능력개발과업은 프로그램 수행에 적합한 직원선발과 동기부여를 다루고 있다.

3) 안정화

프로그램이 안정화(stabilization) 단계에 들어가면 프로그램의 생존에 더 이상 문제가 되지 않는다. 따라서 안정화 단계는 프로그램이 지향하는 목표와 방향이 확고하고 관련되는 활동은 복잡한 성격을 띠게 된다. 안정화 단계의 주요과업에는 직원의 능력개발과 관리감독, 프로그램 평가, 변화와 혁신을 위한 과업 등이 있다. 특히 직원의 능력개발과 관리감독의 과업수행을 위해서는 효과적인 리더십 개발이 필요하고 슈퍼비전에 의한 지도감독이 강조된다. 평가는 프로그램의 효율성과 효과성의 정도를 파악하고 현존하는 프로그램을 개선시키는 방안으로 활용되거나 기관의 책임성 확보의 차원에서 매우 중요시된다. 프로그램의 변화는 클라이언트 집단의 욕구변화, 재원, 공급체의 요구, 상부기관의 정책 등으로 발생할 수 있으나 프로그램 차원의 변화과업은 목표수정, 절차변경, 부서나 집단활동의 변화 등 깊이와 넓이의 측면에서 종합적으로 고려되어야 한다.

3. Thomas의 디자인 개발모형

Thomas(1984, 1988)의 디자인 개발(design and development)모형은 사회복지실천에서 개입방법이라는 사회적 테크놀로지를 과학적이고 체계적으로 생산해 나가는 방안으로 조사방법의 지식과 기술을 실천에 통합시키는 개입조사(intervention research)이론의 핵심내용이다. 개입조사이론은 공학적 개념과 조사기법을 활용하여 사회복지실천의 개입방법에 혁신을 이루려는 일단의 학자들에 의해서 구체화된 접근방법으로 지식개발(knowledge development), 지식활용(knowledge utilization), 그리고 디자인 개발(design and development) 등 세 영역으로 나누어진다(서인해, 2003 : 3-23). 지식개발은 인간행동과 사회문제를 이해하고 실천적으로 도움이 되는 지식을 가설, 이론, 일반화 등의 형태로 개발하는 방법과 절차를 제시한다. 지식활용은 이론이나 경험적 조사에 근거를 둔 지식을 실천현장과 클라이언트 특성에 알맞게 전환 또는 응용하는 방안에 초점을 둔다. 마지막으로 디자인 개발은 특히 혁신적인 사회복지 프로그램 개발에 관해서 체계적이고 구체적인 절차와 방법을 다루고 있다. 그래서 디자인 개발(D&D) 모델은 혁신적 사회복지 프로그램 개발의 단계를 6단계로 나누어 각 단계별로 수행되는 활동과 절차를 설명하고 또한 각 단계별로 필요한 물리적 조건을 제시해 준다.

Thomas의 디자인 개발모형은 〈표 2-2〉에서 나타나는 바와 같이 혁신적 사회복지 프로그램을 개발하기 위해서는 기존의 과학적이고 경험적인 지식을 최대한 활용하여 사회문제를 분석하고 개입방법을 설계하고 개발하여 평가하는 일반적 단계를 제시하는 차원에 머무르지 않고 이를 확산하여 보다 광범위하게 활용하는 것을 매우 강조하고 있다. 전체적으로 디자인 개발모형의 첫 단계는 문제분석과 개발가능성 탐색으로 출발하지만 디자인 단계에서는 혁신적 개입방법이나 프로그램을 창출하기 위한 매우 구체적인 절차와 활동양태를 자세히 기술하고 있으며, 개발단계에서도 개발계획을 수립하여 시범적인 사용을 하거나 혁신적 프로그램을 테스트하는 작업 등이 요구되는 특성을 보여준다. 이 모델은 사회복지 프로그램 개발단계에서 새로운 프로그램을 설계하는 구체적 작업과 설계된 프로그램을 실제 시범적 적응을 위하는 데 초점을 맞춘 개발에 큰 비중을 두고 있기 때문에 디자인 개발(design & development) 모형으로 명명된다.

〈표 2-2〉 디자인 개발모형의 단계와 절차

단 계	절차 · 활동	물리적 조건
1. 분석(analysis)	1) 문제확인과 분석 2) 기존 및 현 상황 검토 3) 개발 · 실행 가능성 조사	· 문제가 되는 상황 존재 · 기존의 개입방법 · 프로그램 · 관련된 정보 및 자원 · 개발 · 실행 보고서 작성
2. 디자인(design)	1) 혁신목표의지 확정 2) 혁신을 위한 요구사항 확인 3) 설계문제의 확인 4) 자료 및 정보원천 선별 5) 자료수집 및 처리 6) 해결대안 개발 및 선정 7) 종합 9) 현장적용의 대표적 형태 결정	· 목표 및 설계문제 진술 · 관련된 자료와 정보 · 혁신의 대표적 청사진 · 개입혁신 · 혁신의 절차
3. 개발(development)	1) 개발계획수립 2) 조작화 준비 3) 시범적 사용과 개발 테스트	· 개발계획 · 시범적 실행 · 시범적 실행자료 · 테스트한 개입혁신
4. 평가(evaluation)	1) 평가계획수립 2) 평가자료확보 및 평가	· 평가계획서 · 평가자료
5. 확산(diffusion)	1) 미디어를 통한 전파와 확산준비 2) 사용자에 의한 사용	· 간행물 · 보고서 등 미디어물
6. 채택(adoption)	1) 광범위한 활용	

4. Rapp과 Poertner의 설계모형

Rapp과 Poertner(1992)는 사회복지 프로그램 관리에서 가장 중요한 가치는 클라이언트 중심의 서비스 전달에 있다고 보고 성과(performance)중심의 프로그램 관리모델을 제시하였다. 이 모델에서 강조되는 클라이언트 중심 성과는 클라이언트 성과(client outcomes), 생산성(productivity), 자원획득(resource acquisition), 효율성(efficiency), 그리고 직무만족(job satisfaction) 등 다섯 가지 영역에서의 주요지표로 결정된다고 보았다. 따라서 이들의 모형은 인사관리, 자원관리, 정보관리 등 조직차원에서 프로그램을 개발하고 시행하는 데 있어서 기초 또는 토대에 해당하는 요소에 상당한 비중을 두었다. 그들은 실제 프로그램 개발의 이론적 모형은 설계(design)단계를 중심으로 개념화하고 설계단계를 더욱 세분화하여 8단계로 나누어 접근하는 형태를 보여준다. Rapp과 Poertner의 설계모형 8단계 주요과업은 다음과 같다.

1) 1단계 : 사회문제의 분석

프로그램 설계의 첫 단계인 사회문제의 분석(analyse the social problem)은 프로그램 목표설정에 기초자료를 제공한다. 문제분석의 틀(framework)은 개인과 사회적 차원에서 구별하여 어떤 위협과 장애요소가 있는지를 파악하는 데 도움을 준다.

2) 2단계 : 일차적 수혜자 식별

사회문제의 존속으로 고통을 받거나 사회문제의 해결에 따른 일차적 수혜자가 누구인지를 파악(identify direct beneficiary of the program)하는 노력이 필요하다. 표적집단의 정확한 선정과 이를 위한 구체적 방법인 일반집단, 위험집단, 표적집단, 클라이언트 집단 등으로 개념적으로 구별하여 좁혀 나가는 단계별 추출기법을 구체적으로 제시한다.

3) 3단계 : 사회복지 원조이론의 결정

사회복지 원조이론의 결정(determine social work theory of helping) 단계는 개입방

법과 기법을 선정하는 과정이다. 어떤 개입의 이론과 모델을 선정한 것인지는 클라이언트의 기대와 욕구, 클라이언트 차원의 성과목표, 사회복지사의 기대 등을 고려하여 결정할 필요가 있다. 또한 3단계에서는 목적(goal)과 목표(objectives) 설정이 강조된다. 목적은 클라이언트 중심으로 현실적이며 명확하고 분명하게 기술되어야 하고 목표는 목적과 관련된 단일의 시간제한적이며 측정가능한 형태로 설정되어야 한다는 점을 분명히 지적한다.

4) 4단계 : 서비스 절차의 구체화

서비스 절차를 구체화(specify the service procedures)하는 4단계에서는 사회복지사와 클라이언트가 상호협력하여 사정, 개입계획수립, 계약, 실행, 평가 등 사회복지서비스 제공상의 주요요소를 보다 분명히 하는 작업이 요구된다. 특히 사례관리자로서 서비스가 제공되는 경우 사례관리모델에 따라 각 단계별 절차와 내용을 조심스럽게 결정해야 한다.

5) 5단계 : 클라이언트에게 도움을 주는 인사 식별

클라이언트에게 도움을 주는 인사 식별(identity key persons)을 하는 5단계에서는 사회복지서비스가 효과적이기 위해 클라이언트와 사회복지사의 노력 이외에도 다른 사람들의 도움이 필요하다. 서비스 성과에 영향을 주는 관리자, 이사진, 자원봉사자, 행정요원, 다른 기관의 요원 등에서 누가 어떤 중요한 역할을 수행하는지를 파악해야 한다.

6) 6단계 : 원조환경의 구체화

원조환경의 구체화(specify the helping environment)를 하는 6단계에서는 사회복지서비스 제공 과정의 환경적 요소인 물리적 공간과 사회적 관계가 고려되어야 한다. 특히 서비스의 내용에 따라 사무실, 프로그램실, 직업훈련실 등 장소의 적합성을 체크하고 집단 프로그램의 경우 집단의 크기와 상호작용에 대한 배려도 있어야 한다.

원조 환경적 요소로 교통수단은 매우 중요하다. 왜냐하면 특정 클라이언트 집단은 서비스 접근성에서 심한 장벽을 느끼기 때문이다.

7) 7단계 : 실제 원조행동의 기술

실제 원조행동의 기술(describe helping behaviors)을 하는 단계에서는 사회복지사가 실제로 원조활동을 전개할 때 문제유형별 클라이언트 집단에 대하는 행동양태는 다양하다. 따라서 특정 서비스에 필요한 사회복지사의 활동양태나 행동양태를 한층 구체적으로 기술하여 접근해야 한다. 예컨대, 성폭력피해자인 클라이언트에 대해서는 경청과 지지적 행동을 보여주도록 구체적인 기술이 필요하다.

8) 8단계 : 정서적 반응의 확인

원조과정에서 클라이언트와 사회복지사의 정서와 정서적 반응의 확인(identify emotional responses)은 서비스의 성패를 좌우할 수 있으므로 양자의 정서상태에 관한 분명한 인식과 이해는 매우 중요하다. 사회복지사는 발생 가능한 클라이언트 정서표현을 미리 예견하고 슈퍼비전, 팀 접근, 지지집단 마련 등의 자원을 동원하며 적절한 대응방안을 마련해야 한다.

5. Kettner, Moroney, Martin의 설계관리모형

이 모형은 사회복지기관의 관리자가 프로그램의 효과성을 향상시키기 위해서 관리자의 관점에서 프로그램의 기획과 설계단계에 중점을 두어 프로그램 개발의 원리와 구체적 지침을 제공한다.

Kettner와 동료 학자들(1999)은 사회복지 프로그램을 명확히 정의 내리지는 않았지만 프로그램이라 할 때 기관 또는 조직을 전제로 식별가능하고 상호구별될 수 있는 직원, 자원, 클라이언트, 서비스 등이 구비되어야 한다는 점을 강조한다. 설계관리(designing and managing)모형은 보기에 따라서는 실행단계와 평가단계에 다루어야 할 요소인 정보관리시스템 구축과 평가와 같은 내용을 포함시켰지만 이러한 요소들도 초기의 기획과 설계단계에서 주로 고려해야 할 사항으로 접근하기에 프로그램 개발의 단계를 기획과 설계로 압축하여 내용을 구성하였다. 따라서 이 모형은 프로그램 개발의 단계를 구분하지 않고 설계와 기획단계에 필요한 주요내용을 중심으로 서술되었다. 설계관리모형의 주요내용은 다음과 같다.

1) 문제분석

문제분석(problem analysis)에서는 사회문제가 어떻게 규정될 것인지를 실제적으로 보여주고 문제분석을 위한 개념적 틀을 활용하여 프로그램으로 다루어야 할 사회문제를 이해하고 활용하는 방법을 제시한다.

2) 욕구사정

기획에서 욕구사정(needs assessment)의 의미를 강조하고 욕구이론에 따라 규범적, 비교적, 인지적, 표출된 욕구 등이 각종 욕구조사의 방법에 따라 어떻게 추출할 수 있는지를 실례로 통해서 보여준다.

3) 전략선택과 목표수립

기획단계에서 개입전략을 수립하기 위해서는 전략선택과 목표수립(selecting a strategy and establishing objectives), 즉 프로그램 가설을 수립하여 결과를 예측하는 노력이 중요하다. 프로그램의 목표는 기관의 사명헌장(mission statement)으로부터 논리적으로 유추되며, 또한 목표는 세부목표로 분화될 수 있는데 이때 강조되는 기준이 성과와 목표달성의 여부를 결정하는 측정기준이다.

4) 프로그램 설계

프로그램 설계(program design)는 개입계획을 수립해 세부목표달성을 위한 프로그램 구성요소를 체계적 관점에서 투입, 진단, 산출, 성과로 나누어 작성하도록 요구한다.

5) 정보관리체계

효과성에 기초한 관리정보 시스템(management information system)을 구축하는 작업도 투입, 전환, 산출, 성과로 나누어 클라이언트와 프로그램 목표달성에 관한 유용한 정보를 관리하고 활용하도록 한다.

6) 예산수립

프로그램의 예산을 수립(budgeting)하기 위해서 프로그램 예산과 항목별 예산을 작성하고 비용과 수입을 추계하고 관리하는 구체적 방법을 제시한다.

7) 프로그램 평가

프로그램의 수행과 성과를 측정하고 관리하는 방법을 효율성, 효과성, 과정, 영향 등 각종 프로그램 평가(program evaluation)방법에 따라 과학적이고 체계적인 평가의 방법을 실례를 들어 제시하고 있다.

6. Kirst-Ashman과 Hull의 IMAGINE 모형

최근 Kirst-Ashman과 Hull(2001)은 사회복지실천에서 조직과 지역사회를 변화대상체계로 개입하는 거시적 수준의 일반사회복지실천(generalist practice)모델은 제시했는데, 직접적(임상적) 실천에서 사정과 사례계획의 단계처럼 거시적 실천에서 계획과정을 PREPARE 모형으로 설명하고, 거시적 실천에서 실행과 평가과정을 IMAGINE 모형으로 설명한다.

PREPARE는 문제(**P**roblem)확인, 거시적 또는 개인적 현실(**R**eality)검토, 주요목적수립(**E**stablish), 영향력 행사 인사(**P**eople) 파악, 비용과 편익의 잠정적 사정(**A**ssessment), 전문적 또는 개인적 위험(**R**isk)요인 검토, 잠정적 성과평가(**E**valuate) 등 7단계의 주요과제에 해당하는 키워드의 머리글자를 따서 만들어진 것이다. PREPARE 모형은 거시적 실천에서 지역사회나 조직을 변화시키거나 특정한 프로젝트를 수행할 때 전 단계에 고려하거나 준비해야 할 사항에 관한 주요내용으로 구성되어 있다. 한편,

IMAGINE 모형은 사회복지기관에서 새로운 프로그램을 개발할 때 유용하게 사용될 수 있는 프로그램 개발모형이다.

〈표 2-3〉 사회복지 프로그램 개발의 모형 비교

단 계	머리글자	주요과제	과 업
1단계	Ⓘ	아이디어(Idea) 개발	· 새로운 프로그램의 수혜자인 클라이언트 체계와 접촉 · 제안된 프로그램의 전반적인 목적 구상 · 클라이언트 미충족 욕구파악과 자료수집
2단계	Ⓜ	지지규합(Muster)	· 행동체계(action system)로부터 지원요청 · 지지자를 과업집단이나 자문위원회에 배치 · 프로그램에 대한 지원체계 확립
3단계	Ⓐ	자산(Assets)확인	· 시간, 기술, 직원, 예산의 규모와 정도 파악 · 기관으로부터 지원과 합법성 확보 · 실행가능성 탐색과 재정적 자원 요청
4단계	Ⓖ	목적(Goal) · 목표설정	· 목적 및 목표설정과 관련활동 구체화 · PERT 차트에 의한 월간활동계획수립
5단계	Ⓘ	실행(Implement)	· 시범적 실행과 문제점 파악 · 프로그램의 시행과 참여직원 동기부여 · 클라이언트 계약서 작성
6단계	Ⓝ	저항중화(Neutralize)	· 예기치 못한 저항 발생 · 행정적 지원과 지지로 저항중화
7단계	Ⓔ	과정 및 효과평가 (Evaluate)	· 프로그램 수행과 일상적 활동 모니터링 · 효과성 평가 및 영향평가

Kirst-Ashman과 Hull(2001 : 232)은 어떤 목적달성을 위한 다양한 활동의 체계를 프로그램으로 보고 사회복지 프로그램은 사회복지사가 클라이언트를 원조하거나 서비스를 제공하는 수단의 역할을 한다는 점을 강조한다. 그들이 제시한 IMAGINE 모형도 7단계로 나누어지는데, 모형의 명칭도 각 단계별 주요과제에 해당하는 핵심용어의 머리글자를 결합하여 만들어졌다.

이들이 제시한 IMAGINE 모형의 주요과제와 프로그램 개발자가 수행해야 할 과업은 7단계로 나누어지고, 각 단계는 순차적으로 서술되어 있지만 실제로는 순서에 상관없이 복합적이고 동시에 진행될 수 있다는 점을 인식할 필요가 있다.

7. 종합평가

지금까지 앞서 서술된 사회복지 프로그램 개발의 6개 모형은 각 모형의 프로그램에 대한 정의와 기본적인 전제, 그리고 프로그램 개발의 단계와 주요과업 등에 있어서 공통점과 차이점을 보여준다. 우선 6개 모형은 사회복지 프로그램이 사회복지조직이나 기관의 목적달성을 위해서 자원, 기술, 인력이 결집되어 일어나는 활동의 양상으로 보고 클라이언트 집단에 효과적인 서비스를 제공하는 중요한 도구라는 점에서는 일치된 견해를 보여주고 있다. 또한 각 모형의 단계는 3단계, 6단계, 7단계, 8단계 등 제각기 나름대로 제시되었지만 실제로 일어나는 각 단계별 주요내용과 과업을 자세히 살펴보면 대동소이한 측면이 발견된다. 즉 문제파악과 욕구조사가 선행되고 목적 및 목표설정, 자원확보, 개입전략 및 방법선택, 실행과 정보관리, 평가 등의 프로그램 개발에 필요한 주요요소는 순차적으로 서술되고 비록 명칭은 다르더라도 내용적인 차원에서는 유사성을 보여준다는 것이다. 그럼에도 불구하고 각 모형은 제각기 다른 주요특성이 여실히 부각된다.

Kamerman의 모형은 최초로 사회복지기관의 입장에서 프로그램 개발과정을 실증적인 조사연구에 기반을 두어 제시했다는 점에서 의의가 있으며 기획, 개시, 실행의 3단계로 나누었지만 각 단계별로 수행해야 할 과업의 구분이 다소 모호하다는 점이 발견된다. 즉 2단계인 개시단계의 행정적·재정적 지원확보와 부서확정은 실제로 1단계인 기획단계에 포함될 수 있는 내용을 다루었다는 것이다. Patti의 모형은 사회복지 프로그램 개발의 단계를 설계, 실행, 안정화의 3단계로 단순화하여 각 단계별로 프로그램 관리자가 수행해야 할 과업과 기술을 상세히 기술하였고 프로그램의 주요 구성요소인 자원과 인력개발에도 상당한 비중을 두어 서술하고 있다는 점에서 조직관리자에게 유용한 정보와 자료를 제시하는 장점이 부각된다. 그러나 이 모형은 실제로 한정된 시간의 범위 내에서 프로그램 관리자가 다루어야 할 요소가 너무 방대하기 때문에 조직관리나 기관행정의 차원에서는 유용한 모형이지만 일선 프로그램 관리자의 입장에서는 실용성에 문제가 있다.

〈표 2-4〉 사회복지 프로그램 개발의 모형 비교

모 형	기본 전제	단계 및 주요과업	특 징
Kamerman 모형	· 프로그램을 조직의 정책과 목적달성을 위한 구체적 활동과정으로 정의 · 사회복지기관차원의 프로그램 개발모델은 이론과 실천을 연계해야 함	· 기획, 개시, 실행 3단계 · 문제나 욕구파악, 목적·목표설정, 개입방법 선택, 행정 및 재정적 지원확보, 상부기관의 인준, 부서확정, 조직구조 형성, 직원동기 유지, 책임성 확보	· 최초로 사회복지기관차원의 프로그램 모형제시 · 실증적 조사연구에 기반을 둔 단계별 과업 제시
Patti 모형	· 프로그램을 조직의 공식적 행정체계 아래 클라이언트에게 서비스를 제공하는 활동의 체계로 정의 · 사회복지조직 및 행정관리의 관점에서 광범위한 자료를 기반으로 한 체계적 모형이 필요함	· 설계, 실행, 안정화 3단계 · 욕구조사, 목표설정, 개입전략선택, 자원결정, 자원확보, 조직구조개발, 직원능력개발, 관리감독, 평가, 혁신	· 합리적이고 체계적인 프로그램 개발의 주요요소를 상세히 서술 · 프로그램의 주요 구성요소인 자원과 인력개발에도 상당한 비중을 둠
Thomas 디자인 개발모형	· 효과적이고 혁신적인 프로그램은 과학적이고 경험적인 지식에 기반을 두어야 함 · 클라이언트 체계에 대한 효과적 개입은 단계별 프로그램 개발원리에 따라 디자인되어야 함	· 분석, 디자인, 개발, 평가, 확산, 채택의 순서로 6단계 · 문제분석, 가능성 탐색, 자료수집, 조작화, 시범 테스트, 평가, 전파와 확산	· 개입조사이론에 따른 조사와 자료에 입각한 새로운 프로그램 디자인과 개발에 역점을 둠 · 새로운 프로그램의 창출은 물론 확산과 광범위한 채택을 중시
Rapp과 Poertner 설계모형	· 사회복지 프로그램의 가치는 클라이언트 중심의 성과달성에 있음 · 프로그램을 관리과정의 요소로 보아 인사관리, 자원관리, 정보관리와의 관계성에서 파악	· 설계단계를 8단계로 세분 · 사회문제분석, 수혜자 식별, 원조이론 확정, 절차 구체화, 주요인사 파악, 원조환경 구체화, 원조행동기술, 클라이언트의 정서적 반응 확인 등	· 프로그램을 사회복지행정조직의 핵심으로 보아 성과중심과 현장중심의 실천적 과제 제시 · 설계단계에 치중한 나머지 실행과 평가과정이 취약
Kettner, Moroney Martin 설계관리모형	· 사회복지 프로그램은 기관을 전제로 상호구별되는 직원, 자원, 클라이언트 서비스를 갖춘 활동체계로 봄 · 프로그램은 서비스의 효과성과 기관의 책임성 확보를 위한 주요수단으로 체계적으로 개발해야 함	· 프로그램 개발단계를 제시하지는 않은 설계와 관리과정에 초점을 두어 7가지 주요요소 파악 · 문제분석, 욕구사정, 전략 및 목표수립, 프로그램 설계, 정보관리, 예산수립, 평가 등 주요요소 또는 과업	· 프로그램 개발에서 실제로 다루어야 할 주요내용을 상세히 서술하고 예시제시 · 프로그램 관리자 입장에서 기술방법론적 과업의 중요성 강조
Kirst-Ashman & Hull IMAGINE 모형	· 사회복지 프로그램 개발은 거시적 실천의 일환으로 간주 · 창조적 프로그램은 합리적 절차와 방법론을 준수하는 것도 중요하지만 정치사회적 과정에 의해서도 결정됨	· 아이디어 개발, 지지규합, 자산확인, 목표설정, 실행, 저항중화, 평가 등 7단계 · 클라이언트 욕구파악, 지원체계 확립, 예산 및 합법성 확보, 목표설정, 시범적 실행, 방해요소 파악 및 저항중화, 모니터링, 효과성 평가	· 프로그램 개발할 때 전 단계에 고려해야 할 요소를 PREPARE로 설명 · 단계별 프로그램 개발자가 수행해야 할 과업과 기술을 자세히 서술

Thomas의 디자인 개발(D&D)모형은 혁신적 프로그램이 과학적이고 경험적인 지식과 자료에 근거를 두어야 한다는 점에서 과학성을 매우 중요시하고, 새로운 프로그램의 창출을 포함하여 효과적 프로그램은 넓게 확산되고 광범위하게 활용되어야 한다는 점을 강조한다. 그러나 일선 프로그램 관리자의 입장에서 현실적으로 경험적이고 과학적인 자료와 지식을 모두 섭렵하여 분석한 뒤 새로운 프로그램을 개발하기는 쉽지 않다는 차원에서 실용성의 문제가 제기될 수 있다. Rapp과 Poertner의 설계(Design)모형은 성과중심의 현장적용성을 강조한 것으로 프로그램의 설계단계를 더욱 세분화하여 구체적 절차와 방법을 제시한 점에서 실용성 차원에서 장점이 있다. 그러나 이 모형도 설계단계에 치중한 나머지 실행단계와 평가단계에 다루어야 할 요소와 과업에 대해서는 침묵하고 있다는 단점이 있다. 마찬가지로 Kettner, Moroney, Martin의 설계관리모형도 설계단계에 중점을 두어 구체적으로 현장에 적용가능한 형태로 과업과 기술을 설명하는 장점이 있다. 그러나 이 모형은 새로운 프로그램을 추진하고 기존 프로그램의 평가와 피드백 과정에서 고려되어야 할 기술방법론적인 요인 이외의 정치사회적인 요인을 무시했다는 점에서 이상적인 모형으로 보이지만 현실성이 도외시되었다. 반면 Kirst-Ashman과 Hull의 IMAGINE 모형은 승인, 합법성 확보, 저항중화 등 프로그램 개발과정에 봉착하는 수많은 정치사회적 요인을 충분히 고려한 점에 장점이 있다. 그러나 이 모형도 사회복지 프로그램은 기관의 행정체계 속에서 다루어야 할 요소인 인력과 예산 등에 관해서는 별다른 관심을 보여주지 않기 때문에 프로그램 개발의 관리적 측면이 무시되는 단점이 있다.

사회복지 프로그램 개발의 모형은 이론과 현실을 매개하는 구실을 해야 한다. 이러한 측면에서 각 모형은 이론적 측면이 강조되는 과학성을 무시할 수 없으며 동시에 사회복지기관의 프로그램 개발자가 당면하는 문제를 해결하고 순조롭게 프로그램을 개발할 수 있는지의 여부를 따져 보는 실용성도 고려되어야 한다. 과학성의 측면에서 장점을 갖는 모형은 Kamerman의 모형, Patti의 모형, 그리고 Thomas의 디자인 개발모형이 있지만 Thomas의 디자인 개발모형은 과학적이고 경험적 지식에 기반을 둔 효과적 프로그램 개발을 매우 강조한다는 점에서 가장 과학성이 강하다. 한편 현장의 프로그램 개발자가 용이하게 활용할 수 있는 구체적 절차와 방법을 제시한 실용성이 강한 모델은 Rapp과 Poertner의 설계모형과 Kettner, Moroney, Martin의 설계관리모형이다. 이 모형들은 프로그램 개발에서 주로 설계단계에 프로그램 개발자가 수행해야 할 과업을 자세히 다루었다는 점에서 매우 유용한 정보를 제공해 준다.

사회복지 프로그램 개발을 내용적 차원에서 살펴보면 전술한 Gilbert와 Specht (1977)의 언급처럼 기술방법론적인 측면과 사회정치적 측면이 있다. 기술방법론적(technomethodological) 측면은 프로그램 개발자가 기획과 의사결정을 할 때 주로 체계적인 지식의 기반에서 욕구조사, 목표설정, 평가 등에서 구체적 기법과 방법을 사용하는 것을 강조한다. 사회정치적(sociopolitical) 측면은 프로그램 개발자가 지지자를 확보하거나 조직 내외적 저항을 중화시키는 대인관계적인 과업이 중요시된다. 여기에 덧붙여 사회복지 프로그램은 반드시 조직과 기관의 관점에서 인력과 자원이 결집되어 효율성이 강조되는 관리과정적 성격이 있다는 측면을 무시하기는 어렵다.

우리는 여기서 각 모형이 기술성, 정치성, 관리성의 차원에서도 강조하는 바가 다르다는 사실을 발견할 수 있다. 프로그램 개발의 모형제시에서 기술적 요소가 가장 크게 부각되지만 정치적 요소가 무시되는 모형이 Kettner, Moroney, Martin의 설계관리모형이다. 정치적 요소와 기술적 요소를 어느 정도 고려하고 있으면서 관리적 측면이 강하게 노출되는 모형은 Patti의 모형이다. 왜냐하면 Patti는 사회복지 프로그램 개발을 사회복지조직과 행정관리의 관점에서 접근했기 때문이다. 대부분의 모형에서 취약성을 보여주는 정치적 요소가 Kirst-Ashman과 Hull의 IMAGINE 모형에서는 지지규합, 합법성 확보, 저항중화 등과 같은 구체적 과업으로 처리되기에 강하게 부각된다. 지금까지 제 모형의 특성을 비교 분석하면, 각 모형의 특성은 정도의 차이이며 절대적인 기준으로 보기보다는 상대적으로 어느 특성이 강조되고 있다는 사실에 주목할 필요가 있다.

학문의 세계에서 어떤 이론, 모형, 또는 연구의 성격을 파악하기 위해서 설명적(분석적)·규범적·기술적 측면에서 살펴볼 수 있다. 여기서 설명적(explanatory) 이론 또는 모형이라 함은 인과관계에 기초하여 체계적 자료수집과 분석을 통해서 현상을 설명하는 데 주안점을 둔 개념의 틀을 지칭한다. 한편 규범적(prescriptive)이라 함은 이론이나 모형을 제시하는 데 있어서 과학적 자료에 기반을 두기보다는 연구자 개인의 경험과 지식을 토대로 가치판단적 의견을 제시하는 것을 말한다. 기술적(descriptive) 모형은 과학성을 내포하지만 현실의 세계를 보다 자세히 묘사하는 데 비중을 둔 이론적 전제와 개념의 복합체이다.

〈표 2-5〉 사회복지 프로그램 개발모형의 이론적 성격과 장단점

모 형	이론적 성격	장 점	단 점
Kamerman 모형	기술성	· 최초의 이론모형과 단계제시 · 실증적 조사와 연구에 기초	· 단계별 과업이 모호함 · 구체적 절차와 방법의 부재로 실용성 차원에서 한계
Patti 모형	기술성, 설명성 강함	· 과학적이고 포괄적으로 개발과정을 자세히 다룸 · 자원과 인력관리에도 상당한 비중을 둠	· 자료 및 정보의 홍수로 인한 현실적 실용성에 한계 · 최고관리자의 조직관리에 더욱 적합함
Thomas 디자인 개발모형	기술성, 설명성 강함	· 과학적 지식에 기반을 둔 체계적 개발과정 강조 · 설계와 개발과정을 포함하여 프로그램의 전파와 확산도 강조	· 과학적 절차나 고도의 학문성 강조로 실용성에서는 한계 · 개발과정에서 정치사회성이 대체로 무시됨
Rapp Poertner 설계모형	기술성, 규범성 강함	· 효과적 프로그램 설계를 세분화하여 방법 및 절차제시 · 현장을 고려한 실제 실용성에서 장점을 보임	· 다소간 과학성이 무시되고 있음 · 기획 및 설계에 치중한 나머지 실행과 평가과정이 소홀함
Kettner, Moroney Martin 설계관리 모형	규범성, 기술성 강함	· 효과성, 책임성의 관점에서 개발의 주요내용 상세히 기술 · 현장의 개발자 입장에서 실용적 방법 제시	· 관리적 측면과 기술방법론에 치우친 나머지 정치사회적 요소 등한시됨 · 설계과정에 중점을 두어 실행과 평가과정이 간과됨
Kirst-Ashman & Hull IMAGINE 모형	기술성, 규범성	· 개발과정 전후의 다양한 요소 고려와 단계별 과업과 기술을 명시 · 프로그램 개발과정에서 정치사회적 요소가 고려됨	· 규범적 원리제시의 강조로 경험적 기반 취약함 · 단계별 과정과 과업의 상호중첩성 문제해결

앞서 살펴본 사회복지 프로그램 개발모형을 이론적 성격의 관점에서 평가해 보면 설명적이고 분석적인 요소가 가장 잘 부각되는 모형은 Patti의 모형과 Thomas의 디자인 개발모형이다. Patti의 설계, 실행, 안정화 모델은 기존의 과학적 지식과 기술을 최대한 활용하여 프로그램 개발과정을 자세히 설명하고 있으며 Thomas의 모형은 특히 효과성과 과학적 검증과정을 거친 지식의 활용에 중점을 두었기 때문이다. 규범성이 가장 강한 이론적 모형은 Rapp과 Poertner의 모형으로 볼 수 있다. 모든 모형이 프로그램 개발과정을 어느 정도 자세히 서술하고 있어 기술성의 측면을 다소 공유하고 있지만 Kettner, Moroney, Martin의 설계관리모형이 각 프로그램 개발과정에 필요한 내용을 매우 상세히 서술하고 있다는 점에서 돋보인다.

제 3 절 PIE 모형

1. PIE 모형의 개념적 틀

우리나라에서 최근 사회복지서비스 공급주체의 확대로 인해 사회복지관을 비롯한 각종 사회복지기관들이 급속도로 팽창하여 프로그램 개발에 대한 관심이 고조되고 있다. 실제로 우리나라 사회복지기관에서 근무하는 사회복지사들의 직무를 분석해 보아도 사회복지사의 역할 가운데 가장 강조되는 과업은 프로그램 개발과 관리이다. 그럼에도 불구하고 실천현장의 사회복지사들은 프로그램 개발을 새로운 프로그램을 기획하고 설계하는 협의의 과정으로만 이해하고 전체 프로그램의 기획, 실행, 평가, 확산이라는 문제해결과정으로 보는 시각이 부족하다(서인해 · 공계순, 2003). 따라서 프로그램 개발에 관한 개념적 틀은 광의의 개념을 수용해서 사회복지 프로그램은 초기 단계에 해당하는 기획과 설계단계뿐만이 아니라 실행과 평가단계를 포함하는 연속적 과정으로 구성될 필요가 있다. 이러한 노력은 앞서 분석한 프로그램 개발의 이론적 모형들 가운데서 설계단계에 치중한 모형들이 갖는 한계를 극복한다는 의미도 있다. 그러므로 사회복지 프로그램 개발의 단계와 과정은 기획(planning) 및 설계,

실행(implementation), 평가(evaluation)의 3단계로 나눌 수 있다. 각 단계별 영어의 머리글자를 결합하여 PIE가 된다.

실제로 사회복지기관에 근무하는 사회복지사들이 프로그램을 개발할 때에는 욕구조사에 의한 표적집단의 문제심각성을 인식하고 체계적 자료수집과 개입방법을 모색하는 과정을 거치므로 프로그램 개발과정은 분명히 합리성과 과학성을 내포하고 있다. 다른 한편 Gilbert과 Specht(1977)의 지적처럼 새로운 프로그램의 창안과 시행은 기관이나 조직의 내외적인 저항과 방해요인들을 극복해야 성공적으로 추진될 수 있기 때문에 프로그램 개발과정은 사회성과 정치성을 도외시할 수 없다. 그리고 사회복지 프로그램의 계획과 설계는 기관의 목적달성을 위한 수단으로 인력과 재원의 뒷받침하에 이루어질 수 있기 때문에 프로그램 개발과정은 조직의 관점에서 행정관리적 성격을 배제하기는 어렵다. 예산의 확보와 효율적 시간관리 그리고 직원의 동기부여 등의 과업이 여기에 속한다. 결국 사회복지 프로그램 개발의 개념적 틀을 완성하는 데 있어서는 프로그램 개발과정에 본질적으로 포함되어 있는 과학적 합리성, 정치사회성, 조직관리성 등의 제 요소가 충분히 고려되어야 할 것이다. 기존의 사회복지 프로그램 개발의 이론적 모형들은 제각기 어느 하나의 성질을 강조한 나머지 다른 중요한 요소를 소홀히 다루는 경향이 있다는 사실이 지적되었다. 따라서 사회복지 프로그램 개발의 이론적 모형설정은 이러한 프로그램 개발의 본질적 성격을 포괄하여 종합적으로 개념화되어야 한다.

그런데 이러한 세 가지 본성을 프로그램 개발의 단계와 결부시켜 보면 비록 세 가지 본성이 기획 및 설계, 실행, 평가 각 단계에 공히 적용되지만 유독 기획과 설계단계에서는 과학성과 합리성이 강조된다. 왜냐하면 초기단계 프로그램을 기획하고 설계할 때에는 체계적 자료수집과 분석 그리고 인과관계에 기초한 개입방법의 도출과 같은 논리적 과정으로 프로그램을 설계할 필요가 있기 때문이다. 실행단계에서는 역시 과학성과 합리성뿐만이 아니라 정치사회성도 작용하지만 이 단계에는 인력과 자원을 결합하여 효율적으로 프로그램의 실행을 관리하는 과업의 중요성으로 조직관리성이 유난히 강조된다. 평가는 정치사회적 과정이다(노화준, 2001 : 32). 누가 무엇을 대상으로 평가한 것인지에 관해 다양한 이해집단의 견해가 엇갈리기 때문에 갈등해결과 조정이 필요하다. 따라서 사회복지 프로그램 평가단계에서도 다른 성격보다는 정치사회적 과정의 중요성이 강조된다.

사회복지 프로그램을 개발하고 관리하는 사회복지사는 다양한 역할을 수행한다. 일반적으로 사회복지사들은 조력자, 중재자, 교육자, 치료자, 계획가, 조직가, 행동가, 옹호자 등의 역할을 수행하지만, 중위적 수준과 거시적 실천의 영역에서는 조정자, 계획가, 중재자, 촉매자, 훈련가, 아웃리치 등의 역할을 수행한다(Miley et al., 1995 : 18). 한국에서 사회복지 프로그램 개발과 관리에 관한 직무를 수행하는 사회복지사는 계획가(planner), 조사자(researcher), 중재자(mediator), 옹호자(advocate), 관리자(manager), 조장자(facilitator) 등의 역할을 수행한다고 볼 수 있다. 계획가(planner)는 지역사회의 문제를 파악하고 클라이언트 집단의 충족되지 않는 욕구를 파악하여 목표를 설정하고 새로운 프로그램을 기획하여 지역사회나 기관의 지지기반을 확보하여 추진해 나가는 역할을 수행한다. 계획가의 역할은 프로그램 개발과정에서 주로 기획과 설계단계에 절실히 요구되는 역할이다. 조사자(researcher)는 사회과학적 지식과 사회복지실천이론과 개입방법에 관한 지식을 토대로 욕구조사나 평가조사를 실행할 수 있는 능력이 요구된다. 조사자의 역할은 기획과 설계단계에서 문제분석과 욕구조사의 과업을 수행하고 평가단계에서는 프로그램의 성과와 효율성을 평가하는 데 긴요한 역할이다. 계획가와 조사자의 역할은 사회복지 프로그램 개발의 성격상 요구되는 과학성과 합리성을 충족시키는 데 합당한 사회복지사의 역할로 볼 수 있다.

중재자(mediator)의 역할이란 조직이나 집단의 대표자 사이에서 공동의 문제, 해결방안 모색, 자원동원, 계획의 실행 등에 관해서 협력을 이끌어 내고 갈등을 조정하는 과업을 수행한다(Dubois & Miley, 2002 : 240). 옹호자는 클라이언트 집단의 이익을 대변하거나 새로운 프로그램의 필요성을 기관의 입장에서 옹호하는 역할을 수행한다. 이러한 중재자와 옹호자(advocate)의 역할은 기획 및 설계단계와 실행단계에 절실히 요구되는 역할이며 사회복지 프로그램 개발의 성격상 요구되는 정치사회적 과업을 적절히 수행하는 데 합당한 역할로 간주된다.

관리자(manger)의 역할은 인적 또는 물적 자원을 결합하여 조직의 목적을 달성하는 데 필요불가결한 역할이다. 여기서는 프로그램 관리자로 프로그램의 창출과 실행, 그리고 평가과정에 걸쳐 전적으로 책임을 맡는 역할을 말한다. 따라서 관리자의 역할은 프로그램 개발의 전 과정에 요구되지만 실행단계에 더욱 중요성이 부각된다. 마지막으로 조장자(facilitator)는 프로그램이 효과적으로 수행되기 위해서 프로그램 수행자의 능력과 동기를 고취시키고 자원을 동원하여 지원해 주는 역할을 수행한다. 조장자의 역할은 프로그램 개발의 단계에서 실행과 평가단계에 중요성이 부각된다. 아무튼 관리자와 조장자의 역할은 프로그램 개발의 성격상 요구되는 조직과 관리의 과업을 수행하는 데 절실히 요구되는 역할이라 볼 수 있다.

이상의 논의를 종합하여 사회복지 프로그램 개발의 성격적 측면인 과학적 합리성, 정치사회성, 조직관리성 등과 프로그램 개발단계별로 강조되는 사회복지사의 역할을 조합하면 〈표 2-6〉과 같다.

〈표 2-6〉 프로그램 개발의 성격과 단계에 따른 사회복지사의 역할

프로그램 개발의 본질적 성격			프로그램 개발의 단계		
과학합리성	정치사회성	조직관리성	기획 및 설계	실 행	평 가
계획가 조사자	중재자 옹호자	관리자 조장자	계획가 조사자 옹호자 중재자	관리자 조장자 옹호자 중재자	조사자 평가자 옹호자 중재자

사회복지 프로그램 개발과정에서 사회복지사의 역할은 프로그램 개발의 단계에 따라 요구되는 주요과업에 따라 달라질 수도 있다. 사회복지 프로그램 개발의 단계인 기획 및 설계, 실행, 평가단계에서 프로그램 개발자가 당면하는 과업은 앞서 선행연구와 모형에서 제시된 바와 같이 학자들에 따라 개념화의 정도와 차이가 크다. 그럼에도 불구하고 앞서 검토한 프로그램 개발의 이론적 모형에서 공통적으로 강조되는 주요과업들이 발견된다. 여기서는 이러한 주요과업을 각 단계별로 제시하고자 한다. 다른 한편 사회복지 프로그램 개발은 사회복지실천과 이론과 기법에서 공유하는 영역

이 있다고 앞서 밝힌 바 있다. 사회복지실천이론의 개입방법과 모델을 선정할 때 고려되고 사회복지실천기법들 가운데 특히 거시적 실천에 적용되는 간접적 실천기법들은 사회복지 프로그램 개발에 포괄적으로 적용될 수 있다. 이러한 실천기법들도 사회복지 프로그램 개발의 단계별로 특별히 요구되는 기법들이 있기 때문에 프로그램 개발자는 이러한 기법들을 잘 숙지하고 활용할 수 있어야 한다.

지금까지 논의된 사회복지 프로그램 개발의 본질에 관한 성격, 단계별 주요과업, 단계별 활용되는 실천기법, 사회복지사의 역할 등을 망라하여 PIE 모형의 개념적 틀을 체계적으로 완성시키면 〈표 2-7〉과 같다.

〈표 2-7〉 PIE 모형의 개념적 틀

구 분	기획(Planning)·설계	실행(Implementation)	평가(Evaluation)
개발과정의 성격	과학합리성 강조	조직관리성 강조	정치사회성 강조
주요과업	1. 사회문제분석 2. 욕구파악 및 조사 3. 목적과 목표설정 4. 대상자 선정 및 개입전략 모색	1. 자원확보 및 관리 2. 기록 및 자료관리 3. 모니터링 체계확립 4. 서비스 질 관리 및 저항중화	1. 평가목적 및 계획수립 2. 평가도구 및 척도선정 3. 성과 및 효율성 평가 4. 평가보고서 작성 제출
사회복지사 역할	·계획가 ·조사자 ·옹호자 ·중재자	·관리자 ·조장자 ·옹호자 ·중재자	·조사자 ·평가자 ·옹호자 ·중재자
실천기법	·문제지도작성 ·역장분석 ·Gantt 차트 ·초점집단 활용 ·브레인스토밍 ·의사결정계통분석	·SWOT 분석 ·MIS 관리 ·PERT 작성 ·5W1H 체크리스트 ·직원근무평정 ·과정평가	·조사설계 및 실행 ·목표달성척도(GAS) ·과업성취척도 사용 ·클라이언트 만족도 조사 ·비용편익분석 ·질적 자료분석

2. PIE 모형의 단계별 과업과 절차

사회복지 프로그램 개발이란 표적체계의 변화와 발전을 촉진하기 위해서 프로그램을 기획하고 설계하며, 실행하고, 그 성과를 평가하는 일련의 과정을 말한다. PIE 모형은 이러한 사회복지 프로그램 개발의 과정 또는 절차를 크게 3단계로 나누어 프로그램 개발자가 수행해야 할 주요과업을 선정하였다. 먼저 각 단계별 주요과업을 간략히 살펴본 후 절차의 성격을 파악해 보자.

1) 기획 및 설계단계

사회복지 프로그램을 기획한다는 것은 현실에 직면한 클라이언트 집단과 관련된 문제나 욕구를 전제로 목적과 목표를 선정하고 창의적 아이디어로 프로그램의 내용을 구성하는 부단한 의사결정과정을 내포하고 있다. 물론 프로그램 기획 이전의 단계에서 새로운 프로그램의 개발이나 기존 프로그램의 수정, 보완에 대한 필요성이 확인되고 기본적 기획과 설계의 방향에 관한 의사결정이 이루어진다.

기획과 설계단계의 시작은 사회문제의 분석과 욕구조사로 시작된다. 그런 다음 프로그램의 목적과 목표가 설정되고 대상자 선정 및 개입전략이 선택된다. 이러한 과정은 개념적으로는 순차적으로 진행되는 것같이 서술되었지만 실제로는 동시에 복합적으로 이루어질 수도 있다.

2) 실행단계

프로그램이 실행단계로 진입하면 새로운 프로그램이나 기존 프로그램의 수정에 대한 승인이 이루어지고 프로그램 수행인력과 예산이 결정되며 실제로 클라이언트 모집과 자원봉사자의 모집 및 교육이 진행된다. 따라서 실행단계의 주요과업은 성공적 프로그램의 수행을 위해서 인적 또는 물적 자원의 확보와 기록 및 정보관리가 중요하다. 실행과정에서 예상치 못한 사건의 발생에 적절히 대응하고 효과적 프로그램을 수행하기 위한 모니터링이 필요하다. 이러한 측면에서 MIS 체계확립과 서비스 질 관리의 과업은 실행과정에서 프로그램 개발 및 관리자가 수행해야 할 주요과업이 된다.

3) 평가단계

평가는 프로그램의 원래 목적과 목표가 어느 정도 달성되었는지를 측정하는 과정이다. 과학적이고 체계적인 프로그램 평가가 되기 위해서는 평가의 목적을 명확히 하고 평가계획을 수립한 뒤 평가도구와 척도를 선정하는 작업이 뒤따라야 한다. 이 단계에서 중요한 것은 어떻게 평가할 것인지에 관한 의사결정이다. 평가방법은 크게 효과성 평가와 효율성 평가로 나누어지지만 질적인 자료수집과 계량적 자료수집의 방법에 관해서도 결정해야 한다. 실제로 평가가 이루어지면 마지막으로 평가보고서를 작성하는 과업이 프로그램 개발 및 관리자에게 부과되는 주요과업이다.

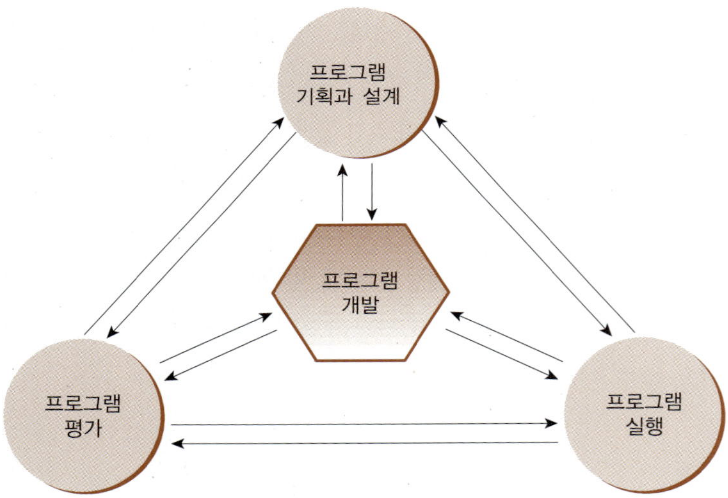

[그림 2-1] PIE 모형의 단계별 관계도

사회복지 프로그램 개발의 과정과 절차를 선형적(linear)으로 보면 단계별로 기획 및 설계→실행→평가의 순서로 진행되고 각 단계별 과업도 순차적으로 진행되는 것으로 이해할 수 있다. 그러나 여기에 제시된 PIE 모형은 통합적 모형(integrated model)과 순환적 모형(circulative model)의 성격을 보유하기 때문에 순차적이고 단계적이기보다는 모든 과정과 과업이 복합적으로 전개될 수도 있으며 동시다발적으로 일어날 수도 있다. 또한 각 단계별 요소들은 상호영향을 주고받을 수 있으며 시작과 끝의 구분도 명확하지 않을 수도 있다. 실제로 우리는 사회복지기관에서 기존 프로그램의 실행단계에 과정평가도 진행하고 있으며, 효과성 평가의 결과가 곧바로 새로운 또는 혁신적 프로그램의 기획이 되는 경우를 자주 목격한다. 따라서 PIE 모형에서 기획 및 설계, 실행, 평가의 각 단계는 개념적 구분을 위한 단계라는 점을 강조하고 싶다.

이 책은 전술한 바와 같이 PIE 모형에 따라 구성되었다. 그래서 제 2 부는 프로그램 기획과 설계단계를 다루고, 제 3 부는 프로그램 실행과 모니터링이라는 제목으로 실행단계의 주요내용을 다루며, 제 4 부는 프로그램 평가를 다룬다.

지금까지 제 1 부 사회복지 프로그램 개발과 평가의 기초에서 제 1 장의 개념정의로 시작하여 제 2 장에서는 사회복지 프로그램 개발의 이론과 모형을 다루었다. 제 2 부는 사회복지 프로그램의 기획과 설계부문에 해당하는 사회문제분석, 욕구조사, 목적과 목표설정, 설계 및 개입전략 선택 등 초기단계의 주요과제를 중심으로 제 3 장, 제 4 장, 제 5 장, 제 6 장의 내용을 구성하였다. 마찬가지로 제 3 부는 사회복지 프로그램 실행과 모니터링이라는 제목하에 제 7 장은 프로그램의 실행과 모니터링, 그리고 제 8 장은 서비스 질 관리에 초점을 맞추어 각 장의 내용을 구성하였다. 제 4 부는 PIE 모형에서 평가단계에 해당하기 때문에 프로그램 평가라는 제목 아래 제 9 장의 평가이론을 시작으로 하여 평가의 방법과 유형별로 각 장들이 제 10 장에서 시작하여 제 13 장까지 계속된다.

연구과제

1. 합리모형에 따라 프로그램을 기획하면 어떤 장단점이 있는가?
2. 예산결정의 과정을 살펴보면 가장 설득력 있는 의사결정모형은?
3. Thomas의 디자인 개발모형의 장점과 단점을 비교해 보시오.
4. PIE 모형에서 PIE는 무엇을 지칭하는 알파벳인가?
5. 기획 및 설계단계에서 사회복지사가 프로그램 개발자로 수행하는 주요역할은 무엇인가?
6. 서비스의 질 관리는 프로그램 개발의 각 단계 중 어떤 단계에서 수행되는 과업인가?

제 2 부 사회복지 프로그램의 기획과 설계

제 3 장 프로그램 기획과 사회문제분석
제 4 장 욕구조사
제 5 장 프로그램 목적과 목표설정
제 6 장 프로그램 설계와 개입전략

3 프로그램 기획과 사회문제분석

제 1 절 사회복지 프로그램 기획

1. 기획의 개념과 필요성

1) 기획의 개념과 프로그램 기획

일반적으로 기획이라 하면 미래에 어떤 일을 하기 위해 계획을 세우는 것이라 할 수 있다. 기획과 계획은 보통 혼용되는 경우가 많다. 그러나 기획(planning)은 계획을 세워 나가는 활동과 과정을 가리키며 계속적 행동과정으로 이해되고, 계획(plan)은 이러한 과정을 통해서 얻어진 결과의 의미로 해석된다. 신규 사회복지 프로그램의 계획은 프로그램 개발을 위해서 조직 내 만들어진 팀에서 관련 당사자들에 의한 기획과정을 거쳐 도출된 결과 또는 행동방침으로 이해하는 이유가 여기에 있다. 아무튼 기획은 어떤 목표달성을 위한 활동과 내용을 미리 상정하여 결정하는 일련의 과정을 의미하기 때문에 York(1982 : 12-13)는 기획의 특성을, ① 미래지향적이고, ② 계속적인 과정이며, ③ 의사결정과 연결되어 있으며, ④ 목표지향적이며, ⑤ 목표달성을 위한 수단적인 것이라고 보았다. 사회복지조직과 기관의 관점에서 기획은 조직의 내외적 환경 변화에 능동적으로 대응하기 위해서 조직의 발전방향에 관한 목적과 목표를 수립하고 이를 달성하기 위한 미래의 활동계획과 내용을 결정하는 의사결정과정으로 이해되지만, 프로그램의 관점에서 기획은 지역사회의 문제나 욕구를 해결하기 위해서 자원과 인력을 투입하여 클라이언트 체계의 변화를 도모하기 위한 일련의 절차나 방법을 결정하는 과정으로 이해된다.

사회복지 프로그램 기획은 당면한 클라이언트 집단과 관련된 문제나 욕구를 사정하고 프로그램의 목적과 목표를 선정하고 창의적 아이디어로 프로그램의 내용을 구성하는 일련의 의사결정과정이다. 따라서 사회복지 프로그램 개발과정에서 기획과 설계단계는 문제분석, 욕구조사, 목적 및 목표수립, 대상자 선정 및 개입전략 선택 등의 주요과업들이 수행된다. 설계(design)의 의미를 기획과 동일시 해석하는 경우도 있지만, 여기서 설계는 기획과정의 한 요소로서 구체적 프로그램의 내용과 개입전략을 짜는 활동의 의미로 한정하고자 한다. 결론적으로 사회복지 프로그램의 기획은 설계를 포함하여 사회복지 프로그램 개발의 전 과정의 첫 번째 단계에 해당하며 프로그램 기획을 통해서 새로운 프로그램이 창출되거나 기존 프로그램이 개선될 수 있다. 그러면 사회복지 프로그램 개발에서 기획은 왜 필요하고 기획과정을 거치지 않은 프로그램은 어떤 문제가 발생하는가 하는 질문이 제기될 수 있다. 이러한 질문에 대한 해답은 기획의 필요성과 관련된 것으로 사회복지 프로그램 개발에서 기획의 필요성은 다음과 같은 몇 가지 이유로 요약될 수 있다(York, 1982 ; Skidmore, 1990).

2) 프로그램 기획의 필요성

(1) 합리성 증진

기획은 합리성을 증진시키기 위해서 필요하다. 기획은 미래지향적 활동으로 조직과 프로그램이 당면한 문제해결과 의사결정을 하는 과정에서 과학적이거나 경험적으로 검증된 수단과 방법을 채택하는 데 기여하기 때문에 의사결정을 합리화하는 데 도움을 준다. 사회복지 프로그램 개발과정의 본질적 요소로 과학성과 합리성이 포함되어 있는 이유도 기획과정에서 합리성이 강조되는 이유도 여기에 있다.

(2) 효율성과 효과성 증진

기획은 특정 목적달성을 위해서 투입되는 비용과 인력을 사전에 고려하여 자원낭비를 줄일 수 있기에 효율성 증진에 기여하고 최종 목적달성을 위한 가장 적합한 수단과 방법을 적용하는 의사결정에 도움을 주기 때문에 효과성 증진에도 기여한다. 사회복지 프로그램 개발과정에서 기획단계에 표적집단의 문제해결을 위해서 가장 효과적인 개입방법과 절차를 모색하는 활동은 프로그램 기획의 효과성을 향상시키기 위한 노력으로 간주된다.

(3) 책임성 증진

책임성이란 조직이나 프로그램의 정당성을 제시할 수 있는 능력을 말한다. 효율성과 효과성은 조직 내부적으로 추구되는 가치인 데 반해서 책임성은 조직 외부에 대해 정당성을 보여주는 것과 관련된다. 사회복지조직이나 프로그램은 정부, 지역주민, 클라이언트 집단, 관련기관 및 단체의 요구를 수용해서 바람직한 목표를 설정하여 운영되고 있다는 자료나 증거의 제시가 필요하다. 합리적 프로그램의 기획은 이러한 조직이나 프로그램의 외부환경적 요구를 수용하여 원래 의도된 목표를 효율적이고 효과적으로 달성할 수 있는 방안을 모색하고 의사결정하는 데 도움을 주기 때문에 그 필요성이 강조된다.

(4) 동기부여와 사기진작

기획은 클라이언트의 동기부여와 조직구성원 또는 프로그램 수행자의 사기진작을 위해서 필요하다. 사회복지 프로그램을 기획할 때 클라이언트 참여가 중요시되는 이유는 참여를 통해서 클라이언트가 스스로 변화의 의지를 굳건히 할 수 있고 지속적 동기부여가 가능하기 때문이다. 또한 기획은 조직구성원과 프로그램 수행자 또는 참여자의 사기진작에도 도움을 준다. 참여를 통해서 자신의 의견이 받아들여지고 중대한 의사결정이 이루어졌다면 스스로 성취감과 인정을 얻을 수 있기에 기획은 사기진작에 중요한 역할을 한다.

2. 기획과 사전조사

프로그램 기획을 통해서 새로운 프로그램이 창출되거나 기존 프로그램의 수정과 변화가 일어난다. 기획은 조직의 공식적 의사결정과정이기 때문에 새로운 프로그램의 창출이나 기존 프로그램의 수정에 대한 필요성과 당위성이 인정되기 이전에 프로그램 개발자는 반드시 사전조사를 통해 프로그램 기획의 가능성을 탐색해 보아야 한다. 따라서 사회복지 프로그램을 기획하기 이전에 지역사회와 클라이언트의 상황과 문제를 파악하고 새로운 또는 변화된 프로그램을 위한 기획의 정당성과 필요성을 증명할 수 있는 기초자료의 수집과 분석이 필요하다. Thomas(1984 : 139-150)는 이를 타당성 조사(feasibility study)라고 했는데 정치경제적 차원에서뿐만이 아니라 재정적·기술적·조직적 관점에서 새로운 프로그램의 필요성이 검증되어야 한다고 주장했다. 프로그램 기획을 위한 사전조사 또는 타당성 조사에 필요한 정보는 다음과 같다.

1) 지역사회와 클라이언트 상황에 관한 정보

새로운 프로그램의 기획을 위한 사전조사에는 지역사회의 상황, 문제, 이슈 등이 무엇이며, 이와 관련된 클라이언트 집단의 불편과 문제의 정도 그리고 그 역동성에 관한 대략적 정보를 수집해야 한다. 실제로 지역사회가 당면한 문제의 정도가 심각하고 관련된 클라이언트 집단의 불편과 고통의 정도가 클수록 새로운 프로그램의 필요성에 관한 관련 당사자들의 동의를 구하기가 쉽다.

2) 가동될 자원과 인력에 관한 정보

새로운 프로그램은 기존에 투입된 재원과 인력의 범위를 초월하는 자원을 요구한다. 프로그램 기획단계 이전에 새로운 프로그램의 시행으로 요구되는 전문 또는 비전문인력의 수급에 관한 정보와 조직 내 가동할 수 있는 재원의 정도를 파악할 필요가 있다. 자원소요의 정도가 막대하여 조직 내에서 비축되어 있는 자원으로 해결하기 어려운 경우 기업재단이나 공동모금회 등 외부자원을 동원할 수 있는 가능성도 탐색되어야 한다.

3) 조직 내외의 승인에 관한 정보

새로운 프로그램에 대한 필요성과 당위성이 인정되었다고 해서 반드시 프로그램 기획이 이루어지는 것은 아니다. 사전에 새로운 프로그램에 대한 상부기관의 책임 있는 당사자의 태도나 견해를 파악하고 조심스럽게 진행시켜야 한다. 또한 정부기관이나 지역사회 이해관계 당사자가 새로운 프로그램에 어떤 태도를 보이는지에 관해서도 면밀한 검토가 필요하다. 왜냐하면 조직 내부적으로 어떤 프로그램의 기획과 실행이 결정되었다 하더라도 외부의 저항세력에 의해 계획이 무산되는 경우가 종종 있기 때문이다. 이러한 결과는 사회복지 프로그램 기획과 실행에서 작용하는 정치사회적 요소를 무시하는 데에서 비롯된다.

3. 새로운 프로그램 창출의 원천

사회복지 프로그램을 기획하는 데 있어서 반드시 고려해야 할 사항이 프로그램 창출의 원천이다. 사회복지조직이나 기관에서 새로운 프로그램을 기획하고 시행하는 데 직접적으로 영향을 주는 요소는 세 가지가 있다(Patti, 1983 : 63-65). 새로운 프로그램은 조직 외부적 요인, 조직 리더 요인, 프로그램 관리자와 담당자 요인 등에 의해서 만들어질 수 있다.

1) 사회복지기관 외부

정부가 법률을 제정하거나 새로운 정책을 시행하여 표적집단의 문제를 해결하기 위해서 각종 사회복지기관에 참여를 요구하는 경우, 기관의 관점에서는 새로운 프로그램 탄생의 계기가 된다. 정부나 공공기관에서 프로그램 개발의 제안자는 대부분 기획부서장이거나 부기관장인 경우가 많았다(Goldberg, 1995 : 616-618). 또한 공동모금회나 기업복지재단에서 특정 클라이언트 집단의 욕구충족을 위하거나 새로운 프로그램을 개발, 보급시키고자 노력할 때 일선 사회복지기관은 프로포절을 작성하여 그러한 사업에 참여하게 된다. 따라서 외부재원공급기관의 프로그램 공모에 의해서도 새로운 프로그램이 탄생된다. 2000년 정부는 전국 사회복지기관과 자활공동체가 IMF 이후 실직자 문제를 해결하고자 자활후견사업에 동참하도록 하여 자활후견사업은 정부에 의한 사회복지기관의 새로운 프로그램으로 창출될 수 있었다. 또한 사회복지공동모금회는 2002년 학교사회사업의 기반조성과 활성화를 위해서 전국적으로 상주형 학교사회사업 프로그램을 공모함으로써 사회복지관을 비롯한 각종 관련단체들이 새로운 학교사회사업을 기획하여 시행할 수 있었다.

2) 사회복지조직 리더

사회복지기관의 최고관리자나 이사회에 의해서 새로운 프로그램이 창출된다. 특히 사회복지기관의 최고관리자나 이사회가 지역사회의 특정 문제에 민감하게 반응하여 기관의 설립목적에 부합되는 새로운 프로그램의 실행이 필요하다고 인정하는 경우 새로운 프로그램은 탄생될 수 있다. 또한 관리자나 이사회에서 여분으로 활용할 수 있는 재원을 확보했을 경우에도 새로운 프로그램이 탄생될 수 있다.

최근 사회복지조직의 관리자는 거래적 리더십보다 변혁적 리더십이 절실히 요구(황성철 외, 2003)되고 있는데 변혁적 리더십을 갖춘 기관의 관리자는 새로운 프로그램을 개발하는 과업을 조직구성원에게 부여하는 기술이 강조되고 있기 때문에 관리자의 리더십 유형에 따라서도 조직의 프로그램 형태와 내용은 달라질 수 있다. 그러나 사회복지관을 예로 들면 반드시 그렇지만은 않은 것 같다. 왜냐하면 대부분 사회복지관은 연말에 당해 연도의 사업에 관한 평가회를 거친 후 익년도 기존 프로그램 수정과 새로운 프로그램의 첨가가 이루어지고 있기 때문에 관리자의 리더십 스타일보다는 전반적으로 새로운 프로그램에 대한 조직 자체의 욕구가 크게 작용하고 있다고 볼 수 있다. 비영리 민간사회복지기관의 프로그램 창출에 관한 연구에서 Goldberg(1995 : 617)는 대부분 새로운 프로그램의 제안과 창출이 최고관리자에 의해 이루어지고 있다는 사실을 발견했다.

3) 프로그램 관리자 혹은 담당자

특정 사회복지 프로그램에 관한 책임을 맡은 프로그램 관리자나 담당자에 의해서도 새로운 프로그램은 창출된다. 물론 이러한 경우 차후 기관장과 이사회의 승인이 요구되지만 직접 프로그램을 운영하는 사회복지사는 누구보다도 충족되지 않는 클라이언트 욕구를 잘 이해하기 때문에 기존 프로그램의 변화나 새로운 프로그램의 시행에 큰 관심을 보일 것이다. 일선 프로그램 관리자가 새로운 프로그램을 제안하는 경우 지역사회나 클라이언트 상황에 관한 정보나 자료수집에는 자신이 있지만 새로운 프로그램에 필요한 재원과 인력을 추산하거나 추계하는 데에는 실패하는 경우가 많다. 이러한 이유로 인해서 우수한 프로그램이 구상되어도 기획단계에만 머무르고 더 이상 추진되지 않고 사장되기도 한다. 그러나 최근 우리나라 사회복지기관에서는 프로그램 관리자나 담당자에 의한 새로운 프로그램 계획서의 작성과 제출이 적극적으로 권장되는 분위기를 느낄 수 있다.

4. 프로그램 개발과 기획에서의 창의성

사회복지 프로그램은 기획하는 데 있어서 프로그램 개발자의 창의성은 사회복지실천에서 예술성(art)을 강조하는 차원에서 더욱 중요시되고 있다. 앞서 프로그램 디자인 개발(design & development)모형을 제시한 Thomas(1984)는 창의성이 프로그램 개발의 각 단계에 고루 중요한 영향을 미친다고 보았다. 또한 Mullen(1994)과 같은 학자도 사회복지 프로그램 개발은 개발자 개인의 상상력과 창의성이 크게 작용하기 때문에 프로그램의 기획과 설계는 단순히 과학적이며 논리적인 유추과정으로 귀결시킬 수만은 없다고 주장했다. Munson과 Pelz(1982)는 프로그램 개발에서 창의성 개발을 세 가지 수준으로 나누어 설명하고 있다.

1) 독창적(originating) 개발

프로그램으로 해결해야 할 문제가 과거의 방법으로 해결되지 않아 처음으로 독특한 해결책을 고안하거나 외부전문가가 고안하여 적용할 기관을 탐색하는 경우를 말한다. 이전에는 이와 같은 원형이 없기 때문에 개발자가 전혀 새로운 프로그램의 모델을 개발하는 것이다. 이 수준은 개발이 순수하고 독창적인 창의성에 해당한다.

2) 적용적(adapting) 개발

이 수준의 프로그램 개발은 몇 개의 해결책에 관한 원형이 있다. 그러나 기록과 문서화가 잘 되어 있지 않아 그 원형을 활용하거나 변용해 사용하는 경우를 말한다. 프로그램 개발자나 외부전문가는 이러한 원형을 다소간 수정, 보완해 프로그램을 개발한다.

3) 차용적(borrowing) 개발

이 수준의 프로그램 개발은 기존 프로그램이 잘 기록 또는 문서화되어 있기 때문에 수정 없이 그대로 빌려 사용하는 것을 말한다. 따라서 차용적 개발은 아주 낮은 수준의 창의성을 의미하므로 다른 말로는 기존 프로그램의 채택(adoption)이라고도 한다.

전국 335개 사회복지관의 아동·청소년 업무를 담당하는 사회복지사를 대상으로 프로그램 개발의 창의성에 관한 서인해와 공계순(2003)의 연구에서 대부분 사회복지사들은 기존 프로그램의 내용을 일부 수정, 보완하는 형태의 적용적 창의성을 가장 흔히 사용하고 있는 것으로 조사되었다. 외국의 경우에서도 기존 프로그램의 일부 수정과 차용의 경우가 순수한 독창적 개발보다는 흔히 관찰되는 사실로 나타나고 있다(Rogers, 1995 ; Mullen, 1994). 가장 일반적 형태의 창의성 발휘인 적용적 개발은 새로운 프로그램을 구상하고, 선정할 때 일부 개입전략과 평가방법, 그리고 수행절차의 방법을 기관의 사정과 인력 및 재원의 정도를 고려해서 바꿀 수 있다는 것을 의미한다.

기획(planning) 노하우 개발의 5대 원칙

1. 지식탱크와 감각탱크를 동시에 채워라.

훌륭한 기획자가 되려면 이성적 차원에서 갖은 지식과 정보를 축적해야 함은 물론이고, 감성적 차원에서 센스와 현실지각력이 있어야 한다. 사람의 뇌는 이성적 영역을 주관하는 좌뇌와 감성적 영역을 주관하는 우뇌로 나뉜다. 기획을 잘하려면 비행기의 연료탱크가 좌우 각각 하나씩 있듯이 왼쪽의 지식탱크와 오른쪽의 감각탱크를 동시에 채워야 한편으로는 무식하지 않고, 다른 한편으로는 감각이 떨어지지 않는 기획자가 된다.

2. 소비자의 심리를 파악하라.

신문기획, 광고기획, 프로모션 기획 등 대부분의 상업적 기획 분야는 소비자의 잠재된 욕구를 알아야 하고 정책기획이나 선거기획에서도 시민이나 국민들의 심리를 정확히 읽어야 성공적 기획이 될 수 있다. 사회복지 프로그램 기획도 프로그램의 대상이 되는 사람들의 내면적 욕구를 정확히 분석하는 능력이 요구된다. Maslow의 욕구이론이나 조직관리에서 동기이론을 참고로 활용할 수 있다.

3. 지금 유행하는 것을 알아라.

상업기획에서 현재 유행하는 자동차, 화장품, 세탁기, 영화, 연예인, 치약, 게임, 사이트, 캐릭터, 커피, 스포츠, 운동기구, 술, 음식, 레스토랑, 과자, 라면 등이 무엇인지를 알고 왜 그러한 제품이 성공을 거두는지를 분석하면 해답이 자명하다. 사회복지 프로그램 기획도 현재 언론과 방송에서 관심을 가지거나 정부나 공동모금회 등이 현안문제로 파악하여 관심을 갖는 사회문제에 초점을 두거나 학계에서 유행하는 실천방법과 개입기술도 학습하여 사용할 수 있도록 해야 한다.

4. 미래의 키워드를 찾아라.

사회가 어떻게 변하고 변화된 환경 속에서 인간의 삶과 가치관은 어떻게 바뀔 것인지에 관한 진지한 고민과 통찰력을 갖는 것이 필요하다. 만약 미래의 트렌드에 관한 지식과 감각이 없다면 기획자로서의 기본적 자질이 없다고 보아야 한다. 환경, 기술, 에너지, 휴머니즘, 다원주의 등이 미래의 키워드라 한다면 10년 후 사회복지의 키워드는 노인복지, 군대복지, 농촌복지, 웰빙커뮤니티, 네트워킹 등이 될 수 있다.

5. 경쟁적 차별성을 부여하라.

상품기획에서 성공을 거둔 많은 제품들은 기존 제품과 다른 차별적 우위요소를 갖고 있고 이를 소비자들에게 인식시키는 데 성공적이었다는 점에서 공통점이 있다. 조급하게 작성되거나 깊은 고민과 연구 없이 가볍게 만들어진 기획안이 상급자에 의해 거절당하는 주된 이유가 경쟁적 차별성이 부각되지 않는다는 이유이다. 사회복지서비스도 본질적 형태는 유사하지만 제각기 다른 프로그램으로 구성되면 인력, 재원, 서비스 전달방법 등에서 분명히 경쟁적 차별성을 찾을 수 있을 것이다.

출처 : 하우석(2004). 『100억짜리 기획력』. 서울 : 새로운 제안. 일부내용 발췌 및 수정.

제 2 절 사회문제의 분석

1. 사회문제의 규정과 유형

사회복지 프로그램의 기획은 사회문제분석에서 시작한다. 사회문제의 분석을 통해서 클라이언트 집단의 욕구가 파악되고 프로그램의 목적과 목표가 설정된다. 따라서 사회문제의 확인과 분석은 프로그램 기획의 초기단계에 해당하므로 사회문제에 대한 정확한 이해가 선행되어야 한다. 사회문제란 바람직하지 못한 사회적 조건 또는 상황이 존재하고 많은 사람들이 그러한 사회적 조건이나 상황이 개선될 필요가 있다고 생각하는 상태를 말한다(Henslin, 1996 : 6-11). 그래서 사회문제는 사회적 규범에서 벗어나는 행동양식이 존재하고, 사회에서 영향력 있는 사람을 비롯하여 일반 시민의 관심을 충분히 획득한 다음, 문제와 관련된 사회적 조건이 정책적 또는 집단적 개입과 조치에 의해서 개선될 필요성이 인정되는 사회적 상황을 지칭한다.

어떤 사회적 상황이 사회문제로 규정되기 위해서는 다음과 같은 요건이 충족되어야 한다(최일섭 · 최성재, 1994 : 25-28 ; 최선화 외, 2003 : 15-20).

① 원인이 사회적인 문제 : 어떤 문제가 사회문제가 되기 위해서는 문제의 원인과 특성이 사회적이어야 한다. 태풍이나 홍수 또는 지진이 사회문제가 되지 않는 것은 그 원인과 본질이 자연적 재앙이기 때문이다. 그런데 어떤 문제의 원인이 사회적인 것인지 아닌지에 관한 판단은 쉽지 않다. 흔히 그 원인이 개인적이고 비사회적인 것처럼 보이는 현상도 실제로 사회적인 경우가 허다하다. 예컨대, 자살도 경제적 압박이나 소외감에 의해서 저질러지는 경우가 많으며 알코올중독은 개인문제인 것처럼 보이나 실제로는 경쟁사회가 주는 스트레스나 대인적 갈등이 그 원인이 되기도 한다.

② 사회적 가치, 규범에서 벗어남 : 사회문제를 규정하는 것은 도덕적 평가의 요소를 강하게 내포한다. 그래서 사회문제는 한 사회의 지배적 가치나 규범에 어긋나는 행동으로 규정된다. 어떤 사회적 현상이 법률적 규정에 위배되는지의 여부는

쉽게 판단될 수 있지만 가치관에 위배되는지는 쉽게 판단되지 않는 경우가 많다. 예를 들면, 노부모를 부양하지 않는 것은 경로효친의 가치관을 갖는 사람에게는 가치위배이지만 맞벌이와 경제활동으로 노부모부양이 어렵다는 사정을 이해하는 사람에게는 가치위배로 간주되지는 않을 것이다.

③ 다수 또는 영향력 있는 사람이 문제로 보는 현상 : 어떤 현상이 사회문제가 되기 위해서는 다수의 사회구성원이나 일부 사회적으로 영향력 있는 사람들이 그 현상을 사회문제로 판단해야 한다. 특정 사회문제는 신문, 방송, 잡지 등 언론 및 방송개체를 통해서 사회적 관심을 불러일으키는 데 성공했거나, 정치가나 학자 등 소수의 사회 영향력 있는 인사들에 의해서 바람직하지 못한 사회현상으로 규정된 것이다. 골프장 건설이 맹독성 농약을 사용하여 상수원을 오염시켜 환경파괴를 가져온다는 사실은 정치인, 사회운동가, 언론 등이 문제의 심각성을 지속적으로 알려 사회적 관심을 불러일으킨 결과이다.

④ 개선을 위해서 사회적·집단적 개입이 필요한 것 : 사회문제는 다수의 사람들에게 부정적으로 영향을 미치고 그 원인이 사회적이기 때문에 개인적 차원에서나 가족적 차원에서는 해결이 될 수 없다는 판단이 성립되어야 한다. 사회적 또는 집단적 개입은 보통 사회정책 또는 사회복지정책을 수립해서 해결해 나가는 방법이 보편적이다. 그러나 사회문제의 해결을 위한 국가적 차원의 대응태세가 미약하거나 정부의 노력이 부족할 때 사회문제로 고통을 받는 당사자로부터 항의를 받거나 시민단체 등으로부터 사회운동의 표적이 되기도 한다.

사회문제는 문제의 원인이나 문제의 성격 또는 문제의 양상에 따라 다양하게 분류될 수 있다. 여기서는 대표적인 학자들의 분류체계를 소개하고 사회복지학이나 사회복지 프로그램 개발과 기획의 관점에서 정리해 보겠다.

1) Merton과 Nisbt(1971)의 분류

① 사회해체문제 : 가족해체, 빈곤문제, 지역사회해체문제, 인구문제, 인종문제, 노동과 자동화 문제 등

② 일탈행위문제 : 정신장애, 청소년 비행, 범죄문제, 약물중독, 알코올중독, 자살, 성문제 등

2) 김영모(1982)의 분류

① 구조적 문제 : 빈곤, 소득배분, 노동문제, 교육불평등 등
② 해체적 문제 : 가족해체, 빈민지역, 인구문제, 환경문제 등
③ 탈선적 문제 : 범죄, 비행, 매춘, 자살, 알코올중독, 정신질환

3) 최일섭 · 최성재(1995)의 분류

① 사회변동 또는 사회해체문제 : 가족문제, 노인문제, 환경문제
② 사회적 불평등 문제 : 빈곤문제, 성차별문제, 노사문제
③ 사회적 일탈문제 : 청소년 비행, 범죄문제, 성폭력, 약물중독, 정신건강문제

4) Henslin(1996)의 분류

① 사회변화 및 거대문제 : 가족문제, 도시문제, 인구 및 식량문제, 환경문제, 테러리즘 등
② 사회적 불평등 : 부와 빈곤, 인종차별, 성차별, 신체 및 정신건강 등
③ 사회적 상황에서 일탈행위 : 성적 일탈행위, 알코올문제, 약물문제, 강간, 살인, 범죄 등

이상의 사회문제 분류체계를 살펴보면 학자들에 따라 2분법 또는 3분법 등으로 나누어지고 사회구조나 사회변동에 근본적 원인을 둔 것을 해체문제, 불평등문제, 사회변화문제 등으로 표현을 약간씩 달리하고 있는 것을 볼 수 있다. 그러나 모든 학자들이 일탈행위와 관련된 문제는 독립된 중요한 분류체계로 간주하며 그러한 일탈행위와 관련된 구체적 사회문제의 종류도 거의 일치하고 있다.

사회문제의 해결에 초점을 맞추는 사회복지학의 관점에서는 거의 모든 사회문제에 관심을 두지만 사회복지정책이나 제도로 개입할 수 있는 영역은 한정된다. 예를 들면

환경문제, 인종문제, 지역갈등, 인구문제 등의 문제는 사회복지적 개입의 영역에서 벗어난다.

따라서 사회복지정책은 빈곤문제, 가족해체, 성차별문제, 노동문제, 범죄문제 등 사회구조나 사회해체현상으로 야기되는 문제들에 일차적 관심을 갖고 있다. 특히 사회적 일탈행위와 관련된 문제인 비행, 자살, 정신질환, 성폭력문제 등은 취약계층의 삶의 질과 직결되는 것으로 실제로 현존하는 사회복지기관에서 구체적 프로그램을 통해 직접적으로 해결하고자 하는 표적이 되는 사회문제들이다.

2. 사회문제분석의 틀

복잡다양한 사회문제를 체계적으로 분석하기 위해서는 개념적 틀이 필요하다. Taber와 Finnegan(1980 : 7-8)은 특정 사회문제가 일차적으로 사회에 귀속되는가 아니면 개인에 귀속되는가를 판단하고 그러한 사회문제의 존재나 확산에 영향을 주는 요인은 무엇인가를 규명하는 작업으로 구성된 사회문제를 분석하는 틀을 제시했다. 상황 속의 인간(person in situation)을 기본적 개념틀로 간주하는 사회복지실천에서 인간과 환경을 동시에 고찰하면서 때로는 인간, 때로는 환경, 때로는 인간과 환경의 상호작용에 개입하는 사회복지실천의 개입초점을 염두에 둔다면 사회문제의 분석기준도 개인에 대한 문제와 사회에 대한 문제로 나누어 분석해 볼 필요가 있다.

1) 개인문제와 사회문제의 기준과 분석 틀

(1) 개인에 대한 문제

건강과 생활유지를 위한 최저기준의 박탈, 학대와 착취와 같은 위협, 사회참여에 대한 장애 등의 기준이 사회문제의 존재로 개인에 일차적으로 영향을 미치는 요소이다. 예를 들면 빈곤문제는 개인의 최저수준 생활을 박탈하는 경우이고, 아동학대와 가정폭력은 학대와 착취와 같은 위협에 해당한다. 그리고 장애인문제는 장애인의 사회적 참여를 가로막는 개인에 대한 문제로 보는 것이다.

(2) 사회에 대한 문제

사회적 자원비용의 문제, 사회구성원의 건강과 안전에 대한 위협, 사회통합과 같은 사회적 가치에 대한 위협 등이 사회에 대한 문제의 기준으로 설정된다. 청소년 문제는 지금 해결하지 않으면 결국 차후 성인의 일탈과 범죄문제를 해결하는 데 요구되는 사회적 자원과 비용의 문제는 클 수밖에 없기에 사회에 대한 문제로 볼 수 있다. 또한 약물남용과 범죄는 직접 사회구성원인 일반인들의 건강과 안녕을 위협하는 사회에 대한 문제로 간주된다. 그리고 동성연애 같은 문제는 사회가치에 대한 위협에 해당하는 사회문제로 규정될 수 있을 것이다.

(3) 사회문제의 존재나 확산에 영향을 주는 요인

사회문제의 근본적 원인으로 간주되거나 그러한 사회문제를 더욱 사회적으로 확산 또는 유포시키는 데 기여하는 요인들에는 개인의 생리 또는 물리적 요인, 행동적 요인, 심리 또는 사회적 요인이 있으며, 그 밖에 정치경제적 요인, 개인 또는 가족적 요인, 지역사회요인, 역사 혹은 문화요인, 사회요인 등이 있다.

실업과 실직문제는 개인의 기본적 최저생활을 박탈하는 개인에 대한 문제로 볼 수 있지만 실업문제를 방치하면 국가사회적으로 막대한 비용을 초래한다는 점에서는 사회에 대한 문제로도 볼 수 있다. 따라서 어떤 사회문제는 개인에 대한 문제로 볼 수 있으며 동시에 사회에 대한 문제로 볼 수 있기 때문에 위의 기준은 절대적 기준이 될 수 없지만 프로그램 개발자가 사회문제로 영향을 받는 개인과 사회를 나누어 생각해 볼 수 있는 틀을 제시해 준다. 치매노인의 문제를 Taber와 Finnegan(1980)이 제시한 사회문제분석의 틀에 따라 분석해 보면 〈표 3-1〉과 같다.

〈표 3-1〉 사회문제분석의 틀과 치매노인문제

분석 틀	치매노인문제
Ⅰ. 사회에 대한 문제	Ⅰ. 사회에 대한 문제
1. 사회가 부담해야 할 비용과 부담	1. 치매노인보호 및 치료비용 급증
2. 사회구성원의 건강과 안전에 대한 위협	2. 노인의 건강과 생명, 삶의 질 위협
3. 사회가 중요시하는 가치에 대한 위협	3. 경로효친사상의 퇴조
Ⅱ. 개인과 가족에 대한 문제	Ⅱ. 개인과 가족에 대한 문제
1. 건강과 발전을 위한 최소기준 결여	1. 재가치매노인의 생활문제와 가족갈등
2. 학대나 착취와 같은 위협	2. 치매노인에 대한 가족의 방치 또는 학대
3. 적극적이고 능동적인 사회참여의 장벽	3. 건강한 노후생활과 사회활동의 제약
Ⅲ. 사회문제의 존재나 확산에 영향을 주는 요인	Ⅲ. 사회문제의 존재나 확산에 영향을 주는 요인
1. 생물 또는 물리적	1. 알츠하이머병
2. 행동적인 면	2. 가족의 보호부담 가중
3. 사회 또는 심리적	3. 허약한 노인 경시
4. 정치경제적	4. 노인의 사회적 가치 평가절하
5. 개인 또는 가족	5. 가족의 무관심과 방치
6. 지역사회	6. 적절한 보호기관 결여
7. 역사 또는 문화	7. 노인경시풍조의 만연
8. 사회	8. 질병노인에 대한 무관심과 정책 부재

2) York의 사회문제분석의 틀

사회문제를 한층 체계적으로 이해하고 분석하여 사회복지 프로그램을 기획하는 데 도움이 되는 분석의 틀은 York(1982 : 53-56)에 의해 제시되었다. 그는 사회문제를 분석하는 데에는 다음과 같은 열 가지 질문에 대한 대답을 구하는 방법을 제안한다.

(1) 바람직하지 못한 상황과 조건은 무엇인가

사회복지 프로그램 개발자는 지역사회에서 사회문제로 간주되는 바람직하지 못한 상황과 조건에 민감해야 한다. 예를 들면, 빈곤, 실업, 노인차별, 이혼, 아동학대, 성차별, 사회적 소외 등의 문제들이 문제로 접근할 만큼 지역사회에 만연하고 있다는 사실을 확인하고 문제의 개념을 명확히 정의해야 한다.

(2) 누가 그 문제로 고통을 받고 있는가

사회문제의 범위를 정하는 과정에서 위험에 노출된 집단을 구체적으로 규정하는 것이 필요하다. 예를 들면, 아동방임의 사회문제는 그 문제로부터 고통을 받고 있는 집단이 물론 아동이다. 그러나 저소득가정의 아동, 한부모가정의 아동, 실직자가정의 아동들이 비율적으로 일반아동보다 더욱 위험에 노출될 가능성이 크다는 사실을 분석하는 것이다.

(3) 누가 그 문제로부터 이득을 얻는가

이 질문은 사회문제의 제거를 위한 노력을 회피하는 입장에 있는 사람들과 집단을 규정하는 것이다. 사회문제는 그 문제로부터 고통을 받는 집단이 있는 반면, 그 문제로 인해서 이득을 보는 사람과 집단도 있다. 예를 들면 근로자들의 빈곤문제를 해결하려고 최저임금수준을 올리면 중소기업의 기업주들은 반대할 것이다. 따라서 근로자의 빈곤문제의 미해결은 결국 중소기업주들의 기업이윤을 높은 상태로 유지시켜 주기 때문에 문제해결에 저항적일 수 있다.

(4) 누가 그것을 사회문제로 규정하는가

사회문제에 대한 사람들의 견해는 다를 수 있다. 프로그램 개발자가 어떤 문제를 사회문제로 규정하더라도 문제에 직면한 당사자들도 심각한 문제로 인식하고 있는지의 여부를 따져 볼 필요가 있다. 대부분 알코올중독자는 자신을 문제가 있는 치료대상의 환자라 생각지 않고, 아동학대나 방임의 사회문제도 해당 아동과 부모는 그것을 문제로 보지 않는 경우가 많다.

(5) 누가 그것을 사회문제로 규정하지 않는가

이 질문은 위의 질문을 역으로 물은 것이다. 흔히 문제는 관련 당사자와 상관없이 외부전문가나 일반인들이 규정하는 경우가 많다. 따라서 문제를 갖는 당사자는 그 문제를 사회문제로 보지 않는 경우도 있다. 특히 가정폭력의 경우 피해자인 당사자는 부족한 또는 덕이 없는 아내로서 매를 맞을 뿐이라고 문제를 스스로의 부족함으로 내면화시키는 경우가 있다.

(6) 문제의 원인이 무엇인가

이 질문은 사회문제의 해결방안 또는 프로그램으로 연결시켜 주는 중요한 질문이다. 문제의 원인을 일차적으로 어디에 두느냐에 따라 개입방법도 달라진다. 예를 들면 실직문제의 원인을 실직자들의 기술과 기능의 미숙으로 파악하면 직업훈련 프로그램이 만들어지나, 자동화와 구조조정으로 파악하면 정부의 산업구조 개편에 초점을 맞추는 거시적 실천의 일환으로 정책옹호(advocate) 프로그램이 만들어질 수 있다. 정신분열증은 그 원인이 복합적이기 때문에 생물학적 원인, 가족적 원인, 사회심리적 원인 등 다양하게 규정될 수 있고 그에 따른 문제해결의 방법과 치료방법도 달라진다. Cloward와 동료 학자들(1959)은 청소년 비행의 원인을 기회의 차단(blocked opportunity)으로 보아 개별치료보다 제도개선에 역점을 두어 빈곤, 인종차별, 주거환경 등에 초점을 둔 정책을 제안한 것이 결국 법제화되어 성공을 거두었다.

(7) 그 문제를 다루는 현재의 프로그램은 무엇인가

이 질문은 현재 구상하고 있는 프로그램이 현존하는 프로그램과 차별성 또는 효과성의 관점에서 어떻게 다른지에 관한 기준을 제시한다. 기존 사회문제들에 대해서는 이미 어떤 형태로든 프로그램으로 접근하고 있기 때문에 동일한 표적집단을 대상으로 유사한 프로그램의 존재여부를 파악하는 것은 프로그램 또는 서비스의 중복과 자원 남용을 방지하는 데에도 중요한 정보를 제공한다.

(8) 이 프로그램들을 중단함으로써 예상되는 결과는 무엇인가

사회문제해결을 목적으로 시행되는 사회복지 프로그램이 중단되는 경우는 거의 없다. 따라서 이 질문은 프로그램을 평가할 때 주로 사용되는 기준이 된다. 그러나 미국의 경우 1970년대 이후 황혼법(sunset legislation)이 제정되어 일정 기간 동안 동일한 법률이 재입법되지 않으면 그 법률에 의한 프로그램은 자동폐기되는 경우가 있으므로 프로그램 중단으로 발생할 심각한 문제를 예측해 볼 수 있다.

(9) 사회변화의 목표는 무엇인가

사회의 어떤 측면이 얼마나 변화되어야 그 문제가 해결되었다고 볼 수 있는지에 관한 질문이다. 예를 들면 실업문제의 해결은 실업수준이 몇 %로 내려가야 실업문제가 해결되었다고 규정할 수 있는지에 관한 것이다. 사회문제의 존재에 대한 규정도 일치된 견해를 갖기 어려운 것과 마찬가지로 해결의 수준에 관해서도 사람들의 견해가 다르다.

(10) 욕구와 자원 간의 격차를 줄이는 데 찬성하는 사람과 반대하는 사람은 누구인가

이 질문은 앞의 질문들, 누가 문제로 고통을 받고, 이득을 보며, 누가 문제로 규정하지 않으며, 누가 문제해결에 부정적 태도를 보이는지에 관한 것을 종합한 질문이다. 다시 한번 정치사회적 관점에서 사회문제의 해결에 도움을 주는 세력과 방해하는 세력을 명확히 규정하려는 질문이다.

3. 사회문제규모의 추정

특정 사회문제가 지역사회 내에서 취약계층에 상당한 고통을 주고 있다는 사실을 규명한 다음, 사회복지 프로그램 개발자는 그러한 사회문제가 실제로 얼마나 심각하게 만연하고 있는지를 통계자료로 근거를 제시하는 노력이 필요하다. 이러한 노력을 통해서 새로운 프로그램을 기획하는 과정에서 그 프로그램의 정당성을 뒷받침하는 근거를 마련할 수 있다. 따라서 사회문제의 규모를 추산하는 방법에 대한 이해가 요구된다.

사회문제의 규모를 추정할 때 세 가지 개념에 대한 이해가 선행되어야 한다. 우선 사회문제가 얼마나 심각한지에 관해서는 시간이나 연도에 따라 달라질 수 있기 때문에 기간(a period of time)의 설정이 있어야 한다. "최근 5년간 가출청소년 발생률, 인구 1,000명당 5명"이라고 표현할 때처럼 기간설정이 분명히 제시되어야 한다. 또한 사회문제는 대개 발생(incidence)과 확산(prevalence)이라는 두 가지 개념으로 그 규모와 정도를 파악한다. 여기서 발생은 일정 기간 동안 새로운 상황이 발생했거나 문제가 발생한 건수를 지칭한다. 예를 들어 2004년 한 해 동안 신규 청년실업자 25만 명이 기존의 청년실업자 수에 추가되어 2004년 청년실업자 총 발생건수(incidence)는 1,000명당 20명에서 35명으로 늘어났다. 발생(incidence)이 새롭게 전개되는 문제의 양상을 설명하고 문제상황의 위험도를 직접적으로 나타내 주는 척도이지만, 확산(prevalence)은 이미 발생하고 있는 문제양상이 지역사회 내에서 어느 정도 만연되고 있는지를 잘 나타내 주는 척도나 지표이다(Mausner & Kramer, 1985 : 50-51). 그래서 확산은 사회문제의 발생과 퍼져있는 정도를 동시에 가리키는 개념이다. 예를 들면 "2004년 65세 이상 노인 가운데 치매유병률은 10명당 2명이다"라는 식으로 문제의 확산정도를 표현한다. 특히 확산의 개념은 사회문제의 만연도를 나타내어 간접적으로 문제나 욕구의 정도를 추정하는 데 사용되며 그에 따른 인력과 시설의 필요한 정도를 추산하는 데 근거통계로 사용된다. 그래서 위의 두 가지 개념을 결합하여 사회문제의 규모를 추정하고 그에 따른 대안을 모색해 보자.

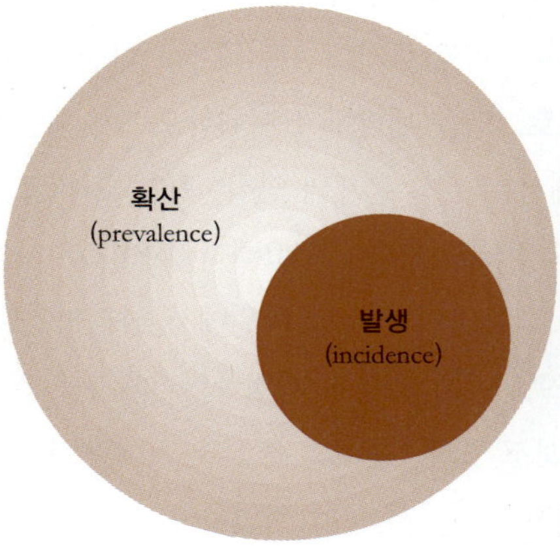

[그림 3-1] 사회문제의 규모에서 발생과 확산

B시의 노인인구는 2004년 전체인구 가운데 노인인구 비율인 7.3%를 적용하면, 약 27만 7천 명으로 추산된다. 2004년 12월 현재 B시의 기초생활보장수급 노인은 약 2만 4천 명이고 차상위계층 노인은 약 6천 명으로 저소득노인은 합계 약 3만 명으로 추산

된다. 사회조사의 결과 저소득노인 가운데 치매, 중풍, 와상 등으로 상시보호를 필요로 하는 위험집단의 노인인구가 천 명당 100명으로 추계(확산)되었다면 B시의 저소득노인 3만 명 가운데 3천 명은 긴급히 장기요양보호서비스를 받아야 할 대상자의 수로 계산된다. 그런데 2004년 현재 B시의 무료와 실비요양시설은 15개소에 불과하고, 인원수로는 500명밖에 수용할 수 없다면 약 2천5백 명의 노인들의 요양욕구를 충족시켜 줄 요양원 건립이 시급한 과제로 대두된다. 이러한 수치는 2004년 12월 현재의 시점으로 계산된 것이기 때문에 향후 5년간 수용인원을 증가시키는 계획에는 매년 치매, 중풍, 와상 등의 발생률(incidence)도 고려하여 누적된 인원에 따른 요양시설의 증설계획을 추진해야 할 것이다.

4. 클라이언트 문제정의와 욕구파악

1) 클라이언트 문제의 정의와 우선순위 결정

사회문제로 고통을 받거나 불리한 처지에 놓이게 되는 위험집단은 클라이언트 집단이다. 그래서 사회문제는 곧바로 클라이언트 문제로 환원되어 사회복지 프로그램의 표적이 된다. 사회복지 프로그램을 개발하고 시행함으로써 해결해야 할 클라이언트의 당면문제를 정의하기 위해서는 우선 문제의 양상, 원인, 그리고 문제로부터 고통을 받는 클라이언트 집단에 관한 정확한 기술이 필요하다. 사회복지사들은 종종 사회문제를 합리적 시각에서 보지 않고 본인의 정서적 차원에서 클라이언트의 문제를 보려고 하는 경향이 있다(Resnick, 1980). 예를 들면 가정폭력피해자를 원조하는 사회복지사는 가해자를 나쁜 사람으로 보고, 모든 문제의 원인을 가해자로부터 나온다고 보는 경우이다. 문제의 양상을 객관적 시각에서 보아 원인을 규명하고 해당 클라이언트 집단을 분명히 하는 작업은 이와 같이 사회복지사가 클라이언트 입장에서 한편으로 치우치는 오류를 막아 준다. 다루어야 할 사회문제가 하나인 경우도 있지만 보통 여러 가지 문제가 동시에 대두된다. 이때 프로그램 개발자는 문제의 심각성과 파급범위를 고려하여 우선순위를 매겨 접근해 나가는 요령이 필요하다. 우선순위에서 차순위의 문제는 기관의 인력과 자원이 허용되지 않는 한 당장 해결하도록 시도하는 것은 불가능하다.

2) 클라이언트 문제를 욕구로 전환

문제는 고통이나 스트레스의 원천이 된다. 사회복지에서 클라이언트가 갖는 문제는 주로 자원의 결핍과 심리사회적 스트레스에 기인한다. 클라이언트가 사회복지기관에 원조를 요청하는 이유도 문제를 해결하기 위해서이다. 한편 욕구는 주로 클라이언트의 생존과 복리의 차원에서 신체적, 심리적, 경제적, 문화적 그리고 사회적으로 필요한 것으로 간주된다(Barker, 1999 : 323). 사회복지기관이 문제해결을 위해서 무엇을 할 수 있는지를 파악하기 위해서는 문제를 욕구로 전환시키는 노력이 필요하다. 왜냐하면 욕구충족을 위한 방안을 강구하는 과정에서 특정대안이 곧 바로 프로그램으로 구체화될 수 있기 때문이다. 문제나 욕구는 본질적 측면에서는 양자가 동일하다. 그래서 양자는 마치 동전의 양면과 같지만 클라이언트를 중심으로 한 프로그램을 개발할 때에는 문제를 욕구로 전환시키는 작업이 필요하다. 왜냐하면 욕구는 클라이언트가 당면한 문제의 전부 또는 일부분일 수 있고 체계적 사정으로 파악되며 욕구는 개입을 위한 적극적 근거로 작용하기 때문이다(Depoy & Gilson, 2003 : 75). 여기서 제시된 예는 빈곤독거노인의 생활상 문제들이 어떻게 욕구로 전환되고 필요한 프로그램은 무엇인지를 연상법에 따라 발전되어 가는 과정을 보여준다. 사회문제를 클라이언트 문제로 환원하여 클라이언트 문제를 욕구로 전환시켜 욕구충족을 위한 개입방법을 도출하면 그 개입방법은 곧 바로 프로그램이나 서비스가 된다.

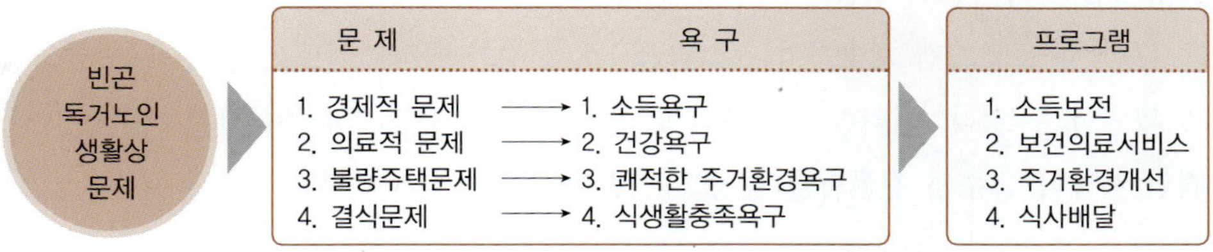

[그림 3-2] 문제의 욕구전환과 프로그램 구상

3) 욕구파악을 위한 절차

사회문제가 클라이언트 집단의 문제나 욕구로 환원된다면 프로그램 개발자는 클라이

언트 집단의 욕구를 정확히 파악할 수 있어야 한다. 이러한 측면에서 Hasenfeld(1987)는 사회복지기관에서 프로그램 개발과정에서 클라이언트 집단의 충족되지 않는 욕구를 파악하기 위한 절차를 다섯 단계로 나누어 제시한다.

(1) 욕구의 정도와 크기를 파악하기 위한 기본자료와 정보수집

정부나 공공기관의 각종 보고서와 자료는 클라이언트 집단의 문제나 욕구의 정도가 얼마나 심각한지에 관한 신뢰할 만한 정보를 제공한다. 통계청의 센서스 보고서는 가장 유용한 자료로 활용된다. 그 밖에 국민건강과 사회복지와 관련된 해당 정부기관의 보고서와 각급 지방자치단체의 통계는 기본자료와 정보수집의 원천이 된다.

(2) 욕구충족을 위한 다른 기관의 활동과 유사 프로그램 탐색

클라이언트 욕구가 이미 다른 기관이나 프로그램으로 충족되고 있다면 새로운 프로그램 개발의 필요성이 희석된다. 이미 다른 프로그램으로 시도되었다면 새로운 프로그램보다는 유사하거나 동일한 프로그램을 시행하게 되는데, 이는 기존의 프로그램으로 혜택을 받지 못하는 클라이언트 집단에 접근성을 향상시키는 효과만 있다. 따라서 타 기관의 프로그램에 대한 조사와 탐색이 필요하다.

(3) 유사한 클라이언트에 대한 서비스를 제공하는 전문가와 면담

유사한 클라이언트 집단의 욕구나 문제를 잘 알고 있는 전문가와 상담하거나 자문을 구할 때 프로그램 개발자가 표적집단으로 선정한 클라이언트 집단의 욕구 중요성을 확인할 수 있다. 이러한 방법은 주로 질적 자료를 수집해서 분석하기 때문에 대표적인 사례나 소수의 전문가를 대상으로 면접의 형태를 취한다.

(4) 클라이언트와의 면담과 대화

직접 클라이언트 집단이나 클라이언트의 가족을 대상으로 간담회를 개최하는 방법으로 그들의 인지적 욕구를 쉽사리 파악할 수 있다. 가장 직접적으로 클라이언트 욕구를 파악하는 방법으로 사회복지기관에서 쉽사리 활용할 수 있다.

(5) 공식적 욕구조사의 실행과 보고서 작성

욕구조사는 기관의 입장에서 과학적이고 체계적으로 클라이언트 욕구를 사정하려는 노력이고 이러한 노력의 결실로 만들어진 욕구조사보고서는 클라이언트 욕구에 대한 신뢰성 있는 자료로 활용될 수 있다. 과학적이고 체계적인 조사를 위해서 일반 조사방법(research)의 원리나 지침을 잘 활용해야 한다.

제 3 절 문제지도작성과 역장분석

사회복지 프로그램으로 해결해야 할 사회문제를 규정하고 대략적 대안을 모색하는 것은 지금까지의 전개과정으로 볼 때 비교적 용이한 작업이라고 생각될지도 모른다. 그러나 특정한 사회문제를 클라이언트 개인차원의 문제로 환원시켜 보다 면밀히 문제의 원인을 분석하여 구체적 프로그램의 설계로 도출하기는 쉽지 않다. 문제지도작성(problem mapping)은 클라이언트가 당면한 문제의 원인을 체계적으로 분석하고 그 원인에 따른 해결방안을 모색하는 과정에서 프로그램 개발자가 유용하게 활용할 수 있는 도구이며 실천기법이다.

역장분석(field force analysis) 역시 거시적 측면의 사회문제나 클라이언트 측면의 문제분석에 사용될 수 있는 도구로서 문제의 해결과 존속에 크게 영향을 주는 요인의 강도와 성격을 보다 면밀히 분석해서 대안을 모색하는 일종의 기획기법으로 사용된다(Brager & Holloway, 1992).

따라서 문제지도작성과 역장분석은 문제분석의 차원에서 머무르지 않고 이를 더욱 발전적으로 프로그램이나 개입계획을 설계하는 과정으로 연결시켜 주는 프로그램 기획 도구들이다. 특히 역장분석은 프로그램을 기획하고 설계하는 과정에서 반드시 뒤따르는 정치사회적 요소를 식별하고 그 대응방안을 마련하는 데에도 유익한 정보를 제공하는 분석도구이다.

1. 문제지도작성

사회복지사가 다루는 문제의 본질을 규명하고 적절한 개입전략을 수립하기 위해서 문제지도(Problem Mapping)의 방법이 활용될 수 있다. 문제지도는 당초 문제가 어떤 식으로 개념화되었는지 상관없이 인간의 사고과정을 통해서 특정문제에 관련된 가치, 문헌, 증거 등을 인식할 수 있고 문제의 연결고리를 이해하여 결국 문제의 어떤 부분이 개입의 초점이 되어 해결되어야 하는지를 확실하게 해 준다(DePoy & Gilson, 2003 : 49). 문제지도는 특정 문제의 원인은 무엇이며 또한 그 결과는 무엇인지를 반복적으로 질문하면서 그림으로 표시한다. 당면하는 문제를 종이의 가운데에 위치하여 진하게 또는 이중사각으로 표시하고 위로 갈수록 원인이 표시되고 아래로 내려갈수록 결과가 표시된다. 예를 들면, 지체 2급 장애인인 김 씨가 성공적 재활과정을 거친 후 특수학교 교사로 취업이 결정되었지만 직업활동에 필요한 교통수단이 마련되지 않은 문제가 있다고 가정하면 문제지도는 〔그림 3-3〕과 같이 그릴 수 있다.

김 씨가 직업활동을 시작하기 위해 필요한 교통수단이 마련되지 않는 문제의 원인은 크게 두 가지로 나누어진다. 우선 김 씨가 성공적으로 직업재활과정을 거친 장애인복지관이 김 씨를 위해서 특별히 차량봉사서비스를 제공하기 어렵다는 결정이다. 물론 김 씨를 지금까지 재활시키는 데 노력한 담당 사회복지사는 기존의 차량봉사단을 활용해서 주 3회 정도 특수학교 출퇴근을 위해서 차량봉사가 가능하다는 의견을 제시했으나, 그 장애인복지관의 기관장은 특별히 김 씨를 위해서 이러한 서비스를 제공하는 것은 형평성의 원리에 맞지 않다고 김 씨를 위한 차량봉사서비스의 배려를 허용하지 않았다. 다른 한편으로 김 씨는 대중교통수단을 이용하여 특수학교에 출퇴근을 할 수 있는지의 여부를 조사해 본 결과 일반 대중교통버스나 마을버스조차도 휠체어를 탄 김 씨의 거주지와는 상당한 거리가 있었기 때문에 이러한 대중교통수단을 이용하여 출퇴근하는 것은 불가능한 것으로 판단되었다. 시당국에 건의하여 김 씨를 위한 대중교통수단의 노선변경을 요청했으나 한 사람을 위한 노선변경이 불가하며 경제성의 원리에도 맞지 않고 시당국의 재정형편으로 보아도 낭비요소가 크다는 판단으로 받아들여지지 않았다. 종합적으로 위의 두 가지 직접적 원인은 결국 장애인에 대한 부정적 사회인식이 만연하기 때문인 것으로 그 원인을 추론할 수 있었으며, 이러한 원인의 기저에 깔려 있는 것은 한국사회의 문화가 생산성을 중시하고 특별한 욕구를 갖는 개인에 대한 배려는 허용되지 않는다는 사회문화적 가치이다.

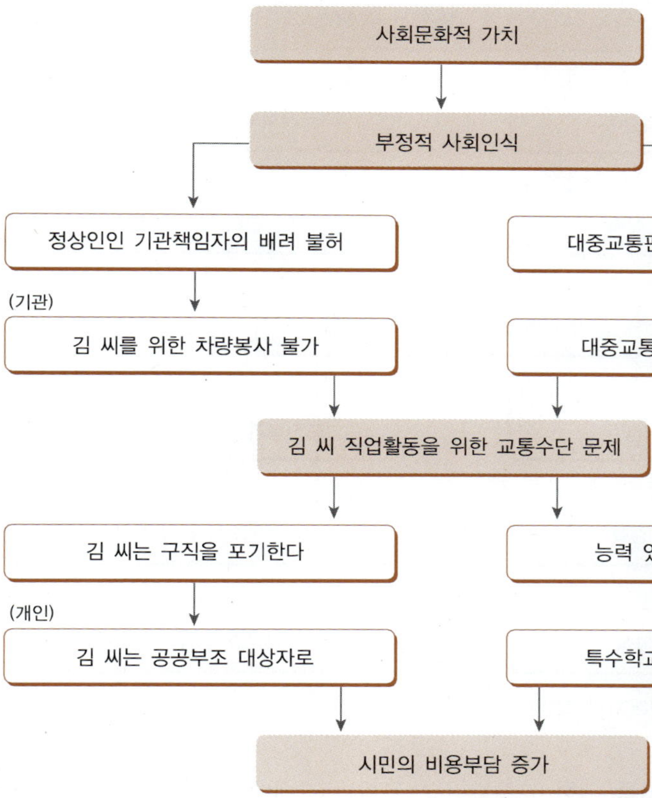

[그림 3-3] 김 씨 교통수단문제의 문제지도

김 씨의 직업활동 시작을 위한 교통수단문제의 직접적 원인은 각각 기관차원과 지역사회차원에서 규명할 수 있었다. 따라서 우선 기관차원에서 문제를 해결하고자 하는 개입전략과 대안을 모색해 본다면 기관차원에서는 조직을 변화시키는 사회복지행정을 통한 거시적 실천에 초점을 둘 수 있다. 보다 구체적으로 장애인복지관의 관리자가 보다 클라이언트 중심의 사고를 갖도록 리더십 변화에 주안해서 개입할 수 있을 것이다. 그리고 지역사회차원에서 문제를 해결하는 방법은 지역사회조직화의 전략을 사용하여 장애인을 위한 공공 또는 대중교통수단의 확충과 저상버스의 도입과 운용 등을 목표로 사회운동이나 사회행동을 전개할 수 있을 것이다.

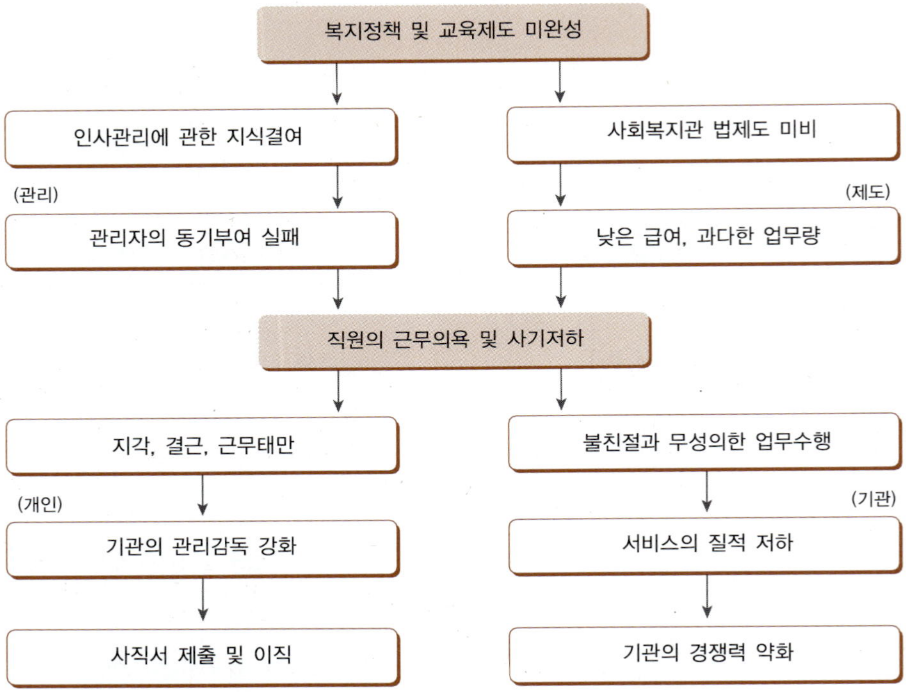

[그림 3-4] 사회복지관 직원의 근무의욕 및 사기저하 문제의 문제지도작성

김 씨의 직업활동 개시를 위한 교통수단의 문제는 장애인인 김 씨가 갖는 개인적 문제일 수 있다. 만일 이러한 문제를 해결하지 않고 그래도 방치한다면 그 결과가 어떠한지를 살펴보도록 하자. 우선 개인차원에서 김 씨는 교통수단의 문제가 해결되지 않으면 결국 직장을 포기하는 수밖에 없을 것이다. 그러면 김 씨는 2급 장애인으로 소득이 없기 때문에 공공부조 대상자로 전락하게 될 것이다. 다른 한편 김 씨와 같이 능력 있는 교사를 채용하지 못하는 특수학교의 입장에서는 능력 있는 교사를 채용하지 못하는 결과를 수용할 수밖에 없다. 능력이 뛰어난 교사가 다른 이유로 채용되지 못

한다면 이는 결국 특수학교교육의 질적 저하를 초래할 수 있을 것이다. 아무튼 김 씨가 공공부조 대상자로 선정되어 정부의 보조금에 의존하거나 특수학교교육의 질적 저하는 궁극적으로 정부의 보호와 투자를 요하게 됨으로써 일반시민의 사회복지에 대한 비용부담을 증가시킬 것이다.

〔그림 3-4〕에서는 사회복지관 직원의 근무의욕 및 사기저하라는 조직 내 문제가 있다고 가정할 때 문제지도작성에 따른 원인과 결과가 도표로 자세히 제시된다. 마찬가지로 각 원인에 따른 개입방법과 전략은 달리 설정될 수 있다는 것을 알 수 있을 것이다. 그리고 이러한 문제가 해결되지 않는다면 그 결과는 어떻게 될 것인지도 〔그림 3-4〕의 아래쪽에 위치한 결과의 순차적 진행상태를 보면 자명해질 것이다.

2. 역장분석

역장분석(field force analysis)은 Lewin(1951)에 의해서 개발된 기획기법으로 문제를 식별하고 분석하여 목표설정에 도움을 주고 개입에 영향을 주는 요인을 사전에 분석하여 표적체계를 명확히 하는 데 유용하게 사용될 수 있는 도구이다. 그래서 역장분석은 개인이 자신의 목표달성에 유리하거나 불리한 요소를 식별하여 원만히 대처해 나가는 데 도움을 줄 뿐만이 아니라 가족, 조직의 변화, 정책적 개입에도 널리 활용될 수 있는 실천기법이다. 역장분석을 하기 위해서는 5단계의 절차를 거친다.

(1) 문제의 정의와 목표의 구체화

현재 직면한 문제를 명확히 규명하고 문제해결을 위한 바람직한 목표를 구체적으로 기술한다.

(2) 목표달성에 결정적인 추진력과 저항력의 명확화

문제와 관련된 당사자 또는 이해관계를 가진 개인, 집단, 조직, 연합체 중에서 어떤 세력이 긍정적이거나 부정적으로 영향력을 행사할 것인지를 분명히 파악해야 한다. 즉, 문제를 변화시키는 데 기여할 것으로 예측되는 것을 추진력(driving force, D-force)

이라 하고 문제의 해결에 방해가 되는 요소를 저항력(restraining force, R-force)이라 한다.

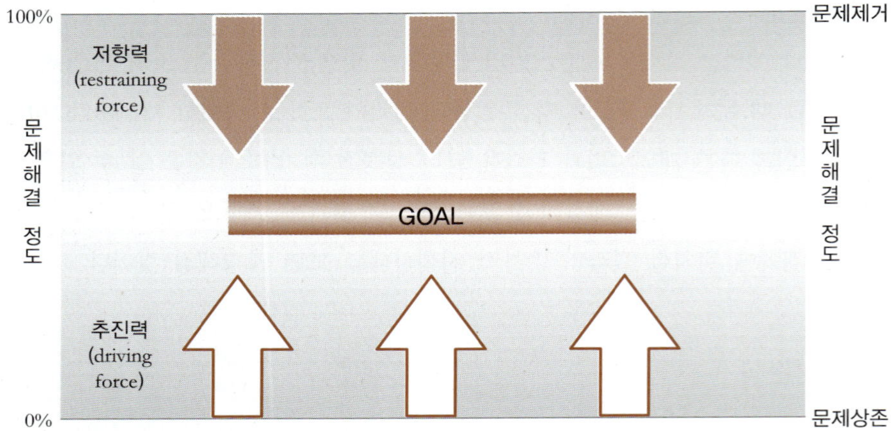

[그림 3-5] 추진력과 저항력에 따른 문제해결정도

(3) 추진력과 저항력의 강점 평가

문제를 존속시키고자 하는 저항력과 문제해결과 목표달성에 도움이 되는 추진력의 제각기 다른 요소들은 힘(potency), 지속성(consistency), 복종성(amenability)의 차원에서 평가되어야 한다. 여기서 힘은 추진력과 저항력의 강도를 말하며, 지속성은 당사자가 점유하는 위치의 안정성을 말하는데 특정 추진력의 요소가 점유한 위치가 공고하고 안정적인가 아니면 시간변화에 따라 약해지는가를 평가한다. 복종은 특정 추진력 또는 저항력의 요소가 외부의 압력이나 영향에 순응하는가를 말한다. 힘, 지속성, 복종성은 제각기 높거나(high, H), 낮은(low, L) 것으로 등급화한다. R-HP-LA의 부호는 특정 저항세력 또는 요소(R)가 강한 힘(HP)을 갖고 외부의 영향에 쉽사리 굴복하지 않은(LA) 것을 나타낸다.

(4) 행위자의 명확화

행위자(act)는 특정 추진세력이나 저항세력에 영향을 미치고 그 강도를 변화시키는 사람이나 조직을 의미한다. 행위자가 판별되면 행위자의 영향력 정도는 높거나(H) 낮은(L) 것으로 등급화된다.

(5) 변화전략의 선택

문제를 변화시키는 데 순응적이거나 저항적인 여러 가지 세력이 분석되고 이들의 힘을 조절할 수 있는 행위자에 대한 평가가 이루어지면 변화의 계획 또는 전략이 모색된다. 물론 계획은 핵심적 행위자의 협조를 얻고 그들이 영향력을 행사하도록 권유하여 추진력을 강화시키고 저항력을 약화시키는 데 초점을 맞출 수 있다. 약화시키려는 표적(target)이 되는 저항력은 대개 강하지만 지속성이 약하고 복종성이 높은 사람이나 조직이 될 가능성이 크다. 추진력을 강화시키려는 계획의 표적 또한 낮은 지속성과 높은 복종성의 사람이나 조직이 될 수 있다. 아무튼 저항을 약화시키고 추진력을 강화시키는 방향으로 변화계획이나 전략이 수립되어 시행된다면 문제는 해결되고 목표가 달성될 것이다.

〈표 3-2〉 노인주간보호소 설치를 위한 역장분석

현재의 수준(Current Level)	
추진력(D)	저항력(R)
1. 법인의 의지 D-LC-LA	1. 공무원의 부정적인 태도 R-HP-HA
2. 직원의 태도 D-LP-HA	2. 경쟁조직의 견제 R-LP-HC-HA
3. 협회장의 원조 D-HP-LC	3. 자체 예산의 미확보 R-LC-LA
4. 재가노인복지의 강조 D-HP-HC	4. 전문인력의 부족 R-HP

· P=Potency(힘) · C=Consistency(지속성) · A=Amenability(복종성)
· Goal : 노인주간보호소 설치 · Problem : 지역사회 재가노인보호의 문제

추진력의 주요행위자와 영향력
1 Act 법인 이사장 H 3 Act 재가노인복지협회장 P

저항력의 주요행위자와 영향력
1 Act 담당 공무원 L 2 Act 인근기관 K

[그림 3-6] 추진력과 저항력의 주요행위자

위의 역장분석을 한 후 추진력과 저항력의 각 요소에 대한 평가를 기초로 다음과 같이 전략적 개입대상자를 결정할 수 있다.

역장분석의 결과 추진력의 주요행위자를 더욱더 강화시키고 저항력의 주요행위자의 세력을 약화시키는 방법으로 개입전략과 행동노선이 설정될 수 있다. 따라서 법인 이사장의 의지를 더욱 공고히 하기 위해서 이사장과의 면담을 추진하거나 보강자료를 제시하여 노인주간보호소 설치의 필요성을 강조할 수 있다. 또한 이 기관에 우호적 태도를 갖는 재가노인복지협회장으로 하여금 더욱더 큰 지지를 확보하기 위해 여러 가지 구체적 방안도 설정되어야 할 것이다. 다른 한편 담당공무원의 부정적 태도와 행동을 변화시키기 위해서는 그의 상급자에게 접근하는 방법을 생각해 볼 수 있으며 근본적으로 본 법인과 기관에 대한 태도를 긍정적으로 변화시키는 노력도 필요하다. 경쟁조직의 방해작용을 무기력하게 하기 위해서는 음성적으로 방해작용을 전개하는 인근기관에 대하여 공식적으로 항의하는 방법을 택할 수 있다.

연구과제

1. 성매매문제를 Taber와 Finnegan의 사회문제분석 틀에 따라 분석하시오.
2. 중증장애인의 생활문제를 구체적 문제로 세분화하고 욕구로 전환시켜 욕구충족을 위한 프로그램을 구상해 보시오.
3. 빈곤가정의 아동문제의 원인과 결과를 문제지도로 작성해 보시오.
4. 새로운 청소년복지 프로그램인 '청소년자원봉사단' 사업을 기획하고 추진하는 데 추진력과 저항력의 요소를 2개 이상 고려하여 역장분석해 보시오.

4 욕구조사

제 1 절 욕구의 개념과 유형

1. 욕구의 개념

사회문제와 클라이언트 문제가 규정되면 다음 단계로 사회복지 프로그램 기획과정에서 프로그램 개발자가 수행해야 할 주요과업은 욕구조사이다. 욕구조사에서 욕구(need)는 요구(want)와 유사한 개념으로 보이나 상호구별할 필요가 있다. 요구는 무엇이 필요하나 그것을 가지지 못할 때 생기는 개인의 인지 또는 정서상태이지만 욕구는 어떤 사람이 필요한 그 무엇을 다른 사람의 판단과정을 거쳐 확인된 것이다(Reid, 1978 : 25-29). 따라서 요구는 요구를 갖는 당사자인 클라이언트 개인차원에서 절실히 필요한 무엇을 말하지만, 욕구는 그러한 개인적 요구를 바탕으로 다른 사람의 평가와 판단과정을 거친 사회적 차원의 개념으로 이해해야 한다.

클라이언트 중심의 사회복지실천을 위해서는 욕구보다 요구에 충실해야 한다는 가치기준이 설정(Compton & Gallaway, 1984 : 74-75)될 수 있지만 사회복지 프로그램을 기획하고 설계하는 프로그램 개발자의 입장에서는 개별 클라이언트의 요구보다는 수많은 클라이언트들이 갖는 집합적이고 사회적인 개념의 욕구에 더욱 관심을 둘 수밖에 없다.

욕구의 개념정의도 학자들에 따라 약간씩 그 의미가 다르다. Meenaghan과 동료 학자들(1982 : 168)은 욕구를 "인간이 개인 또는 가족구성원으로 기능하기 위한 잠재력을 충분히 발휘하는 것을 제한하는 객관적으로 확인될 수 있는 어떤 조건"이라고 정의하면서 이러한 욕구의 개념규정에는 다음과 같은 네 가지 성질 또는 요소가 포함되어 있다고 주장한다.

① 욕구는 개인 또는 가족이 갖는 확인가능한 사회적, 경제적 또는 건강관련문제를 나타낸다.
② 이러한 사회적, 경제적 또는 건강관련문제들은 유사한 특성을 갖는 개인(가족)과 그 밖의 개인(가족)을 구별하는 근거로 작용한다.
③ 문제로부터 영향을 받거나 욕구가 있는 개인(가족)들은 한정된 지리적 범위 내에 있을 수 있다.
④ 확인된 문제나 욕구는 개인 또는 조직이 지금 제공하는 서비스나 앞으로 제공할 서비스에 의해서 직접적으로 해결되거나 충족될 수 있는 것이다.

이러한 욕구의 정의는 욕구의 대상을 사회적, 경제적 또는 건강관련문제로 보고 문제를 갖는 집단과 그렇지 않는 집단이 구별되며, 욕구를 갖는 사람들은 지역적으로 군집되어 있는 가능성을 열어 놓고, 현존하거나 새로운 서비스로 욕구충족이 될 수 있다는 사실을 강조한다. 욕구의 대상을 보다 구체화하고 욕구를 갖는 집단을 더욱 명확히 한다는 차원에서 Gates(1980 : 110)는 욕구를 객체와 주체로 나누어 설명한다. 그는 욕구의 객체로는 의식주를 비롯한 의료, 재활, 취업, 보육, 양로 등과 같은 재화나 서비스가 있으며, 욕구의 주체는 주로 빈민, 아동, 노인, 장애인과 같은 사회적 약자를 들고 있다. 이러한 문제나 욕구를 갖는 특정 개인과 집단들이 다양한 욕구를 갖고 있지만 욕구는 같은 집단 내에서도 상대적이며 시간변화나 정치사회적 환경여건과 기술발전의 정도와 수준에 따라서도 변화될 수 있다는 사실을 인식해야 한다. 이러한 관점에서 Kettner와 동료 학자들(1999 : 37-39)은 욕구의 개념을 이해하는 데 명심해야 할 사항을 지적하면서 욕구의 특성으로 상대성과 환경 및 기술변화에 따른 상이점을 들었다. 다음에서 세 가지 욕구의 특성에 대해서 보다 자세히 살펴보자.

① 욕구는 탄력적이고 상대적이다. 특정 개인이나 집단이 갖는 욕구를 정적이고 절대적으로 이해해서는 곤란하다. 욕구는 어느 시점에 고정된 것이 아니고, 시간과 여건변화에 따라 크기와 내용도 달라질 수 있으며, 동일한 욕구를 갖고 있는 집단 내에서도 개인별로 그 욕구의 크기와 내용도 다르다는 점을 이해해야 한다. 따라서 특정 시점에 이루어진 욕구조사는 최소한 그 당시와 가까운 미래의 시점에서

그 집단이 갖는 욕구일 뿐이기 때문에 사정과 재사정을 통해서 새로운 욕구나 변화되는 욕구가 파악될 수 있다. 욕구조사를 주기별 또는 연도별로 실시하거나 새로운 프로그램을 기획할 때 반드시 욕구조사가 필요한 이유도 여기에 있다.

② 욕구는 정치사회적 환경변화에 따라 달라질 수 있다. 우리나라에서 1970년대와 1980년대까지만 해도 보육서비스에 대한 욕구는 빈곤계층의 여성 근로자에 국한된 욕구였다. 그러나 1990년대 이후 아동보육에 관한 욕구는 거의 모든 여성과 가정의 욕구로 등장했다. 여성의 경제적・사회적 활동의 참여증가와 보육에 대한 국가사회적인 책임의식이 강조됨에 따라 아동보육에 대한 욕구는 특정 계층의 욕구로만 볼 수 없게 되었다. 또한 보육시설에서의 아동양육에 관한 긍정적 효과가 있다는 연구보고서의 확산이 전통적으로 아동보육은 부모에 의해 이루어져야만 최선이라는 기존의 관념을 무너뜨리는 데 기여했다.

③ 욕구는 자원의 정도나 기술발전에 따라 변화한다. 욕구는 사회적 개념으로 욕구충족이나 문제해결이 현존하는 사회적 자원으로 동원될 수 있을 때 욕구로 성립된다. 장기이식의 욕구를 갖는 환자는 의료기술의 발전을 전제로 하여, 장기를 기증할 사람이 충분히 확보되고 또한 확보된 장기가 충분할 때 누구에게 우선적으로 배분할 것인지에 관한 원칙에 따라 욕구가 충족될 수 있다. 과학기술의 발전은 인간으로 하여금 새로운 욕구를 갖게 하고 욕구충족을 위한 행위가 표출되어 수요(demand)로 나타난다. 장애인의 이동욕구는 자동차 문명의 발전으로 새롭게 출현된 욕구이며, 독거노인의 영양식사에 대한 욕구는 사회복지 프로그램으로 이동식사배달서비스가 가능한 수준으로 발전되었기 때문에 충족될 수 있는 욕구로 간주되는 것이다. 이러한 의미에서 사회복지제도와 프로그램의 확대에 따른 서비스 공급은 그러한 프로그램에 적합한 클라이언트 욕구라는 수요를 창출하기도 한다.

2. 욕구의 유형

1) Maslow의 욕구유형

Maslow(1954)는 인간이 생활을 영위하는 데 필요하거나 필수적인 것이 결핍될 때 공통적으로 갖게 되는 욕구가 있으며 인간행동의 동기가 바로 이러한 욕구충족의 행위로 나타난다는 5단계의 욕구위계설을 제시했다. 5단계 욕구의 위계에서 제일 기저에 해당하는 욕구는 생리적 욕구 또는 생존욕구이며 이러한 욕구가 충족되면 안전욕구, 사회적 욕구, 자아충족욕구, 자아실현욕구 등의 순서로 욕구충족의 행위가 일어난다는 것이다. 하위욕구가 충족되지 않으면 상위욕구충족을 위한 행위 또는 동기를 보이지 않기 때문에 하위욕구가 더욱 긴급하고 절실한 욕구로 간주된다.

(1) 생리적 욕구

생리적(physiological) 욕구는 보통 의식주에 대한 기본적 욕구를 비롯하여 성적 욕구와 고통을 피하려는 욕구 등을 말한다. 이러한 욕구는 인간이 생명체로 생존하기 위해서 필수적으로 충족되어야 하는 욕구이며, 이 욕구가 충족되어야 다음 단계의 욕구에 대한 갈망이 일어난다.

(2) 안전욕구

안전(safety)욕구는 이미 충족된 생리적 욕구를 박탈당하지 않으려는 욕구를 말한다. 또한 이 욕구는 신체적 안정상태의 유지와 관련된 욕구이며 환경으로부터의 위협과 예측불가능한 위험으로부터 자신을 보호받으려는 욕구이다.

(3) 사회적 또는 소속욕구

생리적 욕구와 안전욕구가 충족되면 인간은 다른 사람과 친밀한 관계를 유지하거나 정서적 만족을 추구하는 욕구가 나타난다. 사회적 또는 소속(belongingness)욕구는 다른 사람과 사랑을 주고받으며 인정을 받고 싶어 하는 욕구이다. 따라서 인간은 일차적으로 가족과 같은 집단을 형성하고 그러한 집단의 규범을 따르거나 또 다른 의미 있는 집단활동을 추구한다.

(4) 자기존중욕구

자기존중(self-esteem)욕구는 자신을 스스로 존중하고자 하는 욕구이며 타인으로부터 존경을 받으려는 욕구를 포함한다. 인간은 자신의 힘, 경험, 자격, 능력, 자율성, 지위, 인정, 우월성 등을 타인으로부터 인정받길 원한다. 이러한 욕구가 충족되면 성취감과 자신감을 가지지만 그렇지 못하는 경우 열등감과 좌절감을 갖게 된다.

(5) 자아실현욕구

자아실현(self-actualization)욕구는 앞의 네 가지 욕구가 충족된 후 일어난다. 자아실현은 인간의 잠재력을 최대한 발휘하고 인간의 이상이 실현되는 상태를 의미한다. 자아발견, 탐구, 창의성 등을 추구하는 욕구로 인간으로서 최상의 고차원적 욕구로 간주된다.

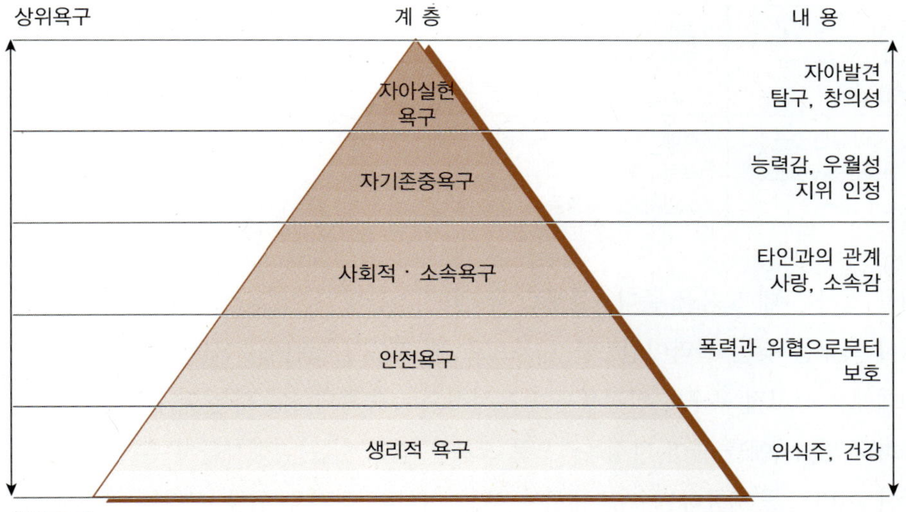

[그림 4-1] Maslow의 5단계 욕구위계모형

Maslow(1954)의 욕구유형은 사회복지 프로그램 개발과 기획과 관련하여 두 가지 중요한 의미를 부여한다. 하나는 클라이언트 집단의 파악된 다양한 욕구 간에 우선순

〈표 4-1〉 욕구의 유형에 따른 프로그램과 서비스 종류

욕구의 유형	전형적 프로그램/서비스	A복지기관의 프로그램/서비스	향후 필요한 프로그램/서비스
1. 생리적 욕구 (physiological need)	· 식사배달서비스 · 가사서비스 · 가정간호서비스 · 의료서비스 · 이동목욕서비스 · 주거환경개선서비스	· 식사배달서비스 · 가사간병서비스 · 이동목욕서비스	· 가정간호서비스 · 주택개량서비스 · 병원의뢰서비스
2. 안전욕구 (safety need)	· 노인의집 프로그램 · 집단노인거주 프로그램 · 안부전화점검서비스 · 노인학대예방서비스	· 노인 그룹홈 · 경로당순회지원서비스	· 재가노인안부전화서비스 · 노인학대예방 프로그램
3. 사회적 욕구 (social needs)	· 노인여가선용 프로그램 · 노인학교운영 프로그램 · 가정봉사원정서서비스	· 노인대학 운영 · 가정봉사원파견사업	· 노인건강교실 프로그램 · 노인노래교실 프로그램
4. 자기존중욕구 (self-esteem need)	· 심리사회상담서비스 · 정신건강 프로그램 · 취업알선 프로그램	· 노인문제상담서비스 · 노인건강강좌 프로그램	· 노년기적응 프로그램 · 노인취업 프로그램 · 노인자립작업장 운영
5. 자아실현욕구 (self-actualization need)	· 서예, 미술 등 교육 프로그램 · 노인자원봉사활동	· 노인취미교실 운영	· 은빛자원봉사단조직

위를 정하는 데 도움을 준다. 실제로 사회복지기관의 서비스나 프로그램은 복합적 문제나 욕구를 갖는 클라이언트를 대상으로 한 경우가 많은데, 이들의 다양한 욕구 가운데에서 생리적 욕구와 안전욕구가 우선적으로 충족되어야 하는 욕구임을 강력히 시사하고 있다. 예를 들어 가정폭력으로 고통을 받고 있는 피해자를 주된 클라이언트로 삼아 서비스를 제공하는 기관에서는 우선 의식주 해결을 위한 쉼터를 마련해 주고, 그 다음 폭력과 위협으로부터 보호하는 안전장치가 마련된 이후 소속감과 사랑을 줄 수 있는 프로그램으로 발전시켜야 욕구의 우선순위에 따른 적절한 보호조치가 이루어질 수 있다. 그리고 Maslow의 욕구위계설에 따른 욕구의 유형은 개별욕구에 따른 사회복지 프로그램과 서비스를 구체화하는 데 도움을 준다. 예를 들면 생리적 욕구충족

을 위해서는 의식주의 제공과 의료서비스가 필요하고, 안전의 욕구충족을 위해서는 범죄, 학대, 방임 등으로부터 보호하는 각종 안전장치의 구실을 하는 사회복지서비스를 보다 구체화하는 것이 필요하다.

〈표 4-1〉은 Maslow의 욕구유형에 따라 노인문제의 해결과 노인이 갖는 욕구의 충족을 위한 전형적 사회복지 프로그램과 서비스는 어떤 것이 있는지를 잘 보여주고 특정 사회복지기관이 현시점에서 제공하고 있는 프로그램과 향후 필요한 프로그램과 서비스는 무엇인지를 자세히 보여준다.

2) Bradshow의 욕구유형

Bradshow(1977)는 욕구를 정의하는 데 있어서 가장 중요한 문제는 "누가 욕구의 기준을 정하는가?"에 있다고 보고, 욕구의 유형을 다음과 같이 네 가지로 나눈다.

(1) 규범적 욕구

규범적 욕구(normative need)는 전문가에 의해서 정해지는 사회적 조건과 상황을 말한다. 전문가의 지식과 판단에 따라 어떤 기준이 정해지고 이에 미치지 못하는 어떤 조건과 상황이 있을 때 욕구로 규정하는 것이다. 여기서 규범이라는 용어는 기준 또는 규범이 존재한다는 의미로 사용된다. 따라서 영양학자들이 연구와 조사를 통해서 밝혀진 건강한 어린이의 영향기준에 미달하는 아동에게는 건강욕구가 있는 것으로 판단한다. 또한 정부가 정한 빈곤선(poverty line)과 최저임금도 일종의 규범 또는 기준으로 그 이하의 조건에서 생활하는 사람은 소득욕구가 있다고 간주한다. 아동보육시설에서 2세 영아 7명당 보육교사 1명이라는 보육사업지침의 기준도 정부가 효과적 서비스 전달을 위해 설정된 규범으로 작용한다. 규범적 욕구는 욕구의 수준이 파악되면 프로그램으로서의 목표설정과 계량화에 용이하고 목표달성의 정도를 측정하는 데에도 장점이 있다. 그러나 욕구의 정도가 전문가에 따라 달리 규정될 수 있으며 지식, 기술, 가치관, 시간변화에 따라 변할 수 있는 탄력성을 지니지 못하는 단점이 있다.

(2) 인지적 욕구

인지적 욕구(felt need)는 욕구를 갖는 당사자가 스스로 인지하여 정하는 욕구이다. 즉 욕구를 갖는 잠재적 클라이언트들이 그 무엇이 결핍되었거나 과다한 것을 욕구로 생각하고 욕구충족이 필요하다고 느끼는 욕구를 말한다. 인지적 욕구는 주로 면접, 전화, 우편조사 등 사회조사를 통해서 욕구를 갖는 당사자를 대상으로 그들이 필요한 것이 무엇인지를 물어 보는 방식으로 욕구를 파악한다. 자신들에게 가장 필요한 것이 무엇인지를 잘 모르는 사람을 대상으로는 인지적 욕구를 파악할 수 없다. 조사를 하는 경우 모든 잠재적 클라이언트들을 대상으로 조사할 수 없으므로 표집(sampling)의 대표성 문제가 가장 중요한 이슈가 된다. 인지적 욕구의 단점은 응답자별로 인지욕구의 수준이 천차만별하여 적절한 기준을 정하기가 어렵고, 현재나 가까운 장래의 여건과 상황에 따라서 욕구의 정도도 수시로 변할 수 있다는 점이다. 그래서 인지적 욕구는 일반적으로 예상보다 크게 나타나는 경우가 많기 때문에 인지적 욕구를 순수한 욕구로 그대로 추정하는 오류를 범할 수도 있다. 예를 들면, 금연, 알코올문제, 마약문제 등의 문제를 갖는 사람들은 인지적 관점에서는 치료나 서비스를 받길 절실히 원하지만 실제로 프로그램이 개설되면 프로그램에 참여하는 사람은 매우 적을 수 있다는 것이다.

(3) 표현적 욕구

표현적 욕구(expressed need)는 욕구를 갖는 당사자가 실제로 욕구충족의 행위를 하여 나타난 욕구이다. 그래서 표현적 욕구는 서비스의 수요(demand)로 나타나기 때문에 표현적 욕구는 바로 서비스에 대한 수요에 기초한 욕구를 말한다. 이 욕구의 개념은 전문가가 어떤 개인이 서비스를 필요로 하는지의 여부를 판단하는 것보다 개인이 실제로 서비스를 받기 위해 노력을 했는지의 여부에 초점을 둔다. 원조를 요청하거나 서비스를 얻기 위해 기다리는 사람의 수로 욕구가 측정된다. 따라서 대기자 명단(waiting list)과 실제로 현재 프로그램에 참여하고 있는 사람의 수를 계산한다. 표현적 욕구를 고려하여 프로그램을 개발하여 시행하는 경우 욕구의 정도가 비교적 정확하게 잡히기 때문에 수요에 따른 서비스 공급규모를 적절히 조절할 수 있다는 장점이 있지만 자격요건에 미달되거나, 교통수단과 같은 서비스 이용상 장애가 있거나, 서비스의 내용을 전혀 알고 있지 못하는 클라이언트 집단은 배제될 가능성이 많다는 단점도 있다.

(4) 비교적 욕구

비교적 욕구(comparative need)는 전문가나 사회가 욕구를 규정하고 일명 상대적 욕구(relative need)라고 하기도 한다. 비교적 욕구는 욕구를 갖는 당사자와 유사한 사람을 비교하거나 타 지역과 비교하여 정해지는 욕구를 말한다. 그래서 비교적 욕구는 충족되어야 할 욕구의 기준이나 바람직한 수준의 서비스가 있다는 가정에서 출발하지 않고 한 지역에 존재하는 서비스의 수준과 유사한 지역에 존재하는 서비스 수준 간의 차이를 측정한다. 다시 말해서 어떤 클라이언트 집단이 이용하는 서비스나 혜택의 수준이 다른 비교집단이 이용하는 수준보다 못할 경우 그 집단은 그러한 서비스나 혜택이 필요하다는 것을 말해 준다. 비교적 욕구의 파악은 집단 간 비교 또는 지역 간 비교를 통해서 쉽사리 욕구의 수준을 정할 수 있다는 장점이 있는 반면 비교집단은 단순히 비교를 위한 것이지 실제로 동일한 수준의 욕구가 있는 집단인지에 관해서는 정확하지 않을 수도 있다는 단점이 있다. 비교집단의 선정과 대표성(representativeness) 문제가 제기되는 까닭이 바로 이 점에 있다.

이상에서와 같이 Bradshow가 제시한 욕구의 개념적 유형을 자세히 살펴보았다. 욕구의 규정은 어떤 의미에서는 지역사회나 잠재적 클라이언트 집단이 갖는 문제를 진단(diagnosis)하는 것이라고 말할 수 있다. 욕구를 규정하는 주체가 바로 문제나 욕구의 정도를 결정하는 진단을 하게 된다. 일단 어떤 문제나 욕구가 진단된다면 문제해결과 욕구충족을 위한 처방(prescription)도 뒤따른다. 이러한 관점에서 욕구는 진단과 처방의 차원을 동시에 보유한다(Patti, 1983 : 71-72). 여기서는 위에서 언급한 네 가지 욕구의 종류에 따라 진단과 처방의 주체와 내용을 명확히 하고 각 욕구의 개념적 종류가 갖는 장단점을 정리해 보겠다.

〈표 4-2〉 욕구의 종류별 진단 및 처방과 장단점

구 분	진 단	처 방	장 점	단 점
규범적 욕구	전문가 판단으로 충족되지 않은 욕구 진단	전문가 판단으로 최선의 서비스 규정	· 기준설정으로 욕구를 갖는 집단의 규모파악 용이 · 계량화와 측정용이	· 전문가의 견해차에 따른 차이 발생 · 지식, 기술, 가치관 변화에 비탄력적
인지적 욕구	잠재적 클라이언트가 문제와 욕구를 진단	욕구를 갖는 당사자가 필요하다고 생각하는 서비스	· 당사자의 정확한 욕구파악 용이 · 필요한 서비스 내용과 정도에 대한 정보	· 개인차 조정의 문제 · 조사의 경우 대표성 문제 · 과대추정될 가능성이 있음
표현적 욕구	잠재적 클라이언트가 직접 자신의 문제를 진단	수요로 나타난 서비스	· 수요에 따른 공급규모 결정 · 대상자 확보에 용이	· 표현하지 않은 잠재적 클라이언트 무시 · 전달체계상 장애가 있는 클라이언트 배제
비교적 욕구	전문가나 사회가 각종 사회지표의 비교로 진단	서비스 이용률 비교로 유사한 서비스 필요성 인정	· 각종 지표로 쉽사리 욕구의 규모와 내용 파악	· 유사 또는 비교집단의 욕구가 실제욕구와는 다를 수 있음 · 비교집단 선정과 대표성 문제

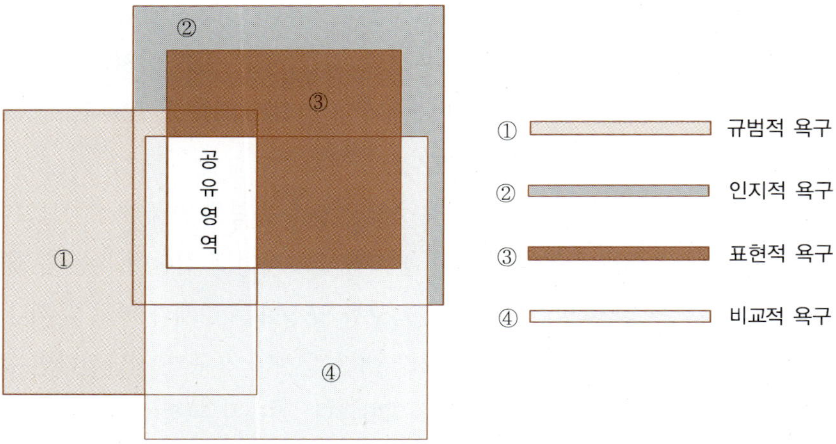

[그림 4-2] 네 가지 욕구의 유형 간의 관계도

출처 : Bradshow, J.(1977). "The concept of social need". in *Planning for social welfare*, pp.290-296, Ed. by N. Gilbert & H. Specht에서 수정, 보완.

이상의 네 가지 욕구유형 중 규범적 욕구와 비교적 욕구를 규정하는 주체는 전문가 또는 사회가 되고, 인지적 욕구와 표현적 욕구는 욕구를 가진 당사자이다. 또한 욕구의 개념적 유형이 갖는 장단점이 서로 다르기 때문에 실제로 욕구조사를 하는 경우 이러한 장단점을 충분히 사전에 고려해서 시행하여야 한다. 결국 이러한 네 가지 욕구를 규정하는 주체와 방법은 다르기 때문에 개념상 약간씩 다르고 일치되지 않은 경우도 있지만 이들은 상호보완적 관계에 있기에 종합적으로 욕구의 개념을 파악하는 데에는 도움을 준다. 〔그림 4-2〕는 지금까지 살펴본 욕구의 유형들이 개념적으로는 상호구별되지만 서로 공유하는 부분 또는 영역도 있다는 사실을 잘 보여준다.

3. Bradshow 욕구유형의 적용

백두종합사회복지관에서는 가정폭력피해자를 대상으로 하는 새로운 프로그램 기획팀이 구성되어 욕구조사에 관해서 의견을 나누는 회의가 진행되었다.

팀원 중 한 명이 지역사회 내 가정폭력피해자의 전체규모를 파악하기 위해서는 관련 연구보고서와 사회지표를 활용하여 실제적 욕구의 규모를 파악해야 한다는 의견을 내놓았다. 각종 가정폭력에 관한 연구문헌과 참고자료를 검토해 본 결과, 전체 가정 중에서 약 4.5%가 신체적 또는 성적 폭력에 노출되어 있는 것으로 파악되었다. 백두종합사회복지관이 위치한 지역의 세대 수를 감안하여 위험집단의 규모를 추산해 보면 약 900명의 여성이 배우자 학대로 고통을 받고 있는 것으로 나타나 이를 근거로 프로그램을 기획할 것을 제안했다.

다른 팀원은 이러한 욕구의 규모는 어느 정도 근거가 있는 수치지만, 이것을 기초로 프로그램을 기획하는 것은 매우 위험하다는 의견을 제시했다. 즉 약 900명의 여성이 통계적으로 또는 전문가의 판단(규범적 욕구)으로 추산되지만 실제로 서비스를 필요로 하는 사람은 그보다 훨씬 적을 것이라고 보았다. 왜냐하면 학대받는 여성 가운데 어떤 사람은 수치심과 두려움으로 원조를 요청하지 않을 것이고, 또 다른 사람들은 실제로 학대를 받고 있지만 자녀를 위해서 참고 살거나 시댁과 친정의 부모로부터 받는 기대를 저버리는 행동은 자제할 것이기 때문이다. 그래서 그 팀원은 대안으로

학대받은 여성과의 면접을 통해서 그들이 어느 정도 서비스를 받길 원하는지(인지적 욕구)를 정확히 살펴보아야 한다고 주장했다.

또 다른 팀원은 이러한 제안에 이의를 제기했다. 그 이유는 두 가지였다. 하나는 이같이 욕구를 갖는 모든 당사자들을 대상으로 실제로 욕구의 정도를 파악하는 면접이나 설문조사는 현실적으로 불가능하다는 것이고, 다른 하나는 이러한 인지적 욕구도 실제로는 과대 추산될 가능성이 있기 때문에 이를 근거로 프로그램의 규모를 결정하는 것은 더 큰 위험을 초래할 수 있다는 것이었다. 따라서 그 팀원은 제3의 대안으로 실제적 서비스의 추정치를 가장 정확히 산출하는 방법으로 현재 같은 또는 인근 지역사회 내에서 가정폭력상담소와 같은 기관의 상담서비스를 받는 이용자와 대기자 명단(표현적 욕구)을 조사해서 실제로 서비스를 요청하는 여성들의 수를 파악해야 한다고 제안했다.

팀장은 이러한 의견에 동의를 표하면서, 지금까지 논의된 제각기 다른 욕구조사의 방법에 관한 의견들은 나름대로의 타당한 이유와 근거가 있는 것이라고 판단하면서 인근도시 또는 지역사회의 가정폭력발생률을 비교(비교적 욕구)하고 여성폭력쉼터와 같은 기관의 이용자를 조사해서 종합적으로 상호비교하면 실제적으로 필요한 서비스는 무엇인가를 밝혀내는 작업이 보다 정확할 수 있다는 의견을 덧붙였다.

결론적으로 이상의 각각 욕구조사방법은 욕구의 제각기 다른 종류 또는 측면을 규정하는 데 도움이 될 수 있기 때문에 각각의 제안자가 2주 이내 가능한 방법으로 욕구조사해 모든 내용을 상호비교하여 종합적으로 결론을 맺자고 의결하고 회의를 종료했다.

제2절 욕구조사의 필요성과 절차

1. 욕구조사의 필요성

사회복지 프로그램 개발에서 첫 단계가 기획과정이다. 기획과정에서 가장 중요하고 프로그램 개발자를 비롯하여 많은 사람들의 관심을 끄는 부분에 해당하는 것이 욕구조사이다. 욕구조사는 새로운 프로그램 수행을 위한 인력과 재원을 정당화할 만한 충분한 욕구가 있는지를 검토하기 위해서 사용된다. Hornick과 Burrows(1988)는 욕구조사를 제안된 프로그램이 실제로 시작되기 전에 그 프로그램이 정말 필요한지의 여부에 관해서 평가하는 프로그램 평가의 일종으로 보았다. 그래서 욕구조사를 혹자들은 최일선 분석(front-end analysis) 또는 타당성 조사(feasibility study) 등으로 부른다. 아무튼 욕구조사는 어떤 새로운 프로그램이 필요한지에 관한 핵심적 정보를 제공할 뿐만이 아니라 일단 프로그램이 시작되면 욕구조사의 결과로 밝혀진 사실들은 하나의 중요한 프로그램의 지침으로 작용한다. 왜냐하면 욕구조사는 새로운 프로그램이 주된 대상으로 삼는 표적집단의 문제와 욕구의 정도에 대한 근거자료를 제공하기 때문이다. 아무튼 욕구조사는 어떤 사회복지 프로그램이 대상으로 표적집단의 문제나 욕구에 관한 사실적 증거를 제시하기 때문에 그 필요성이 강조된다. 그 밖에도 욕구조사의 필요성에 대해서 생각해 볼 수 있는 이유가 많지만 Royse와 동료 학자들(2001 : 52)은 다음과 같은 몇 가지 이유를 제시한다.

1) 프로그램 실행과 성과의 준거

새로운 프로그램을 개발하기 위한 기획과정에서 첫 과업으로 수행되는 욕구조사는 기획의 정당성과 책임성을 확보하는 데 중요한 구실을 한다. 왜냐하면 기획과정 이후에 전개되는 프로그램 실행과 평가의 기준이 되는 것이 욕구조사에서 밝혀진 욕구이기 때문이다. 다시 말해서 욕구조사를 통해서 나타난 클라이언트 집단의 욕구가 어느 정도 충족되고 있는지의 여부가 프로그램의 실행과 평가의 핵심적 잣대가 된다는 것이다.

2) 기획의 방향과 기존 프로그램 방향 재설정

욕구조사에 의해서 밝혀진 클라이언트 집단과 지역사회의 욕구는 기획과정에서 새로운 프로그램이 나아가야 할 중요한 방향을 제시한다. 또한 욕구조사를 통해서 기존 서비스나 프로그램으로 충족되지 않는 욕구를 갖는 집단이 발견되는 경우 기존 프로그램의 방향을 다시 설정하는 경우가 있다. 따라서 욕구조사는 새로운 프로그램의 개발에서 좌표를 제시하고, 현존하는 프로그램을 수정 또는 보완하는 근거자료로 활용되기에 필요한 것이다.

3) 잠재적 클라이언트의 지리적 분포와 특성 파악

욕구조사는 현존하는 기관의 프로그램 대상과 서비스를 받는 사람을 위시하여 잠재적으로 클라이언트가 될 수 있는 욕구를 갖는 집단의 사람들이 갖는 인구사회적 특성이 무엇인지에 관한 내용을 포함한다. 실제로 사회복지기관이 어떤 프로그램을 진행하고 있어도 지역사회 일반인들은 이를 잘 인식하지 못하는 경우가 허다하다. 또한 어떤 프로그램에 참가를 희망하는 대기자가 매우 많은 경우, 대부분 잠재적 클라이언트들은 이용할 수 있는 프로그램으로 생각하지 않고 포기하는 경우가 많다. 욕구조사는 이러한 잠재적 클라이언트에 대해서 기관의 프로그램을 홍보하는 역할도 하지만 잠재적 클라이언트의 규모와 확산정도 그리고 특성도 파악할 수 있기 때문에 유용한 자료를 제시해 준다.

4) 타 기관의 프로그램 조사와 서비스 활용의 장애요인 파악

욕구조사에 의해서 밝혀진 특정 클라이언트 집단의 욕구가 우선, 조사를 시행하는 기관의 서비스로 충족가능한지에 관한 여부를 파악하고 그 밖의 지역사회 여타 기관에서 이러한 욕구충족을 위한 서비스가 존재하고 있는지의 여부를 확인하는 작업을 거친다. 그리고 욕구조사는 잠재적 클라이언트들이 어떤 이유로 기존의 서비스를 이용하지 못하는지에 관한 정보를 제공해 주기 때문에 절실히 요구되는 조사이다.

2. 욕구조사의 절차

일반적으로 욕구조사는 일종의 사회조사의 형태를 띠고 있기에 사회조사의 절차와 조사방법이 그대로 적용될 수 있다. 따라서 문제확인, 조사설계, 자료수집과 분석, 결과의 해석과 보고서 작성 등의 순서로 욕구조사를 진행할 수 있다. 그러나 욕구조사는 특수한 형태의 사회조사로 어떤 목적으로 시행하며 어떤 조사방법 및 기법을 활용하는지에 따라 다를 수 있다. 예를 들면 현재 어떤 프로그램에 참여하고 있는 클라이언트 집단을 대상으로 추가적 서비스에 관한 욕구의 수준이 어느 정도인지를 파악하기 위해서 욕구조사를 실시하는 경우 그 절차와 방법은 비교적 간단할 수 있다. 그러나 지역사회 욕구조사의 경우 다양한 계층의 집단을 대상으로 서베이, 2차 자료수집과 분석, 서비스 제공자 조사 등 복합적 방법과 기법을 적용해야 하는 경우 욕구조사의 절차는 매우 복잡해진다. 여기서는 지역사회에 위치한 사회복지기관의 차원에서 욕구조사를 시행할 경우 취할 수 있는 보편적 절차에 관해서 서술하겠다.

1) 1단계 : 욕구조사의 목적 및 자원확인

욕구조사를 실시하기 전 조사자나 프로그램 개발자는 우선 욕구조사의 목적을 분명히 확인할 필요가 있다. 일반적으로 욕구조사는 새로운 프로그램을 시행하기 전 그 프로그램의 당위성을 입증할 만한 충분한 클라이언트 집단의 욕구나 문제를 규명하기 위해서 사용된다. 그러나 앞서 언급되었던 바와 같이 신규 프로그램의 시행보다는 기존 프로그램의 수정과 보완을 위해서도 욕구조사가 실시된다.

욕구조사에 투입될 수 있는 예산, 인력, 시간을 자원의 관점에서 확인해야 한다. 사회복지기관에서 체계적으로 욕구조사를 광범위하게 진행시키는 경우 보통 '욕구조사팀'이라는 별도의 팀 조직이 형성되어 일정한 예산이 투입되어 3개월 또는 6개월 단위로 조사가 진행되기도 한다. 그러나 장애인 또는 노인과 같은 특정집단을 대상으로 하는 욕구조사의 경우 담당 프로그램을 수행하면서 욕구조사를 병행할 수도 있으므로 예산의 규모도 매우 적고 기간도 1~2개월 내로 한정적일 수 있다.

2) 2단계 : 구체적 정보나 자료의 확인

욕구조사를 시행하기 전 표적집단을 분명히 하고 표적집단의 분포도와 문제의 심각성에 관한 어떤 정보와 자료가 필요한지에 관한 목록이 작성될 필요가 있다. 이러한 구체적 정보와 자료가 식별되지 않고 다음 단계로 조사가 시행될 경우 조사결과는 유용한 정보를 제공해 주지 못하는 결과를 초래한다. 이 단계에 필요한 정보나 자료가 단지 욕구의 규모와 내용을 확인하는 질적 자료인지 아니면 욕구의 정도를 정확히 추산할 수 있는 계량적 자료인지에 관한 검토도 아울러 전개되어야 한다.

3) 3단계 : 조사설계

욕구조사를 설계하는 사람은 타당한 조사방법을 선택해야 한다. 우선 연구목적에 따라 문제나 욕구를 조작적으로 정의하고 실험, 준실험, 비실험 등의 각종 조사방법에 관한 지식을 기초로 조사방법을 결정해야 한다. 욕구조사는 주로 비실험조사 형태로 진행되는 경우가 대부분인데 지역주민 서베이의 경우 설문지 작성에서 제기될 수 있는 타당도와 신뢰도의 문제를 검토하고 조사대상자의 선정에서는 주민의 대표성을 고려한 적절한 표집(sampling)방법을 사용해야 한다. 질적 조사에서도 타당도와 신뢰도의 문제는 큰 이슈가 되기 때문에 이에 적합한 기준을 설정해 진행하는 것이 바람직하다. 결국 욕구조사의 방법에 따른 자료수집과 분석의 방법도 달라진다는 것을 인식해야 한다.

4) 4단계 : 자료수집과 분석

적절한 조사설계에 따라 측정도구들이 선정되면 실제조사에 들어가서 자료를 수집하게 된다. 자료수집의 방법에는 직접적으로 욕구를 갖는 당사자들을 대상으로 하는 서베이나 면접법 또는 관찰법 등이 있다. 간접적 조사로는 주로 규범적 욕구를 측정하기 위한 서비스 제공자 면접, 델파이기법, 각종 사회지표조사 등이 있다. 자료분석의 방법은 서베이를 할 경우 대량의 통계적 자료를 분석하는 기법인 χ^2 검증, 상관관계분석, 다중회귀분석 등이 활용될 수 있으며, 질적 자료의 경우 연구방법에 따른 합당한 자료분석의 절차를 따라야 할 것이다.

5) 5단계 : 조사보고서 작성

욕구조사의 결과가 분석되면 욕구조사보고서 작성을 준비해야 한다. 욕구조사보고서의 내용은 보편적으로 욕구조사의 목적, 조사의 배경, 조사팀의 구성과 역할, 조사대상자, 조사설계 및 자료수집의 방법, 조사결과, 조사결과의 함의와 논의, 결론 등으로 구성된다. 조사보고서는 초안이 작성되면 체제나 내용 면에서 2~3 차례의 검토가 필요하다. 이러한 절차를 무시한 조사보고서들이 탈자와 오자 등으로 얼룩이 진다면 투여한 노력과 시간에 비해서 낮은 평가를 받을 수밖에 없다.

〈표 4-3〉 욕구조사의 절차와 단계

단계	내용
1단계	조사의 목적 및 자료확인 : 욕구조사의 목적 확인, 조사에 투입될 인력, 예산, 시간 확인
2단계	구체적 정보와 자료확인 : 표적집단 선정, 표적집단의 특성에 관한 정보 확인, 질적 또는 계량적 자료 구분
3단계	조사설계 : 실험, 준실험, 비실험의 조사방법 결정, 조사도구의 신뢰도 및 타당도 검토
4단계	자료수집과 분석 : 조사대상자를 직접 또는 간접적으로 나누어 조사방법 결정, 사회조사에서의 자료수집과 분석기법 숙지
5단계	조사보고서 작성 : 조사보고서 체제 구성, 수차례의 검토와 수정, 보완

제 3 절 욕구조사의 방법

욕구조사를 실시하는 방법 또는 기법은 매우 다양하다(Patti, 1983 : 73 ; Netting et al., 1993 : 98-100 ; Kettner et al., 1999 : 49-70). 지역주민 서베이, 표적집단 서베이, 서비스 제공자 조사, 주요정보제공자 조사, 사회지표조사, 기존연구분석, 지역사회포럼, 델파이기법, 초점집단기법 등이 욕구조사에 활용되고 있다.

이와 같이 다양한 욕구조사의 방법에 관한 구분은 연구자나 학자에 따라 서로 다르게 제시되고 있는데, 일반적으로 욕구조사는 조사의 목적, 범위, 그리고 초점을 어디에 두느냐에 따라 클라이언트 중심, 서비스 중심, 지역사회 중심 등으로 구분될 수 있다(Gates, 1980 : 121-125).

클라이언트 중심의 욕구조사는 특정한 프로그램의 참여자 또는 수혜자가 될 클라이언트 집단을 중심으로 그들의 욕구를 조사하는 방법을 말한다. 서비스 중심의 욕구조사는 특정한 서비스를 제공하는 사회복지기관에 의해서 서비스에 대한 욕구가 어느 정도인지를 조사하는 방법을 말한다. 클라이언트 중심의 욕구조사와 서비스 중심의 욕구조사는 사회복지조직에서 특정한 프로그램을 기획하거나 평가하는 경우에는 유용한 정보를 제공해 주지만 다양한 일반집단의 욕구를 수렴하거나 지역사회 내의 다른 서비스조직과 관련성, 즉 서비스의 중복과 누락 현상을 파악하는 데는 도움을 주지 못한다. 지역사회중심의 욕구조사는 이와 같은 한계점은 극복하여 지역사회 내 다양한 인구집단의 욕구나 문제를 파악하고 다른 조직의 서비스 내용과 수준에 관한 정보도 제공한다. 따라서 이와 같은 욕구조사의 구분은 어느 정도 합리성을 갖추었다고 보인다. 그러나 실제로 어떤 특정한 욕구조사가 클라이언트 중심인지 서비스 중심인지의 구별이 모호하다. 예컨대, 클라이언트 집단을 대상으로 한 표적집단 서베이 욕구조사는 클라이언트를 중심으로 욕구를 파악한다는 명분으로 시작되지만 실제로 클라이언트 집단에 제공된 서비스의 형태는 사회복지조직이나 기관의 서비스 범위에서 크게 벗어날 수 없기에 그것은 동시에 서비스 중심의 욕구조사가 될 수 있다는 것이다.

다양한 욕구조사를 구분하는 방법은 앞서 설명한 Bradshow의 욕구종류를 기준으로 삼으면 매우 편리하다. 즉 욕구를 정의하는 주체에 따라 인지적 욕구와 표현적 욕구에 해당하는 경우 욕구를 갖는 당사자인 클라이언트와 잠재적 클라이언트들이 직접 조사의 대상이 되는 조사를 하는 직접적 조사와 규범적 욕구와 비교적 욕구에 해당하는 경우 전문가나 관련자 또는 제삼자에 의해서 욕구가 파악되는 간접적 욕구조사로 나눌 수 있다. 직접적 욕구조사에는 지역주민 서베이, 표적집단 서베이, 초점집단기법, 지역사회 공청회나 포럼 등에 의한 조사가 포함된다. 한편 간접적 욕구조사에는 2차 자료분석 및 조사, 서비스 제공자 및 주요정보제공자 조사, 사회지표조사, 델파이 기법 등이 속한다. 여기서는 이러한 기준에 따라 사회복지기관에서 활용할 수 있는 직접적 조사와 간접적 조사의 순서로 서술하겠다.

1. 직접적 욕구조사방법

1) 지역주민 및 표적집단 서베이 조사

서베이 조사는 누구를 대상으로 사회조사를 하느냐에 따라 지역주민 서베이와 표적집단 서베이가 있다. 지역주민 서베이는 광범위한 지역주민을 잠재적 클라이언트 집단으로 보고 그들이 인지하는 욕구는 무엇인가를 밝혀내는 사회조사이며, 표적집단 서베이는 노인, 장애인, 아동 등 문제나 욕구를 갖는 특정 클라이언트 집단을 중심으로 그들의 인지적 욕구를 중심으로 자료를 수집하고 분석하는 조사이다.

지역주민 서베이는 일정한 지역 내 거주하는 주민 가운데 추출된 표본으로부터 설문지나 면접을 통해서 자료를 수집하여 욕구를 측정하는 조사방법이다. 한편 표적집단 서베이는 일반집단 가운데 특정한 요건을 갖춘 집단을 선정하여 심층적으로 정보를 수집하는 방법을 말하는데, 처음부터 노인, 장애인, 모자가정, 비행청소년 등 특정한 문제나 욕구를 갖는 클라이언트 집단을 대상으로 조사를 하는 경우도 있다. 표적집단 서베이도 대상만 다를 뿐 자료수집의 방법은 일반 사회조사나 지역주민 서베이와 마찬가지로 주로 설문지와 면접의 방법을 택한다.

설문지법은 수집될 정보의 내용을 구성하는 설문문항을 사전에 서면으로 준비한 다음 응답자로 하여금 응답하도록 하여 욕구를 조사하는 방법이다. 그래서 설문지법은 조사의 내용을 구성하는 조사표(schedule) 작성이 중요한 과제로 대두된다. 일반적으로 설문의 내용에는 사실(fact)과 태도(attitude)를 묻는 문항이 포함된다. 지역주민 서베이를 설문지법으로 하는 경우 지역사회 모든 계층의 주민을 응답자로 삼기 때문에 보편적으로 적용되는 응답자 개인과 가족에 관한 기본적 정보와 지역사회 주민으로서의 생활과 관련된 주택, 보건, 교육, 경제, 가족, 여가 등에 관한 내용이 포함된다. 특히 지역주민을 대상으로 설문내용을 구성할 경우 기존 사회복지서비스에 대한 평가와 욕구에 대한 문항은 조심스럽게 포함여부를 결정해야 한다. 왜냐하면 일반 지역주민은 우리가 인식하는 정도의 기본적 사회복지서비스의 전달체계와 내용에 관해서는 이해도가 낮기 때문에 의견을 제시하거나 평가자로 보아 접근하는 것은 문제가 된다. 결국 이러한 문제는 조사의 타당도(validity)와 직결되는 문제로 설문문항의 내용에 관한 사전검토가 절실히 요망된다. 면접(interview)은 조사자가 응답자를 만나 대면적 접촉을 하여 자료를 수집하는 방법으로 사전에 면접조사표(schedule)를 작성하여 진행하는 경우가 일반적이다.

지역주민 서베이는 잠재적 클라이언트인 광범위한 지역사회 주민을 대상으로 그들의 생활실태와 의견을 물어 그들이 인지하는 욕구의 수준과 정도가 무엇이며 서비스는 어떤 것을 필요로 하는지를 파악할 수 있는 장점이 있다. 또한 표적집단 서베이는 서비스나 프로그램의 대상이 되는 당사자인 클라이언트 집단의 충족되지 않는 욕구를 직접 파악할 수 있다는 장점이 있다. 그러나 서베이는 시간과 비용이 많이 들고 전문적 사회조사의 원리나 방법을 적용해야 하는 부담이 있다(Patti, 1986 : 75).

〈표 4-4〉 지역주민조사에 포함되는 조사영역과 조사내용

영 역	조사내용	용 도
응답자의 일반적 특성	성별, 연령, 혼인여부, 학력, 종교, 가족 수, 가족구성, 주거형태, 평균소득, 기초생활수급유무, 장애인동거유무, 노인동거유무, 귀속하는 사회계층	· 지역사회 주민의 인구사회적 일반특성 파악 · 문제나 욕구분석 시 독립변수 또는 통제변수로 활용
지역사회문제 및 주민의 욕구	· 가족, 교육, 건강, 고용, 주거, 여가 등의 영역에서 개인과 가족의 당면한 문제나 욕구 · 기관의 프로그램이나 서비스 영역에 해당하는 욕구의 종류와 정도	· 각종 생활영역에서의 문제파악 · 문제와 관련된 욕구측정 · 새로운 프로그램 개발의 단서로 활용
기관과 프로그램에 대한 인지와 활용정도	· 사회복지기관에 대한 인지도 정도 · 사회복지기관 인지의 과정(신문, 안내지, 방송 이웃주민 등) · 이용하는 프로그램의 종류 · 프로그램 이용의 장애요인(교통, 비용, 자격요건 등) · 기관이 제공해야 할 서비스	· 기존 서비스 전달체계 문제점 파악 · 기존 서비스와 프로그램에 대한 평가 · 새로운 서비스나 프로그램의 범주 설정
지역사회의 자원조사와 참여	· 후원과 자원봉사활동에 대한 참여의사 · 문제해결을 위한 위원회 조직 참여의사 · 다른 사회복지기관의 인지여부 · 사회복지 프로그램 참여여부와 정도	· 기관의 인적·물적 자원 동원 가능성 탐색 · 지역사회의 복지자원 조사 · 지역주민의 참여도 파악

또한 표적집단 서베이의 경우 충분한 수의 표적집단을 조사대상자로 확보하는 데 어려움이 많다. 이러한 이유로 사회복지관과 같은 조직에서는 특정 프로그램 이용자를 대상으로 표적집단을 선정하여 서베이를 진행하는 경우가 많다. 예를 들면 노인대학 학생 150명을 대상으로 서베이를 한다든가, 재가복지대상자 중 장애인을 제외한 노인만을 대상으로 재가노인에 대한 표적집단 서베이를 하는 경우가 이에 해당한다. 다음은 지역주민 욕구조사를 시행할 때 일반적으로 조사표에 포함될 수 있는 조사영역과 조사내용이다.

2) 초점집단기법

초점집단기법(focus group technique)은 문제나 욕구를 갖는 클라이언트 집단을 대상으로 서베이를 통해서 얻을 수 없는 그들의 심층적인 인지적 또는 표현된 욕구를 파악하고 그들이 인식하지 못하거나 또는 현재 제공되지 않는 서비스의 내용을 파악하는 질적 조사의 방법이다. 앞서 설명한 서베이 조사는 그 형태가 지역주민 서베이이든 표적집단 서베이이든 간에 일정한 조사표를 개발하여 설문조사나 면접을 통해서 집합적이고 대략적인 통계자료를 분석하여 인지적 욕구를 파악하는 방법이다. 문제는 이러한 방법이 때로는 피상적이거나 단편적인 클라이언트 집단의 현상을 규명하는 차원을 넘어서지 못하는 데 한계가 있다. 이에 반해서 초점집단기법은 문제를 가진 클라이언트 집단의 역동성을 최대한 활용하여 보다 깊이 있는 질적 자료를 수집, 분석하여 클라이언트 집단의 욕구를 보다 정확히 규명할 수 있다는 것이다.

초점집단이란 주제가 분명하고 좁게 초점(focus)이 맞추어져 있다는 의미에서 사용된 용어로 일련의 토론집단의 과정에서 동질성을 가진 8~10명 정도의 사람들이 참여하여 토의의 주제에 대한 토론을 통해서 질적 자료를 수집하기 위한 집단이다(Krueger, 1994).

초점집단의 참여자는 문제나 욕구를 갖는 동질적 클라이언트들이 일정한 시간과 장소에 모여 훈련된 진행자와 보조자의 지도와 도움에 의해 토론을 진행한다. 초점집단을 활용하는 이유는 우선 욕구조사와 관련해서 클라이언트 집단의 심층적이고 잠재된 욕구를 정확히 진단할 수 있기 때문이다. 그러나 초점집단은 새로운 아이디어의 도출, 가설의 개발, 제품의 반응도 조사 등 일반적으로 사업기획, 연구, 또는 마케팅의 도구로도 활용된다. 초점집단을 사용하여 욕구조사를 실시하는 절차는 다음과 같다.

(1) 문제확인 및 주제선정

초점집단기법은 다른 연구 및 조사방법과 마찬가지로 연구문제의 확인으로부터 시작된다. 욕구조사의 형태로 초점집단을 활용하는 경우 연구문제는 특정 클라이언트 집단의 욕구파악이다. 초점집단기법은 소집단에서 토의해야 할 연구주제를 명확히 선정해야 하는데 특히 주제가 분명히 초점 있게 좁혀지지 않을 경우 참여자의 토론은 혼란스럽고 복잡하여 의미 있는 자료를 수집하기 어렵다.

(2) 표본 틀의 선정

표본 틀(sampling frame)은 여러 단계의 표본을 선정하는 표본추출단위(sampling unit)의 목록을 말한다. 욕구나 문제를 갖는 모집단(population)으로부터 표본 틀을 선정할 때에는 집단토의와 관련하여 개인적 경험이나 관점에서 상반된 의견을 보일 것이라 예상되는 대상집단의 특성을 고려하면서 동시에 토론참여자로 선정될 경우 집단의 동질성이 확보될 수 있도록 해야 한다. 예컨대 빈곤계층의 욕구를 파악하기 위해서 시행하는 초점집단인 표본 틀을 빈곤노인과 빈곤장애인으로 나누어 표본 틀을 선정하거나 빈곤장애인인 경우에도 시각장애인, 청각장애인, 지체장애인 등으로 각각 나누어 동일한 유형의 장애인을 같은 토의집단에 배정될 수 있도록 표본 틀을 정하는 것을 말한다.

(3) 집단 및 회기의 수 결정

초점집단의 구성은 3~4개 이상 복수의 집단으로 구성되는 것이 일반적이다. 집단의 수는 모집단의 특성별로 나누어진 표집 틀에 따라 여러 개의 집단이 구성될 수 있다. 위의 예에서 빈곤계층 지체장애인의 경우에도 남녀집단을 달리할 수 있어 집단의 수는 점차 늘어날 수 있다. 단독의 소집단만 구성되어 욕구를 파악하는 경우 비교할 수 있는 유사한 집단이 없기 때문에 토의내용이 보편적이지 않고 특이한 경우 실제 프로그램으로 반영하기 어렵다. 집단토의의 회기 수는 집단구성원의 사정과 여건을 감안하여 2~3회로 하는 경우가 보편적이다.

(4) 토의지침서 개발

초점집단을 원활히 운영하여 유용한 자료가 수집될 수 있도록 토의지침서를 만들어야 한다. 토의지침서(guideline)는 진행자 또는 사회자가 발언을 유도하고 토의내용이 초점에서 벗어나지 않도록 매우 구체적으로 작성되어야 한다. 보통 하나의 주제별로 몇 개의 소주제로 나누어 주어진 시간 안에 충분한 토의가 이루어질 수 있도록 질문지를 만드는 것을 말한다. 질문지 내용의 순서는 진행자의 소개로부터 시작하고 토의주제에 따른 참여자의 경험과 생각을 자유롭게 이끌어 내도록 해야 한다.

(5) 진행자 또는 사회자와 보조원의 훈련과 역할규정

초점집단에서 진행자 또는 사회자(moderator)의 능력과 자질은 수집된 자료가 유용하고 타당한지를 결정하는 데 크게 영향을 미친다. 따라서 잘 훈련된 사회자와 보조원이 각자의 역할을 명확히 하여 초점집단을 리드해야 한다. 사회자는 ① 집단토의참여자들이 편안한 분위기에서 자유롭게 토론할 수 있도록 참여자에 대한 관심과 배려의 태도를 보여주고, ② 토론의 주제에 관한 토론이 진행될 때 중립적 태도를 취해야 하고, ③ 집단토의과정에서 예기치 못한 일이 벌어지는 경우 능숙히 대처할 수 있도록 준비하고, ④ 토론주제에 대한 충분한 이해를 갖고 토론의 흐름을 잘 이끌어 효과적 정보를 수집할 수 있어야 한다. 한편 보조원은 진행자를 도와 초점집단의 시작과 종료를 전후로 하여 연락, 장비준비, 토론장 세팅, 안내, 기록, 정리 등의 업무를 수행할 수 있도록 준비하고 점검해야 한다.

(6) 예비조사 실시

예비조사(pilot test)는 실제 초점집단이 구성되어 집단토의가 시작되기 전 조사나 연구의 내용이 타당하고 초점집단 진행상의 문제가 없는지를 검토해 보기 위해서 실시한다. 예비조사의 대상자는 초점집단의 대상자와 일치해야 하나 엄격한 표집 틀에 따른 완전히 동일한 집단구성원을 선정할 필요는 없다. 특히 예비조사 시에는 조사내용과 관련하여 토의지침서에 따른 토론의 진행에서 토론자의 반응과 토론내용을 면밀히 검토하여 지침서의 내용을 수정, 보완해야 한다. 또한 예비조사과정에서 진행자와 보조자의 역할수행에도 문제가 없는지를 다시 확인할 필요가 있다.

(7) 초점집단 참여자 선정

초점집단토의에 참여할 사람을 선정하기 위해서는 표집 틀에 따른 연구조사가 진행될 지역을 먼저 확정한 후 참여후보자 명단을 작성하여 개별접촉에 따라 참여의사를 타진해야 한다. 초점집단에 참여하기를 희망하는 대상자를 별도의 명단에 작성하여 인적사항과 개인특성에 관한 정보를 참고로 초점집단에 적합한지 여부를 결정하고 차후 집단활동의 시간과 장소를 주지시킨다.

(8) 집단활동의 시행

초점집단활동이 실제로 시작되기 전 장소선정과 토론회에 필요한 장비와 기타 준비물을 점검해야 한다. 초점집단의 토의장소로는 토론과 녹음이 용이하도록 조용하고 외부로부터 방해를 받지 않는 장소가 적합하다. 초점집단의 활동일시는 참여자들의 개인적 사정을 고려해서 융통성 있게 결정되어야 한다. 특히 직장에 근무하고 있는 사람들로 구성된 참여자들을 위해서는 퇴근 후 저녁 시간대로 잡는 것이 바람직하다. 그리고 초점집단활동에 필요한 녹음기, 사진기, 마이크, 명찰과 메모지, 다과와 음료 등이 마련되어야 한다.

초점집단의 원활한 진행을 위해서는 사회자가 지침서의 내용에 따라 질문을 던지고 그에 따른 토론이 잘 이루어지도록 해야 한다. 그러나 상황에 따라서는 질문의 순서가 약간씩 변경될 수도 있다. 토론이 진행되는 과정에서 참여자 가운데 스스로 전문가를 자처하고 토론내용을 주도하려는 사람, 다른 사람보다 자주 발언을 하려는 사람, 집단토의를 방해하거나 다른 사람과 논쟁을 하는 사람, 논지에서 벗어나 횡설수설하는 사람, 극히 발언을 자제하고 얌전히 있는 사람, 반복되는 동일한 내용을 두서

없이 말해서 토론의 진행에 주의가 산만한 사람 등의 행동유형을 보이는 참여자를 적절히 통제하고 토론을 원만히 진행시켜야 한다(Morgan, 1988).

(9) 자료의 분석과 해석

초점집단에서 토의내용을 분석하고 해석하기 위해서는 우선 토의내용 전체를 기록하는 풀 레코딩(full recording)이 요구된다. 이러한 전체 토의내용의 기록인 원자료를 바탕으로 분석하는 방법을 자료환원(data reduction)이라 한다. 자료환원에는 두 가지 방법이 있는데, 하나는 녹음내용 또는 원자료의 중심개념을 중심으로 유사한 의미를 지속적으로 비교하는 질적 방법이 있으며, 다른 하나는 자료의 내용에 따라 참여자들의 반응을 수량화하여 양적 크기를 가늠하는 방법이 있다. 자료의 분석과 해석에서 토론과정에서 관찰되었거나 비언어적 참여자의 표현에 관한 메모도 중요한 정보나 단서를 제공해 주기 때문에 반드시 포함시켜야 한다.

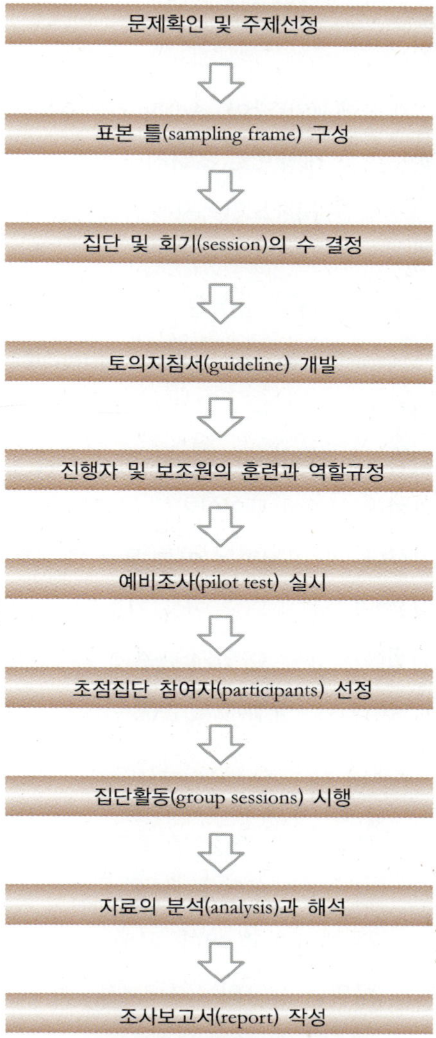

[그림 4-3] 초점집단 활용절차

(10) 보고서 작성

초점집단활동에 관한 보고는 서면보고(written report), 구두보고(oral report) 그리고 서면보고와 구두보고를 통합한 형태 등 세 가지 유형이 있다(Kreuger, 1994). 보고서는 필요로 하는 사람이 누구이며 어떤 형태의 보고를 선호하는지에 따라 달라지지만 보통 서면보고와 구두보고를 결합한 방식을 취하고 있다. 서면보고는 보고서 작성과 관련되어 있기 때문에 연구목적, 연구방법, 연구과정, 연구결과 및 해석, 연구의 시사점 등으로 나누어 자세히 서술한다. 구두보고는 이러한 연구내용의 주요부분을 요약해서 발표하는 형식을 취하면 된다.

이상에서와 같이 초점집단을 활용하는 절차는 〔그림 4-3〕으로 표시되며 노인과 예비노인을 대상으로 초점집단을 활용하여 그들의 사회복지욕구를 파악한 예는 부록의 '초점집단활용 노인복지욕구조사'를 참고하기 바란다.

3) 지역사회 공청회 또는 포럼 개최

지역사회 공청회(public meeting) 또는 포럼(forum)은 공개적 토론회 모임을 통해 지역사회에 거주하는 다양한 계층의 사람들로부터 욕구나 문제를 직접적으로 청취해서 파악하는 방법이다. 지역사회 공청회 또는 포럼은 광범위한 지역, 계층, 그리고 집단의 가치와 의견이 무엇인지를 탐색하여 보다 체계적인 조사를 위한 사전준비의 기회를 제공한다. 즉 공청회는 이를 통해 대략적으로 지역사회의 각 집단별 문제나 욕구의 상이성을 발견하게 되고 이를 기초로 차후보다 세밀하게 특정집단 서베이라든지 초점집단 기법을 활용할 수 있기 때문에 이러한 조사의 전 단계에 시행될 수 있는 직접적 욕구파악방법이다. 장점과 단점은 다음과 같다(Patti, 1983 : 75-78).

(1) 장 점

① **광범위하고 자유로운 욕구나 문제의 확인** : 지역사회 공청회는 일정한 지역사회 내에 거주하는 모든 계층과 집단의 사람들이 토론의 장에 참여하여 자유롭게 의견을 개진할 수 있다. 사회복지서비스 공급자 중심의 한정된 규범적 욕구보다는 광범위한 욕구의 유형과 정도가 자유롭게 표출될 수 있다는 장점이 있다.

② **비용과 시간 면에서 효율적** : 지역사회 공청회 또는 포럼은 비용이 적게 드는 경제적 장점이 있다. 일정한 시간과 장소를 정해서 한두 차례 공청회나 포럼을 하면

많은 인원이 참석하여 다양한 의견을 개진할 수 있기 때문에 시간적 측면에서도 서베이에 비해서 효율적이다.

(2) 단 점

① **참석자 대표성의 문제와 특정 이슈 부각** : 지역사회 공청회나 포럼은 모든 지역사회구성원들이 동등한 참석의 기회가 보장되기에 자유롭고 다양한 의견을 청취할 수 있다는 장점이 있는 반면 특정 문제나 이슈에 관심이 있거나 특수한 집단의 이익만을 대변하는 사람이 과도하게 참석하여 주도적으로 토론의 방향과 내용을 결정하는 경우에는 특정 이슈만 중요하게 부각될 수 있고 또한 대표성(representativeness)의 문제도 제기된다.

② **토론회 진행상의 어려움** : 일반적으로 공청회나 포럼에는 공격적이거나 주장이 강한 참석자들이 과도하게 발언하여 특정 요구의 중요성을 강조한다. 공청회에서 사회자는 시간적 제약으로 인해서 모든 참석자들에게 공평한 발언기회를 주지 못하기 때문에 소수의견이지만 중요한 욕구가 가볍게 취급되거나 간과되는 경우가 많다.

2. 간접적 욕구조사방법

1) 2차 자료의 분석

2차 자료의 분석(secondary data analysis) 방법은 클라이언트 집단의 욕구를 파악하기 위해서 직접적으로 자료를 수집하는 것이 아니라 기존의 사회지표(social indicators)와 기관의 서비스 통계자료 등을 2차로 이용하는 방법을 말한다.

사회지표와 같은 2차 자료는 정부기관이나 각종 연구기관 및 단체에서 체계적으로 수집된 자료로서 어느 정도 신뢰성을 갖춘 자료이기 때문에 특정 클라이언트 집단의 욕구를 간접적으로 파악하는 데 도움을 준다. 매년 우리나라에서는 통계청과 보건복지부와 같은 정부기관에서 우리나라 전체의 인구, 가족, 주택, 소득, 영아사망률, 평균수명, 장애발생률 등 주요 사회지표를 발표하고 있으며, 또한 각종 연구기관과 지방자치단체에서도 연구보고서와 통계연보 등을 통해서 주요지표를 제공하고 있다. 또한 현재 서비스를 제공하는 기관과 지역사회복지기관의 통계자료를 활용할 수 있다. 특히 서비스 제공기관의 이용률 조사와 같은 것은 표현적 욕구를 간접적으로 추정할 수 있으며, 인테이크와 과정기록지를 보면서 클라이언트 집단의 충족되지 않은 욕구도 파악할 수 있다.

2차 자료를 분석하는 방법에는 우선 사회지표와 같은 계량적 자료는 컴퓨터를 활용하여 지역 간 또는 집단 간의 문제와 욕구와 관련된 자료를 비교분석한다. 그러나 인테이크와 과정기록지 그리고 클라이언트와의 면접기록과 같은 질적 자료는 질적 자료분석의 방법을 활용해야 한다.

2차 자료의 분석은 기존의 자료를 이차적 목적(욕구조사)으로 사용함으로써 시간과 비용이 적게 들고 손쉽게 욕구조사를 할 수 있다는 장점이 있는 반면 2차 자료는 그 자체가 욕구를 나타내지 않는 간접적 추정치이므로 정확한 욕구로 확인되지 않는다는 단점과 그 자료의 속성을 벗어난 욕구파악은 어렵다는 한계를 갖고 있다.

다음은 특정 광역시 내의 특정 기초지방자치단체 차원에서 청소년약물남용치료센터의 개원을 앞두고 사회지표를 이용한 욕구조사의 내용이다. 〈표 4-5〉에서 보는 바와 같이 구체적 욕구가 계량적으로 추계되는 절차와 방법이 제시되고 있다.

〈표 4-5〉 사회지표를 이용한 계량적 욕구추계 (단위 : 명)

인구수	○○광역시	○○구
청소년집단 인구수(13~18세)	1,424,758	195,919
위험집단 인구수(청소년 인구수의 30%)	427,427	58,776
약물남용 인구수(위험집단 인구수의 10%)	42,743	5,878
음주문제 인구수(위험집단 인구수의 70%)	29,920	4,114
치료청소년 인구수(약물남용과 음주문제 인구수의 합)	72,663	9,992
치료요청 인구수 추계(위의 인구 수 중 10%)	7,266	999

2) 서비스 제공자와 주요정보제공자 조사

서비스 제공자(providers) 조사는 특정 클라이언트 집단에게 서비스를 제공하거나 프로그램을 직접 운영하는 사람을 대상으로 서베이나 면접의 방법으로 규범적 욕구를 간접적으로 파악하는 방법이다. 한편 주요정보제공자(key informants) 조사란 프로그램의 운영이나 서비스 전달에 직접 관여하지는 않지만 특정 지역사회의 문제나 집단적 욕구를 잘 알고 요긴한 정보를 제공해 줄 수 있는 공무원, 지역유지, 통반장, 정신과 의사 등의 사람을 대상으로 서베이나 면접 또는 초점집단기법을 활용하여 규범적 욕구를 파악하는 방법을 말한다.

서비스 제공자를 대상으로 욕구조사를 하는 경우 해당 클라이언트 집단에 대해서 전문가적 관점에서 문제나 욕구에 관한 다양한 정보를 수집할 수 있다는 장점이 있으나 전문가의 가치판단과 편견이 가미된 의견이 강조될 수 있다는 단점이 있다. 주요정보제공자 조사도 마찬가지로 지역주민이나 특정 클라이언트 집단의 욕구에 관해서 다양하고 유능한 정보를 비교적 적은 비용과 시간으로 수집하여 분석할 수 있다는 장점이 있으나 조사대상자를 모두 포함시키지 못하는 까닭에서 야기되는 대표성 문제로 인해서 이들이 관심을 갖는 문제가 크게 부각될 수 있는 반면 지역주민이나 표적집단의 실제적 문제나 욕구는 잘 밝혀지지 않을 수 있다는 단점도 있다.

3) 델파이 조사방법

일단의 전문가를 대상으로 지역사회의 문제나 욕구를 파악하여 다양한 욕구나 문제들 가운데 합의점을 도출하는 방법으로 델파이 조사가 시행될 수도 있다. 델파이(Delphi)라는 이름은 고대 그리스신화에서 아폴로신전이 있는 옛 도읍지 명칭에서 유래되었는데, 이 용어는 미래를 통찰하는 지혜로운 의사결정의 의미가 내포되어 있다. 델파이 조사방법은 측정하려는 문제에 대한 정확한 정보가 없을 때에는 두 사람의 의견이 한 사람의 의견보다 정확하다는 계량적 객관성의 원리와 다수결정이라는 민주적 의사결정의 원리에 논리적 근거를 두고 있다. 아무튼 델파이 조사방법은 특정 주제나 문제에 대해서 일단의 전문가를 대상으로 익명처리된 설문조사를 수차례 반복함으로써 일종의 집단협의방식으로 합의에 이르는 조사방법이다. 따라서 대면적 집단의사결정과정에서 발생될 수 있는 특정 인물의 주장이 지배적으로 작용하는 후광효과(halo effect)와 한두 사람의 의견에 많은 사람들이 동조하는 편승효과(band-wagon effect) 등 바람직하지 못한 부작용을 피할 수 있다.

델파이 조사방법을 이용하여 욕구조사를 하는 절차는 ① 전문가집단의 선정과 조사대상자 파악, ② 일차 개방형 설문조사 실시, ③ 2, 3, 4차 후속조사 실시, ④ 합의된 조사결과와 소수의견 정리의 순서로 진행된다. 다음은 정신장애인의 규범적 욕구조사를 위해서 전문가집단을 대상으로 하는 욕구조사를 예를 들어 구체적 절차와 방법을 설명해 보겠다.

(1) 전문가집단 선정과 조사대상자 파악

지역사회에 거주하는 정신장애인의 욕구조사를 위해서 델파이 조사방법을 사용하기로 결정한 뒤 정신장애인에 대한 전문가집단으로는 정신과 의사, 정신보건 관련 교수, 정신장애인 관련 복지시설 기관장 등으로 규정하고 지역별 전체 전문가집단의 명부와 주소록에서 무작위로 20%를 표본추출하여 50명이 조사대상자로 선정되었지만 이 중 42명만이 조사에 응하기로 약속했다.

(2) 1차 개방형 설문조사 실시

지역사회에 거주하는 정신장애인의 복리를 증진시키기 위해서 전문가적 입장에서 가장 필요한 것은 무엇인지에 관한 개방형(open-ended) 질문에 응답하도록 간단한 설문지를 발송하고 회수하였다.

> 지역사회에 있는 정신장애인(입원치료 대상자 제외)의 복리를 증진시키기 위해서 그들에게 절실히 요구되거나 필요한 욕구가 무엇인지에 관해 가장 중요한 것과 그 다음 중요한 것을 순서대로 두 가지만 적어 주시기 바랍니다.
>
> 1. ____________________
> 2. ____________________

[그림 4-4] 1차 설문지

(3) 후속설문조사 실시

1차 개방형 질문으로 수집된 응답들을 폐쇄형(closed) 질문지로 만들어 응답자로 하여금 다시 응답하도록 한다. 특히 2차 설문지의 배부 시에는 1차 질문의 응답에 대한 빈도를 보여주어 Likert 5점 척도로 각 응답에 대한 중요도를 평정하도록 한다.

다음은 1차 욕구조사 시 전문가 42명이 응답한 내용에 대한 빈도수와 백분율입니다. 1차로 응답한 응답내용을 참조하시어 이 중에서 가장 중요한 것을 5, 4, 3, 2, 1의 순서로 지역사회 거주 정신장애인의 욕구의 중요도를 평가해 주시기 바랍니다. 참고로 총점은, 각 항목별 1차 중요도는 빈도수×2의 합과 2차 중요도 빈도수×1을 합한 총점수입니다. 총점은 각 항목의 상대적 중요도를 나타내는 것입니다.

내 용	1차 중요도 빈도수(%)	2차 중요도 빈도수(%)	총 점	중요도
1. 취업과 직업활동	6(14)	8(19)	20	( )
2. 무료 보건의료서비스	7(16)	4(10)	18	( )
3. 교통수단 확인 및 이동	5(12)	3(7)	13	( )
4. 타인의 인식 및 태도변화	5(12)	3(7)	3	( )
5. 영화, 연극 등과 같은 문화생활	1(2)	4(10)	10	( )
6. 말벗, 친구, 원만한 교우관계	3(7)	2(5)	8	( )
7. 신변처리행동의 향상	1(2)	5(12)	6	( )
8. 주거환경개선 및 생활환경정리	2(5)	5(10)	8	( )
9. 일정한 수입과 생활비 보장	13(31)	6(14)	32	( )
10. 기타	1(2)	3(7)	4	( )
계	42(100)	42(100)		

[그림 4-5] 2차 설문지

(4) 조사결과의 정리

3차 설문지는 2차 설문조사에서 중요도를 다시 각 항목별로 중요도에 따라 5, 4, 3, 2, 1의 가중치를 곱하여 다시 정리한 내용에서 가장 총점이 많은 5개의 욕구항목만을 제시하면서 전문가 42명의 분포도를 다시 보여주고 응답자가 다시 가장 중요한 욕구 3개만을 선택하도록 요구한다. 만일 선택할 다섯 가지의 욕구항목 중에서 자신이 선택할 항목이 포함되지 않는 경우 그 항목을 별도로 기입할 것을 요구한다. 3차 설문내용을 분석한 결과표는 〈표 4-6〉과 같다.

〈표 4-6〉 델파이 조사 결과물

지역사회 거주 정신장애인의 중요한 욕구에 대한 대다수 의견과 소수의견		
욕구의 종류 및 항목	다수결 기준	소수의견
1. 일정한 수입과 생활비	75% 응답자	그 밖에 이동서비스와 원만한 사회적 또는 교우관계 등의 욕구가 비록 70% 이상 합의에 이르지 못했지만 중요한 욕구로 파악됨
2. 취업과 직업활동	72% 응답자	
3. 무료 보건의료서비스	71% 응답자	

델파이 조사는 합의를 원칙으로 삼지만 많은 조사대상자에게 수없이 반복하여 설문조사를 하더라도 100% 합의에 도달한다는 것은 현실적으로 불가능하다. 따라서 응답자 70% 이상이 3개의 중요한 욕구로 파악하면 합의된 것으로 보아 70% 이상을 합의의 기준으로 삼았다.

그 결과 일정한 수입과 생활비는 75%의 합의에 도달했고 나머지 항목은 72%와 71%의 합의에 이르렀다. 비록 우선순위에서 차순위로 밀리지만 그래도 상당수가 이동서비스와 원만한 사회적 관계 욕구를 중요한 욕구로 지적했다. 델파이 조사방법의 장점은 어떤 문제의 규정이나 욕구파악에서 많은 전문가가 합의에 의해 의사결정을 할 수 있다는 데 있다.

그러나 합의에 이르는 과정이 계속되고 반복되는 설문지의 발송과 재송부로 시간이 많이 걸리며 전문가적 판단이 얼마나 욕구를 갖는 당사자의 실제적 욕구와 일치하는지에 관한 증거를 확보하지 못한다는 단점이 있다.

3. 욕구조사방법의 선택과 적용

지금까지 욕구조사의 다양한 방법들을 직접적 욕구조사와 간접적 욕구조사로 나누어 제각기 다른 자료수집과 분석의 방법을 살펴보았다. 욕구조사는 기획과정에서 정치사회적 요소보다는 기술방법론적 요소가 강조되는 과업이다. 따라서 프로그램 개발자는 제각기 다른 욕구조사의 방법들이 갖는 장점과 단점에 대한 충분한 이해를 토대로 각기 다른 자료수집과 분석의 능력을 갖추어야 할 것이다. 그래서 우선 지금까지 논의된 제각기 다른 욕구조사의 특징과 장단점을 종합정리하고 선택과 적용의 문제를 다루어 보자.

〈표 4-7〉 욕구조사의 특징과 장단점 비교

구분	욕구조사방법	특 징	장 점	단 점
직접적 욕구조사	1. 지역주민·표적집단 서베이	·지역사회 주민과 표적집단 대상으로 설문 또는 면접조사 ·조사대상자의 인지적 욕구를 직접적으로 파악	·광범위한 지역주민의 의견과 욕구수렴 ·욕구를 갖는 당사자의 욕구정도와 유형파악 유리	·서베이에 따른 시간과 비용이 많이 들 수 있음 ·사회조사의 원리나 방법에 익숙해야 함 ·표적집단조사의 충분한 조사대상자 확보의 어려움
	2. 초점집단 기법	·초점이 모인 주제를 두고 동질적 집단활동으로 욕구파악 ·토의내용을 질적 자료로 분석해 인지적 욕구파악	·과학적이고 체계적인 조사방법의 활용 ·집단역동성을 활용한 정확한 욕구의 사정	·참여자 선정에서 대표성 문제 ·진행자의 능력과 자질에 크게 의존
	3. 지역사회 공청회·포럼 개최	·공개토론회를 통해 광범위한 지역주민의 의견과 욕구수렴 ·대략적 욕구의 유형파악으로 서베이 전 단계로 활용될 수 있음	·광범위하고 자유로운 욕구와 문제 확인 ·비용과 시간에서 효율적	·참석자 대표성 문제와 특정 욕구와 이슈가 부각될 수 있음 ·토론회 진행상 어려움
간접적 욕구조사	4. 2차 자료 분석	·사회지표와 기관의 서비스 통계자료 활용 ·간접적으로 기존자료를 분석하며 욕구를 측정할 수 있음	·자료수집과 분석 용이 ·시간과 비용이 적게 듦	·간접적 측정치로 정확히 욕구로 확인되지 않음 ·자료의 성격과 특성에 국한된 욕구만 측정
	5. 서비스 제공자·주요정보 제공자 조사	·서비스를 제공하는 사람 또는 주요정보제공자 대상으로 조사 ·서베이나 면접으로 규범적 욕구파악	·전문가의 시각과 견해 반영 ·조사대상자 확보와 조사 용이	·전문가의 가치판단과 의견이 반영 ·실제 욕구와 일치하지 않을 수 있음
	6. 델파이 기법	·일단의 전문가를 대상으로 합의에 의한 욕구파악 ·전문가적 규범적 욕구가 민주적 의사결정으로 파악	·전문가의 합의에 의한 욕구파악 ·민주적 의사결정의 장점	·반복되는 설문조사로 시간과 비용이 많이 듦 ·실제 욕구와 반드시 일치하지 않을 수 있음

이상에서와 같이 각기 다른 욕구조사방법의 특성과 장단점을 비교해 보면, 특정 욕구조사의 장점이 다른 욕구조사방법의 결점을 보완해 줄 수 있다는 사실을 발견할 수 있을 것이다. 따라서 다양한 욕구조사의 방법은 상호배타적이지 않으며 상호보완적 관계에 있다. 그래서 사회복지 프로그램을 기획하는 프로그램 개발자는 욕구조사의

〈표 4-8〉 지방자치단체 차원의 기초욕구조사계획

서비스 대상자 및 영역	조사방법 및 절차	욕구의 종류	수행인력
기초생활수급권자 및 저소득 빈곤가정	1. 빈곤계층 서베이(300case)	인지적 욕구	전문조사요원 6인
	2. 자활후견기관 실무자 조사	규범적 욕구	조사책임자
	3. 사회복지전담공무원 대상 델파이 조사	규범적 욕구	조사책임자
저소득아동 및 한부모가정(여성)	1. 모자가정 부자가정 초점집단 욕구조사	인지적 욕구	조사책임자 보조인력 2인
	2. 아동복지시설 이용률 및 대기자 명부 조사	표현적 욕구	조사책임자
	3. 사회지표활용과 2차 자료분석	규범적 욕구	보조인력 2인
	4. 여성복지시설 시설관리자 조사	규범적 욕구	조사담당자 1인
장애인 및 정신장애인	1. 지역장애인 실태조사(10개 범주별 400case)	인지적 욕구	전문조사요원 6명
	2. 장애인생활시설, 직업재활시설, 지역사회재활시설, 이용시설 실태조사	규범적 욕구 비교적 욕구	보조인력 2인
노인 및 재가노인(치매노인)	1. 노인 및 예비노인 초점집단 조사	인지적 욕구	조사책임자 보조인력 2인
	2. 노인복지담당자 설문조사	규범적 욕구	조사담당자 1인
	3. 치매유병률 및 각종 노인실태연구조사	규범적 욕구 비교적 욕구	〃
청소년 및 학교사회사업	1. 학교사회사업전문가 델파이 조사	규범적 욕구	조사책임자
	2. 청소년 비행 및 학교폭력 실태조사(청소년 대상)	인지적 욕구	조사담당자 1인
노숙자 및 부랑인	1. 노숙자쉼터 현황조사	규범적 욕구	보조인력 2인
	2. 쪽방생활자 면접조사 40case	인지적 욕구	조사담당자 1인
지역사회 일반주민 사회복지관	1. 지역주민 서베이(400case)	인지적 욕구	조사책임자
	2. 사회복지관 관장 조사	규범적 욕구	조사담당자 1인
	3. 지역복지 전문가 델파이 조사	규범적 욕구	조사책임자

목적, 기관의 특성과 여건, 기존자료의 활용가능성, 자료분석과 처리의 능력, 조사에 주어진 시간 등 욕구조사를 수행하는 데 있어서 영향을 주는 제반여건과 요인을 복합적으로 고려하여 몇 가지 욕구조사의 방법을 선택해야 할 것이다. 욕구의 유형에 관한 논의에서도 언급되었지만 인지적 · 표현적 · 규범적 · 비교적 욕구 등 제반욕구의 유형별로 갖는 장점과 한계도 있다는 점을 고려한다면 사정이 허락되는 한 최소한 두 가지 이상 욕구조사를 병행하여 상호비교를 통해서 욕구측정의 정확성과 신뢰성을 높여 나가는 방법이 바람직하다. 〈표 4-8〉은 지방자치단체 차원에서 지역사회복지계획 수립을 목적으로 하는 기초욕구조사의 계획이다. 서비스 대상자별로 2~3개의 욕구조사로 상호비교가 가능하고 또한 이와 같이 다면적 욕구조사는 서로 다른 욕구조사가 갖는 장단점을 잘 보완해 줄 수 있을 것이다.

연구과제

1. 빈곤독거노인을 대상으로 욕구조사를 할 경우 나타날 수 있는 Maslow의 생리적 욕구와 안정 욕구를 열거해 보시오.
2. 사회복지전담공무원을 통해서 국민기초생활수급권자들의 욕구를 파악하는 방법은 Bradshow의 어떤 욕구에 해당하는가?
3. 가정폭력피해자를 대상으로 심층면접을 통한 질적 자료를 수집하는 경우 어떤 욕구조사방법에 해당하는가?
4. 사회지표조사를 활용하여 특정 지역의 아동학대 발생률을 다른 지역과 비교하여 욕구의 규모를 파악해 보시오.

5 프로그램 목적과 목표설정

제 1 절 프로그램과 서비스 전달구조

사회복지 프로그램 목적과 목표의 본질에 관한 이해는 사회복지기관을 중심으로 전체 사회복지 프로그램 및 서비스 전달구조 속에서 그것이 어떠한 위치를 차지하며 어떤 기능을 수행하는지에 관한 이해로부터 시작되어야 한다. 사회복지기관의 사회복지서비스 전달구조는 기관의 설립이념과 목적을 정점으로 해서 프로그램의 목적과 목표로 분화되고 다시 이것은 서비스 목표로 분화되는 계층적 구조를 이루고 있다.

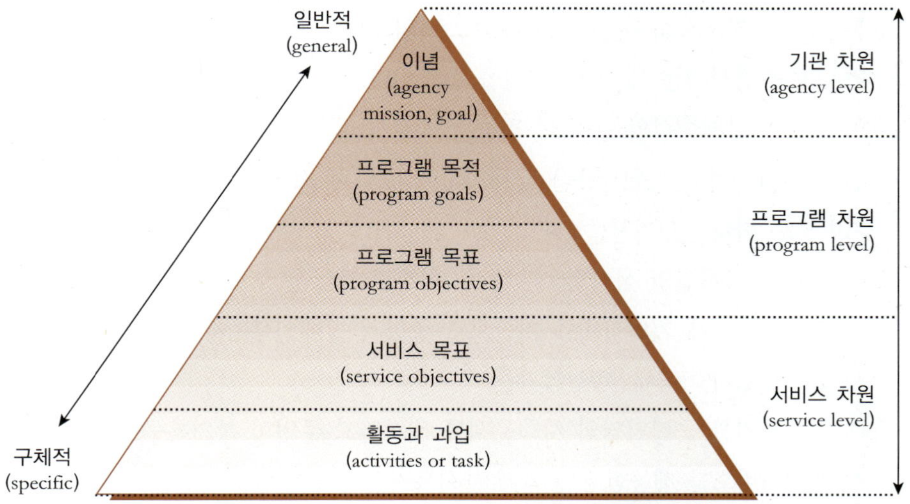

[그림 5-1] 사회복지 프로그램 및 서비스 전달구조

1. 기관의 설립이념

(1) 설립이념의 의미와 기능

사회복지기관은 합법적인 사회적 목적달성을 위해서 존재하는데 어떠한 사회복지 기관도 일종의 조직으로 그 설립이념(사명헌장)이 있게 마련이다. 기관의 설립이념은 기관의 철학과 이상을 나타내며 정부, 지역주민, 관련기관 및 단체에 대해서 기관설립과 운영의 정당성을 확보하는 근거가 된다.

또한 기관설립이념(mission statements)에 따라 기관의 모든 사업과 프로그램은 존재의 이유를 갖게 되고 프로그램 운영의 당위성이 인정된다. 설립이념은 기관에 따라 제각기 다르게 표현되는데 한 문장으로 기술되기도 하거나 몇 장에 걸쳐 장황하게 서술되기도 한다.

(2) 설립이념 진술의 예

① 본 기관은 욕구와 문제를 갖는 아동과 그 가족에 대해 다양한 복지서비스를 제공하기 위해서 설립되었다. (아동복지기관)

② 본 기관은 지역사회 내 노인을 대상으로 양질의 서비스를 제공하여 노인의 정신건강을 증진시키는 데 공헌할 것을 설립이념으로 한다. (노인정신건강센터)

③ 이 기관은 문제중심의 단기 및 집중적 치료서비스를 제공함에 있어서 기관의 자원과 지역사회의 자원활용을 극대화하여 효과적 서비스를 제공할 것을 철학적 기반으로 한다. (단기치료센터)

④ 이 기관은 장애인의 심리적·사회적·의료적 재활을 도모하여 장애인의 완전한 사회통합을 위해 지역사회를 기반으로 종합적 장애인복지사업을 추진하기 위해서 설립되었다. (장애인종합복지관)

⑤ 대학이 위치한 근린지역의 사회문제를 해결하고 주민의 복지욕구를 충족시키는 직접적 서비스를 제공함과 동시에 사회복지실천의 이론과 모델을 적용시켜 효과적 프로그램을 선도적으로 개발하여 확산시키고 예비사회복지사들에 대한 실천교육의 장을 제공한다. (대학부설 종합사회복지관)

2. 기관의 목적

1) 기관목적의 의미와 기능

기관의 목적(goals)은 설립이념의 기초 아래 기관의 직원들이 효과적이고 책임성 있는 사회복지실천을 위한 지침으로 작용하는데 두 가지 기능이 있다. 하나는 기관의 목적이 전체 기관 내에서 일어나는 활동의 중심점이 되고 다른 하나는 기관의 모든 프로그램, 프로그램의 목표, 서비스의 목표를 포괄하는 기능이 있다.

기관의 목적은 ① 사회문제의 본질, ② 대상인구집단, ③ 기대하는 변화와 변화의 방향, ④ 변화를 유도하는 수단 등을 포함하는 진술의 형태를 나타낸다.

2) 기관목적의 예

① 우리 기관은 부산지역에 있는 학업성취도가 낮은 빈곤계층의 아동에게 방과후 학습지도 프로그램을 제공하여 그들의 학업성취도를 향상시키는 데 있다. 이러한 기관목적을 분석해 보면 사회문제의 본질은 빈곤문제이며, 대상인구집단은 근린지역 학업성취도가 낮은 빈곤계층의 아동이며, 기대하는 변화와 변화의 방향은 그들의 학업성취도를 향상시키는 것이며, 변화를 유도하는 수단은 방과후 학습지도 프로그램이다. 이러한 기관의 목적진술에서도 프로그램은 기관의 목적 달성을 위한 수단이 되는 것을 알 수 있다.

② 이 기관은 가정폭력으로 고통을 받고 있는 여성과 아동에게 일시적 피난처를 제공하여 그들의 자립과 재활을 도모하기 위해서 상담 및 각종 지원서비스를 제공할 목적으로 설립되었다. 이러한 기관목적을 네 가지 요소를 중심으로 분석해 보면 사회문제의 본질은 가정폭력이며, 대상인구집단은 가정폭력으로 고통을 받고 있는 여성과 아동이며, 기대하는 변화와 변화의 방향은 그들의 자립과 재활이며, 변화를 유도하는 수단은 피난처의 제공과 더불어 상담 및 각종 지원서비스 제공이다.

3. 프로그램의 목적과 목표

1) 프로그램의 개념

사회복지 프로그램(program)이란 사회복지기관의 주요사업과 활동의 의미 있는 묶음이다. 따라서 프로그램이란 기관의 설립이념과 목적달성을 위해서 본질적으로 수행되는 사업과 주요활동의 체계를 지칭한다. 그래서 사회복지 프로그램은 제 1 장에서 서술한 바와 같이 특정한 목적을 달성하기 위해서 자원과 기술이 결합되어 계획된 활동이 설계되고 추진되는 사업의 기본적 단위가 된다.

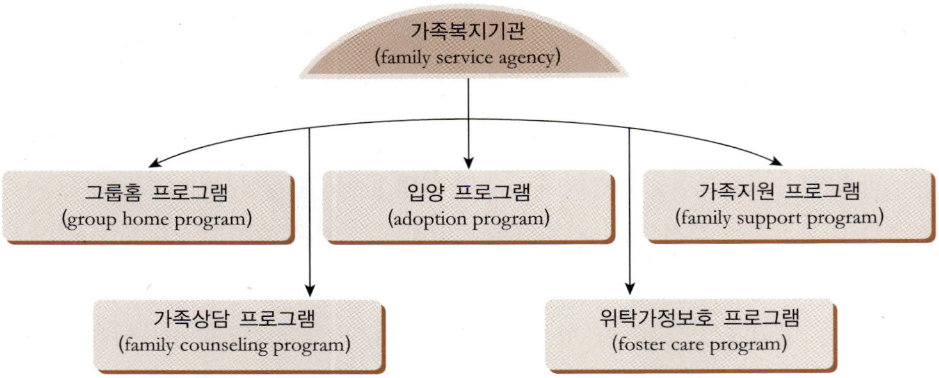

[그림 5-2] 가족복지기관 프로그램

2) 프로그램의 목적

프로그램의 목적(program goals)은 기관의 설립이념과 목적으로부터 논리적으로 유추되며 프로그램의 궁극적 지향점을 제시해 준다는 측면에서 측정의 대상이 되지는 않는다. 프로그램의 목적은 다음과 같은 특성이 구비되어야 한다. 프로그램의 목적은 누구의 어떤 문제를 어떻게 변화시킬 것인지로 압축된다.

① 구체적 표적집단(누구)

② 현재의 문제영역(어떤 문제)

③ 바람직한 미래상태(어떻게 변화)

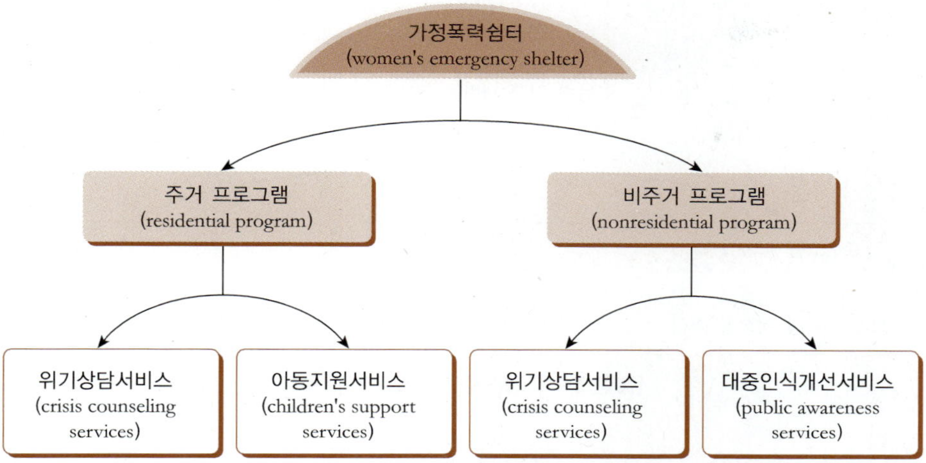

[그림 5-3] 가정폭력쉼터 프로그램

정신질환자를 대상으로 하는 사회복귀 프로그램의 목적을 예를 들면 "일정한 지역 내의 증상관리가 가능한 정신질환자를 각종 집단 및 개별서비스를 통해서 자신의 사회적 또는 직업적 기능을 향상시켜 독립생활과 취업이 가능하도록 한다."고 제시될 수 있다.

여기서 누구에 해당하는 클라이언트 또는 표적집단은 증상관리가 가능한 지역사회 내의 정신질환자를 지칭하고, 어떤 문제에 해당하는 문제영역은 사회적 또는 직업적 기능상의 문제를 말하고 있으며, 어떻게 변화시킬 것인지에 관한 바람직한 미래상태는 독립생활과 취업이 가능하도록 한다는 것으로 목적이 잘 설정되었다. 집단 및 개별서비스는 프로그램의 수단 또는 도구에 관한 것으로 목적진술에 반드시 포함될 필요는 없으나 목적진술을 한층 자세히 한다는 점에서 첨가해도 무방하다.

기관목적과 프로그램 목적은 직접적 관련성을 갖는다. 프로그램 A, B, C의 발달장애아동을 위한 목적이 달성된다면 궁극적으로 기관목적인 그들의 능력과 잠재력을 극대화한다는 기관목적이 달성될 수 있다.

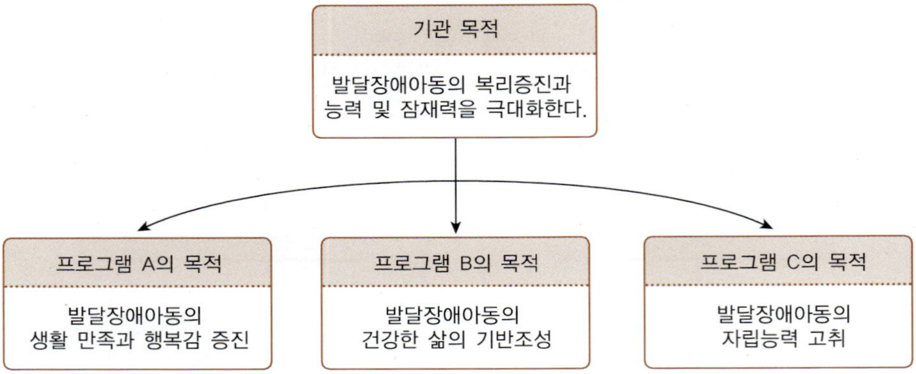

[그림 5-4] 기관목적과 프로그램 목적

3) 프로그램 목표

프로그램 목표(program objectives)는 프로그램 목적으로부터 논리적으로 분화된다. 프로그램 목적이 측정되기 어려운 상태로 진술된 것이라면 프로그램 목표는 한층 구체적으로 측정가능한 형태로 진술된다. 이러한 측면에서 프로그램 목표는 프로그램 목적의 측정지표라고 해도 과언이 아니다. 모든 프로그램의 목표는 클라이언트 중심이 되어야 한다. 평가는 프로그램 목표가 어느 정도 달성되었는지에 관한 자료수집과 분석과정이기 때문에 프로그램 목표는 다음과 같은 네 가지 요소가 구비되어야 한다 (Gabor & Grinnell, 1994 : 55-57).

(1) 유의미성(meaningfulness)

프로그램의 목표는 목표추구활동이 전개된 결과 프로그램 목적을 달성하는 데 기여해야 한다. 따라서 목적과 목표 간의 관계는 충분히 상호관련성을 갖고 영향을 주고받는 관계에 있어야 한다. 예컨대, 시설퇴소아동의 자립능력배양이라는 프로그램 목적은 시설퇴소아동의 월간 생활비 균형상태유지라는 구체적 프로그램 목표가 달성되면 성취될 수 있을 것이다.

(2) 구체성(specificity)

프로그램 목표는 매우 구체적이고 분명하게 진술되어야 한다. Royse(1992)와 같은 학자는 목표의 구체성을 확보하기 위해서 목표를 계량화한 진술의 형태로 만들 것을 주장한다. 이때 흔히 사용되는 용어는 '증가', '감소', '유지' 등이다.

예) 6개월 이내 부부 간의 결혼만족도를 증가시킨다.

(3) 측정가능성(measurability)

구체성이 있는 목표라 하더라도 그것이 측정가능한 형태로 진술되지 않으면 목표달성의 정도를 평가하기는 어렵다. 따라서 측정가능한 목표는 계량화되는 것이 일반적이다.

예) 직업능력과정 수료생 중 50% 취업, 교육 참석자 만족도 70% 이상

(4) 지향성(directionality)

모든 사회복지적 개입은 클라이언트에게 변화를 유도하기 위해 이루어진다. 따라서 목표는 클라이언트를 중심으로 변화된 양상에 관해 기술되어야 한다.

예) 아동양육기술의 향상, 공격성 감소, 삶의 만족도 증가

4) 서비스 목표와 활동

서비스 목표(service objectives)란 프로그램의 구성요소인 상담, 치료, 교육, 재활, 보호, 정보제공, 의뢰 등 각종 사회복지서비스들이 클라이언트에게 제공되어 개별 클라이언트가 바람직한 미래상태로 전환됨으로써 갖는 변화를 나타낸다. 서비스 목표는 사회복지사와 클라이언트가 공동으로 프로그램의 목표에 대한 합의가 있을 경우 개별적으로 제공되는 서비스의 결과를 말한다. 활동 또는 과업은 서비스 목표달성을 위해 필요한 구체적 작업과 업무 등으로 구성된다. 따라서 서비스 목표는 개별 클라이언트 목표를 말한다.

예를 들면 사회복지사는 서비스 목표를 '○○○ 미혼모의 유아양육기술 향상'으로 설정할 수 있다. 이러한 목표달성을 위해서는 유아수유법을 교육하는 활동, 육아보육

역할극에 필요한 활동, 그리고 유아-모친의 의사소통방법 훈련 등의 구체적이고 다양한 활동이 요구된 것이다.

이상에서와 같이 사회복지 프로그램은 사회복지기관의 서비스 전달구조 속에서 기관의 설립이념과 목적을 한층 구체화하는 본질적 기능과 역할을 갖고 있으며 동시에 프로그램은 다양한 사회복지서비스가 개별 클라이언트에게 주어짐으로써 개별 클라이언트별로 작성될 수 있는 서비스 목표설정과 활동을 묶어 주는 하나의 체계이며 이를 지도하고 통제하는 지도원리의 기능을 수행한다.

제2절 목표의 유형

1. 상위목표와 하위목표

일반적으로 체계론적 관점에서 목표는 상위목표와 하위목표로 나누어진다. 상위목표는 보다 포괄적이며 핵심적인 목표이고 하위목표는 상위목표를 더욱 세분화한 목표를 말한다. 상위목표를 우리는 통상 그냥 목표 또는 주목표(major objective)라고 칭한다. 하나의 주목표를 하위목표로 세분화해야 할 경우 보통 2~3개의 하위목표로 나누는 것이 바람직하다. 4개 이상의 하위목표로 분화시켜야 할 경우 주목표 또는 상위목표를 2개로 나누어 접근하는 것이 바람직하므로 하위목표를 3개 이상 나누는 것은 바람직하지 않다.

2. 과정목표와 성과목표

과정목표(process objective)는 프로그램 수행과정단계별로 이루어지거나 설정될 수 있는 목표이며, 성과목표(outcome objective)는 일련의 프로그램이 수행된 결과 클라이언트 체계의 변화를 나타내는 최종목표이다. 성과목표인 취업을 달성하기 위해서는 클라이언트가 직업훈련과정을 거치게 되는데 단계별로 기능습득이 먼저 이루어지고 난 후 구직을 위한 이력서 제출과 효과적 면접기술의 습득이 필요하다. 따라서 기능습득과 면접기술습득은 과정목표가 된다. 다음은 과정목표와 성과목표의 예시이다.

1) 과정목표

① 정신지체장애인에게 후견인을 선임하여 배치한다.

② 매월 부모-자녀 간에 효과적 의사소통훈련서비스를 제공한다.

③ 10대 미혼모를 대상으로 성교육서비스를 8회 실시한다.

이러한 과정목표는 주체가 사회복지기관이나 사회복지사이기 때문에 성격상 아래에서 설명하는 기관목표나 활동목표로 간주될 수 있다.

2) 성과목표

① 전일제 직장 취업으로 가계소득수준을 50% 향상시킨다.

② 부부관계의 만족도를 6개월 이내 30% 향상시킨다.

③ 프로그램 참여자 80%가 조리사 자격증을 취득한다.

3. 기관목표와 활동목표

기관목표(agency objective)는 어떤 프로그램을 수행하는 데 있어서 기관의 입장에서 설정한 목표이며, 활동목표(activity objective)는 프로그램 수행과정에서 사회복지사가 스스로 정하는 목표이다. 기관목표나 활동목표는 과정목표나 하위목표로 치환될 수는 있으나 프로그램의 궁극적 목표 또는 상위목표로는 절대로 설정될 수 없다. 예를 들면 "10case의 사례관리 대상자를 확보한다"라는 목표는 사회복지사가 자신의 입장에서 효과적 사례관리 프로그램을 수행하기 위해서 설정한 활동목표이다. 또한 "클라이언트에게 상담서비스를 제공한다"라는 목표는 기관의 입장에서 어떤 서비스를 제공한다는 기관목표가 된다. 이러한 목표들은 하위목표나 과정목표와 동격이 될 수 있지만 절대로 상위목표, 즉 클라이언트 중심의 목표진술로는 적합한 것이 아니라는 점을 다시 한번 명심할 필요가 있다. 왜냐하면 문법상 주어가 서로 다르고 기관목표나 활동목표는 주목표, 또는 상위목표 달성을 위한 수단의 지위에 있기 때문이다.

4. 영향목표와 서비스 목표

프로그램의 차원을 넘어서 개별 기관들이 특정 프로그램을 수행할 경우 지역사회 전체의 측면에서 또는 전체 클라이언트 집단 측면에서 어떤 파급효과를 가늠하거나 전체 사회문제의 해결과 클라이언트 집단의 욕구충족의 정도를 나타내 주는 목표가 영향목표(impact objective)이다. 예를 들면 S시의 독거노인 1,400세대 중 식사배달서비스를 받는 세대를 80%로 정하는 경우 이에 해당한다. 한편 서비스 목표(service objective)는 프로그램이라는 틀 속에서 개별 클라이언트가 서비스를 받을 경우 발생하는 기대효과를 말한다. "○○○클라이언트의 소득 50% 증가"와 같이 프로그램 수혜자 개개인에 따른 목표가 다를 수 있기 때문에 서비스 목표는 클라이언트 목표와 동일시된다.

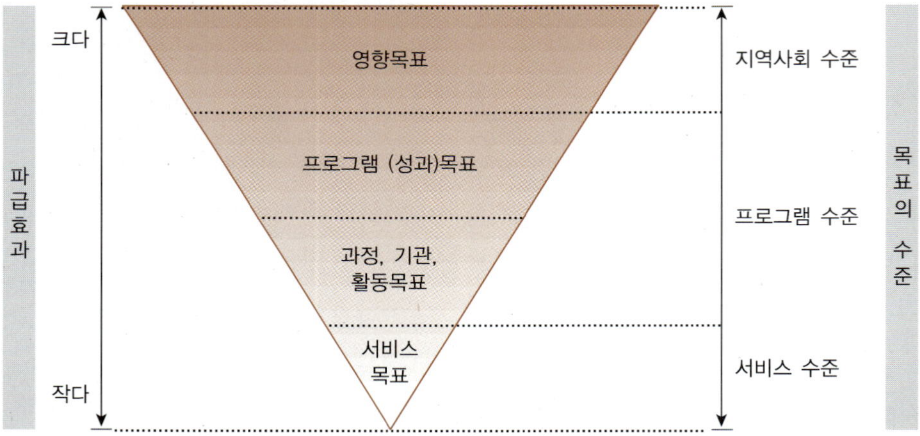

[그림 5-5] 목표의 위계구조와 파급효과 및 수준

사회복지 프로그램의 관점에서 가장 중요한 목표는 성과목표이며 성과목표를 중심으로 하위목표의 무리에 속하는 과정목표, 기관목표, 활동목표 등이 설정될 수 있다. 서비스 목표(service objective)는 프로그램의 개별 수혜자인 클라이언트 목표이며 영향목표는 사회복지기관의 프로그램 차원을 넘어선 지역사회 또는 정책목표로 설정될 수 있다. 이러한 관점에서 목표 간에는 위계구조가 성립된다.

제 3 절 목표설정의 방법

1. 목표설정의 기준

사회복지 프로그램의 목표를 설정할 때 유의해야 할 사항에 관해서는 여러 학자들의 다양한 견해가 제시되고 있다. 여기서 필자는 실용주의적 관점에서 다음과 같은 몇 가지 목표설정의 기준을 제시하고자 한다.

첫째, 목표설정 시 반드시 프로그램의 참여자에 해당하는 클라이언트를 중심에 두고 목표가 설정되어야 한다. 사회복지 프로그램은 궁극적으로 클라이언트 집단의 변화, 유지, 보호와 직접 관련되어 있기 때문에 클라이언트 입장에서 목표가 진술되어야 한다. 따라서 클라이언트가 주어가 되어야 하고 클라이언트의 변화양상이 동사가 되는 형태로 목표가 진술되어야 한다. 만일 목표가 기관목표나 활동목표의 형태로 진술되는 경우에는 목표달성의 정도에 관한 평가는 기관이나 사회복지사의 과업수행의 정도만 측정될 수밖에 없기에 클라이언트 변화와는 무관하게 이루어진다. 이러한 관점에서 목표는 클라이언트 중심의 성과목표(outcome objectives)가 되어야 한다.

둘째, 목표설정 시 프로그램의 목표는 기관의 목적 또는 프로그램 목적과 논리적으로 연관성을 유지해야 한다. 특정 프로그램이 기관의 설립목적의 범위를 벗어나거나 프로그램의 목적으로부터 논리적 유추에서 일탈하는 경우 적절한 프로그램 목표로 간주하기는 어렵다. 앞에서 서술한 바와 같이 프로그램 목표는 상향적으로 프로그램의 목적과 기관의 설립목적에도 연계되어야 하며 하향적으로 서비스 목표나 구체적 프로그램 수행활동의 지침이 되어야 한다. 이러한 점을 고려치 않은 경우 프로그램의 목표와 목표달성을 위한 사회복지사 활동내용이 상호 무관하게 진행되는 무질서에 직면하게 된다.

셋째, 목표는 클라이언트 집단이 달성할 수 있는 성취가능한 형태로 긍정적 방향으로 설정되어야 한다. 목표는 측정의 대상이 되어야 하기 때문에 반드시 현실적으로 클라이언트 집단의 욕구충족이나 문제해결의 방향으로 성취할 수 있는 수준에서 잡히는 것이 바람직하다. 따라서 목표설정 시 클라이언트의 동기수준과 문제영역과 관련된 기능의 정도를 면밀히 사정한 후 성취수준을 정해야 한다. 또한 목표설정 시 미래의 바람직한 방향을 긍정적으로 진술해야 한다. 때로는 20% 감소 등으로 부정적 문제를 제거하는 방향으로 설정되기도 하나 이러한 것을 긍정적으로 전환시켜 표현하도록 진술의 형태를 바꾸는 것이 바람직하다.

넷째, 목표는 가능한 한 측정할 수 있도록 설정하는 것이 바람직하다. 측정가능한 형태로 목표가 설정되지 않는 경우 성과평가에서 클라이언트 집단의 성취도 수준을 정확히 가늠하기가 어렵다. 그러나 반드시 측정가능한 형태로 계량화할 필요는 없다. 예컨대, "결혼만족도의 30% 증가"처럼 측정가능하지만 계량화할 수 없는 성취수준을 사용하는 경우가 사회복지서비스에서는 허다하기 때문에 이 점에 유의해야 한다.

이상적 목표설정의 원칙 : SMART

- 구체적(**S**pecific)이어야 한다.
- 측정할 수(**M**easurable) 있어야 한다.
- 성취할 수(**A**chievable) 있어야 한다.
- 결과지향적(**R**esult-oriented)이어야 한다.
- 달성할 날짜(**T**ime-bounded)가 표시되어야 한다.

2. 목표진술의 방법

1) 목표진술의 3요소(표준모델)

① **누가**(who) : 참여자(반드시 ct 입장에서 진술되어야 함)

② **무엇을**(what) : 변화의 내용과 정도(문제와 관련된 핵심요소)

③ **어떻게 한다**(do) : 행위 또는 결과(~한다, ~된다 등으로 표현)

목표진술의 3요소인 '① 누가, ② 무엇을, ③ 어떻게 한다'는 목표진술에서 필수적 구성요소들이다. 여기서 '누가(who)'는 프로그램의 참여자, 수혜자, 대상자 등으로 표현되는 클라이언트를 지칭하고, '무엇을(what)'은 클라이언트가 갖고 있는 욕구의 충족이나 문제해결을 의미하는 변화의 내용과 정도를 말하며, '어떻게 한다(do)'는 프로그램을 통해서 성취할 수 있는 바람직한 상태, 행위, 결과 등을 의미한다. 표준모델은 누가, 무엇을, 어떻게 한다 등의 3요소를 갖추면 성립되며, 표준모델에 적합한 목표진술은 그 자체로도 완벽하며 전혀 하자가 없다. 그러나 통상 우리는 목표진술에 프로그램의 매개체인 수단 또는 도구를 포함시키는 경우가 있기 때문에 도구(how)는 선택적으로 활용될 수 있다. 그러나 도구를 목표진술에 포함시키는 경우 프로그램 실행에서 그렇게 명시된 도구에 구속된다는 점도 반드시 기억해야 한다.

④ **도구**(how) : 주된 매개체(~을 통해서 등으로 표현)

〈바람직한 목표진술의 예〉

- 비행청소년들이(누가) 집단활동을 통해(도구) 자아정체감을(무엇을) 확립한다.(어떻게 한다)
- 가족구성원이(누가) 가족관계의 결속력을(무엇을) 증진한다.(어떻게 한다)
- 저소득가정 자녀들이(누가) 다양한 교육활동을 통해서(도구) 사회성을(무엇을) 향상한다.(어떻게 한다)

프로그램의 목표진술에서 유용하게 사용될 수 있는 동사는 다음과 같다.

- 증가한다, 첨가한다, 발전한다, 확장한다, 확대한다 등의 긍정적 표현
- 감소한다, 줄여 나간다, 소멸시킨다 등 부정적인 것의 최소화 또는 소거와 관련된 표현
- 시작한다, 창조한다, 발휘한다, 주도한다, 건설한다 등 무엇을 시작하고 만들어 나가는 표현

프로그램은 목표진술에서 이러한 동사를 사용한다 하더라도 객관적으로 쉽게 이해되고 측정가능한 결과지향적 표현이 되어야 함이 더욱 중요하다. 특히 애매모호한 용어를 사용하면 평가 시 목표가 어떤 기준에서 어느 정도 달성되었는지를 판단하기 매우 힘들다. 다음과 같은 애매모호한 표현을 목표진술 시 가급적 피하는 것이 바람직하다(Royse et al., 2001 : 127).

- 클라이언트가 타인과 건설적 관계를 발견하도록 돕는다.
- 학생들이 보다 나은 시민으로서의 자질을 갖추도록 한다.
- 클라이언트 자신에 대한 이해도를 향상시킨다.
- 가족이 술과 알코올리즘에 대한 지식을 습득한다.

2) 하위목표 분화 요령

① 목표에서 문제나 욕구와 관련된 핵심요소를 2~3개로 나누어 작성

- 목표 : 비행청소년들이 집단활동을 통해 자아정체감을 확립한다.
  (자아정체감 — 핵심요소)
- 하위목표
  1. 인간관계훈련을 통해 자신의 특성과 현실을 인식한다.
  2. 자기성장훈련을 통해 긍정적 자아개념을 형성한다.
  3. 자신의 특성과 장래의 희망에 따라 진로계획을 세운다.

위의 목표를 3개의 하위목표로 세분화하였다. 목표진술에서 핵심요소인 자아정체감은 나의 과거 성장배경과 생육사를 이해하고 현실적 상황에 대한 깊은 통찰과 더불어 미래에 대한 소망이 확인될 때 성립될 수 있는 개념이다. 따라서 하위목표를 우선 자신의 특성과 현실을 인식하는 요소와 긍정적 자아개념 확립을 포함하여 장래에 관한 진로계획을 세우는 것 등 세 가지 단계적 요소로 나누어 잘 세분화시킬 수 있다.

② 성과목표를 중심으로 몇 가지 과정목표 또는 기관이나 활동목표로 나누어 작성

- 목표 : 재가중증장애인들이 지역사회에서 최소 이동권을 확보하고 생활영역을 확장한다.
- 하위목표
  1. 지역사회 공공과 민간기관을 연계하여 이동차량을 확보한다.
  2. 차량 자원봉사자를 모집하고 상호 비상연락망을 구축 가동한다.
  3. 재가중증장애인들의 각종 민원업무 및 일상생활활동을 위해 차량을 지원한다.

성과목표만이 상위목표 또는 일반적으로 말하는 목표가 될 수 있다고 목표의 유형에 관한 서술에서 언급되었다. 반대로 과정목표, 기관목표, 활동목표는 하위목표로는 설정될 수 있지만 주목표 또는 상위목표로는 적합하지 않다는 점도 다시 상기할 필요가 있다.

새롭게 주어진 목표진술이 우선 목표진술의 표준모델에 적합한지를 분석해 보자. '누가'에 해당하는 클라이언트는 "재가중증장애인"으로 분명히 기술되어 있다. '무엇을'에 해당하는 문제와 관련된 핵심요소는 "지역사회 최소 이동권과 생활영역"으로 기술되어 있으며 '어떻게 한다'에 해당하는 술어부분은 "확보하고 확장한다"고 분명히 서술되었다. 따라서 상기의 목표진술은 클라이언트 입장에서 변화의 내용과 정도를 비롯하여 행동과 결과를 나타내는 서술도 잘 되어 있기 때문에 목표진술의 표준모델에 아주 적합한 진술의 형태를 보여주고 있다.

하위목표로 선정된 "이동차량 확보", "자원봉사자 모집과 비상연락망 가동" 그리고 "각종 민원업무 및 일상생활활동을 위해 차량을 지원한다."는 것들은 모두 기관의 입장에서 진술된 상위목표달성을 위한 과정이며 단계별 세부목표에 해당한다. 따라서 하위목표 1, 2, 3이 순차적으로 달성된다면 재가중증장애인들이 지역사회에서 이동권을 확보하고 그들의 생활영역은 확장될 수 있을 것이다.

③ 목표달성을 위한 도구 또는 수단을 2~3개로 나누어 하위목표로 작성

- 목표 : 저소득 한부모가정 아동들이 특활활동을 통해서 잠재력과 능력을 개발한다.
  (특활활동: 도구)
- 하위목표
  1. 저소득 한부모가정 아동들이 성장집단활동을 통해서 자신의 특성과 취미를 발견한다.
  2. 저소득 한부모가정 아동들이 미술, 운동, 독서 등 특성에 알맞은 교육활동을 통해 능력을 발전시킨다.

위의 목표진술도 '누가', '무엇을', '어떻게 한다'의 표준모델에 적합하게 설정되어 있으며 덧붙여 특별활동의 도구를 포함시켰다. 특별활동을 성장집단활동과 구체적 사회교육활동으로 나누어 하위목표로 선정하였다. 논리적으로도 성장집단의 활동으로 자신의 취향과 특성의 발견이 우선시되고 그 후 그에 적합한 특별교육과 활동이 이루어질 수 있다는 점에서도 하위목표 1과 2는 순차적으로 구성되었다. 참고로 하위목표 분화요령 ①의 예시에서도 비행청소년들이 '집단활동'이라는 도구나 수단이 '인간관계훈련'과 '자기성장훈련'으로 나누어 하위목표를 잡았다는 점을 확인해 볼 수 있을 것이다.

④ 목표진술 시 사전에 하위목표로 나눌 수 있는 요소를 먼저 정한 후 이를 통합하여 작성

- 목표 : 실직 고령자들이 자신감을 회복하고 재취업의 기회를 획득한다.
- 하위목표
  1. 실직 고령자들이 구직동기를 갖고 자신감을 회복한다.
  2. 실직 고령자들이 재취업훈련을 통해 취업의 기회를 갖는다.

위의 목표는 사실상 목표작성 이전 단계에 미리 "자신감 회복과 재취업기회 획득"이

라는 하위목표 2개를 설정한 뒤 이것들을 통합시키는 방법으로 만들어졌다. 이러한 하위목표 분화요령은 정말 부득이한 경우에만 사용할 것을 권장한다. 아무튼 위의 목표진술도 표준모델에 부합하는 것으로 앞서의 방법대로 분석해 보면 자명해진다.

이상 네 가지 목표를 하위목표로 분화시키는 요령에서 우선적으로 핵심요소를 2~3개로 분화시키는 ①의 방법이 가장 바람직한 방법이다. 때로는 하위목표가 과정적 요소를 지니고 있을 경우 ②의 방법을 사용하는 것도 무방하다. 그러나 ③과 ④의 방법은 될 수 있는 한 사용이 권장되지는 않지만 하위목표 선정에 너무 많은 시간을 소모한다든지 프로그램 개발자가 받는 스트레스 정도가 너무 극심하다고 느낄 때와 같이 부득이한 경우 사용해도 무방하다.

연습문제

다음의 목표 또는 하위목표진술에서 잘못된 점을 찾아 적절한 목표 또는 하위목표로 교정하시오.(2002년 S복지재단 우수 프로그램 사례집에서 발췌)

1. 취업청소년에 대한 올바른 직업관 정립을 위한 진로지도와 교육실시

2. 정신지체아동의 사회적응훈련을 통한 부모의 양육부담 감소

3. 중복장애인이 사회적응에 필수적인 기술을 습득한다.
   3-1 문제행동 감소에 필수적인 약물을 스스로 관리하는 방법을 익힌다.
   3-2 공동생활을 통해서 대인관계기술을 향상시킨다.
   3-3 가정과 유사한 환경에서 일상생활기술능력을 향상시킨다.

4. 농어촌 복합지역 아동이 또래집단과 긍정적 관계망을 형성하고 문화기술을 습득한다.
   4-1 매회 조별 과제를 부여하여 친밀감을 높여 소집단활동을 강화한다.
   4-2 매회 문화체험활동이 끝난 후 실시하는 소감 나누기 시간을 통해 대화기술을 습득한다.

5. 한부모가정의 경제적 기능을 강화한다.
   5-1 대상집단의 경제적 어려움을 감소시킨다.
   5-2 대상자에게 직업훈련을 통해 기능을 습득하도록 한다.

목표진술이 올바로 작성되었는지를 검토하기 위해서는 목표진술모델인 표준모델의 3요소가 구비되었나를 따져 보아야 한다. 연습문제 1은 "취업청소년"이 프로그램의 참

여자로 누가(who)에 해당하기 때문에 클라이언트 집단은 주어로 선정되어 있으나 어떻게 한다(do)에 해당하는 "진로지도와 교육실시"가 기관의 입장에서 진술되었기 때문에 기관목표나 하위목표로서는 성립될 수 있으나 프로그램의 목표로서는 부적합하다. 만일 이러한 부적합한 목표가 설정되었다면 취업청소년에 대해서 올바른 직업관을 확립하려는 노력보다는 기관의 입장에서 진로지도와 교육을 적당히 시행한다면 목표가 달성된다는 잘못된 결론으로 유도될 수 있기 때문에 더욱 문제시된다. "진로지도와 교육"은 "올바른 직업관 정립"이라는 변화의 내용을 충족시키기 위한 수단 또는 도구로 보는 것이 타당하다. 따라서 연습문제 1의 목표를 클라이언트 입장에서 올바르게 수정하면 다음과 같다. "취업청소년들이 진로지도와 교육을 통해서 올바른 직업관을 확립한다".

연습문제 2의 경우 마찬가지로 표준모델에 따라 분석해 보면 문제의 핵심은 클라이언트의 이중성에서 기인한다. 실제로 이런 목표는 정신지체아동과 부모를 동시에 클라이언트로 설정했기 때문에 누구에게 초점을 맞추어 프로그램을 진행시킬지에 관해서 혼란을 주고 있다. 따라서 이러한 목표진술은 목표를 2개로 나누는 것이 바람직하다. 우선 "양육부담 감소"라는 술어부분을 존중한다면 수단에 해당하는 "사회적응훈련"은 "양육부담 감소"를 위해서 사용될 수 있는 적합한 수단이 아니라는 사실이 명백해진다. 따라서 "정신지체아동의 방과후 보호를 통한 부모의 양육부담 감소"가 부모를 클라이언트 체계로 보아 설정될 수 있는 바람직한 목표진술이다. 그러면 정신지체아동을 클라이언트 체계로 보아 또 다른 두 번째 목표진술을 만들어 보면 "사회적응훈련"은 수단으로 사용될 수 있기에 그대로 두고, 술어를 고치는 방법을 사용할 수밖에 없다. 그래서 "정신지체아동들이 사회적응훈련을 통해 사회성을 향상한다."라는 형태로 수정될 수 있다.

연습문제 3에서 주목표의 진술은 누가, 무엇을, 어떻게에 해당하는 프로그램 참여자인 클라이언트가 "중복장애인"으로 설정되어 있고 "습득한다"의 술어도 클라이언트 입장에서 진술되어 있으며 문제와 관련된 핵심요소인 "사회적응에 필수적인 기술"도 명확히 제시되어 외형상 완벽한 목표진술의 형태를 보여주고 있다. 그러나 잘못된 점은 하위목표가 주목표와의 직접적 관련성에서 잘 연결되지 않는다는 것이다. 사회적응에 필수적인 기술의 핵심요소를 3개의 하위목표로 나누려고 시도했으나 하위목표 3-1과 3-3인 "약물관리"와 "일상생활기술"은 사회적응의 기술영역에 포함되기는 어려운 것으로 보인다. 물론 약물관리와 일상생활기술은 사회적응에 기초가 되는 기술로 이러한 기초기술의 습득이 사회적응을 시작하기 이전 단계에 반드시 필요한 기술이라고 생각할 수도 있으나 사회적응에 필요한 기술과 식사, 세면, 의복착용 등으로 일컫는 일상생활기술은 별개의 개념으로 파악하는 것이 타당하다. 그래서 3-2의 하위목표는 비록 기관의 입장 또는 사회복지사의 입장에서 "향상시킨다"로 서술해도 무방하지만 3-1과 3-3의 하위목표는 사회적응에 필수적인 기술에 속하는 "대인관계기술" 이외의 것으로 생각해 볼 수 있다. 따라서 "대중교통수단이용기술"을 사회적응에 필수적인 기술로 파악하여 "개별활동을 통해서 대중교통이용기술을 습득한다."로 고쳐서 잘못된 하위목표 중 하나를 대체하면 주목표와 논리적 유관성을 더욱 갖추게 될 것이다.

연습문제 4의 경우 주목표는 형식적 요건으로 보면 표준모델에 적합하다. 왜냐하면 프로그램 참여자는 "농어촌 복합지역 아동"이고, 변화의 내용과 정도는 "또래집단과 긍정적 관계망과 문화기술"이며, 행위 또는 결과를 의미하는 "형성하고 습득한다."라고 클라이언트 입장에서 잘 진술되어 있기 때문이다. 그러나 문제는 하위목표에 있다. 하위목표 4-1과 4-2에서 "매회 조별 과제를 부여"한다든가 "소감 나누기 시간"을 활용한다는 것들은 하위목표진술에 어울리지 않는 매우 구체적 활동으로 그러한 활동은 프로그램의 내용에 포함시키면 매우 어색하게 된다. 아무튼 문화기술의 개념이 모호하기에 주목표를 "농어촌 복합지역 아동이 또래집단과 긍정적 관계망을 형성한다."라고 수정해서 목표로 설정하면 좋을 것 같고 이러한 주목표에 부합되는 2~3개의 하위목표를 선정하는 것이 바람직하다.

연습문제 5는 분명히 짧은 문장으로 표준모델에 적합한 목표진술로 보인다. 마찬가지로 하위목표에 문제가 있는데, 하위목표 5-1은 상위목표인 주목표를 다른 방식으로 표현한 것에 불과하다. 실제로 "경제적 기능을 강화하는" 것이나 "경제적 어려움을 감소하는" 것은 의미가 같은 동의반복적 표현에 지나지 않는다. 그래서 하위목표 5-1은 하위목표로서의 자격을 상실한다. 주목표달성을 위한 핵심요소나 단계적 요소로서의 성격을 갖는 하위목표를 바람직한 방향으로 교정해 보면, 5-2의 "직업훈련을 통한 기능습득"을 하위목표 5-1로 승격시키고 "구직활동을 통한 취업기회의 획득"을 5-2의 하위목표로 설정하면 논리적이고 단계적으로 "경제적 기능이 강화되는" 주된 목표달성에 부합되는 하위목표가 될 수 있을 것이다. 끝으로 원래의 5-1 하위목표에서 "감소시킨다"라는 술어는 기관목표 또는 활동목표의 성격을 갖고 있는 것으로 파악되는데 하위목표이기에 이러한 표현은 용인된다는 점을 기억할 필요가 있다.

연구과제

1. 프로그램의 목표와 조직 또는 기관의 이념(사명)과는 어떤 관계가 있으며 양자의 관계에 매개체 구실을 하는 것은 무엇인가?
2. 기관목표와 활동목표가 주목표 또는 상위목표로 설정될 수 없는 이유는 무엇인가?
3. 가정폭력피해자를 클라이언트 집단으로 보고 목표설정을 하는 데 표준모델에 맞추어 작성해 보시오.
4. "지역사회복지관들이 상호간에 연계망을 구축한다."라는 주목표가 설정되었을 경우 2~3개의 하위목표를 만들어 보시오.

6 프로그램 설계와 개입전략

사회복지 프로그램 개발자가 사회문제나 클라이언트 집단의 욕구를 확인하고, 프로그램의 목적과 목표를 설정했다면 다음 단계는 그러한 목표를 달성할 프로그램을 구체적으로 설계하는 작업을 해야 한다. 설계단계에서 프로그램 개발자가 수행해야 할 과업은 개입전략과 내용구성, 프로그램 및 서비스의 대상자 선정, 프로그램 수행인력 구성과 예산수립 등이다.

제 1 절 개입전략 모색과 내용구성

1. 프로그램 가설설정

사회복지 프로그램의 개입전략을 모색하는 초기단계에서 사회복지 프로그램 개발자는 프로그램 가설(program hypothesis)을 설정하여 대략적 개입전략의 윤곽과 내용이 사회문제나 클라이언트 욕구와 어떤 논리적인 관계에 있는지를 살펴보아야 한다. 개입전략은 분명히 사회문제의 해결, 클라이언트의 욕구충족, 그리고 프로그램의 목적 또는 목표와 밀접한 관련성을 맺어야 한다. 경험적 조사연구에서 가설은 이론 또는 이론에서 도출된 개념이 현실적용성과 타당성이 있는지의 여부를 확인하기 위해서 사용되지만, 프로그램 설계에서 가설은 개입전략과 수단이 클라이언트의 욕구충족과 문제해결의 결과 또는 프로그램의 목표와 어떤 관련성이 있는지를 확인하기 위해서 사용된다. 일반적 조사방법에서와 마찬가지로 프로그램 가설은 "만일 ……이면, ……할 것이다."의 형태인 'if-then'의 문장으로 구성되거나 기술된다. 예를 들어 "부모교육서비스가 제공되면 아동학대는 예방될 것이다."라는 형태로 프로그램 가설을 설정할 수 있다. 이때 아동학대는 사회문제나 클라이언트 욕구와 관련된 것이며, 아동학대의 예방은 분명히 프로그램의 목적이나 목표와 관련되어 있을 것이다. 부모교육이라는 개입전략 또는 수단이 과연 아동학대의 예방과 관련을 맺는지를 연관시키는 작업이 프로그램 가설의 설정이다.

프로그램 가설을 설정하는 가장 중요한 첫 번째 원칙은 인과관계(cause and effect)의 도출이다(Kettner et al., 1999 : 83-85). 인과관계에서 결과는 사회문제나 클라이언트가 당면한 문제이며, 원인은 이러한 결과를 야기하는 조건 또는 상황이다. 예를 들면 아동학대는 결과이면서 클라이언트가 당면한 문제이며, 아동학대를 야기하는 조건과 상황은 다양할 것이다. 사회복지서비스의 대상이 되는 클라이언트 문제는 복합적이기 때문에 여러 가지 문제의 원인이 동시에 고려되어야 한다. 아동학대의 원인으로는 빈곤, 음주문제, 부모의 성격적 결함, 부모의 양육기술 부족, 부부관계에서의 스트레스 등이 열거될 수 있다. 프로그램 가설을 설정하는 두 번째 원칙은 인과관계에서 원인으로 간주되는 것들 중에서 프로그램으로 접근가능한 요인(factor)의 식별이다. 다시 말해서 이러한 여러 가지 아동학대의 원인 또는 요인들 가운데 프로그램으로 개입가능한 것인지 아닌지를 식별해야 한다는 것이다. 아동학대의 요인으로 빈곤문제는 사회복지 프로그램을 통하여 접근하기에는 그 범위가 방대하기 때문에 사회복지정책적 개입으로 해결해야 할 문제의 원인이다. 그러나 부모의 성격적 결함, 부모의 양육기술 부족, 부부관계에서의 스트레스 등은 프로그램으로 접근가능한 아동학대의 요인들이다. 그러면 다음 단계로 프로그램 가설을 설정하여 그것이 논리적으로 타당한지를 검토해야 한다. 위의 예에 따른 프로그램 가설은 다음과 같이 설정될 수 있다.

〈프로그램 가설〉

① 만일(if) 부모의 성격적 결함이 교정될 수 있다면(then) 아동학대는 예방될 수 있을 것이다.

② 만일(if) 부모가 적절한 아동양육기술을 습득하여 실행한다면(then) 아동학대는 예방될 수 있을 것이다.

③ 만일(if) 부부관계에서 발생하는 스트레스가 감소된다면(then) 아동학대는 예방될 수 있을 것이다.

이와 같은 프로그램 가설이 설정되었다면 프로그램의 내용을 구성하는 개입전략과 서비스의 형태에 관한 대략적 설계가 가능하다. 프로그램 가설을 설정하고 적절한 개입전략을 모색하는 데 있어서 사회복지 프로그램 개발자는 특정한 사회문제에 대한 광범위한 지식을 활용해야 한다. 각종 학술지와 연구보고서는 사회문제와 사회복지서비스 대상자들이 직면한 문제의 원인에 관한 조사연구를 비롯하여 각종 개입방법의 효과성 분석에 대한 연구물이 축적되어 있다. 따라서 프로그램 개발자는 이러한 각종 문헌연구를 통해서 문제의 다양한 요인과 개입방법에 관한 지식을 함양해야 한다. 사회복지실천현장에서 경험이 많은 사회복지사는 자신의 실천경험을 기반으로 한 실천지혜(practice wisdoms)를 활용하여 문제의 요인과 개입방법을 도출하기도 한다. 실천지혜도 넓은 의미에서 사회복지와 관련된 지식(knowledge)의 범주에 포함된다. 〈표 6-1〉에서는 지금까지 아동학대의 문제에 관한 여러 가지 요인을 식별하여 그에 따른 개입전략과 서비스가 논리적으로 타당한지의 여부를 확인할 수 있을 것이다.

〈표 6-1〉 아동학대의 요인과 개입전략

클라이언트 문제	요 인	개입전략 및 서비스
아동학대	1. 부모의 성격적 결함	개별상담 및 치료 또는 정신보건
	2. 부모의 아동양육기술 부족	아동양육기술습득을 위한 교육 및 훈련
	3. 부부관계 스트레스	부부상담 또는 가족치료

2. 개입전략의 유형

1) 클라이언트 개인 차원에서의 개입전략

사회복지 프로그램을 기획하고 설계하는 과정에서 클라이언트 체계변화를 도모하기 위한 개입전략의 형태는 우선 클라이언트 행동의 동기에 착안하여 합리-경험적, 규범-재교육적, 권력-강제적 전략으로 나눌 수 있다(Chin & Benne, 1969).

첫째, 합리-경험적 변화전략(rational-empirical strategy)은 클라이언트가 합리적이고 논리적으로 자신의 이익을 판단하여 자신에게 도움이 된다면 변화를 수용한다는 가정하에서 취할 수 있는 전략이다. 예컨대 모자가정을 위한 자조모임을 결성하여 개입전략을 모색하는 경우 모자가정의 어머니들은 이러한 모임에서 자신이 얻을 수 있는 이익이 이 모임에 참여함으로써 발생되는 비용 또는 희생보다 크다면 기꺼이 참가하게 될 것이다.

둘째, 규범-재교육적 변화전략(normative-reeducative strategy)은 합리-경험적 클라이언트의 동기를 부정하지는 않지만 인간행동의 동기는 사회적 규범에 동조하고자 하는 경향이 있다는 점에 초점을 둔다. 예를 들면, 아동보호와 훈육의 방법상 문제를 가진 클라이언트를 대상으로 개입전략을 모색하는 경우 일반적으로 인정되는 규범과 가치를 강조하여 잘못된 아동보호와 훈육의 방법을 교정시킬 수 있다. 규범-재교육적 변화전략은 주로 교육 및 훈련서비스를 채택하여 활용한다.

셋째, 권력-강제적 변화전략(power-coercive strategy)은 인간행동의 동기를 권력유지와 권력획득에 있다는 가정에서 취할 수 있는 전략이다. 사회적 관계에서 인간은 권력추구의 동기가 있기에 권력 또는 힘의 관점에서 타인보다는 우위에 서기를 원한다. 부부관계도 권력관계로 파악하여 접근하는 경우 자녀에 대한 요구나 설득력과 같은 힘의 크기와 가족 의사결정에서의 영향력 행사 등과 관련된 문제에서 클라이언트는 기존의 권력을 유지하거나 강화시키는 데 유리하다고 판단될 경우 프로그램에 참가할 것이다.

합리-경험적 전략은 클라이언트 행동의 동기를 주로 경제적으로 보았고, 규범-재교육적 전략은 클라이언트 행동의 동기를 주로 규범에 일치시키는 데 주안했으며, 권력-강제적 전략은 권력유지와 확대가 클라이언트의 변화를 유도하기 위한 일차적 동기로 간주한다. 인간행동의 동기는 복합적이다. 따라서 사회복지 프로그램의 시행으로 변화를 도모하고자 하는 클라이언트가 개인적으로 어떤 동기에 따라 행동할 가능성 또는 경향성이 있는지를 면밀히 분석하여 개입전략을 모색할 필요가 있다.

클라이언트 개인 차원에서 효과적 사회복지 개입전략을 연구한 Ripple과 동료 연구자들(1964)은 개입전략을 크게 클라이언트의 동기(motivation), 능력(capacity), 그리고 기회(opportunity)를 개발하고 확장시키는 방법으로 나누고 있다.

(1) 동기(motivation)

동기는 클라이언트가 원하는 것이 무엇이며 얼마나 절실히 그것을 원하는지에 따라 강하거나 약하게 부여된다. 클라이언트의 동기는 부정적 측면에서는 불편을 제거하고 긍정적 측면에서는 욕구충족, 목표달성, 과업성취와 같은 희망의 추구에 의해서 결정된다. 다시 말해서 클라이언트가 갖는 문제의 심각성 또는 욕구의 크기에 따라 동기수준이 결정된다는 것이다. 클라이언트 동기를 강화하기 위해서는 클라이언트의 심리사회적인 측면에 주안하여 주로 상담과 치료와 같은 개입전략이 요구된다.

(2) 능력(capacity)

능력에는 사회적 관계의 능력, 성장과 변화를 위한 능력, 신체적 능력이 있다. 사회적 관계의 능력은 클라이언트가 원만한 가족관계와 대인관계를 유지시키는 것과 관련된 것으로 주로 교육 및 훈련 프로그램으로 개입전략을 모색할 수 있다. 성장과 변화를 위한 능력을 극대화하기 위해서는 정보제공과 교육 프로그램으로 접근할 수 있다. 신체적 능력은 클라이언트 개인의 신체적 조건과 나이에 따라 다를 수 있지만 보통 질병치료와 건강 프로그램으로 개입전략을 구상할 수 있다.

(3) 기회(opportunity)

기회는 환경적 여건이 클라이언트로 하여금 서비스나 변화를 위해 도움을 주고 있는지에 관한 것과 클라이언트가 직접 변화를 위해서 활용할 수 있는 기회와 자원은 어느 정도인지에 초점을 맞추고 있다.

따라서 클라이언트가 가질 수 있는 기회를 극대화시키는 변화의 전략으로는 클라이언트에게 제공되는 직접적인 물질적 또는 정서적 지원을 비롯하여 서비스 전달체계 개선, 교육 및 취업기회의 제공 등이 포함될 수 있다.

2) 사회복지실천방법에 따른 개입전략

개인, 가족, 집단, 그리고 지역사회의 사회적 기능을 증진시키기 위해서 원조활동을 하면서 동시에 사회문제를 예방 또는 해결하는 활동을 전개하는 사회복지는 개인변화뿐만이 아니라 사회변화에도 관심을 가진다. 이러한 이유로 사회복지는 상황 또는 환경 속의 인간(person-in-environment)이라는 기본적 관점을 보유하고 있다. 따라서 사회복지는 때로는 인간에 초점을 두고, 때로는 사회환경에 초점을 두거나, 인간과 사회환경의 상호작용에 초점을 두어 개입하게 된다. 사회복지실천을 크게 미시적 실천과 거시적 실천으로 나누면, 개인, 가족, 치료집단을 대상으로 개입하는 경우를 미시적 실천이라 한다.

미시적 실천은 클라이언트 체계와 접촉을 통해서 서비스를 직접적으로 전달하기 때문에 직접적 실천(direct practice)이라고도 한다. 한편 자조집단, 주민집단, 조직, 지역사회를 변화의 대상체계로 개입하는 활동을 거시적 실천이라 한다. 거시적 실천은 행정, 관리, 지역사회조직, 클라이언트 옹호 등과 같은 활동을 통해서 클라이언트 집단에 간접적으로 서비스나 혜택을 줄 수 있기 때문에 간접적 실천(indirect practice)이라고 한다. 사회복지 프로그램은 본질적으로 사회복지사에 의한 사회복지실천활동을 내포한다. 그러므로 프로그램의 개입전략을 모색하는 설계과정에서 프로그램 설계자는 반드시 미시적 실천, 거시적 실천, 사례관리 등의 제반 실천방법의 특성과 기법에 대한 이해와 활용가능성을 검토한 후 개입전략을 조심스럽게 모색해야 한다.

(1) 직접적 실천(direct practice)

개인, 가족, 집단을 클라이언트 체계로 보아 사회복지사가 직접적으로 개입하는 실천활동이 직접적 실천이다. 직접적 실천의 근본적 목적은 클라이언트 체계의 기능향상 또는 임파워먼트 수준의 증가에 있는데, 구체적으로는 클라이언트 체계가 사회복지사와 상호합의한 과업을 수행하도록 지원하고, 문제해결을 위한 능력과 기술을 갖추도록 교육하며, 필요한 자원을 획득할 수 있도록 기회를 제공하며, 계획된 변화를 이룩할 수 있도록 원조하는 데 있다(Timberlake et al., 2002 : 205). 직접적 실천에서 사회복지사의 활동범위는 확인된 클라이언트 체계의 문제나 욕구의 정도, 클라이언트 체계가 직면한 상황의 심각성 정도, 클라이언트 체계가 갖는 강점과 대처능력의 정도 등에 따라 달라질 수 있다. 아무튼 직접적 실천의 과정에서 사회복지사는 우선적으로 경청, 반응, 재구성, 직면, 감정확인 등의 의사소통 또는 면접의 기술을 사용하여 클라이언트와 원만한 전문적 원조관계를 수립해야 한다. 덧붙여 사회복지사는 클라이언트 체계의 문제해결을 위해서 문제확인, 자료수집, 사정, 목표설정, 계약, 평가 등의 직접적 실천과업을 수행하기 위한 실천기술이 요구된다. 그 밖에 개인을 대상으로 직접적 실천을 하는 경우 행동수정기법, 인지재구성, 긴장완화 등의 기법을 활용할 수 있다. 가족을 클라이언트 체계로 삼아 직접적 실천을 하는 경우에 가계도(genograms)와 생태도(eco-maps)의 작성은 가족의 문제확인을 위한 중요한 실천도구로 활용된다. 집단사회복지실천에서 사회복지사는 집단활동을 방해하는 행동(disruptive behavior)과 희생양(scapegoating) 삼기에 적절히 대처하는 능력도 필요하다. 사회복지 프로그램의 개입전략으로 직접적 실천이 광범위하게 활용된다. 개별상담과 치료를 비롯하여 집단치료와 가족치료가 보편적으로 사회복지 프로그램에 적용되고 때로는 재활, 보호, 교육 등의 서비스 제공 과정에도 사회복지사가 직접적으로 클라이언트 체계에 개입한다. 이와 같은 직접적 실천에서 사회복지사는 〔그림 6-1〕과 같이 클라이언트 체계와 접점을 이루면서 활동한다.

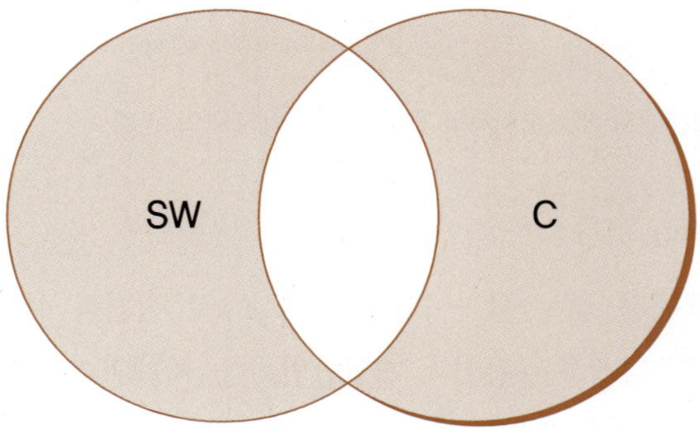

SW : 사회복지사(Social Worker)
C : 클라이언트 체계(Client system)

[그림 6-1] 직접적 실천에서 사회복지사와 클라이언트 체계와의 관계

(2) 간접적 실천(indirect practice)

간접적 실천은 사회복지사가 클라이언트 체계와 직접적 접촉을 하지 않고 표적체계(target system)에 영향을 미쳐 간접적으로 클라이언트 체계의 변화를 도모하는 활동으로 주로 행정, 관리, 슈퍼비전, 지역사회조직, 클라이언트 집단 옹호 등과 같은 활동영역을 포함한다. 간접적 실천은 집단, 조직, 지역사회, 정부를 표적체계로 삼아 접근하는 경우에 해당하므로 보도자료 작성, 증거제시, 협상, 조직화, 시위와 항의, 법적 행동, 압력 등의 전략과 전술이 사용된다. 거시적 체계에 대한 개입은 사회복지사가 근무하는 조직에 대한 이해뿐만이 아니라 과업환경과 원격환경에 대한 전반적 이해가 선행되어야 효과적으로 개입할 수 있다. 사회복지 프로그램의 개입전략으로 간접적 실천이 사용되는 경우 주로 클라이언트 집단을 위해서 다른 기관과 협력, 정보제공, 의뢰 등의 활동에 치중되는 경향이 있다. 〔그림 6-2〕에서 간접적 실천에서 사회복지사와 클라이언트 집단과의 사이에 표적집단이 있기 때문에 표적체계가 직접 변화의 대상이 되고 클라이언트 체계에 대한 영향은 간접적임을 확인할 수 있을 것이다.

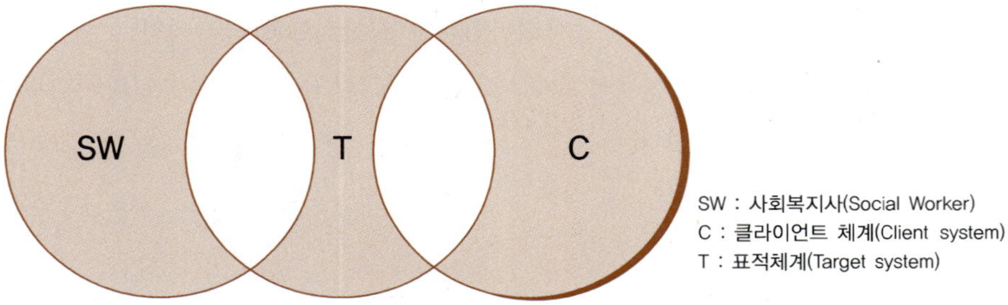

[그림 6-2] 간접적 실천에서 사회복지사와 클라이언트 체계와의 관계

(3) 사례관리(case management)

사례관리란 복합적 문제나 욕구를 갖는 클라이언트를 대상으로 직접적 실천뿐만 아니라 간접적 실천활동도 아울러 전개하는 통합적 개입방법이다. 사례관리는 문제나 욕구를 갖는 클라이언트를 대상으로 적극적인 지역사회보호의 기능을 수행하고, 공식적 또는 비공식적 자원의 활용과 연계에 초점을 두면서, 효과적이고 효율적인 사회복

지서비스를 제공하는 실천방법으로서의 특성을 갖고 있다(Moxley, 1989 ; 장인협 · 우국희, 2001 ; 황성철, 1995 : 275-304). 그래서 사례관리에서는 복잡하고 다양한 문제를 갖는 클라이언트에게 우선 임상적으로 상담이나 치료를 통해서 정서적 문제를 해결하면서, 지역사회자원을 파악하여 다른 기관과의 협력, 연계, 중재 등의 기능을 수행하여 지역사회에서 효과적 자원연계와 서비스를 받도록 종합관리하는 활동이 중요시된다. 사회복지 프로그램의 개입전략을 모색하는 차원에서 사례관리는 특히 노인, 장애인, 모자가정, 탈북이주자 등과 같은 복합적 욕구를 갖는 클라이언트 집단에 효과적으로 적용될 수 있는 개입방법이다. 최근 사회복지관을 비롯한 각종 사회복지기관에서는 사례관리를 광범위하게 적용하고 있는 실정이다. 〔그림 6-3〕은 사례관리의 모형도로서 사회복지사가 직접적으로 클라이언트 체계에 개입하면서 지역사회자원을 연계하는 모습을 잘 보여준다.

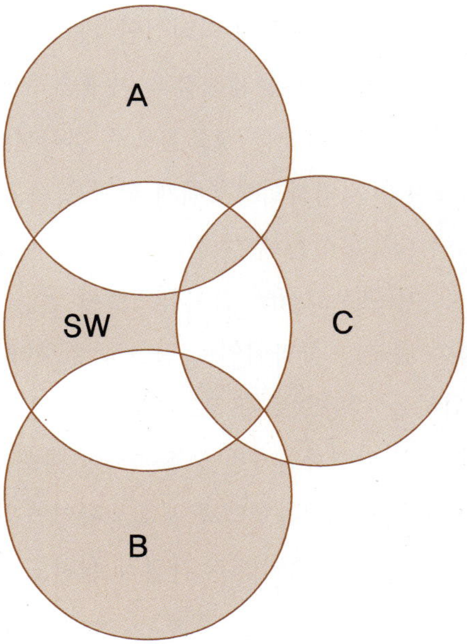

SW : 사회복지사(Social Worker)
C : 클라이언트 체계(Client system)
A : 지역사회 자원(Community resources)
B : 지역사회 자원(Community resources)

[그림 6-3] 사례관리에서 지역사회자원과 클라이언트 체계

3. 개입전략의 활동과 프로그램 내용구성

사회복지 프로그램의 설계에서 개입전략을 모색하는 과정은 클라이언트 체계가 당면한 문제의 원인 또는 요인을 중심으로 프로그램 가설을 설정하여 개입전략이 문제해결과 논리적 상관관계가 있는지의 여부를 확인하고 난 다음, 다양한 개입전략의 방법을 취사선택해야 한다. 우리는 지금까지 개입전략의 다양한 유형을 검토하는 과정에서 개입전략과 서비스가 거의 유사한 의미로 사용되었다는 것을 알 수 있다. 엄밀히 말하자면 개입전략은 클라이언트 문제나 욕구의 해결을 목적으로 하는 대략적 개입방안 또는 방법을 말하고, 서비스는 한층 구체화된 문제해결의 방법을 의미한다. 그러나 실제로 사회복지 프로그램의 내용을 구성하는 것은 개입전략과 서비스가 모두 포함되기 때문에 구태여 양자를 구별할 필요는 없다. 전략이 마련되면 동시에 전술이 뒤따르는 것과 마찬가지로 대략적 개입방안이 설정되면 그에 따른 구체적 서비스가 자연스럽게 수반되기 때문이다.

사회복지 프로그램을 설계할 때 일반적으로 지금까지 논의되었던 개입전략의 다양한 유형과 형태 가운데 클라이언트 체계가 당면한 문제해결과 욕구충족에 어떤 것이 적합한지를 평가하고 가장 적절한 전략과 서비스를 창조적으로 취사선택해서 사용한다. 예를 들어 중증장애인의 사회재활과 지역사회보호체계 확립을 목표로 전개되는 프로그램에서 개입전략의 프로그램 내용구성은 우선 합리-경험적 변화전략을 수립하여 중증장애인들과 그 가족들이 이 프로그램에 참여함으로써 얻을 수 있는 혜택의 범위와 크기를 자세히 설명하여 충분한 클라이언트 집단을 확보하고, 중증장애인들의 동기, 능력, 기회를 극대화하는 방향으로 프로그램을 구성하기 위해서 상담과 치료의 직접적 실천뿐만이 아니라, 지역사회자원을 동원하여 사회재활을 위한 재원을 마련하는 동시에 중증장애인들도 일상생활영역과 사회생활영역을 지금보다 더욱더 확장해 나가기 위한 사회적 인식개선사업이라는 간접적 실천도 전개할 수 있을 것이다.

마지막으로 사회복지 프로그램의 구체적 내용을 구성하는 데 도움이 되는 개입전략과 서비스를 정신보건, 아동복지, 노인복지 영역별로 나눈 것을 개인, 가족, 집단,

근린지역, 사회제도, 전체사회 등 모든 클라이언트 체계에 따라 나누어 〈표 6-2〉에 잘 제시하였다.

〈표 6-2〉 클라이언트 체계에 따른 영역별 개입전략과 서비스

대상체계		지역사회 정신보건	아동복지	노인복지
미시체계	개인	· 사례관리 · 심리치료 · 약물치료 · 자원봉사자와 클라이언트의 일대일 관계 · 개인별 직업재활	· 아동상담 · 부모상담 · 개별부모교육 · 부모교육자료 작성 · 부모옹호, 아동옹호	· 사례관리 · 노인교육 · 사례옹호
	가족	· 가족치료 · 가족지지집단 · 일시보호(respite care) · 심리교육 워크숍	· 가족치료 · 가족계약 · 홈메이커 서비스 · 가정봉사원	· 봉사원지원 프로그램 · 가족문제해결 · 노인교육
	집단	· 집단치료 · 약물복용 모니터 집단 · 지지집단 · 기술개발교실/집단	· 익명부모모임(PA) · 부모교육교실 · 가해자 집단 프로그램 · 부모지지집단 프로그램 · 성적 학대 피해자 집단	· 봉사원지원 프로그램 · 주간노인보호 · 지역사회옹호 · 노인정치인 활용
거시체계	근린지역	· 일시보호센터 · 이동위기 · 응급보호소	· 아동보호교환 · 청소년 법원 : 케이스 기획, 케이스 심사 시스템 · 한부모센터	· 지역사회 상조회 · 근린지역사회조직 · 노인센터, 경로당
	사회제도	· 재입원규정 변화 · 퇴원규정 변화 · 강제입원규정 변화 · 클라이언트 중심 서비스 · 클라이언트 옹호	· 입양결정에 관한 기준변화 · 학교체벌 금지 · 학교 사회생활 프로그램 설치	· 노인후견인 프로그램 · 노인옴부즈맨 프로그램 개설 · 노인보호입법
	전체사회	· 정신병원에서 지역사회지지 서비스들로 사회적 재원의 변화	· 양육보호에서 가족지지로 재원 전환 · 부모교육의 보편화 규정	· 재산분할법안 · 노인학대방지법안 · 지역사회장기보호 지원 확대

출처 : C. A. Rapp & J. Poertner.(1992). *Social Administration : A Client-Centered Approach*. New York : Longman Publishing Group. p.38를 수정, 보완.

이러한 개입전략과 서비스는 모든 사회복지 프로그램의 개입전략 또는 서비스를 망라하지는 않지만 사회복지 프로그램의 구체적 내용을 선정하고 구성하는 데 아이디어를 제공할 것으로 믿는다.

4. 프로그램 내용의 선정 및 조직원리

사회복지 프로그램의 내용으로 구성될 다양한 개입전략과 방법에 관한 이해를 전제로 프로그램 설계자가 당면하는 또 다른 과제를 그리면 다양한 개입전략과 방법 가운데 어떠한 내용을 선정할 것이며 프로그램의 내용을 어떤 순서로 배열하는 것이 바람직한지에 관한 문제를 해결해야 한다. 이러한 문제의 해법은 프로그램 선정의 원리를 준수하고 여러 가지 프로그램 조직의 원리를 고려하여 클라이언트 집단에 적합한 방안을 찾아내는 데 있다.

1) 프로그램 내용의 선정원리

사회복지 프로그램의 내용선정에서 가장 중요한 원칙은 클라이언트 동기유발, 능력고취, 기회제공이다. 모든 사회복지 프로그램이 성공을 거두려면 표적집단의 개별 클라이언트에게 참여동기를 유발하고 잔존능력과 새로운 능력을 개발하면서 사회적 기능을 향상시킬 수 있는 기회를 제공하는 것이다. 그 밖에 사회복지 프로그램의 내용을 선정할 때 기본적으로 고려해야 할 몇 가지 기준을 제시하면 다음과 같다(정무성 · 정진모, 2001 : 125-127 ; 김영숙 외, 2002 : 184-186).

(1) 합목적성의 원리

합목적성의 원리는 프로그램 내용이 이미 설정된 프로그램의 목적과 목표에 부합되는 것이어야 한다는 말이다. 다시 말해서 프로그램의 내용으로 선정된 개입전략과 서비스 또는 활동들은 프로그램의 목적 및 목표달성과 깊은 연관성이 있어야 한다. 예를 들면 프로그램 참여자의 취업을 목표로 설정했다면 취업을 위한 기능훈련과 습득의 활동과 효율적 면접방법에 관한 교육적 내용이 선정되어야 한다.

(2) 포괄성의 원리

포괄성의 원리란 프로그램의 내용선정은 여러 가지 성과를 얻을 수 있도록 가능한 한 포괄적이고 다양해야 한다는 것을 말한다. 하나의 목표 또는 하위목표의 성취를 위해서 몇 가지 내용을 선정하여 상호관련성을 맺고 하나의 내용도 두 개 이상의 목표나 하위목표달성에 기여하도록 선정하여 경험의 전이(tranfer)가 일어나도록 하는 것이 바람직하다. 이러한 방법은 참여자로 하여금 동기유발, 지속적 관심과 흥미, 긍정적 태도와 적극적 참여의식을 유지시키고 높여 나가는 데에도 유리하게 작용한다.

(3) 현실성의 원리

현실성의 원리란 프로그램 내용이 사회적 특성과 상황을 고려하여 선정되어야 한다는 것을 지칭한다. 이는 프로그램 내용이 실제 사회생활과 일반적 문화생활 속에서 적용될 수 있는 내용이 되어야 한다는 것을 말하기에 실용성으로 표현되기도 한다. 예를 들면 정신장애인을 대상으로 하는 사회재활 프로그램의 내용이 실제로 대중교통수단을 이용할 수 있고, 대형 쇼핑몰에서 필요한 물품을 구매하고 대금을 지불할 수 있는 교육과 훈련을 중심으로 구성되어야 한다.

(4) 지역성의 원리

지역성의 원리란 프로그램이 수행되는 지역적 특수성을 반영하는 내용이 선정되어야 함을 의미한다. 사회복지 프로그램을 시행하는 기관은 특정한 지역에 위치하여 그 지역의 문화, 전통, 관습, 인구특성 등의 요인을 무시하지 못한다. 예를 들면 농촌과 도시, 빈곤층 밀집지역과 중산층지역, 산업공단지역과 상업지역 등 지역적 또는 인구사회적 특성에 부합되는 프로그램 내용선정이 필요하다.

2) 프로그램 내용의 조직원리와 방법

사회복지 프로그램의 내용이 선정된 다음 프로그램 실행을 위해서 적정한 방법으로 그 내용을 의미 있게 배열하는 원리를 프로그램 내용조직원리라 한다. 프로그램의 목표를 달성하기 위한 수단으로 선정된 내용을 어떻게 체계를 세우면서 조직화하는지에 관한 문제는 프로그램의 유형, 시간배정, 각 활동영역의 고도화 문제 등을 포함한다. 프로그램 내용을 조직할 때 기본적으로 고려해야 할 몇 가지 기준을 제시하면 다음과 같다(정무성 · 정진모, 2001 : 127-128 ; 김영숙 외, 2002 : 189-192).

(1) 연속성의 원리

연속성의 원리는 프로그램 내용의 조직에 있어서 활동과 참여자의 경험이 계속 반복적으로 일어나야 한다는 것을 말한다. 프로그램의 중요내용을 한 번에 끝내지 않고 계속 반복하면 강화의 효과를 얻을 수 있다. 프로그램의 목적과 목표를 효과적으로 달성하기 위해서는 동일한 내용을 반복하여 조직화하는 방법을 취한다. 교육이나 훈련 프로그램의 내용을 조직화할 때 보편적으로 적용되는 원리 중의 하나이다.

(2) 계열성의 원리

계열성의 원리는 프로그램 내용이 일정한 순서에 따라 조직화되어야 한다는 것을 의미하는데, 선행내용을 기초로 하여 다음의 내용이 점차적으로 깊이와 넓이를 더해 갈 수 있도록 조직하는 것을 말한다.

프로그램 내용의 조직에 있어 계열성을 확보하기 위해서는 내용 상호간에 밀접한 관련성을 맺으면서 ① 단순한 것으로부터 복잡한 것으로, ② 쉬운 것으로부터 어려운 것으로, ③ 구체적인 것으로부터 추상적인 것으로, ④ 이미 알고 있는 것으로부터 모르는 것으로, ⑤ 포괄적인 것으로부터 세부적인 것으로 점진적으로 조직해 나가는 것이 바람직하다.

(3) 통합성의 원리

통합성의 원리는 여러 가지 프로그램의 내용들이 상호관련성을 확보하는 것을 말한다. 즉 프로그램을 조직할 때 제시되는 주제와 내용들이 상호관련을 맺고 넓은 범주의 주제나 내용에 통합될 수 있도록 한다는 것을 의미한다. 인간발달도 인지, 정서, 행동적 측면의 발달이 상호연관되어 조화롭게 전체로서 인간의 성장과 발달을 위한 내용으로 조직화되어야 한다. 통합성의 원리는 프로그램의 내용들이 각각의 하위목표나 개별목표달성에 초점이 모여 있는 것을 모두 수렴해서 프로그램의 궁극적 목표가 달성되도록 하는 데 기여한다.

(4) 다양성의 원리

다양성의 원리란 프로그램 참여자 개인들이 갖고 있는 욕구, 특성, 관심·흥미 그리고 능력 등이 충분히 발휘될 수 있도록 다양하고 융통성 있는 방법으로 프로그램 내용들이 조직되어야 한다는 것을 의미한다. 개별 클라이언트를 대상으로 하는 프로그램의 경우 다양성의 원리가 적용되기 쉽다. 집단 프로그램의 경우에도 집단활동의 목표달성을 위해서 공동의 노력과 활동도 필요하지만 집단구성원 개개인의 특성과 요구를 반영시키는 다양한 프로그램의 내용구성이 중요하다.

제2절 프로그램 및 서비스 대상자 선정

1. 대상자 선정과 표적집단

사회복지 프로그램을 설계하는 데 있어서 가장 중요한 과제 중의 하나는 누구를 프로그램 및 서비스의 대상자로 삼을 것인지에 관한 결정이다. 지금까지 사회복지기관의 관리자나 프로그램 개발자들은 이러한 문제에 관해서 모호한 태도를 보이면서 막연하게 서비스가 필요한 사람이면 누구나가 프로그램 및 서비스 대상자가 될 수 있다는 생각을 갖고 있었다. 그 결과 실제 프로그램 담당자들은 자신들의 판단에 따라 임의대로 원칙 없이 프로그램 대상자를 결정하거나 서비스의 욕구가 매우 강한 대상자는 배제하고 반대로 조건이 잘 갖추어져 있어서 비교적 서비스 제공 과정에서도 문제를 야기하지 않고 성공의 가능성이 큰 대상자만을 골라서 서비스 대상자로 결정하여 소위 크리밍(creaming) 현상이 나타나는 문제가 야기되었다. 미국 사회복지전국대회의 보고에 따르면 사회복지서비스를 요청한 클라이언트 중에서 60%는 사회복지기관에 의해서 일차적 대상자에서 제외되었고 단지 17%만이 실제적으로 서비스 대상자로 선정되었다는 사실(Patti, 1983 : 117)은 이러한 문제의 심각성을 잘 입증하고 있다.

누가 서비스의 대상자가 되고 누가 제외될 것인지에 관한 결정은 신중하고 체계적인 판단과정을 통해서 이루어져야 한다. 서비스 대상자 집단 또는 표적집단의 선정과 관련해서는 우선 클라이언트 욕구의 정도와 프로그램 이론에 적합한 대상인지를 고려해야 하고 그 다음 법률과 규정에도 적합한지를 검토해서 일정한 원칙에 따라 이루어져야 한다. 이것이 프로그램 담당자의 재량에 의해서 임의적이거나 자의적으로 결정될 문제는 아니다.

이러한 관점에서 Taber와 Finnegan(1980)은 사회복지 프로그램의 대상자를 선택하는 방법으로 네 가지 인구집단을 구분하여 점차로 그 범위를 좁혀 가는 접근법을 제시하고 있다. 이들이 제시하는 네 개의 인구집단은 ① 일반집단, ② 위험집단, ③ 표적집단, ④ 클라이언트 집단 등인데, 〔그림 6-4〕는 이 네 가지 집단의 관계를 묘사한 것이다.

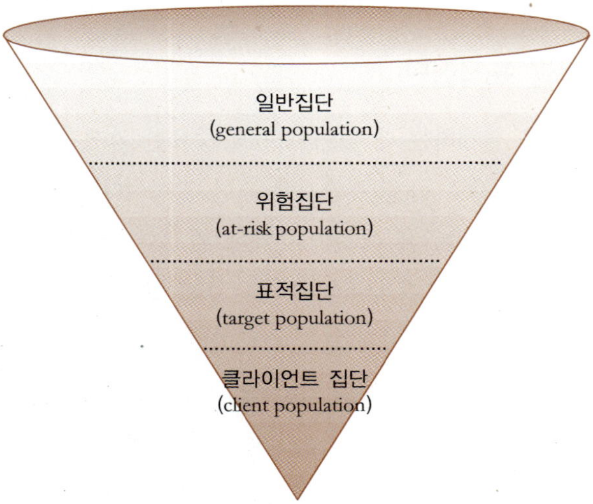

[그림 6-4] 프로그램 대상집단 추출방법

1) 일반집단(general population)

일반집단은 사회복지 프로그램의 대상자 집단 가운데 가장 포괄적 인구집단으로 문제나 욕구를 갖고 있다고 판단되는 해당지역의 전체 대상집단이다. 만일 어떤 사회복지 프로그램이 아동복지 프로그램이라면 일정한 지역 내에 있는 문제나 욕구를 갖는 전체아동이 이에 해당한다. 노인복지 프로그램 일반집단에 관한 기술에서 예를 들면 "서울시 65세 노인인구 전체 35만 명"으로 표현할 수 있다.

2) 위험집단(at-risk population)

위험집단은 일반집단 중 사회문제에 더욱 취약성을 보이거나 문제나 욕구차원에서 심각한 상태에 있는 인구집단이다. 위험집단은 사회복지 프로그램으로 특정한 개입이 필요한 사람들을 추정하여서 산출해야 한다. 예를 들면 "평양시 노인 중 치매노인 1만 7천5백 명"은 65세 전체 노인인구에서 치매유병률 5%를 적용하여 산출한다.

3) 표적집단(target population)

표적집단은 위험집단의 하위집단으로 프로그램의 대상자로 일차적 자격요건을 갖춘 사람들이다. 특정지역에 있는 모든 위험집단에 속하는 대상자가 표적집단으로 프로그램의 대상자로 될 수는 없다. 클라이언트 특성과 다른 요인을 고려하여 위험집단에서 표적집단으로 좁혀지게 된다. 위의 예에서 위험집단 치매노인 중에서 중증의 치매노인이라든가 아니면 저소득 치매노인으로 부양가족이 없는 치매노인은 클라이언트 특성에 따라 위험집단에서 표적집단으로 한정된다. 여기에서 다른 요인으로는 법률이나 규정, 프로그램 이론, 기관의 자원, 후원기관의 요구 등을 말하는데 이러한 요인들이 프로그램의 표적집단으로 한계를 정하는 데 영향을 미친다. 다시 말해서 법률이나 정부의 지침과 프로그램 이론이나 가설에 적합한 대상집단을 선정할 수 있고, 기관의 인력과 재원으로 커버할 수 있는 범위의 대상자로 한정할 수 있고, 재원을 공급하는 기관의 요구로 특별히 위험집단 가운데 일정한 특성을 갖는 사람으로 범위를 축소할 수 있다는 것이다. 대체적으로 예방 프로그램은 치료 프로그램보다 더 넓은 표적집단을 갖는다(Rapp & Poertner, 1992 : 45). 예방 프로그램은 이미 과거에 문제가 있어서 프로그램을 경험했던 사람을 제외한 전체 위험집단의 사람이 표적집단의 대상이 되는 반면 치료 프로그램은 현재 명확히 문제에 노출되어 있는 사람들만을 대상으로 하기 때문이다.

4) 클라이언트 집단(client group)

클라이언트 집단은 표적집단의 하위집단으로 프로그램의 직접적 대상자인 클라이언트가 되는 사람들이다. 프로그램의 대상자로 자격요건을 갖춘 모든 표적집단의 사람들이 클라이언트가 될 수는 없다. 사회복지 프로그램의 관리자나 프로그램 설계자는 누가 서비스를 받고 누가 받지 못할 것인지를 결정해야 한다. 이러한 결정에서 기준으로 작용하는 다음의 세 가지 요인을 고려해서 클라이언트 집단을 확정해야 한다(Rapp & Portner, 1992 : 46).

(1) 실용적 수용성(pragmatic capacity)

클라이언트 집단을 선정하는 가장 보편적 방법이 사회복지기관에서 특정 프로그램의 수행인력과 재정의 여건을 감안한 적정한 클라이언트 집단의 규모결정이다. 인력의 한계를 넘어서는 과도한 사례의 수와 예산의 범위를 초과하는 클라이언트 집단의 선정은 결과적으로 프로그램의 질적 수준을 저하시킨다. 따라서 사회복지기관의 입장에서는 적정한 클라이언트 수를 실용적 수용성의 관점에서 정할 필요가 있다. 특정 프로그램에 대한 수요가 큰 경우 대기자 명단에서 신청의 순서에 따라 우선순위를 정하기도 하고 욕구나 문제의 상황을 고려하여 우선순위를 정하기도 한다. 아무튼 중요한 것은 이러한 기준이 프로그램의 설계단계에 미리 정해져야 한다는 점이다. 프로그램의 진행 도중 이러한 문제에 직면하여 담당 사회복지사의 자의적 판단이나 후원자 또는 지역사회 영향력 있는 인사의 입김으로 결정되어서는 안 된다.

(2) 윤리성(ethical principles)

사회복지 프로그램의 대상으로 충분한 자격요건을 갖춘 클라이언트라 하더라도 본인의 자발적 동의에 의해서 프로그램에 참가할 의향을 보이는 사람만을 클라이언트 집단으로 선정할 수 있다. 따라서 윤리성은 클라이언트가 특정 프로그램에 참가함으로써 갖게 되는 의무를 수행하고 그 프로그램으로 일정한 서비스나 혜택은 있을 것을 인지하고 자발적으로 동의하는 원칙을 지키는 경우 보장된다.

(3) 클라이언트 능력(client capabilities)

프로그램에 참가하여 일정한 혜택을 얻기 위해서는 클라이언트에게 기본적으로 자신의 능력과 자원이 갖추어져야 한다. 예를 들면 클라이언트의 자격요건을 갖추었지만 원거리에 있다든지 교통수단이 마련되지 않아 프로그램의 대상자로 선정될 수 없는 경우가 많다. 또한 프로그램이 특정한 날짜와 시간에만 열리는 경우 이러한 시간적 제한에도 불구하고 지속적 참여가 가능한 사람만을 선정한다. 또한 특정 프로그램에 참가하기 위해서는 일정 수준 이상의 클라이언트가 인지, 정서, 행동적 측면에서 자신의 능력감을 보여야 한다. 예를 들면 정신장애인 사회재활 프로그램에서는 기본적으로 약물복용으로 증상관리가 가능하고 인지, 정서, 행동적 차원에서 문제행동을 보이지 않아야 집단활동으로 사회재활이 가능할 수 있다.

2. 표적집단 선정방법

지금까지 우리는 사회복지 프로그램 대상자를 일반집단, 위험집단, 표적집단, 클라이언트 집단으로 나누어 각 개념을 이해했으며 순서대로 대상집단을 좁혀 가는 원리를 살펴보았다. 그러나 이와 같은 개념과 원리를 실제로 적용하는 데에는 어려움이 많다. 따라서 여기서는 예를 들어 일반집단, 위험집단, 표적집단, 클라이언트 집단을 추계하여 도출하는 실제적 방법과 요령을 검토해 보겠다.

〈표 6-3〉에서 보는 바와 같이 일반집단은 프로그램이 시행되는 기관이 위치한 서울 광진구 전체지역의 65세 이상 노인인구로 설정되었다. 일반집단은 문제나 욕구를 갖고 있는 해당지역 전체 인구수이기 때문에 "서울 광진구에 거주하는 65세 이상 노인인구의 수"로 잡을 수도 있다. 위험집단은 이러한 전체 프로그램 대상의 일반집단 중에서 취약성을 보이거나 즉각적 개입이 필요한 집단으로 한정된다.

〈표 6-3〉 치매노인주간보호 프로그램의 표적집단 및 클라이언트 수 추출의 예 (단위 : 명)

구 분	대 상	대상자 수
일반집단	서울시 광진구에 거주하는 65세 이상 노인	28,000
위험집단	서울시 광진구에 거주하는 65세 이상 노인 중 치매노인	1,680
표적집단	위험집단 가운데 국민기초생활수급권자 가정의 치매노인	250
클라이언트 집단	표적집단 가운데 경증치매로 본인이나 가족이 희망하고 기관의 송영서비스 권역에 거주하는 치매노인	15

따라서 위의 예에서 65세 이상 노인 중 중산층 이상의 노인은 배제되고 저소득 치매노인이 본인의 보호가 시급하고 가족의 부양부담이 높기 때문에 "저소득 치매노인"으로 한정했다. 서울 광진구의 인구를 대략 40만 명으로 잡으면 65세 이상 노인인구수는 통계청 자료에 따라 전체 인구수의 7%에 해당하므로 28,000명으로 집계되고 치매유병률이 노인인구 가운데 6%에 비추어 1,680명으로 위험집단의 수가 산출되었다. 표적집단은 위험집단 중에서도 법정 저소득가정인 기초생활수급권자의 가정이 우선시되기 때문에 250명으로 산출되었다. 이러한 통계수치는 각급 지방자치단체에서 발간되는 통계연보를 참고해야 한다. 마지막으로 클라이언트 집단의 수 15명이 표적집단에서도 ① 본인이나 가족이 희망하고, ② 중증이 아닌 경증의 치매노인이며, ③ 기관의 송영서비스 권역 이내에 거주지가 있는 치매노인으로 한정했다. 이러한 조건은 윤리성, 실용적 수용성, 그리고 클라이언트 능력을 고려한 불가피한 선택으로 보아야 한다. 우선 모든 클라이언트는 본인 또는 가족의 동의와 참여의지를 확인한 다음 선정될 수 있는 것은 윤리성의 관점에서 자명한 이치이다. 또한 경증의 치매노인으로 한정한 이유는 기관의 실용적 수용성과 클라이언트 능력을 고려한 조치였다. 중증의 치매노인도 클라이언트로 수용할 경우 추가되는 인력과 자원봉사자의 투입이 현실적으로 불가능하다는 판단과 함께 치매노인의 잔존능력의 유지와 적정한 보호를 위해서는 동일한 능력과 치매진행상태의 노인이 적합하다는 기관의 판단에 기인했다. 마지막으로 송영서비스 권역을 한정한 이유는 역시 기관의 현실적 수용성을 고려한 조치였다. 인근 치매노인주간보호소가 별도의 송영권역을 설정하여 상호중첩되는 지역을

조정하여 기관이 위치한 2~3개 동의 권역을 묶은 것은 송영시간의 단축으로 보호서비스의 질적 수준을 향상시키려는 고려도 동시에 작용했다고 볼 수 있다.

표적집단과 클라이언트 집단을 결정하는 작업과정에서 프로그램 설계자가 저지르는 가장 큰 실수 또는 문제는 일반집단, 위험집단, 표적집단으로 좁혀 가는 가운데 그 기준은 지역적 범위로 좁혀 나가는 데 있다. 예를 들면 서울 광진구 65세 이상 노인인구수를 일반집단으로 보아 위기집단을 광진구에서도 ○○동과 ○○동으로 2~3개 동을 권역으로 묶어 위험집단과 표적집단을 선정하는 경우이다. 다시 한번 강조하지만 위험집단은 일반집단에서도 취약성을 보이거나 긴급히 서비스가 필요한 대상집단이며, 표적집단은 위험집단에서도 클라이언트 특성, 법률과 규정, 프로그램 이론, 기관의 인력과 재원 등을 고려한 대상집단의 축소를 의미한다는 것이다. 결론적으로 지리적 범위를 유일한 기준으로 점차 축소시키는 방법은 잘못된 표적집단 추출방법이다.

3. 표적효율성

사회복지서비스 대상자 선정에서 중요하게 고려되어야 할 개념이 표적효율성(target efficiency)이다. 표적집단이 합리적으로 선정되었다 하더라도 사회복지서비스를 위한 자원은 한정적이기 때문에 서비스를 가장 필요로 하는 집단에 서비스를 제공하는 것이 무엇보다도 중요하다. Bebbington과 동료 연구자(1983 : 311)는 "표적효율성이란 서비스를 받는 것이 가장 비용효과적이라고 판단되는 대상에게 자원을 할당하는 것"이라고 정의한다. 그들은 표적효율성을 수평적 표적효율성과 수직적 표적효율성으로 다시 나누어 설명한다. 수평적 표적효율성이란 서비스가 필요한 사람 또는 우선적 니드를 가진 사람 중에서 실제로 서비스를 받는 대상자의 비율이다. 수직적 표적효율성은 현재 사회복지서비스를 받는 사람 가운데 우선적 니드의 기준을 충족시키는 수혜자의 비율을 의미한다. 즉 수평적 표적효율성이란 서비스를 필요로 하는 사람들에게 얼마나 보편적으로 서비스가 제공되고 있는지에 관한 것이며, 수직적 표적효율성이란 얼마나 니드의 기준을 충족시키는 대상자에게 서비스가 집중적으로 제공되는지에 관한 문제이다. 예를 들어 이 개념들을 재가복지서비스에 적용시키면, 수평적 표적효율성을 파악하기 위해서는 재가복지서비스를 필요로 하는 노인 중 어느 정도가 재가복지서비스를 받고 있는지를 분석하면 되고, 수직적 표적효율성을 파악하기 위해서는 현재 재가복지서비스를 받고 있는 노인 중 어느 정도가 우선적 니드를 갖고 있는지를 분석하면 된다.

$$\text{수평적 표적효율성} = \frac{\text{서비스를 받는 인구수}}{\text{서비스가 필요한 인구수}}$$

$$\text{수직적 표적효율성} = \frac{\text{우선적 니드를 갖는 인구수}}{\text{서비스를 받는 인구수}}$$

1998년 한국보건사회연구원의 전국 노인가구 조사자료를 활용하여 가정봉사원파견사업의 표적효율성을 산출한 황성철과 한혜경(2003 : 92-94)은 1998년 12월말 보건복지부의 자료에 의해 가정봉사원파견사업의 서비스를 받는 노인인구수 24,976명은 전체 추정 노인인구수에서 ADL이나 IADL 한 가지 이상 어려운 노인인구수 1,408천명 가운데 1.77%의 수평적 표적효율성을 보여준다고 밝혔다.

한편 노인종합복지관에서 운영하는 가정봉사원파견사업 대상 노인의 수가 235,200명으로 파악되었는데 그중 ADL이나 IADL 한 가지 이상 어려운 장애노인인 우선적 니드를 갖는 노인인구수가 24,670명 산출된 경우 수직적 표적효율성은 10.5%로 계산된다. 수평적 표적효율성은 전국이나 일정 지역 내에서 서비스가 필요한 인구수에서 현재 서비스를 받고 있는 인구수를 산출하여 비율로 나타나는 수치이므로 전국적으로 특정 서비스 제공의 분포도를 알려 줄 뿐만이 아니라 지역 또는 기관차원에서 비교적으로 사회복지서비스 욕구의 상호비교는 물론 욕구충족의 수준을 가늠케 해 주는 정보를 제공해 준다. 수직적 표적효율성은 일정 지역이나 특정 기관 내에서 기준에 적합한 욕구를 갖는 대상자에게 어느 정도 서비스가 집중되고 있는지에 관한 중요한 정보를 제공해 준다.

제 3 절 프로그램 수행인력구성 및 예산수립

개입전략과 프로그램의 구체적 내용이 구성되고 프로그램의 표적대상이 확정되었다면 프로그램 개발자는 누구에 의해서 이 프로그램이 수행될 것이며 어떤 자원으로 예산을 수립하여 프로그램을 진행시킬 것인지에 관해서 의사결정을 해야 한다. 프로그램 수행인력과 예산은 사회복지 프로그램의 핵심적 구성요소인 자원에 해당하는 것으로 인적 자원과 물적 자원의 주요 구성요소이다.

1. 프로그램 수행인력구성

사회복지기관에서 특정 프로그램의 수행을 위해서는 프로그램 담당자가 있는 것이 보편적이다. 프로그램 담당자가 유일한 프로그램 수행인력으로 진행하는 경우도 있다. 그러나 대부분의 경우 프로그램의 수행을 효과적으로 하기 위해서는 슈퍼바이저의 슈퍼비전이 필요하며 아울러 준전문인력의 보조나 자원봉사자의 활동을 요구하기도 한다. 따라서 일반적으로 사회복지 프로그램의 수행인력은 이러한 사람들이 포함되어 복수의 인적 구성을 갖는다. 프로그램은 결국 사회복지기관의 설립이념이나 목적달성을 위한 수단이기 때문에 비중 있는 프로그램의 경우 기관장의 지도감독이 요청되는 경우도 있다. 아무튼 사회복지 프로그램이 효과적으로 시행되기 위해서는 전문 또는 준전문인력 그리고 자원봉사자 등이 프로그램 수행인력으로 참여하는 팀체계나 협력체계를 구축하여 추진되어야 한다. 〈표 6-4〉는 프로그램 수행인력의 구성을 잘 나타내 준다.

2. 프로그램 예산수립

일반적으로 예산은 일정 기간 동안 조직의 재정계획을 말하는데 조직의 목표달성을 위한 활동을 금전적으로 표시한 것이다. Gross(1978 : 233)는 예산을 행동계획으로 보고 조직의 내년도 청사진을 금전적 용어로 표현한 것이라고 한다. 프로그램 예산은

〈표 6-4〉 프로그램 수행인력구성과 역할의 실례

이름	담당부서 및 직위	경력	신청사업담당 역할	할당시간 (단위 : 일주일)	자격증 (신청사업관련)
김○○	관장	사회복지사 20년	프로그램 지도감독	주 1시간	사회복지사 1급
이○○	사회복지과장	사회복지사 7년	프로그램 총괄 예산집행관리	주 3시간	사회복지사 1급
강○○	선임 사회복지사	사회복지사 5년	프로그램 관리	주 2시간	사회복지사 1급
박○○	사회복지사	사회복지사 3년	프로그램 계획 프로그램 실행	주 28시간	사회복지사 1급
안○○	정신보건 사회복지사	정신보건사회복지사 6년	프로그램 실행	주 28시간	사회복지사 1급 정신보건 사회복지사 2급
정○○	언어치료사	언어치료사 2년	프로그램 보조	주 2시간	언어치료사
장○○	자문위원	○○대학교 사회복지학과 교수	가족교육 프로그램 자문	월 1시간	사회복지사 1급
손○○	자문위원	○○대학교 사회복지학과 교수	가족교육 프로그램 자문	월 1시간	사회복지사 1급
이○○	자원봉사자	○○대학교 사회복지학과 재학	프로그램 보조	주 2시간	
박○○	자원봉사자	○○대학교 사회복지학과 재학	프로그램 보조	주 2시간	
최○○	자원봉사자	○○대학교 사회복지학과 재학	프로그램 보조	주 2시간	
우○○	자원봉사자	○○대학교 국제대학원 재학	프로그램 보조	주 2시간	

프로그램이 실제적으로 시행되기 위해서 필요한 수입과 지출을 구체화한 재정계획이다. 여기서는 예산수립의 일반적 특성을 살펴보고 예산의 유형과 재정원천을 규명하고 프로그램 예산을 편성하는 방법을 다룬다.

1) 예산수립의 특성

예산수립은 단순히 1년간의 수입과 지출의 재정계획을 의미하는 아래와 같은 몇 가지 성격도 아울러 가진다는 면에서 중요시된다(Weiner, 1990 : 299-292).

첫째, 예산수립은 정치적 과정이다. 예산은 조직 내에서 자원배분이 핵심적 부분인데 이러한 자원배분에 대한 의사결정은 정치적으로 이루어진다는 의미이다.

둘째, 프로그램 기획의 과정이다. 예산수립은 조직의 목표달성을 위한 프로그램을 수행하기 위한 것이고, 예산수립과정은 목표설정, 대안개발 및 기대효과분석, 효과성 평가기준설정 등의 프로그램 기획절차와 동시에 진행되기 때문에 프로그램 기획의 과정이라 할 수 있다.

셋째, 프로그램 관리의 과정이다. 예산수립은 조직의 관리자가 조직 각 단위의 프로그램 활동과 시행일정 등을 검토하므로 프로그램 관리과정이 된다.

넷째, 회계절차이다. 예산서는 회계담당자가 자금의 내적 및 외적 흐름을 통제하고 재정활동을 승인하는 근거가 되므로 예산수립은 회계절차의 성격을 가진다.

다섯째, 인간적 과정이다. 예산은 클라이언트와 예산을 집행하는 조직성원, 지역 일반인에게 커다란 영향을 미치게 되므로 예산수립을 잘하려면 이들과 접촉하여 대화하는 기회를 가질 필요가 있기 때문에 예산수립은 인간적 과정이라 할 수 있다.

여섯째, 예산은 장래의 활동계획에 따른 성격을 갖는 재정계획이므로 미래의 목표를 새로 설정할 수 있고 이에 따른 새로운 활동을 할 수 있기 때문에 미래를 변화시키는 과정이 된다는 것이다.

2) 예산의 유형

사회복지기관에서 사용하는 예산의 유형을 예산의 내용이 어떻게 구성되고 조직화되는지에 따라 품목별 예산, 성과주의 예산, 기획예산, 영기준예산 등 네 가지로 구분된다(황성철 외, 2003 : 188-193).

(1) 품목별 예산(line-item budget)

품목별 예산은 현재 정부, 민간기업 사회복지기관 등에서 가장 보편적으로 사용되는 예산체계이다. 품목별 예산 또는 항목별 예산은 구입하거나 지출하고자 하는 품목 또는 항목별로 수입과 지출을 기재하는 예산수립의 방법이다. 예를 들면 인건비 항에 급여, 상여금, 수당 등 인건비의 세부내역을 항목별로 계산해서 예산을 짜는 방식을 취한다. 품목별 예산은 모든 수입과 지출이 품목예산에서 설명되어야 하고 모든 예상되는 수입은 모든 지출의 총계와 일치해야 한다. 이 예산의 유형은 품목이 회계계정으로 되기 때문에 회계담당자가 지출을 통제하기에 용이하고 매년 항목별로 예산이 소폭으로 증감되기 때문에 점증주의적 성격을 보유하나 예산증감에 관련적으로 대응하기 어렵다. 또한 예산항목의 증가에 대한 근거를 제시하지 못하기에 기관의 목표달성과 관련된 정보제공이 어렵다.

(2) 성과주의 예산(performance budget)

성과주의 예산은 조직이 달성하고자 하는 목표를 세부 프로그램과 활동으로 나누어 각 프로그램이나 활동의 단위원가와 업무량을 고려하여 예산을 정하는 방법이다. 성과주의 예산은 프로그램 예산(program budget) 또는 기능주의 예산(functional budget)이라고도 부르는데 기관의 목적과 주요사업을 이해하는 데 도움을 주고 실적평가에 용이하고 프로그램 비용과 행정비용을 분리하는 장점과 특성을 갖고 있다. 그러나 사회복지기관의 경우 프로그램에 소요되는 단위원가계산을 하기가 어렵고 업무측정단위를 설정하기도 용이하지 않은 단점이 있다.

위의 성과주의 예산에서 상담 프로그램의 2005년도 예산이 29,700천 원으로 산출되었고 60명의 클라이언트에게 서비스를 제공하는 것으로 목표를 설정했다면 클라이언트 1인당 단위비용은 495천 원으로 계산된다. 한편 30명을 국내입양시키는 입양 프로그램의 예산 36,400천 원은 1인당 단위비용이 1,213천 원으로 상담 프로그램의 2배를 넘는 것으로 나타난다.

이와 같이 성과주의 예산은 프로그램의 성과를 비용과 관련지어 상호비교할 수 있는 장점이 있기에 프로그램 관리자나 기관의 행정가에게 중요한 정보를 제공한다. 그러나 상담과 입양 프로그램의 단위비용에 포함되는 인건비, 사무비, 교통비 등 모든 항목별 요소를 계산하는 것이 간단치 않다. 특히 인건비의 경우 두 사람의 상담요원 가운데 1인은 전담하고 나머지 1인은 자신의 업무 가운데 얼마나 상담 프로그램에 투입되는지를 결정하기가 쉽지 않고 그에 따른 인건비 계산이 복잡할 수 있다.

〈표 6-5〉 성과주의 예산의 실례 (단위 : 천 원)

구 분	2004년 예산	2005년 예산
프로그램 및 서비스 활동		
상담 프로그램	26,800	29,700
입양 프로그램	38,200	36,400
가정위탁 프로그램	67,300	84,200
프로그램 지원활동		
일반 관리비	13,200	14,300
모금활동	21,800	26,200

(3) 기획예산(Planning Programming Budgeting System : PPBS)

기획예산 또는 계획예산은 조직의 장기적 발전계획 또는 사업계획하에 각 연도별 목표달성을 위해서 예산을 조직목표에 통합시켜 작성하는 예산의 유형이다. 기획예산의 수립방법 및 절차는 우선 조직의 장기적 목표를 확인하고 그 목표를 세분화하며 연도별 목표를 설정하여 비용효과분석을 하며 목표의 우선순위를 확정한 뒤 실행예산을 수립한다. 따라서 기획예산은 사업계획과 예산수립의 괴리를 막을 수 있고 사업의 효과성을 높이는 반면 의사결정이 중앙집권화되는 단점이 있다.

(4) 영기준예산(zero-based budget)

영기준예산은 조직이 지금까지 추진한 사업을 처음부터 영(zero)의 상태에서 다시 시작한다는 전제하에 전년도 예산에서 각 항목별로 배정된 예산에 전혀 구애받지 않고 새로운 조직목표와 우선순위에 따라 예산을 수립하는 개혁적 예산제도이다. 예산제도의 특성을 분석한 Wildovsky(1975)는 정부 및 공공조직의 예산은 점증주의적 형태를 띠는 것이 보편적이라는 사실을 발견했다. 사회복지기관의 예산도 일반적으로 전년도 예산에 준하여 약간의 증감되는 형태인 점증주의식 방식으로 이루어진다. 영기준예산은 이에 반해 이전까지 예산할당의 근거를 영(zero)으로 보아 새로운 목표수립에 따른 예산을 배정한다. 이 제도는 조직의 하부구조에서 하의상달식으로 의사결정단위를 명확히 하고 우선순위를 정해 예산을 수립하기 때문에 자원배분이 합리적이고 사업의 효과성을 향상시킬 수 있다는 장점이 있으나 예산배정과정에서 나타나는 정치사회적 요인이 무시되고 현실적으로 기존사업의 축소나 폐지가 쉽지 않다는 한계에 봉착하기도 한다.

3) 재정원천

사회복지 프로그램 예산의 기초가 되는 것이 재정이다. 아무리 훌륭한 프로그램도 충분한 예산의 뒷받침이 없다면 소기의 목적을 달성하기 어렵다. 그래서 프로그램의 예산에 필요한 재원의 원천에 관한 충분한 지식을 근거로 합리적으로 예산을 수립해야 한다. 프로그램 재정의 원천에 관해서 Chambers(1986 : 136)는 다음과 같은 사항들이 충분히 고려되어야 한다고 주장한다.

① 프로그램 또는 서비스에 충당할 즉각적 재원은 무엇인가?
② 매년 프로그램의 재정이 어떤 과정을 거쳐 연속성을 보장받을 수 있는가?
③ 어떤 재원이 수입의 대체로 활용될 수 있는가?
④ 직접적으로 비용을 지불하는 측은 다른 경제적 또는 비물질적 보상을 줄 수 있는가?
⑤ 재원을 확보하고 예산을 할당하는 데 사용되는 메커니즘은 무엇인가?

사회복지 프로그램의 재정원천을 정부재원과 민간재원으로 나누어 살펴보면 다음과 같다.

(1) 정부재원

① 정부보조금

정부보조금은 일정한 요건을 갖춘 사회복지기관이나 프로그램에 대한 재정지원을 말한다. 정부보조금은 보편적이고 일률적인 형태를 유지하기 때문에 정부에 의해서 승인된 사회복지기관이나 프로그램에 대해서는 무차별적으로 지원하는 원칙이 강조된다. 예를 들면 사회복지관이나 장애인복지시설에 대한 정부보조금은 정부가 정한 일정한 시설과 인력을 갖추면 일률적으로 보조금이 지원된다.

② 그랜트

정부보조금이 일률적 지원의 형태를 유지하는 반면 그랜트는 선택적 지원의 형태를 갖고 있다. 따라서 그랜트(Grant)는 특정한 목적달성을 위해서 선택적으로 정부가 재정지원을 하는 것을 말한다. 노인일자리 창출을 위한 시니어클럽이나 건강가정지원센터와 같이 시범사업을 실시하기 위한 기관을 대상으로 선택적으로 정부보조금이 지원되고 있다.

③ 정부와의 계약

민간 사회복지기관이 정부와 계약(contract)을 통해서 서비스를 제공할 때 비용을 지불받는다. 이때 정부는 사업대상과 사업량을 구체적으로 명시한 뒤 특정 서비스를 제공하면 예산을 지원한다. 한국에서는 프로그램이나 사업단위의 형태로 계약이 이루어지는 경우는 거의 없으나 미국에서는 재가노인에 대한 가정봉사원파견사업에서 민간기관이 몇 시간의 의료 및 간병서비스를 제공하면 서비스 내용별로 책정된 단가에 따라 계약한 금액을 지불받는다.

④ 정부로부터 비용의 상환

일정한 자격기준을 갖춘 클라이언트를 대상으로 서비스를 제공하면 제삼자인 정부가 그 비용을 지불하는 방식이 비용의 상환(reimbursement)이다. 건강보험의 경우 병원이 보험가입자에게 의료서비스를 제공하면 정부나 정부업무대행기관에서 의료비 청구액을 상환받는다.

(2) 민간재원

사회복지 프로그램의 재원이 될 수 있는 민간재원의 종류는 다양하다. 한국에서 가장 흔히 사회복지기관의 프로그램 재원으로 간주되는 민간재원의 종류를 열거하면 다음과 같다.

① 공동모금회 배분자금
② 기업복지재단의 프로그램 지원금
③ 일반 기부금 및 결연후원금
④ 서비스 이용료(fees)
⑤ 법인전입금
⑥ 특별행사 수입금 등

이러한 사회복지기관의 주요재원을 클라이언트와 고객의 구분가능성, 통제가능성, 예측가능성, 제도화 등 네 가지 속성에 따라 각 재원의 성격을 구분한 Cronbjerg(1992)의 분석에 따라 정부보조금, 이용료 그리고 후원금 등 재원의 성격을 파악해 보자.

우선 정부보조금은 서비스를 받는 클라이언트와 보조금을 지급하는 고객이 분리되어 있으나 지원액의 규모에 대해서는 예측가능한 안정성을 유지하지만 기관의 입장에서는 통제성이 약하나 관리과정을 조직 내에서 제도화하기는 쉬운 특성을 지니고 있다. 공공재원을 기관에 지급하는 정부로서는 까다로운 절차와 규제를 요구하고 있으나 재원의 안정적 확보라는 측면에서는 가장 매력적 재원인 셈이다. 사회복지기관의 지속적 활동과 서비스 창출을 위해서는 충분한 정부보조금의 확보가 최대의 관심사이긴 하지만 정부보조금은 법률과 정책결정과정을 거친 뒤 집행되기 때문에 과연 어느 정도가 충분한지에 관한 재정분석도 어렵고 사회적 합의도 결여된다. 현재 사회복지관을 비롯한 대부분의 사회복지기관이 불충분한 정부보조금으로 인하여 서비스의 질적 수준과 인력의 전문성을 확보할 수 없다는 문제제기에는 충분히 공감하지만 정부보조금 수준의 결정과 보조금 지급방식의 개선은 정책결정의 영역이라는 관점에서 개별기관의 프로그램과 관련해서는 더 이상 논의를 진행시키기 어렵다.

이용료는 기관의 서비스를 이용하는 클라이언트가 지불하는 재원으로 고객과 클라이언트가 일치하나 재원의 충분성과 안정성의 측면에서 보면 사회복지기관의 입장에서는 취약성을 갖고 있는 재원의 일종이다. 물론 병원과 대학 같은 비영리조직의 이용료는 충분히 안정성이 확보되지만 사회복지기관은 여전히 서비스의 영세성으로 이용료가 안정적 재원의 구실을 하지는 못하고 있다.

개인, 기업, 단체가 지급하는 후원금은 자원제공자인 고객과 서비스 수혜자인 클라이언트와 분리되어 있다는 점에서 정부보조금과 유사하지만 일단 확보되면 융통성과 통제성이 가장 뛰어난 재원으로 여겨진다. 우리나라는 아직 후원활동의 의미와 가치가 사회적으로 확산되지 않아 기부문화가 성숙되었다고 볼 수 없기 때문에 기관의 충분한 재원으로 후원금에 의존할 수는 없으나 최근 사회복지기관에서 활발한 후원자 개발로 그 가능성이 확대일로에 있다. 그러나 기관이 후원금에 크게 의존할 경우 고객인 후원자의 욕구에는 알맞으나 클라이언트 욕구에는 알맞지 않는 서비스를 창출하거나 확대할 수 있다는 우려가 있다.

4) 프로그램 예산편성

문제분석과 욕구사정 그리고 프로그램의 측정과 목표가 설정되고 개입전략에 따라 변화를 도모할 표적체계가 확정되고 구체적 프로그램의 내용에 따라 프로그램 수행을 위한 재원조달의 계획이 확정되면 설계단계의 마지막 단계는 프로그램의 예산을 편성하는 과업을 수행해야 한다.

사회복지 프로그램 예산편성은 프로그램의 총예산을 인건비, 사업비, 관리비, 수용비, 기타 등의 항목으로 나누어 각 항목의 산출 근거를 구체적으로 제시하는 것을 말한다. 공동모금회나 기업복지재단 등 외부 재정지원단체나 기관에 사업계획서(proposal)를 제출할 때 원칙적으로 직접비와 간접비를 구분해서 예산을 제시해야 한다. 직접비는 지출되는 당해 프로그램의 수행을 위해서 새로이 요구되는 신규인력과 시설 등 프로그램을 위해서 직접적으로 지출되는 경비를 말한다. 간접비를 기관의 기존인력(기관장, 중간관리자, 담당자 등)이나 시설 및 장비(사무실, 집기, 차량 등), 당해 프로그램에 할당되는 비율을 근거로 산출한다. 대체로 외부 재정지원단체나 기관에서

〈표 6-6〉 기업복지재단에 대한 프로포절 예산내역의 예 (단위 : 천 원)

<table>
<tr><th colspan="3" rowspan="2">항 목</th><th colspan="2">산출근거</th><th rowspan="2">계</th></tr>
<tr><th>신청금</th><th>자부담</th></tr>
<tr><td rowspan="2">인건비</td><td colspan="2">소계</td><td>5,000</td><td></td><td>5,000</td></tr>
<tr><td colspan="2">거리사회사업가 1명</td><td>500,000원×10월＝5,000</td><td></td><td>5,000</td></tr>
<tr><td rowspan="7">관리운영비</td><td colspan="2">소계</td><td>2,260</td><td></td><td>2,260</td></tr>
<tr><td colspan="2">차량유지비</td><td>30,000원×10월＝300</td><td></td><td>300</td></tr>
<tr><td colspan="2">교육출장비</td><td>300</td><td></td><td>300</td></tr>
<tr><td colspan="2">사무용품 구입</td><td>100</td><td></td><td>100</td></tr>
<tr><td colspan="2">우편요금</td><td>10,000원 ×10월＝100</td><td></td><td>100</td></tr>
<tr><td colspan="2">교통비 및 활동비</td><td>500</td><td></td><td>500</td></tr>
<tr><td colspan="2">프로그램 준비비</td><td>4,000원×120회×2명×4＝960</td><td></td><td>960</td></tr>
<tr><td rowspan="16">사업비</td><td colspan="2">소계</td><td>5,080</td><td>2,000</td><td>7,080</td></tr>
<tr><td rowspan="15">프로그램 운영비</td><td>홍보사업</td><td>홍보지 인쇄 및 활동비 500</td><td></td><td>500</td></tr>
<tr><td>상담비</td><td>핸드폰 구입비 300
사용료 50,000원×10월＝500</td><td></td><td>800</td></tr>
<tr><td>거리상담 비품구입</td><td>발전기 구입 500</td><td></td><td>500</td></tr>
<tr><td>청소년쉼터 운영비</td><td></td><td>150,000×10월＝1,500</td><td>1,500</td></tr>
<tr><td>거리상담 자원봉사자 운영</td><td>교육비 40,000원×2회＝80
활동비 20,000원×2명×10월＝400
평가회비 100,000원×2회＝200</td><td></td><td>680</td></tr>
<tr><td>간식 및 식사제공비</td><td>1,000</td><td></td><td>1,000</td></tr>
<tr><td>긴급지원비</td><td>교통비, 생필품 등 400</td><td></td><td>400</td></tr>
<tr><td>긴급의료비</td><td>200</td><td></td><td>200</td></tr>
<tr><td>심리검사지 구입</td><td>100</td><td></td><td>100</td></tr>
<tr><td>정보제공</td><td>취업 및 진학 관련자료 인쇄 100
성교육 및 약물자료 인쇄 100</td><td></td><td>200</td></tr>
<tr><td>교육비</td><td>성교육 50,000원×1회＝50
약물남용 50,000원×1회＝50</td><td></td><td>100</td></tr>
<tr><td>실태조사비</td><td></td><td>검사지 인쇄 100</td><td>200</td></tr>
<tr><td>지역사회유관단체 협력사업</td><td></td><td>회의비 200
기관방문활동비 200</td><td>400</td></tr>
<tr><td colspan="3">총 계</td><td>10,080</td><td>2,000</td><td>12,080</td></tr>
</table>

는 직접비만을 지원하는 것을 원칙으로 하고 있으나, 공동모금회의 경우는 신청금액의 20%까지 인건비를 신청할 수 있도록 하고 있어, 간접비 중 인건비 일부를 지원받는 것이 가능하다. 신청금액과 자부담으로 나누어지는 경우 신청금액 대비 자부담의 비율은 20~30%로 하는 것이 일반적이다.

제 4 절 브레인스토밍과 의사결정계통분석

1. 브레인스토밍(brainstorming)

1) 개 요

프로그램을 설계하고 개입전략을 모색하는 과정에서 창의적 아이디어를 도출해서 프로그램 실행을 위한 가능한 많은 대안을 발굴하여 문제의 해결책을 선택하는 기법으로 브레인스토밍을 적극적으로 활용할 수 있다. 브레인스토밍의 목적은 특정한 문제에 대하여 여러 사람들이 상호비판이나 자기비판으로부터 벗어나 자유롭게 문제의 해결책 또는 대안을 찾아내는 데 있다(Sheafor et al., 1997 : 550). 따라서 이 기법은 문제가 분명히 규정된 후 집단구성원들이 고정된 선입견이나 기대로부터 벗어나고 경직되고 관습적으로 해결방안을 찾는 행태를 탈피하여 독창적이며 창의적인 아이디어 도출로 적절한 해결책을 모색하는 집단토의의 한 방법이다. 브레인스토밍 집단에서 강조되는 것은 분석적이거나 비판적인 사고가 아니라 창의적 사고이다. 분석적 또는 비판적 사고는 창의적 사고를 촉진시키는 능력을 제한한다. 만일 집단활동에서 자신의 아이디어가 누군가에 의해서 분석되고 비판을 받을 것이라고 예측한다면 자유롭고 창의적 아이디어는 표출되지 않을 것이다.

브레인스토밍 집단을 효과적으로 운영하기 위해서 집단운영자는 다음과 같은 네 가지 원칙을 준수하여 집단을 이끌어야 한다(Toseland & Rivas, 1995 : 330).

① 자유로운 생각의 표현을 권장하여야 한다. 집단구성원은 예외 없이 모든 사람이 자신의 생각을 말할 수 있도록 유도해야 한다. 이치에 맞지 않거나 터무니없는

생각이라도 비판 없이 수용되도록 한다.

② 타인의 의견에 대한 비판과 평가를 삼가도록 한다. 다양한 생각 또는 아이디어를 개진하는 과정에서 집단구성원으로 하여금 어떤 생각과 아이디어에 대한 분석, 판단, 평가는 금지하도록 주지시킨다.

③ 많은 아이디어가 개발되도록 집단구성원들을 장려한다. 일정한 시간 내에 문제해결을 위한 아이디어의 양이 충분히 나오도록 지도하고 충분한 양의 아이디어가 제시된다면 그 가운데에서 질적인 문제는 차후에 자연스럽게 해결된다.

④ 연상, 통합, 재구성 등 기존 아이디어를 더욱 향상시키는 노력을 격려한다. 이미 개진된 어떤 아이디어에 편승(hitchhiking)해서 색다른 아이디어를 제시하거나 자신의 아이디어 관련성을 맺거나 통합하는 노력을 권장한다.

2) 절 차

브레인스토밍은 집단의 크기에 상관없이 사용된다. 그러나 집단의 규모가 너무 클 경우 주어진 시간 내에 모든 구성원들이 자유롭게 의견을 제시하기는 어렵다. 보통 1~2시간 내에 새롭고 창의적인 아이디어를 모으기 위해서는 10명 내외의 집단규모가 적당하다. 집단구성원은 이질적이든 동질적이든 상관없이 사용된다. 한정된 시간 내에 많은 아이디어를 모으려면 다른 견해와 관점을 갖는 이질적 집단구성원의 참여도 필요하다.

(1) 초기단계

집단토의가 시작되면 집단운영자는 해결해야 할 문제를 제시하고 앞서 언급된 집단진행상 지켜야 할 네 가지 원칙을 설명한다. 초기단계의 약 10~15분 정도는 집단구성원 상호간에 친밀감을 갖고 집단활동을 하도록 준비운동이 필요하다. 이 시간 동안에는 발언을 하고 경청하는 등의 회의진행과정에 초점을 둔다. 따라서 운영자는 어떤 발언자를 모델로 삼아 적절한 행동을 칭찬하여 다른 집단구성원들이 본받을 수 있도록 하여 원활한 회의진행을 도모한다. 어떤 집단성원들이 과거에 이와 같은 집단활동의 경험이 있다 하더라도 준비의 시간은 필요하며 자유발상과 비판금지의 원칙에 따라 진행한다.

(2) 종결단계

정해진 시간이 다 되었거나 더 이상 새로운 아이디어가 나오지 않고 유사한 아이디어만 계속적으로 반복될 때에는 종결을 준비해야 한다. 종결단계까지 운영자는 각자의 아이디어에 대한 비판과 평가는 자제되도록 해야 한다. 마지막으로 운영자는 지금까지 제시된 아이디어를 총괄적으로 정리하고 2~3일 후 다시 한번 브레인스토밍 집단활동을 하도록 예고하면서 종결한다. 다음 회합을 2~3일 후로 잡는 이유는 집단성원들이 시간을 갖고 제시된 의견에 대한 평가를 할 수 있도록 하면서 더불어 또 다른 아이디어가 있는지를 검토해 보기 위해서이다.

3) 용도와 효용성

브레인스토밍 집단활동기법은 특정한 문제가 주어졌을 때 문제를 해결하는 방안을 강구하는 기획과 설계과정에서 매우 유용하게 사용될 수 있다. 특히 이 집단활동기법은 해결해야 할 문제가 구체적이고 한정적일 때 매우 적합한 도구이다(Scheidel & Crowell, 1979). 왜냐하면 문제가 구체적으로 정의되지 않은 경우 산만하고 광범위한 논의만 진행되어 실제적 도움을 주지 않기 때문이다. 사회복지 프로그램을 기획하고 설계하는 과정뿐만이 아니라 다른 사회복지조직의 문제해결에도 이 기법은 적용될 수 있다. 예를 들면 사회복지기관의 중간관리자를 채용할 때 자격요건에 관한 아이디어 회의를 할 때나 기관의 자원동원을 위한 구체적 마케팅 방안을 강구할 때에도 잘 적용될 수 있다.

브레인스토밍 집단활동기법의 효과성에 관한 연구는 대부분 경영학 분야에서 이루어졌다. 이러한 기법을 적용한 집단에서는 그렇지 않은 집단에 비해서 창의적 아이디어가 많이 노출되었다는 실증적 연구(D'zurilla & Goldfried, 1971)가 효용성을 입증하고 있다. Napier와 Gerchenfeld(1981)는 집단활동에서 브레인스토밍 기법을 적용하는 경우 다음과 같은 장점이 있다고 주장한다.

① 집단활동에서 권위를 갖는 한 사람에 대한 의존성을 감소시킨다.

② 공개적이고 자유로운 아이디어를 상호공유할 수 있다.

③ 비교적 짧은 시간에 최대한 많은 아이디어를 생산한다.
④ 각자의 아이디어는 차트에 적혀 모든 사람들이 알아본다.
⑤ 즐거운 분위기에서 스스로 자신을 자극하는 효과가 있다.
⑥ 문제에 대한 해결책을 집단내부에서 찾기에 책무성이 강화된다.

이러한 장점이 있음에도 불구하고 브레인스토밍 집단활동기법은 자유롭지 않거나 권위적인 조직 또는 팀 문화에서는 효과성을 발휘하기가 어렵다. 왜냐하면 기존의 권위주의적 규범과 가치체계하에서는 집단구성원의 공개적이고 자유로운 의견개진이 항상 묵살되기 때문이다. 또한 집단성원이 이러한 기법을 잘 모르는 경우 초기단계 준비활동에 시간이 너무 많이 소요되는 것도 단점으로 작용한다.

2. 의사결정계통분석(decision tree analysis)

사회복지 프로그램을 설계하고 개입전략을 모색하는 과정에서 적절히 활용될 수 있는 또 하나의 기법이 의사결정계통분석이다. 이 기법은 프로그램 개발자가 목적과 목표를 분명히 하고 목표달성의 장애요인을 검토한 후 구체적 대응방안 또는 개입전략과 방법을 모색하는 사고과정을 체계화하는 데 도움을 준다. 의사결정계통(decision tree)이라 함은 마치 나무의 줄기에서 가지로 펼쳐지듯 하나의 목표달성을 위한 대안이 2~3개로 뻗어나가는 것을 의미한다.

의사결정계통분석의 방법과 절차는 다음과 같다(Sheafor et al., 1997 : 449-451 ; Kirst-Ashman & Hull, 2001 : 404).

① 목적과 목표를 분명히 한다.
② 대안을 마련한다.
③ 각 대안의 장단점을 비교한다.
④ 최선의 대안으로 의사결정한다.

〔그림 6-5〕는 "비행청소년 선도"라는 프로그램의 목표를 설정했을 때 가능한 개입전략을 생각하고 각 개입전략과 서비스 제공방법의 장단점을 비교한 후 최종적 대안

을 결정하는 과정을 의사결정계통분석으로 접근한 일례를 나타내 준다.

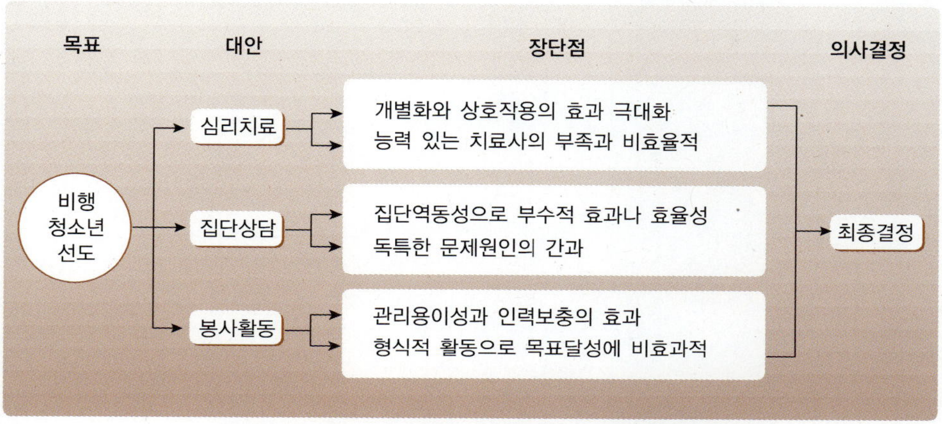

[그림 6-5] 비행청소년선도의 의사결정계통분석 실례

연구과제

1. 장애인의 직업재활이라는 문제에 관해서 프로그램 가설을 설정해 보시오.
2. 이혼위기에 처한 부부문제를 해결하기 위한 프로그램의 내용을 개인, 가족, 집단차원에서 열거해 보시오.
3. 한부모가정 아동을 위한 프로그램의 대상을 일반집단, 위험집단, 표적집단 그리고 클라이언트 집단으로 순차적으로 추출하시오.
4. 현재 자신이 관리하는 프로그램의 대상자를 수직적 표적효율성 산출공식에 따라 효율성의 정도를 계산해 보시오.
5. 의사결정계통분석도를 활용하여 노숙자의 정신건강개선을 위해 대안을 모색하고 장단점을 평가하시오.
6. 사회복지법인 재무회계규칙에 따라 사회복지시설에서 비치해야 할 회계장부를 열거해 보시오.
7. 사회복지관(이용시설)과 아동시설(생활시설)의 정부보조금 지급방식의 차이를 비교해 보시오.

제 3 부 사회복지 프로그램 실행

제 7 장 프로그램의 실행과 모니터링
제 8 장 서비스의 질 관리

7 프로그램의 실행과 모니터링

제 1 절 프로그램의 실행

1. 프로그램 실행의 의미와 주요과업

프로그램을 실행한다는 것은 프로그램의 목적과 목표를 달성하기 위해서 실제로 프로그램을 수행한다는 것을 의미한다. 사회복지 프로그램이 사회문제의 분석이나 욕구조사에 기초하여 특정 집단의 사람을 대상으로 표적집단이 선정되고 개입전략과 방법이 구체화되어 설계가 이루어졌다면 실행계획 또는 세부계획을 마련하여 홍보를 통한 대상자 모집과 인테이크와 더불어 각종 서류 및 자료의 준비와 작성으로 서비스를 제공하고 이를 점검하여 양질의 서비스를 제공하기 위한 구체적 노력이 뒤따른다.

Patti(1983 : 113-154)는 사회복지 프로그램 관리자가 수행해야 할 실행단계의 주요과업을 자원확보, 조직구조개발, 직원능력개발 등으로 보았다. 프로그램 실행과정에는 인적 자원과 물적 자원의 확보와 관리가 필요하고 이러한 과업은 프로그램의 성패를 좌우하는 매우 중요한 요소이다.

또한 프로그램 수행을 위한 새로운 과업수행팀(task-force team)을 만들거나 행렬조직(matrix organization)의 형태로 유연한 프로그램 수행의 조직체를 구성하는 것도 중요한 과업이다. 프로그램 수행과정에서 프로그램 담당자나 관리자가 적합한 지식과 기술을 습득하여 효과적으로 적용할 수 있도록 교육 및 훈련의 기회를 갖게 하고 지속적으로 동기부여하는 직원능력개발의 과업도 소홀히 해선 안 된다. 그러나 조직구조의 개발과 직원능력개발의 과업을 프로그램의 차원에서 접근하기에는 너무도 방대한 내용을 담고 있기에 프로그램 관리보다는 조직관리나 인사관리의 영역에서 다루는 것이 적합(황성철 외, 2003)하기 때문에 여기에서는 제한된다. 따라서 프로그램 실행 과정의 주요과업은 프로그램 개발의 관점에서 자원확보와 관리, 기록 및 정보관리, 프로그램 모니터링, 서비스 질 관리 등에 초점을 두어 논의를 전개시키고자 한다.

제7장은 인적 자원과 물적 자원의 확보와 관련된 마케팅과 모니터링에 초점을 두고, 제8장에서는 서비스 질 관리에 관해서 검토해 보겠다. 프로그램 실행의 절차와 주요내용은 프로그램 실행계획수립, 인적 자원과 물적 자원을 확보하기 위한 마케팅, 기록 및 정보관리, 그리고 프로그램 모니터링 등으로 이루어진다.

2. 프로그램 실행계획수립

사회복지 프로그램을 구체적으로 실행하기 위해서는 우선적으로 이에 대한 적절한 계획을 수립해야 한다. 일반적으로 사회복지기관에서는 프로그램 계획안이 조직의 관리자에 의해서 승인되면 프로그램 담당자가 세부계획서를 작성하여 시행하는 경우가 대부분이다. 세부계획서의 내용과 절차에 프로그램의 목적과 목표달성에 필수적인 제반 요소들이 포함되었는지 여부를 확인하는 작업이 중요시된다.

이러한 관점에서 실행계획수립을 위해서 반드시 점검해야 할 사항은 5W1H 체크리스트 작성으로 확인할 수 있다. 5W1H 체크리스트 기법은 프로그램 실행계획을 수립할 때 혹은 프로그램의 세부계획을 작성할 때 고려해야 할 중요한 요소를 점검하는 데 사용될 뿐만이 아니라 프로그램 실행과정에서 예기치 못한 문제를 발견하는 데에도 크게 활용될 수 있다.

〈표 7-1〉은 5W1H가 두 가지 목적을 위해 활용되는 구체적 요소와 질문을 잘 보여준다.

〈표 7-1〉 실행계획수립과 실행과정별당 문제확인을 위한 5W1H 체크리스트

5W1H	실행계획수립의 주요요소	실행과정에서의 문제확인요소
1. Who (누가)	· 누가 프로그램을 실행하는가 1) 프로그램의 주최자와 주관자는 누구인가 2) 프로그램 실행을 준비하는 사람은 누구인가 3) 프로그램 담당자, 외부전문가, 자원봉사자는 누구인가	· 실행주체와 관련된 문제 1) 현재 실행하는 사람은 누구인가 2) 그 밖에 실행할 수 있는 사람은 누구인가 3) 반드시 실행에 참여해야 할 사람은 누구인가 4) 무리하게 무관하게 일관성 없이 참여하는 사람은 없는가
2. When (언제)	· 언제 프로그램을 실행하는가 1) 프로그램 실행의 예정일시 2) 프로그램 실행의 기간	· 실행시기와 기간과 관련된 문제 1) 언제 실행하는 것이 바람직한가 2) 정해진 시기와 기간 외에 할 수는 없는가 3) 실행시기가 무리하게 정해지지 않았는가
3. Where (어디서)	· 어디서 프로그램을 실행하는가 1) 가장 적합한 장소 2) 차선으로 간주되는 장소	· 실행장소 및 주변여건과 관련된 문제 1) 여기서 실행하는 것이 좋은가 2) 그 밖에 다른 장소는 없는가 3) 실행장소가 무리하게 정해지지 않았는가
4. What (무엇을)	· 무슨 프로그램을 실행하는가 1) 프로그램 형태와 제목 2) 프로그램의 핵심적 요소	· 실행활동과 관련된 문제 1) 무슨 어떤 활동이 실행되고 있는가 2) 다른 활동으로 필요한 것은 없는가 3) 무관하게 이루어지는 활동은 없는가
5. Why (왜)	· 왜 어떤 목적으로 이 프로그램을 시행하는가 1) 프로그램의 목적은 무엇인가 2) 프로그램의 주제는 무엇인가 3) 프로그램에서 강조점은 무엇인가	· 실행목적달성과 관련된 문제 1) 왜 그 사람이 그 활동을 하는가 2) 왜 그 시간과 장소에서 하는가 3) 왜 그 방법으로 활동을 하는가 4) 목적달성에서 무리, 무관성, 무일관성은 없는가
6. How (어떻게)	· 어떻게 프로그램이 실행되는가 1) 프로그램의 구조와 절차 2) 예산과 인력의 준비 3) 홍보와 프로그램 수단	· 실행방법과 관련된 문제 1) 어떤 방법으로 실행되고 있는가 2) 다른 방법은 없는가 3) 방법상의 일관성은 유지되는가

제 2 절 프로그램 마케팅과 기록 및 정보관리

1. 프로그램 마케팅

실행단계에서 가장 중요한 과업 중의 하나가 인적·물적 자원의 확보이다. 사회복지 프로그램이 설계되어 실행단계로 접어들어서는 표적집단의 클라이언트를 확보하고 예산에 포함된 재원을 마련하는 일이 항상 프로그램 관리자나 담당자의 초미의 관심사가 되고 있다. 특히 프로그램 관리자는 지역사회에 있는 잠재적 클라이언트를 프로그램에 참여하도록 유도하고 필요한 재원확보를 위해서 홍보, 모집, 광고 등의 활동을 전개하는데, 이러한 활동을 통칭 프로그램 마케팅이라 한다. 프로그램 마케팅이란 사회복지기관의 프로그램에 클라이언트의 참여를 유도하고 재원확보를 위한 여러 가지 활동을 포괄적으로 지칭하는 개념으로 프로그램의 정당성 확보, 홍보, 판촉, 광고 등과 관련된 활동을 분석하고 시행하는 의미를 갖는다. 마케팅의 개념은 기업과 같은 영리조직의 전유물이었으나 최근 사회복지기관과 같은 비영리조직도 사회마케팅이란 용어를 수용하여 그 필요성이 인정되고 있다(황성철 외, 2003 : 205-207).

1) 사회마케팅의 개념

일반적으로 과거 생산조직 또는 기업조직에서 마케팅은 생산품을 소비자에게 판매하는 행위와 광고하는 행위를 지칭하는 용어로 사용되어 왔다. 그러나 오늘날 마케팅은 광고와 판매에만 국한된 것이 아니라 소비자의 욕구와 성격을 면밀히 분석한 후 표적시장을 선정하며 생산품을 합당한 가격에 적시적재에 유통시켜 판매를 촉진시키는 전반적 관리과정을 의미한다. 사회복지기관은 기업조직과는 달리 무형의 표준화가 어렵고 소멸성이 강한 독특한 서비스를 제공하는 조직이므로 표적시장의 선정을 비롯하여 가격형성과 유통판매에도 상당한 제약이 따르기 때문에 기업마케팅의 개념이 그대로 적용되기 어렵다. 이러한 관점에서 사회복지기관의 마케팅은 흔히 비영리조직에 적용되는 사회마케팅(social marketing)의 개념으로 설명된다.

사회마케팅이란 기관의 서비스 소비자인 클라이언트, 자원공급자, 권위와 자격부여기관, 일반대중이 그 기관의 서비스에 더욱 큰 관심과 요구를 가지도록 하기 위한 활동으로 정의된다(Barker, 1995 : 354). 이러한 정의에 따르면 두 가지 특성이 부각되는데, 그중 하나는 사회마케팅의 표적시장 또는 표적집단은 비단 클라이언트뿐만 아니라 자원제공자, 자격부여기관, 일반대중으로 확대되므로 다원적이라는 점이다. 따라서 정부나 일반대중에 대해서 기관의 프로그램과 업적을 홍보하는 것도 사회마케팅 활동에 포함될 수 있다. 또한 이러한 사회마케팅의 개념에서 강조되는 것은 서비스에 대한 관심과 요구유발이다. 그러므로 효과적 사회마케팅의 전제조건은 기관의 가치와 서비스의 질적 수월성을 확보하는 것이다.

한편 사회마케팅의 개념을 일종의 가치교환을 중심으로 한 체계적 관리과정으로 보아 정의한 학자가 있다. Kotler(1982 : 6)는 마케팅을 조직의 목표달성을 위해서 표적시장과 자발적 가치교환이 이루어지도록 만들어진 프로그램의 분석, 기획, 시행, 통제 등의 활동이라고 정의했다. 이러한 정의에서 강조되는 것은 마케팅은 표적시장을 대상으로 공략하고 가치(value)의 자발적 교환을 촉진시키기 위해서 주도면밀하게 짜여진 체계적 관리활동이라는 점이다. 이상에서와 같이 두 학자의 사회마케팅 또는 비영리마케팅의 개념을 종합해 보면, 사회마케팅은 생산조직의 제품 대신 서비스를 중심으로 한 가치의 교환이 그 본질적 특성을 이루고 있다. 사회복지기관은 상담, 치료, 교육, 재활, 정보제공 등의 무형의 서비스 제공 활동을 통한 바람직한 인간과 사회적 가치를 산출하고 그것이 표적시장 또는 표적집단인 클라이언트, 자원제공자, 권위와 자격부여기관, 일반대중으로부터 중요하다고 인정되면 이용료, 재원, 권위, 인정 등의 가치를 인정받는 교환관계가 성립한다는 것이다. 이러한 관점에서 사회복지기관의 마케팅에서는 그 기관이 제공하는 서비스의 질적 우수성 확보도 중요하지만 그 기관의 사명과 목적뿐만 아니라 기관운영의 책임성과 투명성도 중요한 가치로 간주될 수 있다. 또한 위의 정의에서 사회마케팅은 기관환경분석과 시장욕구분석을 비롯하여 마케팅의 목표설정과 이에 따른 합리적 기법의 적용 등 제반 체계적 관리과정을 통해서 이루어진다는 측면도 강하게 부각된다. 이러한 사회마케팅 과정과 절차는 차후에 재원개발을 위한 마케팅에 관해서 전략수립과 시행에서 상세히 설명될 것이다.

2) 사회복지기관 마케팅의 특성

과거 정부기관과 비영리조직은 마케팅에 무지했고 이에 대해 거부감을 가졌다. 그러나 오늘날 사회마케팅 개념이 수용되어 공공기관에서 구청직원들이 구정을 홍보하고, 비영리조직인 미술관을 회의실, 휴식공간, 데이트 장소로 활용케 하여 관람객의 수를 확대하는 마케팅활동이 일어나고 있다. 사회마케팅은 건강, 종교, 교육과 같은 무형의 서비스를 마케팅할 수 있다. 그러나 사회복지기관에서 마케팅은 효과적 마케팅 전략을 수립하는 데 있어서 다음과 같은 몇 가지 이유로 상당한 어려움이 있다(Lovelock, 1992).

첫째, 사회복지기관은 복수의 이해집단과 교환관계를 형성한다. 전술한 바와 같이 사회마케팅의 본질이 서비스 중심으로 가치교환에 있기 때문에 사회복지기관은 서비스를 소비하는 클라이언트뿐만 아니라 지역주민, 정부기관, 관련단체 등과 부단한 가치교환이 이루어진 복수의 이해집단과 교환관계를 형성하는 사회복지기관은 표적시장과 표적집단의 다양성으로 어느 한곳을 표적으로 하는 마케팅 전략을 사용할 수 없는 어려움이 있다. 특히 재원의 측면에서는 정부보조금을 지급하는 정부기관, 이용자, 기부자 등을 동시에 망라하는 마케팅을 적용해야 성공의 가능성이 크기 때문에 더욱 그렇다.

둘째, 사회복지기관은 사회적으로 바람직한 대의명분을 위해서 목적과 목표를 설정하지만 그 목적과 목표가 애매모호하기 때문에 조직의 성과를 측정하기가 수월하지 않다. 특히 사회마케팅의 활성화로 인해 기관의 이미지와 신뢰성이 어느 정도 향상되었다고 판단되지만 이를 정확히 측정하고 또 그 성과가 과연 기관의 설립이념과 일치하는지에 관해서는 다른 의견도 제시될 수 있다. 예를 들면 이용자 수의 증대는 반드시 사회복지기관의 질적 서비스 제공과 일치하지 않을 수도 있다는 의미에서 마케팅의 성과를 정확히 가늠하기 어렵다는 것이다.

셋째, 사회복지기관은 정부와 사회단체 등으로부터 조직활동에 관해서 상당한 압력을 받는다. 이러한 이유로 사회복지기관이 수익성이 있는 적극적 마케팅을 벌일 경우 영리조직화되었다고 비난을 받을 것이다. 특히 사회복지기관은 마케팅의 관점에서 경제성이 없는 빈곤계층과 취약계층의 주민들에 대해서도 서비스를 제공해야 하는 압력이 있기 때문에 효과적 마케팅 전략을 수립하기도 힘들고 마케팅의 효과도 반감될 수 있다는 제약조건을 갖는다.

3) 마케팅의 구성요소

사회복지기관을 비롯한 대부분의 비영리조직은 마케팅 개념에 익숙지 않고 마케팅을 홍보 또는 촉진과 동일한 개념으로 생각하고 있다. 예를 들면 대학에서는 제품보다는 교육서비스로, 가격보다는 수업료로, 광고나 판촉보다는 대학홍보로 생각하는 경향이 있다. 따라서 지원율 감소에 직면한 대학이 단지 홍보를 보다 적극적으로 하는 것을 마케팅을 실행하는 것으로 착각하기도 한다. 그러나 최근 비영리조직에 관한 연구자들을 비롯하여 사회복지학자들은 사회복지기관의 마케팅을 환경관리활동으로 보아 적극적으로 마케팅의 원리를 적용해야 한다는 주장이 설득력을 얻고 있다(Lewis et al., 2000). 이러한 관점에서 기업마케팅의 주요 구성요소를 사회복지기관에 적용시켜 볼 필요가 있다.

사회복지기관의 클라이언트 확보와 재원개발을 위한 마케팅 전략을 수립하기 이전에 기업조직이 사용하는 5P 마케팅 믹스(marketing mix)를 사회복지기관 마케팅에 그대로 적용시킬 수 있다(Lauffer, 1984). 여기서 5P란 대중(public), 제품(product), 가격(price), 유통(place), 촉진(promotion)을 말한다.

(1) 대중(public)

마케팅의 표적이 되는 대중은 사회복지기관에 적용될 때에는 제각기 달라진다. 투입대중(input publics)은 기관의 클라이언트와 재원을 공급해 주는 정부기관과 일반후원자들이 되며, 과정대중(throughput publics)은 기관의 직원이 되며, 산출대중(output publics)은 변화된 클라이언트가 된다. 이 모든 사람들은 이해관계 당사자로 서비스 제공의 범위와 성격을 규정하는 데 크게 영향을 주고 있다.

(2) 제품(product)

제품이란 사회복지기관이 표적시장에서 반응을 유도할 수 있는 산출물을 의미하는데 사회복지기관의 산출물은 서비스와 아이디어가 주종을 이룬다. 사회복지기관이 산출하는 제품인 서비스는 상담, 치료, 교육, 재활, 보호, 의뢰, 정보제공 등이 있다. 이러한 서비스가 지역주민이나 표적시장에 얼마나 큰 호응을 얻을 수 있는지를 판단하기 위해서는 주민욕구조사나 의견조사를 실시하는 것이 바람직하다. 이러한 방법으로 서비스 또는 제품의 매력을 크게 하고 서비스 다양화로 잠재적 수요자인 클라이언트를 개발할 수 있을 것이다.

최근 대학들이 IT 학과와 생명공학과 등의 신설학과 증설로 제품 또는 교육 프로그램의 다양화를 추구하고 있다. 사회복지기관도 새로운 수요를 창출시킬 수 있는 경쟁력 있는 서비스를 창출시키기 위해서 경영분석을 하여 지역사회에서 다른 기관에 의해서 제공되지 않는 독특한 서비스를 개발할 필요가 있다.

(3) 가격(price)

가격은 사회복지기관이 제공하는 서비스를 획득하기 위해서 지불하는 대가를 의미하는데 비영리조직인 사회복지기관의 이용료 결정은 영리추구기업과 차이가 있다. 영리추구기업의 가격은 이익을 극대화하는 수준에서 결정되지만 비영리조직인 사회복지기관의 서비스 가격은 클라이언트의 욕구와 지불능력을 고려하여 결정된다. 일반적으로 비영리조직의 가격은 원가의 회수를 목표로 삼고 있지만 지불능력이 없는 클라이언트에게는 무료로 서비스가 제공되기도 한다.

사회복지기관의 사회교육 프로그램과 다른 이용료를 받고 제공하는 서비스의 가격은 원가의 개념도 적용되기 어려우며 일반인 관례에 따르는 경우가 허다하다. 가격상승과 그에 따른 재원확충에 성공적인 비영리조직은 병원이다. 전문화된 새로운 의료서비스의 개발로 의료는 가격을 차별화시켜 의료수가를 점차 높일 수 있었다는 점이 동일한 비영리조직인 사회복지기관에도 시사하는 바가 있을 것이다.

(4) 유통(place)

유통은 사회복지기관의 서비스를 주고받는 적합한 시간과 장소를 의미하는데 주로 비영리기관의 서비스 유통은 즉시적이며 현장에서 이루어지는 것이 보통이다. 문제를 가진 클라이언트가 기관에 내방하면 즉시 면접과 상담이 사회복지기관에서 이루어지고 교육 및 재활 등의 여타 서비스도 사회복지기관 내에서 제공되는 경우가 일반적이다. 그러나 재가복지사업이나 방문간호 등의 경우 서비스는 클라이언트 자신이 거주하는 집에서 가사, 간병, 의료서비스가 주어지므로 유통이 일어나는 현장은 사회복지기관이라 보기는 어렵고 재가복지대상자의 거주지가 될 것이다. 이동복지관과 거리사회사업의 경우도 사회복지사는 클라이언트를 만나는 현장에서 서비스가 제공된다.

(5) 촉진(promotion)

촉진은 마케팅을 위한 기관의 홍보를 의미하는데 대중매체를 이용하거나 사회복지기관의 자체 홍보물을 제작하여 배포하는 방법을 흔히 사용한다. 이때 고려해야 할 중요한 사항이 시장세분화(market segment)이다. 시장세분화는 지역별, 서비스 유형별, 클라이언트의 인구사회적 특성별로 나누어 홍보하는 것을 말한다. 홍보의 대상을 세분화해서 기관의 서비스가 지역사회와 클라이언트 집단에 유익한 기대효과를 창출할 수 있다는 믿음을 심어 주는 것이 매우 중요하다.

4) 프로그램 마케팅의 방법

(1) 클라이언트 확보를 위한 마케팅의 방법

사회복지기관의 서비스나 프로그램에 관심을 유발시켜 잠재적 클라이언트가 참여할 수 있도록 유도하는 광고 및 홍보의 방법은 다양하다. 사회복지기관에서 보편적으로 사용되는 마케팅의 방법을 살펴보면 다음과 같다.

① 인쇄 및 홍보물

사회복지기관에서 가장 흔히 프로그램을 홍보하기 위해 사용되는 마케팅 방법의 하나가 인쇄물과 홍보물을 제작해 배포하는 방법이다.

사회복지기관은 그 기관의 특성에 알맞게 소식지, 팸플릿, 전단지, 현수막을 제작하여 광고하고 기념품과 같은 별도 홍보물을 제작하여 배부함으로써 클라이언트나 지역주민의 관심을 유발시키기도 한다.

② 우편물

우편물은 전통적으로 사회복지기관의 프로그램을 홍보하기 위한 수단이 되어 왔다. 우편물은 수신자의 주소와 이름이 분명한 사람들에 한정되므로 기존 프로그램 이용자나 후원자에 국한되는 점에서 한계가 있다. 우편물 발송 시의 내용에 관해서는 짧고 분명한 메시지로 잠재적 클라이언트 집단에 호소할 수 있어야 한다.

③ 전 화

기업에서 판촉을 위해서 텔레마케팅 방법을 사용하는 것과 같이 사회복지기관에서도 전화를 이용하여 잠재적 클라이언트 집단에 홍보할 수 있다. 전화를 통한 프로그램의 홍보는 실제로 통화 거부율이 높기 때문에 시간에 비해서 홍보의 실적이 저조하고 프로그램 담당자의 소진을 불러일으킬 가능성이 크기 때문에 이용가능성이 높은 집단을 사전에 선별해서 전화작업을 하는 것이 유리하다.

④ 신문 및 방송매체

신문과 방송은 대중의 인지도를 높이는 방법으로 광범위한 표적집단을 대상으로 홍보하는 데 매우 유리한 수단이 되고 있다. 그러나 신문이나 잡지의 광고란을 이용하는 데에는 상당한 비용을 지불해야 하므로 영세한 사회복지기관으로서는 좀처럼 시도하기 어려운 광고방법이다. 그러나 참신하고 독특한 프로그램이 있다면 신문사나 방송사의 담당기자나 PD에게 홍보하여 소기의 목적을 달성하는 경우도 있다.

⑤ 기 타

사회복지 프로그램의 참여자를 모집하기 위해서 그 밖에 사용될 수 있는 광고의 방법에는 인터넷 홈페이지 소개, 개별면담에 의한 소개, 기관의 게시판과 홍보코너를 이용하는 방법 등이 있다.

(2) 재원개발을 위한 마케팅

사회복지기관의 재원개발은 우선적으로 사회복지기관이 위치한 지역사회를 중심으로 이루어져야 한다. 이는 사회복지기관의 각종 복지사업이나 프로그램 등이 지역주민을 대상으로 하고 있기 때문에 타 지역주민보다 더 용이하게 강한 호소력과 관심을 유발할 수 있기 때문이다.

사회복지기관의 재원개발을 위한 마케팅 기법으로는 사회복지기관의 현실적 여건과 효과성을 감안한다면 다음과 같은 다섯 가지 방법을 사용할 수 있다.

① 우편물 발송

DM(Direct Mail)은 가장 전통적인 마케팅 방법 중의 하나로서 잠재적 후원자들에게 후원을 요청하는 편지를 발송함으로써 후원자를 개발하는 방법이다. DM은 일반적으로 사회복지기관에서 주로 많이 활용하고 있는 방법이긴 하지만 후원업무담당자가 상투적이고 형식적으로 편지글을 써서 부치는 정도에 그치고 있어 실제적 효과성을 확보하지 못하고 있는 실정이다. 따라서 DM의 방식을 택할 경우에는 표적시장을 선정하여 표적대상에 대한 구체적 자료나 정보를 수집하여야 한다. 이러한 과정을 거친 후에는 표적대상을 세분화하여야 하는데 소득, 사회적 지위, 직업, 종교 등으로 분류하여 대상자 목록을 작성하여 지속적이고 정기적으로 편지를 발송할 때 효과를 발휘할 수 있다.

DM은 15초 안에 후원을 요청하는 편지를 읽고 후원의 의지가 결정된다고 한다. DM은 서신의 겉봉투, 호소 서신, 첨부물 등이 중요하게 작용한다. 서신의 겉봉투는 잠재적 후원자들의 관심을 유발할 수 있도록 디자인과 형식을 매력적으로 갖추어야 한다. 우리들 대부분은 자신이 필요로 하는 상품의 구매를 결정할 때 그 상품에 대한 자기 자신의 첫 느낌과 만족감을 중시하여 구매를 한 경험이 있을 것이다. 다시 말해서 그 상품의 가치보다는 좋은 이미지와 느낌을 얼마나 잘 전달하였느냐가 중요하다는 것이다. 호소 서신은 간결하고 명확한 문장으로 구성하고 후원요청의 목적과 내용이 뚜렷하게 나타나야 한다. 또한 서신내용에는 인간의 감동 이야기에 초점을 맞추고 클라이언트의 인권과 생명존중을 생각하게끔 하며 클라이언트의 이미지는 긍정적이고 미래지향적으로 표현해야 한다. 뿐만 아니라 클라이언트의 당면문제에 대한 긴급성과 강한 욕구를 표현하여 후원을 통한 문제해결의 가능성을 제시하여야 한다. 한 가지 덧붙인다면 서신내용의 끝에는 기관장이 직접 친필로 서명하여 발송하면 더욱 좋겠다. 첨부물은 후원을 요청하는 프로그램이나 사업에 대한 안내문, 계획서, 관련 사진, 언론에 보도된 기사내용과 더불어 기관의 리플릿, 지로용지 등이 포함될 수 있다.

② **명분마케팅**(Cause-Related Marketing : CRM)

명분마케팅 방법은 사회복지기관을 비롯하여 비영리기관들이 모금을 위해 1980년대에 많이 활용했던 마케팅 방법이다. 명분 마케팅은 미국의 American Express Card에서 처음 사용한 방법인데, 이 회사에서는 카드 속에 그려진 자유의 여신상을 활용하여 판촉을 하기 위해 자유의 여신상 복원사업을 펼치는 시민단체와 연계하여 개인이 사용한 카드금액의 일정비율 금액을 시민단체에 기부하는 방식으로 이루어졌다. 이러한 방법의 활용은 현재 우리나라의 사회복지기관에서도 이루어지고 있는데 예를 들면 사회복지기관이 위치한 지역사회에서 기업이 직영하는 대형할인매장(L마트, H플러스 등)이나 전자대리점 등과 연계하여 지역주민들이 구매한 영수증을 모아서 구매금액의 일정비율을 사회복지기관에 기부금으로 돌려주는 방법이다. 도심지역에 위치한 사회복지기관의 경우에는 기관의 행사용품이나 소모품 등을 지속적으로 구입하여 관계를 형성하거나 후원업무담당 사회복지사가 적극적으로 직접 관련업체를 방문하여 기관의 프로그램에 관한 설명과 더불어 지역 업체의 이미지 제고를 위한 공동의 목표를 수립하여 연계를 시도한다면 가시적 성과를 거둘 수 있을 것이다.

③ **컴퓨터 통신 활용**

이러한 방법은 현대사회가 급속한 정보화 사회로 변모함으로써 다양한 계층의 지역주민들이 컴퓨터 통신을 통해 다양한 정보를 습득하고 있고 컴퓨터가 현대인의 생활 속에서 없어서는 안 될 필수품으로 자리매김한 지가 이미 오래되었기 때문에 활용할 수 있는 수단이다. 따라서 사회복지기관에서는 인터넷을 통해 기관의 홈페이지를 개설하고 기관의 홍보와 모금을 위한 방법으로 채택할 수 있다. 이러한 방법은 지역주민의 사회복지기관에 대한 자연스러운 관심과 자발적 후원의 참여를 유도하는 강한 기재로 작용할 수 있을 것으로 여겨진다.

④ 이벤트 또는 특별행사

이는 후원의 특정 동기를 부여하기 위하여 특정 기관과 장소에서 사전계획하에 특별한 활동을 벌이는 커뮤니케이션 과정이다. 후원자 개발을 위한 사회복지기관의 이벤트로는 자선음악회, 모금전시회, 자선바자회, 일일찻집 등이 있다. 이벤트의 방법은 장단점이 있다. 단점은 사전계획과 준비과정이 복잡하고 시일이 많이 걸릴 뿐만 아니라 비용이 많이 소요된다는 것으로 모금을 많이 하기 위한 목적만으로는 적합하지 않다. 그런 반면에 장점은 이벤트를 통해 대중의 공감대를 형성하고 잠재적 후원자와의 관계를 형성하며 사회복지에 대한 인식을 강화할 수 있는 대중교육의 효과를 얻을 수 있다는 것이다. 일선 사회복지기관들이 다양한 행사를 비슷한 시기에 동시 다발적으로 실시하여 공동의 목적과 가치를 추구하는 동반자의 입장임에도 불구하고 기관 상호간에 서로를 이벤트의 초청대상자로 삼고 있는 경우를 흔히 볼 수 있다. 하지만 이러한 표적집단의 선정은 지양되어야 할 것이고 지역사회의 보다 폭넓은 대중의 참여를 유도하는 방향으로 초점을 모아야 할 것이다.

⑤ 자본모금

이는 사회복지기관의 자산을 증가시키기 위한 방법으로서 보통 1~5년 정도의 일정한 기간 동안에 집중적 모금활동의 성격을 띤다. 예를 들면 건물의 신축, 기존 건물의 보수, 새로운 기관 공간의 확보, 각종 설비 및 장비의 확보나 보수 등을 위한 모금활동 등이 해당된다.

자본모금의 특징은 크게 세 가지로 규정할 수 있다(Rosso, 1991 : 81-82). 첫째, 자본모금은 연중모금에 비해 거액의 모금을 목표로 한다는 점이다. 현금, 부동산, 재산 등과 같은 형태로 일시적 기부 또는 다년간에 걸친 연차적 기부의 형태가 있다. 둘째, 모금활동에 있어서 과거 기부자 등과 같이 기관에 대한 관심과 이해가 높은 인력자원을 강조한다는 점이다. 따라서 전략적 차원에서 자원봉사자의 모금과정참여를 중요시한다. 셋째, 전반적 모금과정에 있어서 전략적 기획의 과정을 강조한다. 모금 전에 이루어지는 욕구분석, 모금목표설정, 모금진행 및 종료에 대한 구체적 계획과 절차를 강조하며 또한 기관의 이사 등과 같은 주요인사들의 참여를 강조한다. 사회복지기관에서 자본모금을 실행하기 위해서는 사전에 두 가지 문제에 초점을 둔 가능성(feasibility) 연구가 이루어져야 한다. 즉, 기관은 자본모금을 위한 준비가 되어 있는가, 기관이 속한 지역사회는 자본모금에 호응할 수 있는 상황인가, 라는 문제에 대한 신중한 검토가 선행되어야 하는 것이다. 또한 자본모금의 성공가능성을 높이기 위해서는 기관의 주요관리자나 이사 등의 리더십과 적극적 참여가 필수적이고 모금관리가 체계적으로 이루어져야 한다.

그 밖에도 사회복지기관에서 활용할 수 있는 마케팅의 기법으로는 개별방문, 개별우편, 대중매체 광고, ARS 모금 등이 있다.

5) PR과 언론홍보

PR(Public Relations)은 홍보(publicity)로 보통 번역되어 마케팅의 중요한 요소 중의 하나로 잘 알려져 있다. PR은 단순히 제품이나 서비스를 선전하는 차원을 넘어서 기관이나 서비스 또는 제품의 이미지를 증진시키기 위한 제반 활동이라는 넓은 의미로 사용된다. 한편 좁은 의미의 PR은 언론홍보 또는 섭외를 지칭하는 퍼블리시티(publicity)를 의미한다. "자기 PR의 시대", "PR을 잘해야 기관의 경쟁력이 강화된다." 등과 같이 PR의 중요성을 강조하는 말은 얼마든지 있다. 그러나 "사회복지기관은 영세한 인력과 재원으로 효과적인 PR을 할 수 없다."는 말이 있는데 이러한 변명은 더 이상 수용되기 어렵다. 왜냐하면 PR을 제품광고와 프로그램 광고와 같이 막대한 비용을 지불하는 광고에만 집착하고 있고 무료로 기관의 프로그램이나 서비스를 대중에게 홍보하는 퍼블리시티가 있다는 사실을 망각하기 때문이다.

사회복지기관에서 언론홍보, 즉 퍼블리시티는 대체로 신설된 프로그램명과 내용을 간략히 적어서 지역사회의 각 언론사나 방송국에 보내어 광고해 주기를 요청하는 서신을 보내는 소극적 방법을 주로 사용하고 있다. 이와 같이 소극적으로 접근하는 프로그램 관리자는 온갖 프로그램 홍보물과 FAX를 수차례 보내지만 언론사의 반응은 차갑기만 하다는 사실을 자주 깨닫는다. 실제로 우리는 프로그램이 언론에 홍보되기는 코끼리가 바늘구멍을 통과하는 만큼의 확률도 안 된다는 사실도 잘 알고 있다. 그러면 무엇이 문제인가? 퍼블리시티, 즉 언론홍보의 개념을 잘 이해하고 적극적이고 효과적으로 언론홍보를 하는 보도자료 작성방법을 잘 배워서 활용한다면 기관과 프로그램의 PR 효과를 극대화할 수 있을 것이다.

언론홍보(publicity)는 무료로 대중매체를 통해 자기 기관의 서비스와 제품을 홍보하는 것을 말한다. 따라서 언론홍보는 사회복지기관과 같이 영세한 비영리조직에서 활용할 수 있는 최대의 홍보 또는 촉진(promotion)을 의미한다. 사회복지기관의 프로그램은 사회문제를 해결하고 사회적으로 이슈가 되는 프로그램을 수행하기 때문에 알리기만 잘한다면 언론 및 방송에서 큰 관심을 갖고 홍보할 대상이 된다. 『사장님 차리기만 하면 뭐 합니까? 알려야죠!』라는 책을 펴서 자본이 영세한 벤처기업이나 소점포를 가진 사람들이 무료로 홍보마케팅하는 방법을 제시하여 큰 반향을 일으킨 지병주(1999)의 보도자료 작성법과 보내기를 원용하여 사회복지기관 프로그램 관리자가 효과적 언론홍보를 하는 방법을 제시하고자 한다.

(1) 기삿거리 찾기

사회복지기관의 다양한 프로그램 가운데 언론사의 관심을 끌 수 있는 프로그램과 서비스를 발굴하는 것이 중요하다. 보통 기자들에게는 같은 사건이나 현상을 보고도 기사의 가치가 있는지 없는지를 판단할 수 있는 '기사감각'이 있는데 교육과 훈련을 받지 않은 사회복지사로서의 기사감각을 하루아침에 갖추기란 매우 어렵다. 따라서 시행착오를 반복하면서 기삿거리가 될 만한 프로그램의 서비스 또는 사례를 찾아내야 한다. 상담의 사례나 독특한 성공사례가 있다면 분명히 좋은 기삿거리가 될 수 있다. 이러한 사례를 잘 정리하여 보도자료를 만들면 성공할 수 있다.

(2) 관심을 끌 제목 만들기

기삿거리를 찾았다면 그 다음 기자들에게 분명히 전달할 수 있는 보도자료를 작성하는데 결국 제목이 보도자료의 운명을 결정한다.

보도자료는 헤드라인(headline), 리드(lead), 그리고 본문(body)의 세 부분으로 구성되어 있는데, 헤드라인은 제목으로 자료의 모든 내용을 압축하여 기본적 콘셉트(concept)을 극명하게 보여줌으로써 관심을 유발시키도록 해야 효과적이다. 리드는 본문이 주장하는 바를 한두 줄로 압축하여 본문을 리드하는 역할을 하면서 독자에게 읽을 가치가 있다는 것을 보여주어야 한다. 기자들은 매일 산더미처럼 쌓이는 보도자료를 본문까지 읽어 판단할 수 없어 헤드라인과 리드만 보고 판단하기 때문에 헤드라인과 리드, 즉 제목작성이 결정적으로 중요하다.

(3) 기본 콘셉트에 부합되는 본문 쓰기

본문을 작성하는 방법의 기본 콘셉트에 따라 육하원칙에 맞춰 내용을 구성한다. 누가, 언제, 어디서, 무엇을, 어떻게, 왜 했는지를 차근차근 써 내려간다. 내용구성을 너무 멋있는 말로 현학적으로 표현한다든지 모호한 용어를 사용하는 것 등은 금물이다. 특히 내용구성에서 사회적·정치적·복지적 의미를 부여하는 것이 매우 중요하다.

(4) 보도자료 바로 보내기

보도자료가 아무리 잘 작성되었다 해도 관련기사를 담당할 기자에게 정확히 전달하지 않으면 소용없다. 사회복지 프로그램과 관련해서는 언론사에서는 사회부 기자가 담당하기 때문에 그 기자의 연락처와 FAX 번호를 알아 반드시 전화통화 후 적절한 발송방법으로 보도자료를 발송해야 한다.

(5) 발송 후 확인

사회복지기관의 전통적 보도자료 처리방법은 발송 후 미확인이다. 반드시 수신처인 담당자를 확인하고 그 다음 확인전화하는 것이 중요하다. 마지막으로 보도자료가 기사화되었을 경우 감사의 전화를 하여 답례를 하는 것이 필요하다.

청소년 사회봉사 체험캠프 보도자료

수신 : 각 언론사 사회부 기자님
발신 : ○○종합사회복지관(051-000-1236)
제목 : ○○종합사회복지관 청소년 사회봉사 체험캠프 개최

1. 좋은 하루 보내십시오.
2. 저희 ○○종합사회복지관에서 청소년 사회봉사 체험캠프를 개최하는바 다음과 같이 보도자료를 제공하오니 내용검토 후 사정이 허락하면 보도해 주시면 고맙겠습니다.
3. 보도자료와 관련, 문의사항이 있으시면 구체적 내용에 관해서는 저희 ○○종합사회복지관(관장 김○○ 051-000-1234/담당 이○○ 부장 사무실 051-000-4545/휴대전화 010-000-6565)으로 연락 주시면 성심껏 답변해 드리겠습니다.

****

헤드라인(headline)

"사회봉사 체험으로 무더위 식힌다"

리드(lead)

－○○종합사회복지관 청소년 사회봉사 체험캠프 개최
－8. 11.~13. 사흘간 ○○대, 부산, 경남지역 사회복지시설에서 활동

본문(body)

· 영남권 중 · 고교생 및 대학생이 펼치는 봉사 페스티벌 팡파르
○○종합사회복지관(관장 김○○)은 2005년 8월 11일부터 13일까지 3일 동안 ○○대 캠퍼스 기숙사와 부산, 경남지역 15개 사회복지시설에서 청소년 사회봉사 체험캠프를 연다.
MBC와 사회복지공동모금회가 주최하고 ○○종합사회복지관 주관으로 개최되는 이번 캠프에는 부산, 경남, 경북지역 중 · 고교생 300명과 부산, 경남지역 대학생 50명이 중 · 고교생의 지도자로 같이 참가한다.

· 사회복지시설 방문 다양한 봉사활동 전개
이번 행사는 청소년 및 대학생들이 직접 사회봉사에 참여해 사회의 그늘진 곳에서 생활하는 취약계층의 생활상을 체감함으로써 나눔과 봉사정신을 갖도록 하기 위해 마련된 것이다. 금번 행사는 전국을 3개 권역으로 나눠 수도권은 ○○대, 호남권은 ○○대, 영남권은 ○○대가 각각 맡아 진행하게 된다. 이들 3개 주관대학은 모두 사회복지 관련학과의 교수진과 실습시설 등 각종 인프라가 경쟁력을 갖춰 행사를 맡게 됐다. 이번 캠프기간 동안 참가학생들은 ○○대 기숙사인 ○○생활관에 묵으며 팀을 짜 사흘간 노숙인 생활시설인 ○○의 집과 장애인 생활시설인 ○○의 집 등 15개 사회복지시설을 순회하며 청소와 빨래, 식사보조, 말벗 및 정서지원, 학습지도 등 다양한 봉사활동을 벌인다.
한편 ○○종합사회복지관 측은 이번 행사와 관련, 2005년 8월 11일 오전 10시 ○○대 동북아비즈니스지원센터 101호 회의장에서 입소식을 갖고 행사 이틀째인 8월 12일 오후 7시에는 같은 장소에서 ○○ 출신 여성 국회의원인 김○○ 의원을 초청, 명사특강을 갖는다. 퇴소식은 8월 13일 오후 4시 같은 장소에서 열릴 예정이다.

· 코멘트
○○대 부설 ○○종합사회복지관 김○○ 관장은 "청소년과 대학생들이 학교에서 배운 이웃사랑 정신을 어려운 이웃과 함께하는 구체적인 삶 속에서 실천해 보도록 하기 위해 이번 행사를 마련했다."며 "소외계층의 생활상에 대한 직접적인 체험이 청소년과 대학생들의 건전한 사회관 형성과 봉사의식 함양에 크게 기여할 것으로 믿는다."고 밝혔다. 끝.

2. 기록관리 및 정보관리

1) 기록관리

사회복지 프로그램의 실행은 기록과 함께 진행되는 과정이다. 프로그램의 계획서와 세부계획서의 내용에 따라 클라이언트가 모집되고 접수와 사정기록지에 따라 면접이 이루어지며 클라이언트 문제해결이나 욕구충족의 정도가 과정기록지에 기록되고 전반적 목표달성의 정도도 기록에 근거하여 측정하고 판단하게 된다. 따라서 기록의 도움 없이는 프로그램을 제대로 진행하기도 어렵고 사례회의, 슈퍼비전, 모니터링, 평가도 불가능하다.

기록은 클라이언트에 관한 다양한 정보를 제공해 주는 체계화되고 정리된 자료의 저장고이기 때문에 사회복지실천에서는 불가결한 요소이다. 그래서 사회복지실천학문의 태동기 때부터 기록이 강조되어 왔으며 오늘날에는 클라이언트 유형과 문제영역의 다양성과 평가를 통한 책임성의 강조로 기록의 중요성이 점차 증대되고 있다. 그럼에도 불구하고 사회복지실천현장에서 기록은 사회복지사의 업무량 과도와 시간부족을 이유로 소홀히 간주되는 경향이 있다.

사회복지실천현장에서 활용되고 있는 기록방법은 과정기록(process records), 이야기체 기록(narrative records), 문제중심기록(problem-orienter records), 단일사례기록(single case records) 등이 있는데(홍순혜 · 한인영, 1997), 이러한 기록방법들은 거의 임상적 실천에 유용하게 사용되는 것이다. 사회복지 프로그램을 실행하는 과정에서도 프로그램의 내용상 상담과 치료의 서비스가 포함되는 경우 이러한 기록방법이 적절히 활용될 수 있을 것이다. 여기서는 사회복지 프로그램 수행에 필수적으로 요구되는 인테이크 용지, 과정기록지, 실적모니터링기록지를 소개하고자 한다. 이와 같은 서식과 용지는 프로그램의 성격과 클라이언트 특성에 따라 내용구성이 다르고, 동일한 프로그램이라 하더라도 기관마다 약간씩 차이가 있기에 어떤 모형이 완전한 형태라고 일률적으로 말하기는 어렵다. 단지 기록은 항상 클라이언트와 프로그램의 내용에 관한 유용한 정보를 얻기 위해서 만들어진다는 점에 유념하여 항상 문제의식을 갖고 기록지의 형태와 내용을 개선하는 노력이 필요하다.

〈표 7-2〉 ○○ 종합사회복지관 재가복지 프로그램 인테이크 서식의 예

Intake Sheet

결재	담당	과장	부장	관장

관리번호 2003 - 호

성명	허○○	성별	남	나이	68세	생년월일	1936. 3. 11.
주민등록번호	360311-×××××××	직업	무			종교	불교
주소	○○구 ○○동 435-5				☎123-4567		
가족형태	■ 노인		□ 장애인		□ 소년소녀가장	□ 기타	
분류	■ 기초생활수급자		□ 조건부수급자		□ 저소득	□ 기타	

가족사항	이름	관계	나이	직업	동거여부	연락처	비 고
	김○○	부인	62	·	○	123-4567	ct2, 투석
	허○○	딸	40	주부	×		
	허○○	아들	38	무직	×	123-4567	
	허○○	아들	36	무직	○	000-0000-1234	ct3, SPR

비상연락				
	가족(또는 이웃)	주소	아들(허○○)	☎123-4567
	사회복지 전문요원 또는 동·통장	주소	○○동 동사무소	☎555-0000

주거사항				
소유구분	□ 자가 □ 전세 ■ 월세 □ 전·월세 □ 기타	부엌	■ 유 □ 무
주거형태	□ 단독주택 □ 아파트 □ 연립주택 ■ 집단가옥 □ 기타		
난방	□ 연탄 ■ 기름 □ 가스 □ 기타	화장실	□ 전용 ■ 공용

경제사항			
월평균총수입	400,000원	친·인척 지원	·
정부지원금	400,000원	기타 지원	·
복지단체후원금	·	월평균 총지출	400,000원

건강	□ 양호 □ 보통 ■ 허약	질병유무	□ 무 ■ 유 관절, 치매	장애유무	■ 무 □ 유

필요한 서비스	가사		정서		간병		의료		결연		독립생활		기타	
	집안청소		말		병간호		방문진료	○	결연후원	○	후원물품	○	이·미용	
	세탁		정서지지		병원동행		한방진료		교육교재비		요구르트		영정사진	
	반찬지원	○	안부전화		차량지원		치과검진				목욕		수의지급	
			효도나들이		호스피스	○	안과검진						주택수리	
					약품지원		건강검진						긴급지원	
							재활간호							

접수일	2003.5.27.	접수자	이○○	서비스 개시일		서비스 종료일	
판정	■ 우선	□ 차선	□ 보류	□ 기타			
담당자 의견	동거하는 가족 모두 건강상태가 매우 나쁘며 경제적 소득이 없으므로 결연후원과 물품후원 등을 지원하여 자립할 수 있도록 해야 할 것으로 보임.						

〈표 7-3〉 ○○종합사회복지관 발달장애아동 프로그램 과정기록지

프로그램 과정기록지

○○종합사회복지관

<table>
<tr><td>프로그램명</td><td colspan="3">발달장애아동의 사회성 향상 프로그램 '자람교실'</td><td>작성자</td><td>허○○</td></tr>
<tr><td>일시</td><td>2005. 2. 14.(월)</td><td>장소</td><td>자람교실</td><td>참석인원</td><td>5명</td></tr>
<tr><td>수행인력</td><td colspan="5">허○○, 자원봉사자 2명</td></tr>
<tr><td>목표 및 과제</td><td colspan="5">· 신체활동(평균대 걷기)
－평균대 활동을 통해 아동의 평행감각 발달을 돕는다.
· 음악활동(악기 사용하기)
－악기를 이용한 음악활동을 통해 악기에 대한 이해 및 인지발달을 돕는다.</td></tr>
<tr><td>진행일정</td><td colspan="5">· 15 : 00～15 : 50 신체활동
· 15 : 50～16 : 10 간식시간
· 16 : 10～17 : 00 음악활동</td></tr>
<tr><td>진행내용</td><td colspan="5">〈준비단계〉
수업시작 전 오늘 수업에 필요한 평균대와 악기 등 교구를 준비해 두었다. 교실로 들어오는 아동 모두에게 인사를 나누고 자신의 외투를 스스로 벗어 옷걸이에 걸도록 지도하였다. 본격적인 수업에 앞서 오늘이 몇 월 며칠이고 무슨 요일인지 아동에게 질문하였으나, 주○만 2월이라고 답하였고 정확한 날짜와 요일 표현은 어려웠다.

〈진행단계〉
－신체활동－
오늘의 신체활동은 아동의 평형감각을 위한 평균대 걷기였다. 평균대는 자람교실에 비치된 평균대 하나와 1층 어린이집에서 하나를 더 빌려와 두 개를 가지고 수업을 진행하였다. 먼저, 수○, 주○, 혜○, 준○, 태○로 순서를 정하고 한 줄로 선 다음 수행인력의 시범이 있었다. 좁은 평균대에서 걸을 때 팔을 벌려 걸으면 더 균형이 잘 잡힌다는 것을 알려 주니 주○와 수○가 팔을 벌려 걷는 모습을 볼 수 있었다. 혜○는 혼자 평균대에 올라서서 걸으려고 하지 않았다. "무섭다.", "싫어."라는 말을 되풀이하여 수행인력이 한 손을 잡아 함께 수행하였다. 태○는 수업에 적극적으로 참여하지 않고 먼 곳을 보는 등의 모습을 보여 계속적인 지도가 필요하였다.</td></tr>
</table>

<table>
<tr>
<td>진행내용</td>
<td>
－간식시간－
준○에게 간식당번을 수행하도록 지도하여 친구들에게 카스텔라와 오렌지 주스를 나눠 주도록 하였다. 나눠 줄 때에는 친구들의 이름과 함께 “맛있게 먹어.” 라고 말하고, 간식을 받은 아동은 “고마워.”라고 답하도록 지도하였다. 비교적 자세가 불안정하였으나 오렌지 주스를 쏟지 않고 수행하는 모습을 볼 수 있었다.

－음악활동－
간식을 먹고 「친구야 사랑해」 노래에 맞춰 에그셰이크와 탬버린, 캐스터네츠를 사용하여 음악활동을 진행하였다. 이어서 「아기염소」, 「파란마음 하얀마음」을 핸드벨을 사용하여 연주할 수 있도록 지도하였는데 핸드벨 사용에 있어 주○를 제외한 모든 아동이 색을 바르게 인지할 수 없어 자신의 색에 맞는 핸드벨을 연주하는 데 있어 어려움이 있었다. 따라서 미술시간을 통해 아동의 색 인지에 대한 학습이 이루어져야겠다.

〈개별아동활동기록〉
· ○태○ : 수업 도중 종종 집중하지 않고 딴 곳을 바라보거나 지도에 따르지 않아 그때마다 박수를 치거나 이름을 크게 불러 집중을 유도하였다. 특히 갑자기 큰 소리로 웃거나 소리를 지르는 행동을 보여 손으로 ‘쉿’ 하는 행동을 보여주자 따라하며 크게 웃지 않았다.
· ○혜○ : 혜○는 지난 시간에 ○○초등학교에서 시소, 미끄럼틀과 같은 놀이기구를 탈 때에도 잘 타지 않으려 하였으며, 이번 평균대 활동에 있어서도 매우 소극적인 모습을 보였다. 혜○가 할 차례가 되어 혼자 해보기를 여러 차례 권유하였으나, “싫어.”, “안 해.” 등 수행거부에 대한 표현을 강하게 하였다.
· ○준○ : 지난시간과 마찬가지로 돌멩이를 가지고 있는 모습을 발견하여 버리도록 지도하였으나 완강히 반대하며 돌멩이를 주지 않았다. 주○가 옆에서 준○가 가지고 있던 돌멩이를 빼앗아 수행인력에게 주어 준○에게 스스로 버리도록 지도하였다. 또, 수업 도중 운동화를 벗어 바르게 신도록 지도하였다. 수행인력이 한 손을 잡아 주어 함께 수행하였다.

〈종결단계〉
음악활동을 마치고 사용한 악기를 제자리에 정리하도록 지도한 후, 소감 나누기를 실시하였다. 선○는 다음에도 핸드벨 연주하기를 하자고 자신의 의견을 표현하였고 주○도 핸드벨 연주가 가장 즐거웠다고 오늘의 활동소감을 말하며 일정을 마쳤다. 「안녕, 안녕」 노래를 합창하고 한 명씩 바르게 인사한 후 집으로 귀가하였다.
</td>
</tr>
</table>

2) 정보관리

(1) 정보관리의 의미와 필요성

정보기술의 발달은 사회복지기관의 전반적 조직관리과정에서와 마찬가지로 프로그램 시행과정에도 많은 변화를 주고 있다. 대부분의 프로그램 담당자나 관리자는 개인 컴퓨터를 통해서 각종 기록과 행정업무를 수행하고 전자우편을 통해서 문서를 교환하며 지금은 전자결재도 가능한 수준에 이르렀다. 정보화 시대를 맞이하여 사회복지기관의 관리자와 프로그램 관리자도 기관관리나 서비스 또는 프로그램의 효율성과 효과성을 확보하기 위해서 유용한 정보를 수집, 처리, 분석, 활용해야 하는 과업에 직면하고 있는 실정이다. 여기서는 정보의 의미를 간략히 살펴보고 사회복지기관에서 정보관리체계의 구축 필요성과 정보관리체계의 유형 그리고 사회복지 프로그램 관리와 관련된 정보의 내용을 검토해 보겠다.

정보란 단순히 자료가 아니며 현재와 미래의 중요한 업무처리와 관련된 불확실성을 제거하고 의사결정에 도움을 주는 유용한 행태로 처리된 자료를 일컫는다. 따라서 정보는 자료의 생성, 축적, 가공, 전달, 활용되는 과정을 거치면서 조직운영과 프로그램 실행에 관한 의미 있는(relevant) 자료를 제공해 줄 수 있어야 한다. 최근 사회복지기관에서도 정보관리체계(Management Information Systems)의 구축이 절실히 요구되고 있는데 이는 다음과 같은 몇 가지 이유에서 더욱 강조되고 있다(Lewis et al., 2001).

첫째, 사회복지사업에 대한 정부보조금이 어떤 과정과 프로그램을 통해서 어떤 성과를 산출했는지에 관해서 정부나 일반 시민의 관심이 증가했기 때문이다. 이는 사회복지기관과 프로그램의 책무성과 효과성을 검증하는 차원에서 정부가 훨씬 다양하고 방대한 세부적인 자료를 요구한 데서 비롯되었다고 볼 수 있다. 둘째, 사회복지기관의 사회복지사들은 자신의 실천활동이 클라이언트에게 어떤 성취감과 만족감을 주는지에 관해서 관심이 높아졌다. 즉 프로그램과 서비스의 효과성을 확인할 수 있는 유용한 자료가 절실히 필요했기 때문으로 여겨진다. 셋째, 정보체계는 사회복지 프로그램과 서비스가 평가를 통해서 이어지는 환류(feedback)로 개선될 수 있다는 신념이 확산되어 그 중요성이 더욱 강조되고 있다.

(2) 정보관리체계의 유형

사회복지기관과 프로그램 활동을 지원하고 문제해결을 위해 활동되는 정보체계의 유형에 관해서 Gates(1980 : 252-278)는 정보의 내용을 중심으로 클라이언트 정보체계(client information system), 조직정보체계(organization information system) 그리고 성과정보체계(performance information system) 등 크게 세 가지로 나누어 설명한다. 클라이언트 정보체계는 클라이언트에 관한 기본적 정보를 포함하여 클라이언트와 프로그램 간의 상호작용 등에 관한 정보를 생성, 처리, 보고하기 위한 것이다. 조직정보시스템은 조직의 예산, 회계, 비용통제 등과 같은 행정기능을 보조하는 수단으로 사용된다. 성과정보체계는 프로그램 효과성과 성과를 확인하고 정리하는 목적으로 수집되고 관리되는 정보체계이다. 한편 정보관리체계의 유형을 정보기술의 발달과정에 따라 구분하면 5단계로 제시되며 각 발전단계별로 정보관리체계 구축은 근본적인 목적과 기능에서 차이점이 나타난다(황성철 외, 2003 : 271-276).

① 자료처리 응용단계

자료처리(data processing)는 기계, 사람, 절차 그리고 반복적 사무업무를 가능하게 하는 장비로 구성되어 있다. 자료처리업무는 정보의 수집, 저장, 검색, 조정, 이송, 그리고 자료출력을 포함한다. 자동자료처리응용 프로그램(automated data processing applications)은 비서업무와 직원들의 일상업무를 처리하는 데 소요되는 시간과 비용을 감소시키기 위해서 고안된 것이다. 봉급명세서의 자동처리, 이용자 명부관리, 영수증 자동발급 등이 사례가 될 것이다. 비교적 단순·반복적인 업무에서 발생되는 자료의 양이 증가함에 따라 기계적 자료처리 필요성이 높아진 것이다.

② 정보관리체계(관리정보체계)단계

정보관리체계(information system)는 사람의 모집, 절차, 자료와 정보수집기술, 일련의 절차를 통해서 자료와 정보를 향상시키는 기술, 그리고 그 결과를 출력하여 배포하는 것을 포함한다(O'Brien, 1995). 정보관리체계는 기초적 조직정보를 처리하는 공식적이고 전산화된 응용 프로그램을 말하며, 자료처리(data processing)의 특성을 많이 가지고 있다. 정보체계는 많은 독립된 자료처리과정을 통합시키고, 단계별로 조직에게 도움을 주며, 보고의 형식으로 정보를 만들어 낸다. 예를 들어, 이용자 실적을 사업부서별로 월별, 분기별 보고서를 자동작성하도록 하여, 사업현황을 정기적으로 점검할 수 있는 정보를 제공하도록 하는 것은 정보체계의 덕택이라 할 수 있다.

③ 지식기반 시스템

지식은 자료 또는 정보, 그리고 지식의 구조 그 이상의 의미를 포함하고 있기 때문에 더 복잡하고 어려운 처리기술을 요구한다. 사회복지조직에서의 지식기반응용 프로그램은 실험단계에 있지만 매우 중요하다. 그 이유는 사회복지조직의 지식기반응용 프로그램은 클라이언트와 사회복지사의 상호작용을 증진할 수 있는 복잡성을 다루고 있기 때문이다. 사회복지조직과 특별한 관계를 가지고 있는 지식기반응용 프로그램의 세 가지 유형에는 전문가 시스템(expert system), 사례기반추론(case-based reasoning), 자연음성처리(natural language processing)가 있다.

④ 의사결정지원 시스템

의사결정지원 시스템(Decision Support System)은 효과성과 의사결정의 특성을 탐구하는 것에 초점을 두고 있다. DSS는 전문가가 복잡한 의사결정을 보다 쉽게 할 수 있도록 지원하기 위해 고안된 것이다. 사용자가 자료를 검색하고, 관리하고, 의사결정에 관한 정보를 얻는 데 도움을 준다. DSS는 사용자의 경험과 판단의 대리인이 아니라 단지 데이터이고 모델일 뿐이다. 즉 DSS가 의사결정을 하는 것은 아니고 전문가가 직접 의사결정을 한다. 의사결정과정에서 전문가는 DSS를 활용하는 것이다. DSS가 활용되는 한 예로는 미국의 미네소타에 있는 Ramsey County에서의 GAIN(General Assistance Intake)을 들 수 있다. 이 시스템은 접수일정을 자동으로 결정하며, 처음 접수할 때 온라인으로 제공되는 기록을 통하여 클라이언트에 대한 자료를 확보하고, 적절한 담당자에게 자료를 전송시키고 클라이언트에 대한 통계를 작성한다. DSS의 다른 예로는 캐나다 온타리오 주에서 활용하고 있는 임상도구 및 정보관리를 위한 아동복지척도(The Child Well-being as a Clinical Tool and Management Information System)이다. 이 시스템은 아동에 대한 정확한 서비스 계획수립을 돕기 위해 개발된 의사결정지원형을 목적으로 구조화된 사정도구이다.

⑤ 업무수행지원 시스템

업무수행지원 시스템(Performance Support System)은 현장에서의 업무수행능력을 향상시키기 위해 개발된 통합정보제공 시스템이다. 이를 통해 다른 사람으로부터 최소한의 도움을 받아 즉시 그 문제를 해결하거나 업무를 완수할 수 있도록 하는 것이다. PSS는 직접 서비스를 제공하는 사회복지사의 업무성과를 높이는 것에 초점을 두고 있으며, 의사결정에 초점을 두고 있지는 않다. PSS는 DSS보다는 오히려 덜 복잡하다. PSS의 목적은 서비스나 프로그램의 성과를 증대시키는 데 목적이 있는 것이다.

〈표 7-4〉 정보관리체계의 유형과 기능

정보관리체계유형	목 적	기 능	사 례
DP(Data Processing) 전산자료처리 시스템	효율	· 업무처리과정, 기록보관, 업무보고 · 사무적 업무처리의 능률향상에 역점	월급명세서
MIS (Management Information System) 관리정보 시스템	보고	· 구조화된 의사결정을 위한 사무적 능률성 향상 · 정보교환의 매체를 통하여 운영하부 시스템을 상호연결하여 조직의 산출을 최적화하는 데 목적을 둠 · 의사결정을 내리는 데 필요한 정보를 제공하고 이러한 과정에서 상승작용(synergistic organization)을 할 수 있는 체계를 조직 · 일상적이고 구조화된 의사결정의 능률향상에 목적을 둠	클라이언트 정보체계
KBS(Knowledge -Based System) 지식기반 시스템	의사결정지원	· 클라이언트와 직접 서비스 제공자의 상호작용을 지원하기 위한 복잡성을 다루고 있음 · KBS의 유형에는 전문가 시스템(Expert System), 사례기반추론 시스템(Case-Based Reasoning), 자연음성처리 시스템(Natural Language Processing)이 있음	Expert Counseling System
DSS(Decision Support System) 의사결정지원 시스템	효과	· 의사결정과 이의 집행을 돕도록 설계 · 의사결정의 효과성과 조직의 효과에 초점 · 비구조화되거나 준구조화된 의사결정을 위하여 모델링 기법을 이용하여 의사결정자를 도와줌 · 관리능률을 향상시키는 데 강조점을 두고 있음	General Assistance Intake
PSS (Performance Support System) 업무수행지원 시스템	성과	· PSS는 업무를 완성하는 데 필요한 정보를 통합제공하여 업무를 향상시키는 것 · PSS는 서비스 제공자의 성과에 초점을 두고 있음 · PSS는 사용자가 업무수행을 위해 어떤 정보가 필요한지를 확인시켜 주고 도와주는 것	Computer-Assisted Services Planning

출처 : Lewis et al.(2001) ; Blanchard & Horan(2000) ; Slevin(2000) ; Schoech(1999) ; Lyons et al.(1999) ; Butterfield(1995) ; Velasquez(1992)의 내용을 재구성하였음.

PSS는 사용자가 업무수행을 위해 특정한 정보가 필요한 경우 이를 즉각적으로 도와주는 것이다. PSS는 일을 수행하는 방법에 관한 지시사항과 절차가 방대할 때, 직원이 재편성되고 업무교육이 일상적일 때, 기관이 적소에 기본적인 컴퓨터 시스템을 가지고 있을 때, 예산을 줄이고, 질을 향상시켜야 할 압력이 존재할 때 효과가 있다. 예를 들어, CASP(Computer-Assisted Services Planning)는 문제를 정의하고 구조화하도록 도와주며, 측정과 개입을 위해 담당자를 지원해 주는 프로그램이다. 서비스 제공계획의 수립을 도와주는 것이다.

이상과 같이 사회복지조직의 업무영역에서 활용되고 있는 정보화의 활용유형을 도표화하면 〈표 7-4〉와 같다.

(3) 정보의 내용

사회복지기관이 정보관리체계를 구축하고 필요한 정보를 효과적으로 활용할 수 있도록 구체적 정보의 내용을 확인하고 이를 투입, 전환, 산출할 수 있어야 한다. 사회복지기관의 조직관리와 프로그램 수행에 필요한 정보의 내용을 분류하고 구체적 자료의 예시를 제시하면 다음과 같다.

① **지역사회 정보** : 인구통계학적 정보, 사회적 · 경제적 특성에 관한 자료, 서비스를 받고 있는 대상자의 범위확인, 유사 서비스 제공기관과 재원의 목록 등

② **클라이언트 정보** : 클라이언트의 현존 문제, 개인력, 서비스 수혜 유형, 서비스 기간, 사회경제적 · 가족적 특성, 고용상태, 만족도 측정과 서비스 성과 등

③ **서비스 정보** : 기관의 서비스 단위, 클라이언트 수, 일정한 기간 내에 서비스를 제공받은 클라이언트 수와 서비스가 종결된 클라이언트 수, 서비스와 관련된 활동 등에 관한 설명 등

④ **직원 정보** : 프로그램 수행에 참여한 시간, 프로그램 담당기간, 직원의 임면에 관한 사항, 직원의 전직과 보직변경 등

⑤ **자원할당 정보** : 전체비용, 특수한 유형의 서비스 비용, 예산 및 결산보고서를 위해 필요한 자료 등

〈표 7-5〉 2005년 ○○종합사회복지관 상반기 운영실적 (단위 : 명/건, 천 원)

사업 분류	세부사업명	계획		실적		수급권자 이용(연간)	비고
		이용인원	사업비	이용인원	사업비		
아동 복지	가정의 달 행사 아동학대예방홍보캠페인	40	100	41	68	–	
	소년소녀가정 사회성 증진 프로그램	8회 40	400	–	–	–	
청소년 복지	계	7,733	55,534	387	6,904	11	
	청소년상담사업	120	–	31	–	–	
	청소년상담 청소년부모상담 심리검사	20 20 80	– – –	17 13 1	– – –	– – –	
	청년사회복지사캠프	30	4,000	35	2,694	–	
	사회봉사위탁교육	5명 30	–	12	–	–	
	청소년 부모교육	2회 50	450	11	162	2	
	청소년 자원봉사단	14회 104	500	27	58	–	
	자원봉사 계절학교	310	100	–	–	–	
	자원봉사자기본교육 봉사활동 프로그램	2회 70 240	100 –	– –	– –	– –	
	학교부적응청소년사례관리	16회 500	850	–	–	–	
	청소년이동복지학교	10	50	194	21	–	
	약물남용예방공동체	19회 6,060	150	7	–	–	
	만화동아리	160	800	61	126	–	
	청소년 해외문화체험	9	3,844	9	3,843	9	
장애인 복지	계	1,506	2,660	826	828	52	
	발달장애아동 사회성 향상	947	1,260	436	385	–	
	이용자상담 개별능력향상서비스 부모간담회	35 128회 900 2회 12	– 1,230 30	15 416 5	– 375 10	– – –	

〈표 7-5 계속〉 2005년 ○○종합사회복지관 상반기 운영실적 (단위 : 명/건, 천 원)

사업분류	세부사업명	계획		실적		수급권자 이용(연간)	비고
		이용인원	사업비	이용인원	사업비		
장애인복지	계	1,506	2,660	826	828	52	
	발달장애아동 사회성 향상	947	1,260	436	385	–	
	이용자상담	35	–	15	–	–	
	개별능력향상서비스	128회 900	1,230	416	375	–	
	부모간담회	2회 12	30	5	10	–	
	장애인식개선 및 통합	139	390	56	74	11	
	통합교실	2회 24	40	34	3	7	
	통합나들이	15	100	22	71	4	
	인식개선교육	4회 100	250	–	–	–	
	정신지체 청소년 삼각재활	420	1,010	334	369	41	
	사회성 향상 연계서비스	48회 330	650	309	311	37	
	장애청소년문화체험	2회 40	200	25	58	4	
	나눔배움해냄학교	50	160	–	–	–	
노인복지	계	14,920	10,790	6,978	3,719	49	
	지역노인대학	2,940	3,970	1,420	1,787	–	
	레크리에이션 교실	45회 2,800	2,520	1,378	1,159	–	
	춘추계야유회	2회 80	1,100	42	628	–	
	수료식	60	350	–	–	–	
	노인한글교실	1,360	150	818	62	–	
	한글배움방	60회 1,320	–	792	–	–	
	스승의 날 행사	20	70	26	62	–	
	수료식	20	80	–	–	–	
	노인취미교실	3,870	3,220	2,384	1,619	42	
	노래교실	2,475	2,620	1,652	1,319	42	
	스포츠댄스교실	1,395	600	732	300	–	
	실버미인대회	900	1,000	–	–	–	
	노인경로잔치	300	1,600	182	112	–	
	은빛무용단	4회 100	280	40	–	–	
	실버교양교실	3회 150	150	65	21	1	
	이·미용서비스	20회 300	100	153	75	6	

제 3 절 프로그램 모니터링과 기법

1. 프로그램 모니터링

1) 프로그램 모니터링의 개념과 유형

(1) 모니터링과 프로그램 모니터링의 의미

특정 사회문제의 해결에 주안점을 두어 문제의 원인과 결과에 관한 사회문제분석과 그러한 사회문제의 존재로 고통을 받거나 불리한 조건에 처한 표적집단을 선정하면서 그들의 욕구를 파악한 뒤 개입전략과 방법을 설계하여 어떤 프로그램을 시행하는 과정에서 프로그램 관리자는 반드시 현재 수행되는 프로그램이 과연 원래 의도한 방향으로 나아가고 있는지를 확인해야 한다. 프로그램 모니터링이란 일반적으로 프로그램 수행과정에서 그 프로그램이 원래 의도했던 표적집단에 적절한 서비스가 제공되고 있으며 인력은 계획에 따라 배치되어 적절한 역할을 수행하고 예산은 충분히 지원되어 소기의 결과가 산출되고 있는지를 종합적으로 점검, 검토, 그리고 확인하는 과정이라 할 수 있다. 만일 어떤 프로그램이 원래 계획된 그대로 서비스를 받은 표적집단과 클라이언트 집단에 전달되지 않고 적합한 인력과 예산투입에도 문제가 발생한다면 그 프로그램을 수행한 후 성과가 있는지의 여부를 평가하는 것 자체도 무의미하기 때문에 프로그램 모니터링은 중요하다.

일반적으로 모니터링(monitoring)이라 함은 조직에서 프로그램의 수행 전 과정에서 관련된 요소를 체크하고 과연 프로그램이 원래의 목표를 달성하는 방향으로 나아가고 예기치 못한 문제는 발생되지 않는지에 관한 정보를 수집, 분석하여 프로그램 개선에 활용하는 노력을 말한다.

프로그램 모니터링이란 프로그램이 원래 의도한 표적집단을 어느 정도 커버하고 있는지에 관한 프로그램 적용대상자 점검과 아울러 서비스 제공이 실제로 의도한 바와 일치하는지에 관한 프로그램 과정을 측정하기 위한 체계적 노력이다(Rossi & Freeman, 1985 : 141). 따라서 프로그램 모니터링은 프로그램 수행 도중에 제반 요소에 관한 자료수집과 분석을 요하므로 형성평가(formative evaluation)의 일종으로 간주되기도 하고 프로그램 점검 또는 검토라고 부르기도 한다(지은구, 2005 : 355).

프로그램 관리자가 프로그램 모니터링을 위해서는 다음과 같은 구체적 질문에 대답을 해야 한다.

- 프로그램이 표적집단에 속하는 사람 가운데 어느 정도를 커버하고 있는가?
- 프로그램을 통해 적합한 내용과 적절한 양의 서비스가 전달되고 있는가?
- 프로그램 수행자는 적합한 능력을 갖추고 있고 그 수는 적당한가?
- 프로그램 수행에 필요한 예산, 시설, 기자재는 적절히 지원되는가?
- 프로그램의 자원은 예산의 범위 내에서 적절히 집행되고 있는가?
- 프로그램과 서비스는 적절한 전달체계를 통해서 표적집단에 전달되고 있는가?
- 프로그램이 정부 또는 자원제공자가 부과한 기준과 요구에 따르고 있는가?

사실상 모니터링은 모든 조직이 목표달성을 위해서 수행해야 하는 필수활동이라 할 수 있다. 예를 들어 경영조직에서는 매월 또는 분기별로 상품판매량과 재고조사를 하여 경영과정과 성과를 모니터하는 것처럼 사회복지기관을 비롯하여 학교나 병원 등의 비영리조직에서도 이와 유사한 방법으로 모니터링이 일어나 적절한 클라이언트 수가 확보되었는지 또는 당초 계획대로 프로그램과 서비스가 제공되고 있는지를 점검한다(Posavac & Carey, 1997 : 121).

프로그램 모니터링은 실제로 프로그램을 수행하는 도중에 클라이언트, 서비스, 인력, 예산, 법적 규정 등에 관한 현존하는 기관의 자료를 활용하여 문제점을 분석하고 모니터링의 결과가 다시 피드백되어 프로그램의 개선으로 이어진다는 장점을 갖고 있기 때문에 본격적인 프로그램 평가보다는 훨씬 수월한 방법으로 프로그램 수행상 주요요소를 체크하는 기능을 수행한다고 볼 수 있다(DePoy & Gilson, 2003 : 152).

(2) 프로그램 모니터링의 유형

프로그램 모니터링의 유형에 관해서 Rossi와 동료 학자들(1999)은 관리정보 시스템을 통한 모니터링, 성과측정(performance measurement)을 통한 모니터링, 그리고 과정평가(process evaluation)를 통한 모니터링 등 세 가지로 나누어 설명한다.

관리정보 시스템(management information system)을 통한 모니터링은 대부분의 조직에서 가장 흔히 사용하는 모니터링 방법으로 손쉽게 클라이언트의 특성과 참여인원을 파악할 수 있다. 성과측정을 통한 모니터링은 책무성에 대한 프로그램의 산출(outputs)과 성과(outcomes)의 양과 질에 관한 종합적 점검에 초점을 둔다.

과정평가를 통한 모니터링은 프로그램이 실제 의도한 서비스가 표적집단에 전달되고 있는지에 관해서 전반적인 프로그램 운영과 서비스 전달에 비추어 점검 또는 검토하는 작업을 말한다. 그런데 관리정보 시스템은 모니터링을 위한 수단으로서의 성격을 갖고 있기에 결국 프로그램 모니터링은 프로그램 수행과정에 중점을 두느냐 아니면 성과에 더욱 중점을 두느냐로 단순화할 수 있을 것 같다.

따라서 여기서는 프로그램 실행 모니터링(implementation monitoring)과 성과 모니터링(performance monitoring)으로 나누어 설명하겠다. 그런데 성과 모니터링은 평가의 영역에서 효과성 평가 또는 성과평가와 중복되기 때문에 여기서는 다루지 않는다.

프로그램 실행 모니터링은 프로그램에 대한 투입요소와 프로그램 활동내용에 관한 자료와 정보를 수집해서 그것들이 프로그램 계획에 알맞게 정확한 대상에서 적절한 서비스가 충실히 제공되고 있는지를 점검하는 데 목적을 두고 있다. 그래서 프로그램 실행 모니터링의 구체적 방법에는 프로그램 감사, 적용대상측정, 과정분석 등이 있다(노화준, 2001 : 125).

여기서 프로그램 감사는 전체로서의 프로그램 운영과 그 프로그램이 달성하고자 하는 목적과 목표를 검토하는 것이고, 프로그램 적용대상측정은 프로그램이 원래 의도한 대상집단에 대해서 전달체계를 갖추고 서비스의 과소비와 누락은 없는지를 분석하는 것이다. 성과 모니터링은 프로그램 목표달성을 위한 주기적 측정으로 기대한 성과와 실제성과를 비교하여 점검하는 활동에 초점을 두고 있다. 심사분석(review and analysis)은 성과 모니터링의 일종으로 정부나 공공기관을 비롯하여 사회복지기관에도 적용되고 있다.

2) 프로그램 실행 모니터링

(1) 모니터링과 책무성(accountability)

사회복지 프로그램을 실행하는 과정에서 전반적인 프로그램 수행과정에 관한 모니터링이 일어난다면 프로그램의 다양한 차원에서 정보와 자료가 수집되어 분석될 수 있고 또한 프로그램 수행과 관련된 문제점이 밝혀지고 개선방안이 도출될 수 있다. 이러한 측면에서 사회복지 프로그램의 실행 모니터링은 기존 프로그램을 개선시키고 새로운 프로그램을 창출하는 정보와 자료를 제공하기도 한다.

그러나 프로그램 실행 모니터링은 이와 같이 프로그램 개발과 관리에만 활용되는 것이 아니고 조직관리자나 프로그램 관리자의 책무성을 확보하는 데 크게 기여한다. 즉 현존하는 프로그램은 표적대상자를 제대로 커버하고 있는가, 재원은 적절히 집행되고 있는가, 법률 등 관련규정에 적합하게 프로그램은 운영되는가 등에 관한 내용이 책무성(accountability)과 관련된 주요문제이다. 사회복지 프로그램 모니터링의 관점에서는 다음과 같은 형태의 책무성은 매우 중요한 의미를 갖고 있다(Rossi & Freeman, 1985 : 144).

① 적용대상 책무성(coverage accountability)

적용대상 책무성 또는 커버리지 책무성은 프로그램 적용대상의 수와 성격은 어떠하며 정말 대상으로 지정된 사람들이 서비스를 받고 있는가, 서비스를 받지 않아야 할 사람이 프로그램에 참여하여 혜택을 받지는 않는가 하는 것들이 주요 문제가 되는 책무성이다.

② 서비스 전달 책무성(service delivery accountability)

서비스 전달 책무성은 계획된 바대로 서비스가 전달되는지에 관한 것으로 적절한 수량의 서비스가 제공되고 산출은 어떠한지를 포함하여 자격 있는 인력에 의해서 서비스가 제공되는지에 관한 문제가 제기된다.

③ 재정적 책무성(fiscal accountability)

재정적 책무성은 프로그램의 재원은 적절히 사용되었는지, 사용된 재원은 예산에서 설정된 한계의 범위 내에서 집행되었는지에 관한 내용이 핵심을 이룬다.

④ **법적 책무성**(legal accountability)

프로그램과 관련된 제반 법령에 위배되지 않고 서비스가 제공되는지 또는 기관과 자체 마련한 기준에 따라 서비스가 적절히 이루어지고 있는지에 관한 내용이다.

일반적으로 모니터링에는 위에서 언급된 네 가지 유형의 책무성들이 모두 관련되지만 프로그램 실행 모니터링에서는 주로 적용대상 책무성과 서비스 전달 책무성이 중요하다. 재정적 책무성과 법적 책무성은 종종 프로그램 실행의 차원을 넘어 전반적인 조직의 운영과 더불어 기관의 사회적 의무와 더 큰 관련성을 맺는 영역에 속한다. 그 밖에 사회복지조직의 운영과 관련된 책무성에는 윤리적 책무성, 효율적 책무성, 영향 책무성 등이 있다.

(2) 프로그램 감사(program audit)

프로그램 실행 모니터링은 그 방법과 절차에 있어서 일정한 기준은 없지만 일반적으로 프로그램 감사(program audit)로부터 실행 모니터링이 시작된다. 프로그램 감사는 프로그램 실행과정을 체계론적 관점에서 볼 때 프로그램에 대한 투입(input)을 체계적으로 검토하는 것을 말한다(Posavac & Carey, 1985 : 145).

여기서 감사라는 용어는 회계학에서 주로 사용되는 용어인데, 프로그램 감사가 회계감사와 근본적으로 다른 점은 회계감사가 특정 기관과 사업의 운영과 관련된 예산 지출의 적법성을 따지는 데 초점을 두는 반면 프로그램 감사는 전체 프로그램이 목적 달성을 위한 투입요소가 제대로 이루어지고 있는지에 초점을 둔다는 점이다.

프로그램 투입요소에는 프로그램 실행을 위해 할당된 인력과 재원, 즉 프로그램 담당자와 근무시간, 자원봉사자 활동시간, 프로그램 예산 그리고 시설 및 장비, 법적 규제와 자금제공자의 요구사항 등이 있다. 결국 프로그램 감사는 프로그램에 대한 각종 투입요소를 포함하여 그 프로그램에 의해서 누가 어떤 서비스를 받고 있는가 등 프로그램 실행상황에 관한 정확한 정보를 수집하여 프로그램 관리자가 정확히 프로그램의 운영실태를 파악할 수 있도록 하는 데 있다. 프로그램 심사에서 다루어야 할 사항들은 다음의 몇 가지로 요약된다.

첫째, 프로그램 감사의 주된 목적은 프로그램 운영상황에 관한 정보의 수집에 있기 때문에 프로그램 운영상황을 기술하고 프로그램이 실제로 어떻게 기능하고 있는지에 관한 정확한 자료와 정보를 수집해야 한다. 예를 들어 사회복지관의 사회교육 프로그램의 경우 사회교육을 담당하는 강사는 자격요건을 갖추고 있고 교육교재와 수업의 방법 그리고 시설과 장비는 적절하게 투입되어 서비스를 받는 클라이언트의 불평과 불만은 없는지를 살펴보는 작업이 이에 속한다.

둘째, 프로그램 감사는 주어진 프로그램 계획서와 관련된 자료의 파악만으로는 불충분하다. 실제로 프로그램 수행과정에서 계획과는 다른 형태로 프로그램이 진행되는 경우가 많기 때문에 감사업무를 담당한 프로그램 관리자는 참관과 현장확인으로 계획과 현실의 차이 또는 간격을 발견하는 능력을 갖추어야 한다.

셋째, 프로그램 감사는 누가 누구에 의해서 실제로 서비스를 주고받는지에 관한 정보수집과 기술이 뒤따른다. 프로그램과 서비스를 받아야 할 대상집단이 충분히 확보되지 않았는지 자격요건을 완화하여 모집된 대상집단은 없는지에 관심을 갖고 서비스 제공자로 지정된 사람과 다른 사람 또는 인력이 서비스 제공에 투입되지 않는지를 살펴볼 필요가 있다. 노인복지관의 재가복지서비스가 실제로 서비스 담당자인 사회복지사보다는 자원봉사자에 의존하는 경우가 많으며, 치매노인주간보호소에서 충분한 규모의 치매노인을 대상자로 확보하기 어렵기 때문에 만성질환을 갖고 의존성이 있는 노인을 포함시키는 경우 대상자의 적합성이 높지 않다는 사실이 밝혀지며 계획된 프로그램의 수정과 변경이 프로그램 감사에 의해서 이루어진다.

(3) 프로그램 적용대상자와 측정

① 커버리지와 바이어스(적용대상자 범위와 왜곡)

사회복지 프로그램이나 서비스의 클라이언트는 법률이나 규정에 의해서 강제적으로 프로그램에 참여할 수밖에 없는 소수의 비자발적 클라이언트를 제외하면 대부분의 클라이언트는 자발적 클라이언트들이다. 따라서 사회복지기관의 프로그램 관리자는 홍보와 대상자 모집에 상당한 노력을 기울이지 않으면 항상 당초 기대한 정도의 클라이언트를 확보하기에 매우 어려운 상황에 직면한다. 앞서 프로그램 감사에서도 실제로 서비스를 받아야 할 사람의 정도에 관한 자료수집과 판단이 이루어지는데 프로그램 실행의 모니터링에서 핵심요소가 프로그램 적용대상자의 범위를 설정하고 측정하는 작업이다. 이는 프로그램 적용대상 책무성을 확보한다는 차원에서도 가벼이 여길 수 없는 부분이 된다. 사회복지 프로그램 대상집단의 참여와 관련된 이슈는 적용대상자의 범위나 수준, 즉 커버리지(coverage)와 적용대상자들의 왜곡, 즉 바이어스(bias) 문제가 있다(Rossi & Freeman, 1985 : 147). 적용대상범위, 즉 커버리지는 어떤 프로그램이 표적인구집단으로 설정된 사람 또는 참여자를 확보하는 정도를 말하고, 바이어스는 표적집단의 하위집단들이 서로 다른 정도의 참여를 보이는 경우를 말한다. 어떤 프로그램에서 적용대상, 즉 커버리지에서 바이어스는 그 적용대상자 전체 중에서 다른 하위집단이 불비례적으로 많이 커버되고 다른 하위집단이 소외되는 경우를 일컫는다. 커버리지 바이어스가 일어날 수 있는 원인은 다음의 몇 가지로 집약된다.

가. 자연적 현상으로 커버리지 바이어스 : 자연적 현상으로 어떤 프로그램의 특정 하위집단구성원들이 다른 하위집단구성원들보다 자발적으로 참여하는 수가 많은 경우를 말한다. '좋은 부모 되기' 프로그램의 참여자 중 아버지보다는 어머니가 참여하는 수가 절대적으로 많은 경우에 일어난다. 원래 이 프로그램은 아버지와 어머니들을 균형적으로 모집해서 진행해야 효과적이다.

나. 프로그램 활동의 결과로 인한 바이어스 : 교육 프로그램의 강사가 우수한 학생에게 친절하고 우호적인 태도를 취할 때 그렇지 못한 학생은 그러한 프로그램 활동의 결과로 탈락하는 경우가 이에 해당한다.

다. 통제 불가능한 요소에 의한 바이어스 : 무료급식소가 빈곤층 밀집지역보다 중산층 밀집지역에 위치한 경우 소득수준이 더욱 낮은 극빈노인과 노숙자가 이동거리나 교통상의 문제로 참여하지 못해 상대적으로 전체 무료급식 대상자 중에서 낮은 비율을 차지할 수 있다.

② 커버리지 효율성 측정

커버리지와 관련된 또 다른 개념으로 의미성을 갖는 것은 초과커버리지(overcoverage)와 미달커버리지(undercoverage)이다. 여기서 초과커버리지는 프로그램 참여자 전체 가운데 욕구가 없는 사람, 즉 표적인구집단에서 제외되는 사람의 비율을 말하는데 이것은 부적절한 적용대상자가 포함된 것을 나타내며 프로그램의 설계와 실행상 문제점이 있다는 사실을 일깨워 준다. 또한 미달커버리지는 프로그램이나 서비스의 욕구를 갖는 사람 중에서 실제로 프로그램이나 서비스 제공에 참여하지 못한 사람의 비율을 말한다. 욕구를 갖지만 프로그램이나 서비스 제공에 참여하지 못하는 경우는 다양한 요인에 의해서 흔히 일어나는 커버리지의 문제이다. 사회복지 프로그램 관리자는 희소한 자원을 효율적으로 활용하기 위해서는 초과커버리지와 미달커버리지를 모두 최소화하여 커버리지 효율성을 극대화해야 한다. 프로그램 커버리지 효율성(coverage efficiency)은 다음과 같은 공식에 의해서 추정된다.

$$\text{프로그램 커버리지 효율성} = \left[\frac{\text{욕구를 갖는 사람으로 서비스 수혜자의 수}}{\text{욕구를 갖는 전체 표적인구수}} - \frac{\text{비표적인구로서 수혜자 수}}{\text{서비스 수혜자 전체 수}} \right] \times 100$$

위의 식을 보다 자세히 설명하면 현재 서비스를 받는 사람의 수가 욕구를 갖는 전체 표적인구수와 같고, 비표적인구수가 전혀 없다고 가정하면 프로그램 커버리지 효율성은 100이 된다. 만일 서비스 수혜자의 실제 수는 모든 비표적인구집단에 속한 욕구를 갖지 않는 사람으로 구성되었다면 커버리지 효율성은 -100이 된다. 따라서 커버리지 효율성은 +100과 -100 사이의 값으로 나타난다. 예를 들어 특정 지역에 위치한 지역아동센터 이용이 필요한 욕구를 갖는 저소득 맞벌이가정의 자녀가 100명으로 추정되었는데, 실제 서비스를 받는 전체아동 100명 가운데 서비스 수혜자인 표적집단의 아동 수가 70명이라면 위의 공식에서 얻게 되는 프로그램 커버리지 효율성은 +40이 될 것이다. 가령 특정 지역의 지역사회 정신보건센터에서 500명의 욕구를 갖는 표적인구가 있는데 그 센터의 이용자 400명 가운데 300명만이 표적인구, 즉 적합한 서비스 대상자였다면 프로그램 커버리지 효율성은 +35%가 된다. 이러한 프로그램 커버리지 효율성은 현재 실행되고 있는 어떤 프로그램이 표적집단으로 설정된 욕구나 문제가 있는 클라이언트 집단을 어는 정도 커버하고 있는지에 관한 중요한 자료를 제공해 주기 때문에 프로그램 관리자가 이를 근거로 프로그램 실제 대상자 선정의 적절성을 판단하고 대상자 확대를 위한 의사결정을 내릴 수 있도록 도와준다.

③ 커버리지 저해요인과 확대방안

사회복지 프로그램 관리자는 프로그램의 실행과정에서 발생되는 표적집단 커버리지 비효율성의 요인을 분석하고 적절한 대응방안을 마련해서 시행해야 할 것이다. 욕구나 문제를 갖는 적합한 클라이언트가 서비스를 받지 못하는 이유는 클라이언트 측면의 요인과 사회복지기관이 갖는 요인이 있을 수 있다. 다음에 열거된 커버리지 저해요인과 확대방안을 면밀히 분석하여 적절한 대응방안을 강구하여 실천해 나갈 필요가 있다.

가. 커버리지 저해요인

- 클라이언트의 지식과 정보부족으로 인한 서비스 제공기관에 대한 접근성 차단
- 클라이언트의 개인적 또는 심리적 요인으로 인해 서비스 이용 포기
- 사회복지기관이 클라이언트 거주지로부터 가깝지 않은 지리적 교통문제
- 사회복지기관이나 법령이 정한 자격기준이 지나치게 엄격한 경우
- 사회복지기관이 특정 프로그램이나 서비스에 할당된 자원이 한정된 경우

나. 커버리지 확대방안

- 잠재적 클라이언트 집단에 대한 홍보, 정보제공, 의뢰로 인한 확보
- 주요정보제공자 등을 활용한 잠재적 클라이언트 발굴과 참여유도
- 지리적 접근성을 확보하는 방안으로서의 분관(branch office) 설치
- 차량을 이용한 순회 및 이동서비스제공팀의 구성과 활용

크리밍(creaming) 현상

사회복지기관 프로그램과 서비스의 대상자 선정과 관련해서 가장 만연되어 있는 폐단 중의 하나가 크리밍 현상이다. 크리밍이란 누구에게나 개방되어야 할 프로그램이 전문가의 개입과 도움으로 성공의 가능성이 가장 큰 클라이언트만을 대상으로 삼는 것을 말한다(Barker, 1995 : 85). 크리밍 현상이 나타나는 이유는 우선 클라이언트 측면에서 욕구의 정도가 비교적 적고, 서비스나 프로그램에 대한 지식을 갖고 있고, 기관을 상대로 또는 서비스 신청절차에 잘 적응할 능력을 갖춘 클라이언트 집단의 사람들이 욕구가 크고 지식과 정보가 없으며 절차에 순응하지 않는 클라이언트보다 적합한 대상자로 간주될 가능성이 크며, 기관의 차원에서는 재활과 성공의 가능성이 크고 비교적 기관의 인력과 자원의 소모정도가 적은 클라이언트를 대상자로 삼는 경우 그렇지 않은 클라이언트보다 효과성과 효율성의 차원에서 유리하기 때문이다. 예를 들면 병원에서 퇴원하는 노인환자 가운데 비교적 치료의 후유증이 적고 건강상태가 비교적 양호한 노인을 스크린해서 선별적으로 요양원에 입소시키는 경우가 있다. 대부분의 사회복지기관들이 인력과 자원의 희소성을 이유로 프로그램이나 서비스의 표적대상이긴 하지만 비교적 양호한 클라이언트만을 선별적으로 서비스 대상집단으로 선정하는 관행을 버리지 못한다면 욕구의 정도가 비교적 크고 재활의 가능성도 낮으며 사회적 지원관계망의 원조도 취약한 하드코어(hard core) 클라이언트는 누가 돌보아야 하는지에 관한 문제가 제기된다.

2. 프로그램 평가검토기법

프로그램 평가검토기법(Program Evaluation and Review Technique : PERT)은 프로그램의 실행과정을 모니터링하는 데 사용되는 기법이다. 이 기법은 프로그램의 목적과 목표가 설정되고 이를 달성하기 위한 활동들이 조직화되어 실행계획에 따라 재원과 인력이 투입되어 프로그램 진행상황을 추적하여 모니터링하는 데 매우 유익한 관리기법으로 잘 알려져 있다. 프로그램 평가검토기법은 프로그램의 목표달성을 위한 기한을 정해 놓고 그것을 위한 세부목표 또는 주요활동의 상호관계와 시간을 연결하여 하나의 도표로 나타내는 것이다. PERT의 작성요령 또는 절차는 다음과 같다.

- 프로그램의 목표설정 및 확인
- 세부목표 또는 주요과업의 식별
- 각기 세부목표 또는 주요과업의 성취에 소요되는 기대시간 계산
- 각 세부목표 또는 주요과업 간 연결망의 논리적 구성과 순서 확정

여름방학 기간 동안 지역사회 내의 중·고등학생 300명을 대상으로 "청소년 사회봉사 체험캠프" 프로그램을 기획하여 시행하는 과정을 적절히 모니터링하기 위해서 청소년복지기관 직원 6명이 투입되어 2명씩 3개 운영팀을 구성하여 프로그램이 진행되는 과정을 PERT로 표시하면 〈표 7-6〉, 〔그림 7-1〕과 같다.

〈표 7-6〉 청소년 사회봉사체험캠프 프로그램의 주요과업과 경로

코드	주요과업	경 로	기대시간(주)
A	청소년 캠프 운영팀 구성 및 가동	A-H	2
B	캠프 장소 물색과 선정	A-B-C	3
C	차량과 장비·비품 확보 및 배치	B-C-H	1
D	참가자 홍보 및 자원봉사자 모집	A-D-E	3
E	대상자 선정 및 자원봉사자 훈련	D-E-H	4
F	활동지(복지시설) 섭외 및 확정	A-F-G	2
G	프로그램 매뉴얼 작성 및 인쇄	F-G-H	6
H	청소년 사회봉사 체험캠프의 시행	H	-

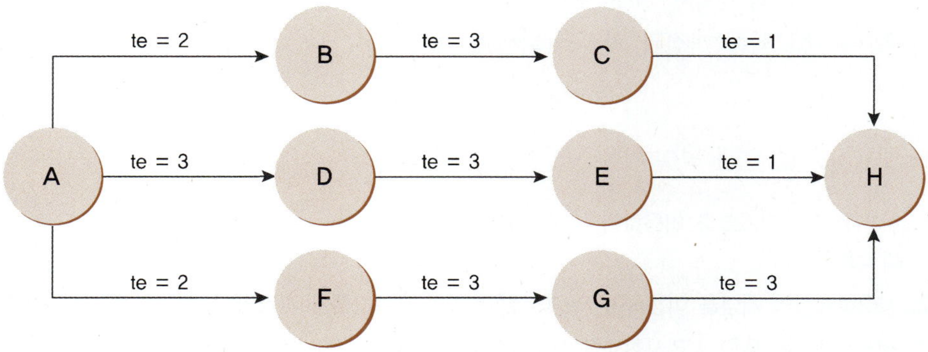

[그림 7-1] 청소년 사회봉사 체험캠프의 PERT

〔그림 7-1〕에서 프로그램의 주요과업 또는 활동은 원으로 표시되고 각 과업 간의 관계는 화살표로 표시되어 일의 진행방향을 나타내 준다. 여기서 화살표의 길이는 의미가 없지만 화살표 사이에 있는 기대시간(te)의 계산방법은 중요하다. 각 과업들 간의 기대시간은 아래의 공식으로 산출된다.

$$te = \frac{O + 4M + P}{6}$$

te : 기대시간
O : 가장 낙관적 상황에서 기대되는 활동수행시간의 예상치(optimistic time)
P : 가장 비관적 상황에서 기대되는 활동수행시간의 예상치(pessimistic time)
M : 통상적으로 예상되는 활동수행시간의 예상치(most likely time)

te 다음에 부여된 시간은 보통 주 단위로 계산되는 경우가 많은데, 장기적 프로젝트를 추진하는 경우에는 시간단위를 월로 계산할 때도 있다. A-B-C-H의 경로를 따라 과업을 수행하는 팀이 캠프를 시행하기 위해서 해야 할 과업을 수행하는 데 기대되는 시간은 6주(te2+te3+te1)이다. A-D-E-H의 경로에 따라 일을 진행하는 팀은 7주의 시간이 필요할 것이다. 그런데 A-F-G-H의 경로에 따라 과업을 수행하는 팀은 8주의 시간이 소요된다. 각 과업수행의 경로 가운데 가장 시간이 많이 요구되는 A-F-G-H의 통로를 임계통로(critical path)라 한다. 비록 다른 팀이 기대시간에 과업을 완수했다 하더라도 임계통로를 따르는 팀의 과업이 완성되지 않으면 캠프를 시행할 수 없다. 따라서 임계통로는 정상적 상황하에서 특정 과업이나 활동이 전체적으로 종료되는 시점과 기간을 나타내 준다.

연구과제

1. 5W1H 체크리스트를 이용하여 노인대학 야유회 프로그램의 실행계획수립을 위한 주요요소를 파악해 보시오.
2. 사회마케팅의 개념을 이용하여 자신이 맡고 있는 프로그램을 마케팅 개념으로 설명해 보시오.
3. 정신장애인을 위한 심리사회재활 프로그램을 5P 마케팅 믹스로 설명하시오.
4. 클라이언트 확보를 위한 마케팅 방법에서 가장 효과적 방법은 무엇이며 그 이유는 무엇인지를 토의해 보시오.
5. 재원개발을 위한 마케팅 방법에 대해서 각각의 장단점을 비교해서 효율적 마케팅 방법을 모색해 보시오.
6. 현재 자신이 봉사활동을 하거나 근무하는 사회복지기관에서 자원봉사자의 활동을 기록하는 서식은 무엇이며 봉사활동의 시간, 장소, 내용에 관한 기록이 잘 되어 있는지를 점검해 보시오.
7. 서울 서대문구 내에서 직업재활의 욕구를 갖는 지체장애인 인구가 860명 정도로 추정되었는데

서대문구 직업재활시설 전체 이용인원 70명 가운데 지체장애인을 50명이라 가정할 때 커버리지 효율성은 몇 %인가?

8. 지역사회에서 사회복지기관의 프로그램과 서비스에 대한 클라이언트 이용률(utilization rate)을 높이는 방안을 두 가지만 생각해서 적어 보시오.

8 서비스의 질 관리

제 1 절 서비스의 본질과 질 관리의 접근방법

1. 사회복지서비스의 본질과 질 관리

사회복지 프로그램에는 행정활동과 지역사회활동도 포함되지만 핵심적 내용은 서비스 제공 활동이다. 그래서 특정 프로그램이 설계되어 전반적으로 실행되는 과정을 우리는 서비스 제공 과정이라고 한다. 사회복지기관이나 프로그램 관리자가 클라이언트 집단에 대해 서비스를 제공하는 과정에서 반드시 고려해야 할 사항이 서비스 질(quality) 관리의 문제이다. 보다 구체적으로 말하자면, 사회복지기관이나 프로그램 관리자가 특정 프로그램의 대상자로 참여한 클라이언트들이 서비스 제공 과정에서 자신들의 기대에 부합되지 않는 서비스를 받고 있거나 중도 탈락자나 포기자가 발생한다는 사실을 인지했을 때 당면하는 문제의 핵심이 질 관리의 문제라는 것이다. 질 관리의 문제는 우선 사회복지서비스의 본질 또는 속성을 명확히 이해하는 것으로부터 출발한다. 그래서 여기서는 서비스의 본질을 규명하고 질 관리를 위한 이론적 접근방법에 관한 논의를 통해서 사회복지기관의 최고관리자나 프로그램 관리자들이 서비스의 질 관리를 효과적으로 다루는 방법을 탐색하고자 한다. 최근 사회복지서비스 질 관리에 대하여 효과적으로 접근하는 철학이면서 관리방법으로 잘 알려진 총체적 품질관리(TQM)에 대한 내용을 검토하고 클라이언트 관점에서 서비스 질이 평가되는 서비스 만족도 조사에 관한 이슈를 살펴보고 마지막으로 질 관리와 관련된 관리기법을 활용하는 방법을 제시하고자 한다.

1) 사회복지서비스의 본질적 특성

사회복지서비스의 질 관리에 관한 논의의 출발점은 사회복지서비스의 기본적 속성 또는 본질을 이해하는 것으로부터 시작된다. 우선 우리가 말하는 사회복지서비스의 내용은 제 1 장에서 이미 언급되었던 바와 같이 상담, 치료, 교육, 재활, 보호, 정보제공, 의뢰서비스 등을 일컫는다. 이러한 내용의 사회복지서비스는 기본적으로 무형성, 이질성, 그리고 소멸성이 있기에 모호하고, 표준화하기 어려우며, 비축 또는 저장할 수 없는 기본적 성질을 보유하지만 생산과 소비의 과정에서 일반 제품의 생산과 소비과정과는 확연히 구별되는 또 다른 본질적 특성이 있다. Edvardsson과 Gustavsson(1991)의 논의를 바탕으로 사회복지서비스의 본질적 특성을 살펴보면 다음과 같다.

① 생산과정의 비통제성(uncontrolability)

사회복지서비스를 생산하는 사회복지사의 활동과 클라이언트의 본연의 특성에 관해서 관리자는 통제성을 발휘할 수가 없다. 왜냐하면 일선 사회복지사는 전문가로 개별 클라이언트에 대해 개별화된 서비스를 자신의 판단에 따라 제공할 수 있기 때문이다. 또한 사회복지서비스를 요청하는 클라이언트의 다양한 기대와 요구 그리고 그들의 인구사회적 특성은 이미 주어진 것으로 받아들여야 한다.

② 생산과정에서의 소비자 관여(customer involvement)

사회복지서비스 제공 과정의 초기부터 클라이언트는 존엄성을 갖춘 개인으로 어떤 서비스가 언제 어떻게 주어질 것인지에 관해 의견을 제시하고 자신의 욕구와 불만을 표출할 수 있다. 또한 사회복지사는 이러한 클라이언트의 욕구나 요구를 수용하여 적합한 서비스를 제공해야 하는 의무가 있다.

③ 소비자와의 상호작용 요구(interaction with customers)

사회복지서비스 생산자 또는 제공자인 사회복지사는 서비스의 소비자인 클라이언트와 부단히 상호작용의 과정을 거치면서 서비스를 제공한다. 사회복지사와 클라이언트와의 관계를 문제해결을 위한 협력적 동반자 관계로 파악하는 이유도 사회복지사는 클라이언트와 끊임없는 상호작용 관계를 통해서 목표달성을 위한 공동의 노력이 요구되기 때문이다.

④ **생산과 소비의 비분리성**(inseparability)

사회복지서비스는 생산과 소비가 동시에 창출되고 소비된다. 클라이언트 요구에 의해 서비스는 즉시 생산, 공급되고 클라이언트가 사용하지 않으면 소멸된다. 보통 인테이크와 더불어 일어나는 지지서비스는 면담이 일어나는 것과 동시에 제공되고 있으며 일정 기간이 지난 후 종결단계에 이르면 비축될 수 없는 서비스는 생산과 소비도 동시에 종결된다.

⑤ **소비와 평가의 동시성**(simultaneousness)

사회복지서비스를 소비하는 클라이언트는 서비스를 받는 동시에 그 서비스의 질적 수준을 평가한다. 따라서 사회복지서비스는 서비스 내용 자체로 중요하지만 서비스를 제공하는 사회복지사의 태도와 전달방법도 클라이언트에 의해서 동시적으로 평가된다.

2) 질 관리와 클라이언트 만족도

이상에서와 같은 사회복지서비스의 생산과 소비과정에서 발생하는 본질적 특성으로 인해서 사회복지기관과 프로그램 관리자는 일반 재화와 제품을 생산, 판매하는 과정보다는 더욱 큰 서비스의 질 관리상의 어려움에 처해 있다. 실제로 사회복지서비스는 서비스를 생산하고 소비하는 과정이 동시에 일어나고 그러한 과정에서 클라이언트의 참여와 평가가 필요하다는 것이 인정되기 때문에 질 관리의 문제에서 핵심적 요소는 클라이언트 만족도(client satisfaction)이다. Chase와 Bowen(1991)은 서비스의 질을 클라이언트 관점에서 조작적으로 정의되어 측정가능한 형태로 설정된 개념이 바로 클라이언트 만족도라 보았다. 따라서 사회복지서비스의 질 관리는 서비스를 제공하는 과정에서 나타나는 사회복지사의 태도와 활동, 서비스 내용, 전달방법 등 다양한 차원에서 내리게 되는 클라이언트 평가와 밀접한 관련성을 맺는다. 서비스의 질(quality)은 학자들에 따라서 서비스의 성과(outcome)와 동일시되는 면도 있지만 여기서는 분리해서 취급하고자 한다. 서비스의 질을 성과와 동일시한다면 사회복지 프로그램 개발의 과정에서 평가의 영역에서 다룰 수 있지만 본 저자는 질 관리와 성과를 구분해서 질 관리를 실행단계의 주요과제로 다루고 있다. Harkness와 Hensley(1991)의 연구에서 임상적 목표달성과 일반적 복리상태에 대해서는 양 클라이언트가 차이가 없지만 클라이언트 중심 슈퍼비전을 받은 사회복지사의 클라이언트가 전통적 슈퍼비전을 받은 사회복지사의 클라이언트보다 서비스 만족도가 높은 것으로 나타났다. 이러한 연구결과는 객관적 서비스의 질과 주관적 서비스 수혜자인 클라이언트 평가 간의 관계가 전혀 없다는 것을 말하기보다는 목표달성의 지표인 성과의 향상 없이도 서비스의 질인 클라이언트 만족도를 높일 수 있다는 것을 강조한다. 다시 말하자면 목표의 달성과 관련된 성과와 클라이언트 만족도를 중심으로 하는 서비스의 질은 별개로 취급할 수 있다는 것이다.

2. 서비스 질 관리의 이론적 접근방법

사회복지서비스 질 관리에 관한 이론적 접근방법은 학자들에 따라 다르고 또는 서비스 질 관리의 다양한 측면에서 어떤 요소에 중점을 두느냐에 따라서도 매우 다르게 나타난다. 서비스의 질 관리는 물론 프로그램 관리의 관점에서도 충분히 그 중요성이 부각되지만 때로는 프로그램의 차원을 훨씬 넘어 사회복지기관이나 조직의 관점에서 접근하는 경우도 있다. 사회복지서비스 질 관리에 대한 이론적 접근방법은 Moore와 Kelly(1996)가 제시한 다양한 모델 가운데 일반적으로 인정되는 세 가지 접근방법을 논의해 보겠다.

1) 조직적 접근방법(organizational approaches)

사회복지서비스의 질을 향상시키는 데 필요한 기술과 기법은 다양하다. 그러나 어떤 기술과 기법을 사용하는지의 문제는 전적으로 조직의 본질적 가치와 이념의 전제하에서 결정된다. 품질관리분임조(quality circle)를 만들어 운용하는 방법은 분명히 서비스의 질적 수준을 향상시키고자 고안된 관리기법이다. 그러나 QC는 단지 서비스 품질 향상의 차원에서 머무르는 것이 아니라 조직이 사용하는 기술과 그 조직의 문화를 통합시키는 역할을 한다. QC(Quality Circles)는 생산적이고 참여지향적인 문제해결과정에 모든 조직의 직원들이 참여하는 공식적이고 제도화된 체계(Crocker et al., 1984 : 6)로 정의되기 때문에 문제해결기법과 참여문화를 결합시키는 작용을 한다.

QC는 보통 유사한 업무를 수행하는 소규모 직원들이 관리자와 함께 자발적으로 참여하여 서비스 생산과 전달과정상의 문제가 무엇인지를 규명하고 문제해결을 위한 대안을 선택하여 실행함으로써 서비스의 질적 향상을 도모하는 집단활동이다. 집단의 회합은 주로 일주일 단위로 열리며 질적 문제를 규명하는 데 초점을 두어 문제해결의 방안을 강구한다. 품질관리분임조(QC)활동은 이미 제조업에서는 그 효과성이 입증되었고 사회복지와 같은 서비스 산업에서도 점차 그 효과성이 검증되고 있다(Ingle & Ingle, 1983). 일본에서는 1997년 제8회 '복지 QC' 전국발표대회를 개최한 바가 있다. 이와 같이 일본에서는 이미 사회복지서비스 분야에서 QC 활동이 보편화되고 있다. 아무튼 QC는 서비스 품질을 향상시키기 위한 하나의 기법이지만 동시에 조직의 문화와 경영철학의 뒷받침 없이는 성공되기 어려운 활동이다. 따라서 사회복지서비스의 질 향상을 위해서는 QC와 같이 조직차원에서의 접근방법을 취해야만 효과적일 수 있다.

2) 분석적 접근방법(analytic approaches)

서비스의 질은 단순히 사회복지기관이나 조직의 목표달성을 위해서 매우 중요한 요소라는 인식의 차원에서 머물러서는 안 된다. 서비스의 질적 향상을 위해서는 소비자의 만족도를 분석, 조사하고 구체적으로 질 관리를 위한 측정도구와 기법을 활용하는 것이 더욱 중요하다. TQM(Total Quality Management)의 창시자인 Deming이 "문제가 측정되지 않는다면 문제는 없는 것이다."라고 말했듯이, 서비스나 제품의 품질에 관해서는 문제를 규명하는 구체적 척도와 방법이 매우 강조된다. 청사진작성법(blue printing)은 전체 서비스 제공 과정을 한눈에 보면서 어떤 지점에서 기능실조 또는 불량품이 발생하는지를 밝혀내는 하나의 기법이다. 이러한 기법은 소비자에게 보다 반응적이며, 신뢰할 수 있고, 효율적 서비스를 제공하는 방법을 모색하는 지도작성팀(mapping team)의 활동에서 사용하는 기법이다(Berry & Parasuraman, 1992).

분석적 접근방법에서 다양한 서비스나 품질저하의 원인과 시점을 밝혀내는 각종 도구와 기법은 결국에는 클라이언트 만족도를 향상시키는 데 초점이 있다. 소비자나 클라이언트가 서비스의 질적 수준을 인식하는 사고과정은 매우 복잡하지만 그들의 인식을 향상시키기 위해서는 진실순간(moments of truth)의 관리방법이 절실히 요구된다(Bitner, 1991). 진실순간은 클라이언트나 소비자가 어떤 순간 서비스를 제공하는 기관, 인력, 서비스를 처음 접할 때 갖게 되는 이미지를 말하며 이러한 진실순간을 잘 관리하기 위해서는 사회복지기관의 시설과 사회복지사의 태도가 신뢰할 만한 인상을 심어 줄 수 있도록 잘 갖추어져야 한다는 것이다. 어떤 사회복지기관이 저급의 홍보물을 무차별적으로 발송한다든지, 지역주민과 언론으로부터 부정적 평가를 받는다든지 등과 같은 부정적 이미지는 서비스의 질적 수준이 낮다는 이미지를 클라이언트에게 새겨 줄 수 있기 때문에 각별한 주의가 요망된다.

3) 인간자원 접근방법(human resources approaches)

서비스의 질과 관련된 문제에 접근하는 방법으로 제시된 인간자원 접근방법은 서비스 질을 대체로 일선 직원들의 행동의 결과로 파악한다(Chase & Bowen, 1991 ; Townsend, 1986). 서비스는 조직의 관리자에 의해서 전달되지 않고 일선 직원과 클라이언트 또는 소비자의 상호작용 속에서 전달된다. 따라서 조직의 일선 직원들이 성심성의껏 클라이언트 또는 소비자의 욕구에 부응하는 서비스를 제공할 때 서비스의 질적 수준은 높아질 수 있다는 것이다. 사회복지조직의 성패도 일선 사회복지사의 능력과 자질에 의해서 결정되듯이 서비스 질도 일선 사회복지사의 능력과 업무수행방법에 따라 크게 좌우된다는 것이다. Chase와 Bowen(1991)은 일선 직원을 조직의 목표달성을 방해하거나 문제를 제기하는 클라이언트를 잘 알고 있는 사람으로 그들의 욕구를 적절히 수용하는 방안이 질 향상에 도움이 된다는 의미에서 그들을 그림자 클라이언트(shadow clients)라고 부르고 있다. 그림자 클라이언트는 직접적으로 클라이언트와 대면관계에서 서비스를 주고받기 때문에 조직의 관점에서는 그들을 지지하고 지원하는 것이 질 향상에는 지름길이 될 수 있다.

서비스의 질 향상을 위한 인간자원 접근방법의 실현을 위해서는 조직이 직원에게 직무수행과정에서 훈련을 받도록 기관 내 교육 및 훈련(inhouse education & training) 프로그램을 마련하거나, 팀워크를 저해하는 부서를 과감히 해체하거나, 직원의 사기와 동기부여를 위한 재정적 보상체계를 마련하는 방법 등이 강구될 수 있다. 인적 자원 관리는 직원채용, 오리엔테이션, 업무분장과 평가, 경력개발, 보상과 이직 등 인사관리 전 과정에 따라 체계적으로 이루어져야 하지만 초기단계인 직원모집과 채용, 그리고 오리엔테이션과 업무분장 시 철저한 관리가 각별히 요구된다. 왜냐하면 부적절한 직원이 선발되어 일선 업무를 맡게 되는 경우 서비스의 질적 수준은 처음부터 기대할 수 없는 구두선에 불과하기 때문이다. 따라서 사회복지기관에서 사회복지사를 채용할 때 면접과정을 거쳐 기본적 심성과 클라이언트를 대하는 태도와 자세에 관해서 면밀히 관찰할 수 있는 기회를 갖는 것이 중요하다.

지금까지 논의된 서비스 질 향상을 위한 이론적 접근방법은 모두 서비스 제공 과정과 관련된 요소들에서 강조점을 달리한다는 점이 부각된다. 서비스의 질은 조직의 관점에서 조직문화와 리더십과 결부되어 추진되는 것이 바람직하다는 조직접근방법도 설득력이 있지만 구체적 문제를 측정하고 관리하는 기법의 중요성도 분석적 접근방법에서 강조되고 있다. 서비스의 본질적 특성에 비추어 보면 결국 서비스의 질은 일선워커에 의해서 크게 좌우되고 있다는 사실도 부정할 수 없는 명제로 받아들여진다. 이와 같은 세 가지 접근법은 상호배타적으로 서로의 관점을 무시하는 것이 아니라 상호보완적 관계에 있기 때문에 모두가 서비스 질적 수준 향상을 위한 유용한 접근방법으로 간주되어야 할 것이다.

이와 같이 모든 관점 또는 접근방법을 통합한 질 관리의 철학과 기법이 다음의 절에서 논의되는 총체적 품질관리(Total Quality Management)이다.

제 2 절 총체적 품질관리

1. 총체적 품질관리의 개념과 원리

총체적 품질관리(Total Quality Management : TQM)는 조직이 산출하는 서비스의 질을 향상시켜 궁극적으로 소비자 만족을 추구하기 위해서 조직문화와 질적 향상을 위한 효과적 관리기법을 통합적으로 운영하는 조직관리방법이다. TQM은 일본 기업들이 산출물의 결함을 제거하여 소비자 만족을 극대화하는 조직관리방법을 효과적으로 사용하고 있다는 데 착안하여 1980년대 초반부터 미국 기업에도 적용하기 시작한 경영이론이며 기법이다(Martin, 1993 : 22).

TQM이 전통적 관리기법과 구별되는 가장 큰 특징은 고객의 욕구나 필요에 따라 조직의 목표가 설정된다는 고객중심의 관리가 강조되어 조직운영과 서비스의 지속적 개선을 통해 양질의 서비스를 산출하여 조직의 경쟁력을 증대시키고 이를 위해 전 조직구성원들이 참여하며 노력하는 경영시스템을 갖추는 것이다. 따라서 TQM은 단순히 제품이나 서비스의 결함을 발견하여 그것을 제거하는 데 있는 것이 아니라 총체적으로 소비자가 만족할 수 있도록 제품과 서비스를 향상시키는 혁신적 조직관리와 경영기법으로 이해해야 한다. Swiss(1992)는 TQM의 일곱 가지 주요원리를 다음과 같이 제시한다.

① 서비스의 질은 궁극적으로 고객이 결정한다.
② 서비스의 질은 제공과정보다는 서비스의 계획단계부터 고려된다.
③ 서비스의 변이(variation) 가능성을 사전에 방지하는 것이 고품질의 서비스 산출에 중요하다.
④ 고품질의 서비스는 개인 노력보다는 조직의 다양한 직원의 협력적 활동의 결과로 나타난다.
⑤ 투입과 과정에 대한 지속적 개선노력이 질적 우월성을 가져다준다.
⑥ 질적 개선은 직원들의 적극적 참여를 통해서 이루어진다.
⑦ 전체조직의 사명감이 투철해야 질적 개선은 이루어질 수 있다.

이러한 TQM의 기본원리에 바탕을 두어 조직 내 품질서클(quality circle)과 과정향상팀(process improvement team)과 같은 품질향상을 위한 팀을 구성하여 팀원들이 서비스의 과정흐름도표(process and flow charts), 파레토 도표(pareto charts), 인과관계도(cause-effect diagrams) 등의 기법을 활용하여 투입과 산출에 관한 전반적인 자료수집과 분석을 하는 과정이 포함된다. 따라서 TQM은 소비자나 고객의 만족도를 높이는 경영철학과 이념을 반영하고 전체조직이 품질향상을 위해서 참여, 협동, 학습조직 등의 조직화 방안을 추구하면서 효과적 관리기법을 적극적으로 활용하는 방법이다.

〈표 8-1〉 전통적 조직관리원칙과 TQM의 조직관리원칙 비교

기 준	전통적 조직관리원칙	TQM의 조직관리원칙
조직목표설정	다수의 경쟁적 목표	조직의 주요목표는 TQM
조직의 방향지표	재정적 안정	고객만족
품질에 대한 정의	관리자 혹은 전문가	고객
변화에 대한 입장	문제가 없으면 현상유지	지속적 발전도모
변화에 대한 시각	변화는 순간적임 관료제에 저항하는 사람	변화는 지속적이며, 팀워크에 의해 이뤄짐
조직구성원과 각 부서의 상호관계	상호경쟁	상호협력
의사결정	감정적	자료와 분석에 의존
의사소통	top-down	top-down, down-up, sideways
계약자에 대한 입장	가격중심의 경쟁적 분위기	품질중심의 장기관계형성

출처 : Federal Quality Institute(FQI)(1991). *Introduction to Total Quality Management in the Federal Government*. Washington, DC : FQI. pp.15-17.

2. 총체적 품질관리의 특성과 준거 틀

프로그램 평가와 질 관리는 별도의 개념으로 파악되어 접근방법도 달리해 왔지만 질 관리가 서비스의 효과성, 효율성, 접근성과 같은 평가기준을 적용함에 따라 사실상 동일한 내용을 다루는 것으로 인식되어 왔다(Green & Attkisson, 1984). 따라서 프로그램 관리자도 서비스의 질을 평가의 중요한 요소로 포함하게 되었다. 그러나 서비

스의 질은 서비스 전달과정에서 결정되기 때문에 프로그램 개발의 전 과정에서 보면 평가단계에서보다 실행단계에서 다루는 것이 더욱 적절하다.

TQM은 Deming에 의해서 개발된 몇 가지 관리원칙에 기반을 둔 관리방법이며 관리철학이다. TQM의 근본적 목적은 서비스 창출과 제공 전 과정에서 발생되는 변이 또는 불량의 요소를 줄임으로써 서비스의 일관성을 확보하는 데 있다. 서비스의 질은 소비자에 의해서 규정되며 질적 향상은 소비자가 원하는 것 또는 욕구에 초점이 있다. TQM은 일회성의 노력이 아니며 최고관리자가 서비스의 질적 향상을 위해 상의하달식으로 지시, 통제하는 것도 아니다. 기관과 조직의 모든 구성원들이 서비스를 기획하는 과정에 참여하는 것을 장려하는 사고와 체계의 변화이다. Deming은 TQM에서 직원들이 특정한 의사결정에 반대할 자유와 의사소통에 장애를 제거하는 것의 중요성에 강조점을 두었다. 지속적 질 향상으로 잘 알려진 TQM은 클라이언트 만족도 조사의 중요성을 인정하고 조사결과 피드백으로 문제점을 개선시킨다. 실제로 지금까지 체계적 프로그램 개발을 위해 프로그램 개발자가 수행한 욕구조사, 목표선정, 내용구성, 프로그램 실행, 프로그램 모니터링 등의 활동들은 TQM의 철학 또는 이념과 조화로운 방향으로 전개되었다. 따라서 사회복지 프로그램 개발의 영역뿐만이 아니라 교육, 고용, 보건, 의료 등 더 넓은 복지관련 서비스 전달의 영역에도 TQM은 확대 적용될 것으로 기대된다(Royse et al., 2001 : 141).

TQM에서 강조되는 준거의 틀 또는 질적 향상을 위한 기준이 되는 차원은 14개로 나눌 수 있다(Martin, 1993). 프로그램 관리자는 14개 영역의 질 관리 차원을 모두 고려해서 시행하는 것은 어렵지만 특정 프로그램이 이러한 14개 준거 틀에 알맞는지 대비시켜 평가해 보는 것은 서비스의 질 관리 차원에서 매우 큰 의미를 갖는다.

1. 접근성 : 클라이언트가 서비스에 접근할 수 있는 통로는 열려 있는가?
2. 확보성 : 서비스 제공에 적합한 담당직원이 있는가?
3. 의사소통 : 클라이언트와 잠재적 클라이언트가 프로그램에 관해서 정보를 얻을 수 있는가?
4. 능력성 : 직원은 필요한 지식과 기술을 갖추고 발휘하는가?

5. 준칙성 : 최선의 서비스를 위해서 일반적으로 인정된 기준에 적합한가?
6. 무결함성 : 질적 향상을 위해서 필요한 요소에 결함은 없는가?
7. 지속성 : 프로그램에 의해서 이루어진 변화와 영향이 오래 지속되는가?
8. 감정이입 : 직원과 사회복지사들은 클라이언트를 잘 이해하는가?
9. 인간성 : 클라이언트는 존엄한 인간으로 취급되고 있는가?
10. 수행성 : 프로그램에 의한 개입은 의도한 바대로 이루어지고 있는가?
11. 신뢰성 : 프로그램에 의한 개입은 변함없고 신뢰할 만한가?
12. 반응성 : 서비스 제공에 관한 클라이언트 요구는 즉시에 이루어지는가?
13. 안정성 : 서비스에 접근하고 제공받는 과정에서 위험요소는 없는가?
14. 용이성 : 시설의 물리적 환경은 쉽게 이용될 수 있는가?

3. TQM의 적용과 방법

기업조직에서 처음으로 사용된 TQM이 미국에서는 1980년대 후반부터 공공행정과 사회복지기관에도 적용되기 시작했다. 특히 미국에서는 클라이언트 삶의 질이 강조되어 서비스의 질적 향상을 위한 관리철학과 기법으로 재가복지 및 지역사회서비스, 보건 및 의료서비스, 재활서비스, 공공복지서비스 등에도 적용되기 시작했다(Gunther & Hawkin, 1999 : 9). Berman(1995)은 1993년 미국 내 51개 주정부 사회복지국장들을 대상으로 TQM을 추진하고 있는지에 관해서 실태조사를 했다. 전체 51개 주 가운데 34개 주정부 사회복지국이 TQM을 실시하고 있었는데, 심층분석의 대상으로 선정된 30개 주정부 사회복지국에서 17개의 주요 TQM 세부기능의 수행여부를 조사한 결과 33%의 주정부 사회복지국이 10개 이상의 세부기능을 수행하고 있었다는 사실이 밝혀졌다. 이와 같은 연구결과는 미국의 공공복지행정에서 TQM이 적극적으로 활용되고 있다는 것을 잘 보여준다.

한국에도 사회복지분야에서 TQM이 소개되어 적극적으로 활용할 필요가 있다고 주장하는 학자들(최재성, 1997 ; 김영란, 1999 ; 박경일, 2000)이 있지만 사실상 TQM을 전면적으로 도입하기에는 아직 여건이 충분히 조성되어 있지 않다. 이러한 관점에서 본 저자도 TQM의 도입에 기본적으로는 찬성하지만 체계적 도입과 적용을 위해서는 사회복지서비스의 질을 측정하는 객관성 있고 타당한 척도의 개발이 필요하고, 프로그램 관리자의 노력만으로 TQM이 성공적으로 추진되기는 어렵기에 조직의 최고관리자의 의지와 자발적 참여가 필요하며, TQM 시행을 위한 다양한 관리기법을 효과적으로 활용할 수 있는 능력을 배양해야 한다. 이상과 같은 조건이 충족된다면 TQM은 보다 확대 적용될 수 있을 것이다. 만일 한국에서 사회복지기관이 프로그램의 질적 향상을 위한 TQM을 시행한다면 그 절차는 다음과 같다(박경일 외, 2002 : 55-58).

① 1**단계 : 사회복지기관의 문제발견 및 인식**

첫째 단계에서는 먼저 자기 자신을 알아야 하므로 ⓐ 사회복지조직의 성과에 가장 큰 영향을 미칠 중요 분야에 관한 정보를 수집한다. ⓑ 클라이언트의 요구사항과 의견, 지역사회자원을 조사한다. ⓒ 조직구성원의 태도조사와 조직진단을 실시한다. ⓓ 비교우위 서비스나 프로그램을 조사해 본다. 첫째 단계에 대해서는 많은 사회복지기관들이 나름대로의 노하우를 축적하고 있다고 생각된다. 그러나 허심탄회하게 기관의 문제점을 노골적으로 들춰내어 논의할 필요가 있다.

② 2**단계** : TQM **도입을 위한 준비와 조직구성**

이 단계에서는 ⓔ 전 직원들의 참여와 이해를 얻기 위해 TQM에 관한 교육, 훈련을 실시하고, ⓕ TQM 추진을 위한 준비조직을 전 부서에 걸쳐 구성한다. 그리고 ⓖ 각 개인별, 각 부서별 업무분장표를 작성하고 직무분석을 실시한다.

③ 3**단계** : TQM**의 기본목표설정과 기관장의 의지**

ⓗ 1단계에서 수집된 정보와 각종 조사결과를 토대로 조직의 기본목표를 설정하고, ⓘ 복지기관의 서비스헌장 및 사명헌장을 제정한다. ⓙ TQM 추진성과를 월별, 분기별로 확인하기 위해 서비스 단위당 비용을 측정한다.

④ 4**단계 : 각 부서별 개선대책의 수립**

4단계에서는 ⓚ 설정된 기본목표를 달성하기 위한 중・장기계획을 수립하고 부문별 과제를 책정한다. ⓛ 조직구성원의 능력개발(empowering)을 위한 교육, 훈련을 실시한다. ⓜ 대안마련 및 아이디어 창출을 위해 복지 QC 활동이나 소집단활동을 추진한다.

⑤ 5단계 : **개선대책의 실행**

5단계에서는 ⓝ 고객의 만족과 신뢰를 확보하기 위해서 서비스 매뉴얼을 작성하고, 모든 서비스 절차를 문서화하고 ISO 9001과 같은 서비스 보증체제를 정비한다. 그리고 ⓞ 기관 간의 경쟁에서 살아남기 위해 새로운 서비스 및 프로그램을 개발하거나 벤치마킹을 실시해 본다.

⑥ 6단계 : **평가 및 새로운 목표의 설정**

6단계에서는 ⓟ 평가항목별 체크리스트(checklist)를 통한 TQM 추진상황에 대한 평가를 시도하고, ⓠ 평가발표 및 보상체계를 추진하며, ⓡ 클라이언트의 요구와 니드 변화에 대응할 수 있는 새로운 목표를 설정한다.

제 3 절 서비스 만족도 조사

1. 서비스 만족도 조사의 중요성

사회복지서비스의 질 관리를 위해서 프로그램 관리자가 활용할 수 있는 도구 중의 하나가 클라이언트 만족도 조사이다. 실제로 사회복지 프로그램이 시행되고 서비스가 제공되는 과정에서 클라이언트의 다양한 기대가 어느 정도 충족되고 있는지에 관해서 서비스 소비자의 관점에서 서비스의 질을 평가할 수 있는 유일한 방법이 서비스 만족도 조사이다. 물론 서비스 만족도 조사는 프로그램이나 서비스가 종료되는 시점에서 이루어지는 것이 일반적이기 때문에 전체 서비스의 효과성이나 성과평가의 도구로도 활용될 수 있다. 그러나 앞서 언급되었다시피 질 관리의 핵심요소가 클라이언트 만족도이기 때문에 사회복지서비스 질을 향상시키는 노력에서 만족도 조사는 필수적인 내용을 구성한다.

상품을 생산하여 판매하는 경영조직에서 소비자 만족도는 조직의 성패를 좌우할 만큼 중요성을 갖는다. 시판된 제품에 만족스럽지 않는 반응을 보이는 소비자들은 그 제품을 외면하여 결국 판매자는 생산라인의 축소와 공장패쇄에 직면하게 될지도 모른다. 서비스 산업에서도 마찬가지 원리가 작용한다. 경쟁적 서비스 산업의 환경에서 특정 기관이 제공하는 서비스에 대해서 불만을 갖는 클라이언트들은 중도 포기 내지 다른 기관으로 발길을 돌릴 것이기 때문에 자연히 직원감축과 기관의 존립에도 영향을 미치게 된다. 비교적 지금까지 일정한 정도의 사회복지서비스에 대한 수요가 확보되었고 가격도 거의 무료나 실비로 운영되었던 사회복지시설이나 기관에서도 이제는 경쟁적 분위기가 확산되어 클라이언트와 재원확보를 위한 마케팅이 공공연히 인정되는 시점에서 클라이언트의 서비스 만족도에 관한 조사는 조직관리나 프로그램 관리의 차원에서 그 중요성이 특별히 강조된다. 왜냐하면 서비스에 대한 클라이언트의 피드백을 이용하여 서비스의 질적 개선을 위한 노력을 하지 못할 경우 사회복지기관도 그 경쟁력을 상실하기 때문이다.

클라이언트 만족도에 관한 연구는 서구에서 1960년대 후반과 1970년대 초반에 일어난 소비자 보호운동의 영향으로 1980년대 거의 모든 산업과 서비스 영역에서 크게 유행하게 되었다. 한국에서도 1997년 사회복지사업법의 개정으로 모든 사회복지기관과 시설들이 3년에 1회 이상 평가를 받게 됨에 따라 2000년 이후 거의 모든 사회복지기관 및 시설평가에서 서비스 수혜자인 클라이언트 만족도 조사가 포함되어 그 중요성이 강조되어 연구와 조사가 탄력을 받고 있다. 비록 생산조직보다 클라이언트 수요와 지불능력에 비탄력적 산업의 특성을 갖고 있는 사회복지서비스 영역에서도 클라이언트의 서비스 만족도에 관한 조사연구와 피드백에 의한 질적 개선은 매우 중요하다. 특히 사회복지서비스에 대해서 만족하지 못하는 클라이언트 집단의 불평과 불만은 그 파급효과가 매우 커서 사회복지기관의 평판과 이미지를 실추시키는 데 크게 영향을 미친다. 미국소비자보호원(U. S. Office of Consumer Affairs)의 조사에 의하면 만족하는 서비스의 소비자가 평균 3명의 친구에게 긍정적 표현을 하는 데 반해서 불만을 가진 서비스 소비자는 평균 20명의 친구에게 그 불만을 표출하는 것으로 나타났다(TERP, 1986).

2. 만족도 조사의 불패 신화

사회복지서비스의 이용자와 수혜자를 대상으로 한 서비스 만족도 조사에는 깨어지지 않는 하나의 신화가 있다. 어떤 형태의 만족도 조사에서도 대부분의 조사대상자가 만족한다는 연구결과가 예외 없이 나타나기 때문이다. 의료서비스의 만족도 조사에 관한 50개의 조사보고서를 평가한 결과 Lebow(1983)는 평균 78%의 환자들이 의료서비스에 만족도를 표현했다. 8,522명의 정신보건서비스를 받은 미국 전역의 클라이언트를 대상으로 조사한 Ingram과 Chung(1997)의 최근 연구에서도 표준화된 클라이언트 만족도 설문조사의 결과 평균 77%가 만족감을 나타냈다. 이러한 연구결과는 미국뿐만이 아니라 뉴질랜드와 캐나다 등 다른 서구 국가에서도 공통적으로 나타나는 현상으로 조사되었다(Royse et al., 2001 : 193-194). 한국의 경우에도 마찬가지로 사회복지기관 서비스 이용자를 대상으로 한 평가(변재관 외, 2000)에서 거의 모든 서비스 이용자들은 기관과 시설 간의 차이는 있었지만 대체로 사회복지서비스에 만족하는 것으로 조사되었다. 실제로 한국의 사회복지기관에서 프로그램을 관리하는 사회복지사들은 프로그램 종료시점에 평가를 위해서 어떤 형태로든 서비스 만족도 조사를 한다. 그러나 그 결과가 부정적으로 나타난 사례를 경험한 사람은 아무도 없을 것이다. 그래서 만족도 조사의 불패 신화는 계속된다.

그러면 이와 같이 거의 모든 사회복지서비스 만족도 조사에서 긍정적 평가가 도출되는 이유는 무엇일까? 사회복지서비스 만족도 조사가 실패로 끝나지 않고 매번 성공적으로 평가되는 이유는 크게 두 가지로 압축될 수 있다. 하나는 만족도 조사대상자인 클라이언트의 심리사회적 요인이며 다른 하나는 조사방법론상의 문제이다. 우선 거의 모든 사회복지서비스 대상자들은 서비스의 질적 문제에 고민하기에 앞서 서비스 제공 그 자체를 고맙고 감사하게 생각한다. 대부분 무료로 서비스를 받거나 소수의 클라이언트들이 부분적으로 실비를 부담하기 때문에 제공받는 서비스 그 자체에 대해서는 일단 긍정적으로 평가한다. 또한 서비스를 지속적으로 받는 동안 협력적 관계를 유지했던 사회복지사가 부정적 평가로 인해서 불이익을 받을 수 있다는 걱정과 두려움 때문에도 평가를 긍정적으로 하는 경향이 있을 것이다. 그리고 클라이언트 자신이 서비스 제공 과정에서 투입된 시간과 노력이 만족도 조사로 나타날 수 있는데, 자신의 노력은 대체로 긍정적으로 평가하는 데 반해서 서비스 평가를 부정적으로 한다면 평가결과가 투입과 불일치하는 현상인 인지부조화(cognitive dissonance)가 일어나므로 이러한 심리적 갈등은 스스로 용납할 수 없을 것이다. 만족도 조사가 실패하지 않는 또 다른 이유는 조사설계와 방법에서 찾을 수 있다. 우선 설문조사나 면접조사로 만족도 조사가 이루어지는데 주로 조사에 응답한 사람들은 프로그램과 서비스가 종료되는 시점까지 서비스를 지속적으로 받고 있는 그야말로 성공적 클라이언트들이기 때문에 그들의 평가는 긍정적일 수밖에 없다(Gerber & Prince, 1999). 실제로 서비스에 불만을 가진 클라이언트들은 중도에 포기하거나 다른 기관의 서비스를 추구하기 때문에 종결단계까지 가기가 어렵다. 또한 만족도 조사는 조사의 타당도와 신뢰도 확보에도 어려움이 있다. 응답자의 기억력, 면접자의 질문에서 생기는 편견, 사회적으로 바람직한 형태로 응답되는 경향성, 평가의 내용과 차원에서 선별성 등 객관적이고 과학적인 조사설계를 위한 타당도와 신뢰도 저해요인을 잘 통제할 수 없기 때문에 긍정적 평가로 귀결되기도 한다.

3. 바람직한 만족도 조사

왜곡된 만족도 조사는 조사 그 자체로 의미가 있을지 모르지만 사회복지서비스의 질적 향상을 위한 유용한 정보를 제공하는 데에는 실패한다. 사회복지 프로그램 관리자는 만족도 조사에서 발생되는 만족편향성의 요인 가운데 클라이언트의 심리사회적 요인에 대해서 통제성을 발휘하기에 한계가 있지만 조사설계와 방법을 체계화하여 올바른 만족도 조사가 되도록 노력한다면 분명히 좋은 성과가 있을 것이다. 이러한 측면에서 만족도 조사방법론상의 문제점을 해결하기 위한 구체적 방안을 제시하고자 한다.

1) 만족도의 차원을 다양화할 것

클라이언트 만족과 불만은 서비스의 다양한 측면에서 나타날 수 있는 현상이다. 그래서 한두 가지 차원에서만 측정하는 오류를 범하지 말고 다차원적 요소에 대한 평가가 이루어지도록 해야 한다. Sanders와 동료 연구자들(1998)은 목적달성에 실패한 비효과적 프로그램에서도 클라이언트들은 만족도를 보였다는 연구결과에서 암시하는 바와 같이 만족도 조사에서 성과에 관한 평가문항이 결여되었음을 짐작하게 한다. 일반적으로 다양한 만족도의 차원에서 다음과 같은 영역에서의 질문은 반드시 제시되어야 한다.

① 서비스의 목표달성 여부
② 서비스의 이용편의성
③ 서비스나 시설의 접근용이성
④ 서비스의 지속성과 계속성
⑤ 사회복지사나 직원의 직무수행능력
⑥ 사회복지사나 직원의 도움 정도
⑦ 전반적인 프로그램의 만족 정도

2) 조사방법을 다양화할 것

서비스 만족도에 관한 조사의 일반적 형태가 전화나 자기기입식 설문조사이다. Williams(1994)의 주장에 따르면 계량화된 설문조사는 질적 조사보다 훨씬 높은 만족도 결과를 유도하는 경향이 있다고 지적했다. 사실상 심층면접과 같은 질적 조사와 초점집단에서와 같은 개방형 질문으로 서비스에 대한 평가가 이루어진다면 서비스 자체나 전달과정상의 다양한 불만요인들이 표출될 수 있을 것이다. 따라서 전통적인 설문조사에만 의존해서 형식적인 클라이언트 만족도 조사를 매번 수차례 반복하는 것보다 질적 조사로 의미 있는 자료를 수집하여 프로그램 개선에 활용하는 것이 더욱 바람직하다.

3) 조사의 시점과 형태를 다양화할 것

클라이언트 만족도 조사는 주로 프로그램이나 서비스가 종료되는 시점에서 이루어지는 것이 보편적이다. 성공가능성이 큰 잔류 클라이언트만을 대상으로 최종단계에서 조사하는 것보다 조사의 시점을 초기단계, 진행단계, 종결단계 등 세 단계로 나누어 각각 동일한 설문지로 조사해 본다면 조사-재조사의 타당도 저해요인을 통제할 수는 없지만 만족도 정도의 변화를 읽을 수는 있을 것이다. 또한 사회복지기관에서 클라이언트 대기실에 소원수리함과 같은 상자를 비치하여 항시 불만사항을 표출할 수 있도록 조치를 취하는 방법도 생각해 볼 과제이다. 그리고 자기기입식 설문문항에도 반드시 개방적 문항을 포함하여 솔직한 클라이언트의 견해를 알아보아야 한다.

4) 신뢰도와 타당도가 확보된 조사도구를 사용할 것

사회복지서비스에 대한 만족도 조사도구는 학자들에 따라 다양하게 개발되었다. 이러한 조사도구 가운데 비교적 신뢰도와 타당도를 지속적으로 검증받은 조사도구를 식별하여 자기의 프로그램에 알맞게 적용시켜야 한다. 사회복지 프로그램이나 서비스의 효과성 평가에 관한 문헌을 참조하면 유사한 프로그램에 대한 클라이언트 만족도 조사를 발견할 수 있을 것이다. 만족도 조사도구의 작성에서 주의할 점은 면밀한 검토 없이 졸속으로 작성된 설문문항으로 조사를 시작하는 것이다. 일반적으로 타당도와 신뢰도가 검증된 〈표 8-2〉와 같은 클라이언트 만족도 조사표(Client Satisfaction Questionnaire : CSQ)를 참고로 활용할 수 있을 것이다.

〈표 8-2〉 클라이언트 만족도 조사표(CSQ)

귀하가 이 기관에서 받은 서비스에 대한 아래의 몇 가지 질문에 응답해 주시기 바랍니다. 이 질문지는 귀하가 받은 서비스나 프로그램의 개선을 목적으로 사용될 것입니다. 각 질문에 따라 귀하의 솔직한 의견에 해당하는 번호에 ○표 해 주십시오. 협조해 주셔서 감사합니다.

1. 귀하가 받았던 서비스의 질은 어떠했습니까?
   1) 좋지 않았다　2) 보통이다　3) 좋았다　4) 매우 좋았다

2. 귀하는 귀하가 원했던 서비스를 받았습니까?
   1) 전혀 아니다　2) 아니다　3) 그렇다　4) 매우 그렇다

3. 귀하가 참여한 프로그램은 귀하의 욕구를 어느 정도 충족시켰습니까?
   1) 전혀 충족되지 않았다　2) 약간 충족되었다　3) 대부분 충족되었다　4) 모두 충족되었다

4. 귀하가 받은 서비스에 대해서 귀하는 어느 정도 만족하십니까?
   1) 매우 불만족한다　2) 약간 불만족한다　3) 대체로 만족한다　4) 매우 만족한다

5. 만약 귀하가 아는 사람이 유사한 상황에 있을 때 이 프로그램에 참여를 권유하겠습니까?
   1) 전혀 권유치 않겠다　2) 권유치 않겠다　3) 권유하겠다　4) 적극적으로 권유하겠다

6. 귀하가 받은 서비스는 귀하가 가진 문제를 효과적으로 해결하는 데 도움이 되었습니까?
   1) 전혀 도움이 안됨　2) 도움이 안됨　3) 약간 도움이 됨　4) 매우 큰 도움이 됨

7. 귀하는 전체적으로 이 프로그램과 서비스에 대해서 어느 정도 만족하십니까?
   1) 매우 불만족한다　2) 불만족한다　3) 만족한다　4) 매우 만족한다

8. 귀하가 차후에 다시 이러한 서비스 필요하면 다시 이 프로그램에 참여하겠습니까?
   1) 전혀 그렇지 않다　2) 그렇지 않다　3) 그렇다　4) 매우 그렇다

출처 : Pascoe, G. C. & Attkisson, C. C.(1983). The Evaluation Ranking Scale : A New Methodology for Assessing Satisfaction. *Evaluation and Program Planning, 6*, pp.335-347.

제 4 절 PDCA 관리 사이클과 특성요인도 작성법

1. PDCA 관리 사이클

사회복지서비스의 질 관리를 총체적 품질관리(TQM)의 차원에서 적용할 수 있는 질 관리의 기법은 매우 다양하다. 브레인스토밍, 의사결정계통도법, 파레트도, PDCA관리 사이클, 특성요인도 등이 TQM과 QC(Quality Control) 활동에 크게 활용되고 있다. 브레인스토밍과 의사결정계통분석은 프로그램 개발과정에서 기획 및 설계단계에서 이미 다루었기 때문에 여기서는 PDCA 관리 사이클과 특성요인도의 작성과 활용방법을 서술하였다. PDCA(Plan, Do, Check, Action) 관리 사이클은 서비스의 질 관리를 위해 기관차원에서 계획성 있는 접근을 취할 수 있도록 도와주는 관리기법이라 할 수 있다. 즉 해결해야 할 문제나 주제가 주어지면 목표를 설정하고 각자의 역할을 분담한 뒤 필요한 서비스의 질 개선활동을 실시하고 확인하여 정착화시키는 과정을 Plan → Do → Check → Action의 사이클로 순환시켜 나가는 방법을 취한다. PDCA의 각 영역별 활동내용은 〔그림 8-1〕에서 잘 표현된다.

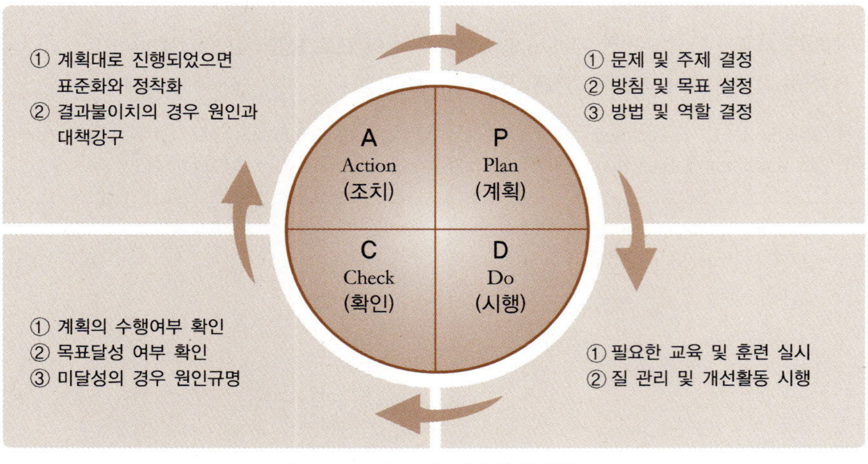

[그림 8-1] PDCA 관리 사이클

관리 서클	절 차	활동 내용
계획 Plan	① 문제점을 발견한다	· 업무 하나하나를 점검한다. · 기관의 문제점을 파악한다.
	② 주제를 정한다	· 주제의 표현은 "…의 …을 …로 한다."와 같이 구체적으로 한다.
	③ 현상파악, 목표를 세운다	· 현상을 사실과 데이터로 분석하고 잘못된 점을 밝힌다. · 현상의 목표치와 기간을 정한다.
	④ 활동계획을 작성한다	· 계획표와 역할분담을 정한다.
실시 Do	⑤ 요인을 분석한다	· 요인을 열거한다. · 데이터로 요인을 검증한다.
	⑥ 대책을 세운다	· 개선안(아이디어)을 도출한다. · 개선안을 검토한다. · 개선안을 구체화시킨다.
	⑦ 실시한다	· 개선안은 시험적으로 실시한다. · 개선안을 결정, 실시한다.
확인 Check	⑧ 효과를 조사한다	· 개선 이후의 데이터를 수집한다. · 그 데이터를 분석한다. · 목표치와 비교한다.
조치 Action	⑨ 모니터링을 한다	· 표준화한다. · 모니터링을 확인한다.

[그림 8-2] PDCA 추진절차와 활동내용

2. 특성요인도 작성

특성요인도란 문제로 삼는 결과(특성)와 그 결과에 영향을 주는 원인(요인) 간의 관계를 물고기의 뼈와 같은 그림으로 정리하고 원인과 결과를 관계를 체계적으로 정리한 것이다. 특성요인도는 서비스의 질 관리를 위해서 서비스 전달과정에서 발생하는 문제의 원인을 규명하고 대책을 강구하는 데 유용하게 활용되는 기법이다.

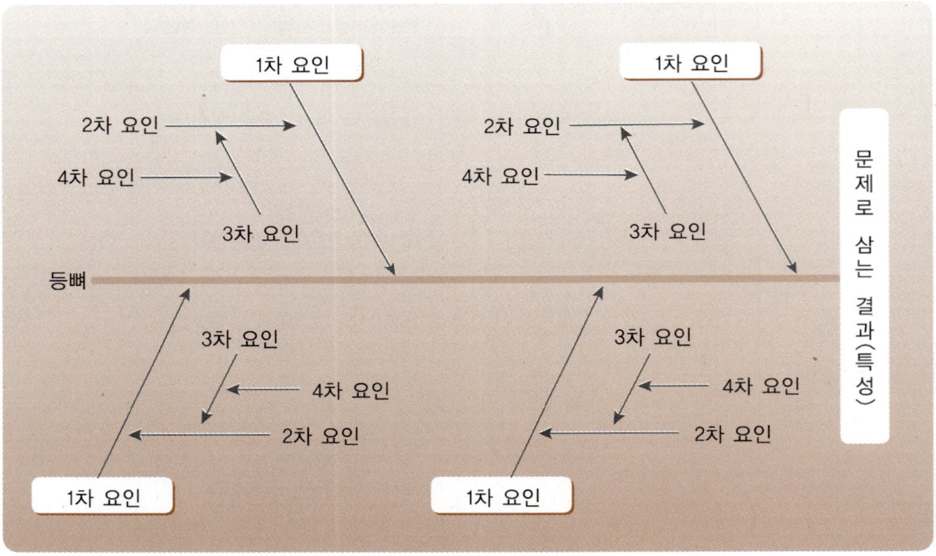

[그림 8-3] 특성요인도

특성요인도의 작성방법은 다음과 같다.

① 문제로 삼는 결과인 특성을 명확하게 한다.

② 특성은 오른쪽 끝으로 배치하고 테두리로 두른다.

③ 등뼈에서 왼쪽 사선으로 대뼈를 긋고 그 앞을 테두리로 두른다.

④ 결과를 좌우하는 원인의 주요항목을 테두리 가운데에 기입한다(1차 요인).

⑤ 대뼈에 대하여 그것들의 원인을 파악하여 중뼈를 기입한다(2차 요인).

⑥ 중뼈에 대하여 그것들의 원인을 파악하여 소뼈를 기입한다(3차 요인).

⑦ 소뼈에 대하여 그것들의 원인을 파악하여 세뼈를 기입한다(4차 요인).

⑧ 빠짐없이 검토하여 조치를 취할 수 있는 단계까지 파악한다.

⑨ 조치해야 할 것으로 생각되는 요인을 직사각형으로 두르고 중요도의 순서를 매긴다.

연구과제

1. 상담서비스를 사회복지서비스로서 본질적 특성인 무형성, 이질성, 소멸성의 관점에서 설명하시오.
2. 현재 자신이 실습했거나 근무하는 사회복지기관의 서비스 질 관리를 위한 구체적인 노력과 방법을 열거해 보시오.
3. TQM의 14가지 질 관리 영역 또는 차원에서 반응성과 용이성을 확보하기 위한 방법과 조치는 어떤 것이 있는가?
4. 만족도 조사에서 예외 없이 불만보다는 만족하다는 결과가 도출되는 이유는 무엇인가?
5. 노인야유회 프로그램을 시행한 후 참여한 노인을 대상으로 만족도 조사를 할 경우 포함될 수 있는 질문문항을 열거해 보시오.
6. 후원자 개발사업의 실적이 저조한 문제에 대한 원인을 특성요인도 작성방법에 따라 규명해 보시오.

제 4 부 사회복지 프로그램 평가

제 9 장 프로그램 평가이론과 방법
제10장 효과성 평가
제11장 효율성 평가
제12장 질적 평가
제13장 단일사례조사평가

9 프로그램 평가이론과 방법

제 1 절 프로그램 평가의 개념과 정치사회성

1. 프로그램 평가의 개념과 필요성

인간은 삶의 전 과정에서 매우 다양한 형태로 평가를 한다. 우선 평가는 우리 일상생활에서도 깊숙이 작용한다. 음식의 맛을 놓고 이야기하든지, 교수의 강의에 대해서 견해를 주고받는 일이라든지, 텔레비전 프로그램에 대해서 선호도와 연기자의 연기력에 관해서 의견을 주고받는 등 일상화된 평가가 이루어지고 있다. 우리는 또한 학교의 성적, 직장에서 근무성적, 정부기관의 생산성과 공공성 등과 같은 공식적이고 조직적인 평가의 대상이 되거나 주체로 일을 하기도 한다. 프로그램 평가도 마찬가지로 프로그램 운영 전반에 관한 가치의 판단이 이루어지는 활동으로 볼 수 있다. 이 책의 전체적인 개념적 틀인 프로그램 개발모델인 PIE 모델의 관점에서 보자면 프로그램 평가(program evaluation)는 프로그램 개발의 각 단계에 해당하는 프로그램의 기획 및 설계와 실행이 올바로 이루어졌고 소기의 성과가 달성되었는지를 확인하는 절차와 과정에 해당한다. 실제로 사회복지 프로그램 관리자는 프로그램의 목적이 달성되었는지, 프로그램의 참여자인 클라이언트는 변화되었는지, 클라이언트는 현재의 서비스에 만족하는지, 이번에 적용한 개입방법은 과거의 것보다 효과적이었는지 등과 같은 질문에 봉착하고 이러한 질문들에 적절한 해답을 구하기 위해서도 프로그램 평가는 피할 수 없는 중요한 과제가 된다. 이러한 평가과업을 성공적으로 수행하기 위해서 프로그램 관리자나 사회복지사들은 우선 프로그램 평가의 개념과 필요성을 올바로 인식하고 평가에 대한 기본자세를 갖추어야 한다.

1) 프로그램 평가의 개념

(1) 프로그램 평가의 정의

평가에 대한 개념적 정의는 여러 학자들에 의해 다양하게 제시되어 왔다. Rutman (1984 : 10)은 평가를 정책이나 프로그램에 관한 의사결정을 목적으로 사회과학적 조사방법을 사용하여 정책 또는 프로그램의 수행과정과 결과를 측정하는 일련의 절차로 정의한다. 한편 Patton(1986 : 14)에 의하면, 평가란 프로그램의 특성 및 활동과 결과에 관한 체계적 정보수집을 통해서 불확실성을 제거하거나, 효과성을 증진시키거나, 프로그램의 진행상황과 파급효과에 관한 의사결정을 위한 것을 의미한다. Posavac과 Carey(1997 : 1-3)는 사회복지서비스의 필요성, 욕구충족의 정도, 문제해결을 위한 비용의 적절성, 목표달성의 정도를 측정하기 위한 조사방법과 기술의 사용을 프로그램 평가로 보았다. Rossi와 동료 학자들(2001 : 11)은 사회복지 프로그램의 평가를 조직 및 정치적 환경에 적응하고 사회적 여건을 개선시키기 위해 고안된 사회개입 프로그램의 효과성을 체계적으로 조사하기 위해 사회조사의 방법과 절차를 사용하는 것이라고 정의한다.

이상과 같은 프로그램 평가의 정의를 종합해 보면 결국 프로그램 평가는 '프로그램의 기획, 실행, 결과에 관한 자료를 과학적 절차와 방법을 통해서 수집, 분석하여 서비스와 프로그램의 질적 향상과 개발에 관한 중요한 의사결정을 돕는 조사활동'이라 정의 내릴 수 있을 것이다. 프로그램 평가의 목적이 ① 프로그램의 궁극적인 성공여부 확인, ② 프로그램 진행상의 문제점 발견, ③ 프로그램 기술 및 개발에 필요한 정보제공 등으로 압축된다면(성숙진 외, 2004 : 643) 이 책에서 제시한 새로운 정의는 상당한 설득력이 있을 것이다. 프로그램 평가의 정의와 개념을 보다 폭넓게 이해하기 위해서 다음과 같은 몇 가지 프로그램 평가의 개념적 특성을 자세히 살펴볼 필요가 있다.

① 효과성 측정과 의사결정

사회복지 프로그램 평가의 궁극적 목적은 프로그램 대상체계에 대한 개입의 효과가 어느 정도 실현되었는지를 알아보는 데 있다. 평가를 통한 환류적 정보제공으로 프로그램 관리자는 프로그램의 투입, 전환, 산출, 성과에 관한 중요한 의사결정을 위한 근거자료를 확보할 수 있고 궁극적으로 프로그램의 수정과 보완 또는 축소와 확대 등과 같은 의사결정을 내릴 수 있다.

② 체계적 절차와 조사방법의 활용

평가를 위해서는 평가계획이 수립되고, 조사설계와 조사방법이 결정되며 자료수집과 분석이 일어나고 마침내 평가결과는 정리되어 보고된다. 이러한 절차는 체계적으로 이루어지기 때문에 평가는 본질적으로 사회조사의 방법을 활용할 수밖에 없다. 따라서 프로그램 평가는 사회조사의 일종으로 원래 평가조사(evaluation research)를 줄여서 그냥 평가로 부르고 있다. 일반적으로 조사나 평가는 과학적이고 논리적 과정과 절차에 따라 자료가 수집되는 점에서 동일하다.

③ 조직과 지역사회의 정치사회적 과정

평가는 본질적으로 정치사회적 과정을 내포한다. 왜냐하면 누가 무엇을 평가하며 어떤 자료가 수집되고 그 결과를 어떻게 사용할 것인지에 관해서는 조직 내외적으로 갈등과 불일치가 일어날 수 있기 때문이다. 조직 내에서 평가 자체에 대하여 부정적 구성원도 있으며, 평가는 기존업무의 범위를 넘어선 시간과 노력을 요구하기도 하고, 조직 외적으로부터의 평가는 이해관계 당사자들이 평가의 결과에 따라 프로그램의 중단 또는 확대와 같은 중대한 의사결정을 하기 때문이다. 프로그램 평가는 본질적으로 비교분석을 내포함으로써 상대적으로 비용이 절감되면서 효과적 프로그램은 존속되고 그렇지 못한 프로그램은 그 존립의 기반을 상실할 것이다. 또한 평가를 통해서 얻어진 결과는 프로그램을 옹호하거나 반대하는 사람들에게 자신의 입장을 뒷받침하는 근거로 사용될 수 있기에 평가과정에는 정치적 압력이 가해질 수 있다.

(2) 프로그램 평가의 과학철학적 기반

사회복지 프로그램 평가는 사회과학 또는 행동과학 조사방법 가운데 특수한 형태의 조사로서 인식론적 관점에서나 조사설계 및 방법의 차원에서도 독특한 철학적 기반 위에서 이루어진다. Royse와 동료 학자들(2001 : 21-25)이 제시한 프로그램 평가의 과학철학적 가정을 살펴보면 프로그램 평가의 성격을 더욱 잘 이해할 수 있을 것이다.

① **사실주의**(realism)**와 결정주의**(determinism)

과학철학에서 사실주의적 전제란 클라이언트 개인이 인지하고 지각하는 세상의 중요성을 부정하거나 그들이 자신의 삶과 인간관계에 부여하는 의미 자체를 거부하는 것은 아니다. 사실주의는 그러한 클라이언트의 삶에서도 주관적이기보다는 객관적으로 존재하는 사실만을 평가하는 데 초점을 둔다는 것이다. 결정주의 역시 어떤 현상을 유발하는 다양한 요인들을 부인하는 것이 아니라 그러한 요인들 가운데 과학적으로 관련성 있는 요인에 초점을 두어 조사를 한다는 뜻이다.

② **실증주의**(positivism)**와 경험주의**(empiricism)

실증주의는 과학적 조사와 연구의 절차와 방법에 따라 밝혀진 사실을 진실로 받아들이는 과학철학적 입장이다. 따라서 평가조사도 객관적이며 과학적 조사설계와 방법에 따라 이루어진 결과가 실제로 프로그램의 개선과 지식의 확충에 기여한다. 마찬가지로 경험주의 역시 과학적 조사와 절차에 따른 검증된 지식만이 진실에 가깝다는 입장을 보여준다.

③ **조작주의**(operationalism)**와 실용주의**(pragmatism)

조작주의는 경험주의에서 나온 원칙으로 과학적으로 입증가능한 증거는 될 수 있는 한 많은 사람들이 신뢰하고 동의하기 때문에 다른 연구자나 평가자도 신뢰성을 보이면서 유사하게 사용할 수 있는 측정도구나 방법을 개발하여 사용하는 것이 중요하다는 것을 강조한다. 실용주의는 프로그램 평가와 관련해서 실제 프로그램의 참여자를 관찰하고 측정하는 것이 진정한 의미를 갖는 평가라고 역설한다. 프로그램 또는 서비스 제공자의 관점에서 평가한다는 것은 오류를 내포할 수 있다.

이상과 같은 평가조사(evaluation research)의 과학철학의 기본적 입장과는 정반대의 허무주의(nihilism) 입장에서 여하한 과학적 절차나 방법에 의해서 도출된 결과에 대해서도 신뢰성을 보이지 않는 태도가 있다. 과학적 회의주의(scientific skepticism)가 바로 그것인데, 이러한 관점을 갖는 평가의 소비자는 충분한 증거와 자료가 있음에도 불구하고 좀처럼 믿지 않는 경향을 보인다. 또한 최근 질적 연구의 중요성이 강조됨에 따라 일화주의(anecdotalism)적 신념과 방법론을 강조하는 조사연구자가 늘어나고 있는 추세에 있는데, 일화주의는 개인의 관념과 시각이나 독특한 사례의 중요성을 강조하는 신념의 체계로 그 자체가 의미는 있지만 일반화의 한계를 벗어나지 못하므로 프로그램 평가에서는 과학철학적 기반으로 간주되기 어렵다.

2) 프로그램 평가의 필요성

사회복지 프로그램의 필요성을 논의하기에 앞서 사회복지에서 지금까지 사회복지사들이 평가에 대해서 부정적 견해를 갖고 있었던 이유부터 살펴보자.

(1) 평가에 대한 부정적 태도

평가의 개념에 대한 일반적 저항은 철학적 관점에서 발생하는 편견에 뿌리를 두고 있다. 우리 사회는 예술과 과학을 분리해서 생각한다. 예술가는 직관적이고 정서적이며 대체로 논리적으로 사고할 능력이 없고, 과학자는 반대로 궁극적 목적인 인간성을 등식으로 표현하는 차가운 인간으로 본다. 사회복지사는 클라이언트에게 정서적 지지와 원조를 하는 예술가적 특성을 보유하는 데 반해서 평가자는 객관적 자료를 과학적으로 분석하여 서비스나 프로그램을 재단한다는 것이다. 따라서 사회복지사의 입장에서는 사회복지실천이 예술가적 요소를 중시하는 내용으로 구성되었음에도 불구하고 과학적 잣대로 평가하기는 어렵다는 이유로 평가를 매우 이질적인 것으로 생각해 왔다. 그러나 사회복지실천의 효과성에 관한 관심이 고조되면서 더 이상 사회복지실천은 평가로부터 자유로운 영역으로 간주되기는 어려웠다. 최근 사회복지실천은 경험적이고 과학적인 실천이 되어야 함이 더욱더 강조되고 있다(황성철, 1998 : 215-245). 사회복지실천에서 예술성과 과학성은 상호의존적이며 상호보완적이다. 따라서 오늘날 사회복지실천은 과학적 예술로 표현되어 서비스 전달에서 인간성도 중시하지만 냉철하고 과학적인 평가도 당연한 것으로 받아들여져야 한다.

평가에 대해 저항감을 갖는 또 다른 이유는 평가의 결과에 대한 두려움 때문이다. 사회복지사들이 평가를 두려워하는 이유는 그들 자신이 평가의 대상이 되고 그들이 관리하는 프로그램이 판단의 대상이 되기 때문이다. 평가결과에 따라 프로그램이 취소되거나 예산이 삭감될 수 있고 나아가 자신의 평판도 나빠지고 직장도 잃을 가능성이 있기에 더욱 평가를 두려워한다. 그러나 사실상 이러한 두려움은 다소 과장되었거나 근거가 없는 두려움이다. 물론 부정적 평가의 결과로 인해 프로그램이 수정되거나 재원공급자의 지원이 종결되는 경우도 있지만 부정적 평가결과가 나왔다고 해서 사회복지 프로그램이 폐기되는 경우는 극히 예외적이다(Gabor & Grinnell, 1994 : 8). 정반대의 경우를 생각하면, 긍정적 평가의 결과로 프로그램이 확대되고 유사 프로그램으로 확산되는 경우는 비일비재하다. 특히 프로그램의 효과성이 입증되는 경우 프로그램의 담당자와 관리자는 더 큰 지역사회와 정부의 지원을 유발시킬 수 있고 내부적으로 클라이언트에 대한 효과적 서비스를 제공한다는 자부심을 가질 수 있을 것이다. 따라서 평가는 두려움의 대상이 아니라 우리가 활용해야 할 중요한 도구이며 수단인 점을 명심할 필요가 있다. 그러면 평가가 프로그램과 관련해서 왜 필요한지에 관한 의문이 제기된다.

(2) 평가의 필요성

① 합리적 의사결정(decision making)을 인도하기 위해서

평가가 왜 필요한지에 관한 질문은 앞서 프로그램 평가의 정의나 개념에서 어느 정도 유추될 수도 있겠지만 평가의 근본적 목적은 우선 관리자의 의사결정을 돕기 위한 것이라는 점은 매우 분명하다. 일반적으로 평가에 의해 제공된 정보는 정책이나 프로그램과 관련된 모든 이해관계 당사자들이 적절한 의사결정을 하는 데 도움이 된다(Hudson & Thyer, 1987). 우선 정부나 다른 행정기관의 정책결정자들이 이해관계 당사자로 관심을 갖는 것은 현존하는 자활사업, 성폭력상담소사업, 가정위탁 프로그램 등이 어느 정도 효율성과 효과성을 유지하면서 진행되고 있는지에 있다. 또한 사회복지기관의 최고관리자, 재원공급자, 프로그램 담당자들도 관련된 프로그램의 어떤 목표가 어느 정도 달성되었는지에 관심을 갖고 예산의 추가지원과 프로그램의 확대나 축소에 관한 근거자료를 필요로 한다. 이러한 문제는 반드시 평가에 의해서만 해결될 사안이다.

② 지식기반(knowledge base)을 확대하기 위해서

프로그램 평가는 사회문제해결에 초점을 둔 사회복지적 개입방법과 실천방법의 효과성을 확인하여 사회복지실천에 관한 지식기반의 확충에 공헌한다. 가령 장애아동을 둔 어머니로 구성된 집단 프로그램에서 해결중심 단기가족치료의 개입방법이 적용되어 장애아동에 대한 태도와 자긍심이 높아졌다는 평가결과가 도출되었다면 이는 해결중심 단기가족치료라는 실천방법에 관한 지식의 폭을 넓혀 준다. 마찬가지로 특정 개입방법이 비효과적이라는 증거가 평가를 통해서 밝혀졌다면 그 개입방법은 이론적으로나 방법론적으로나 수정, 보완이 되어 보다 효과적 개입방법으로 발전되는 기회를 갖게 될 것이다. 사회복지 프로그램은 사회복지실천이론과 기법을 포함하기 때문에 프로그램 평가는 사회복지실천이론과 기법의 개발에도 크게 기여한다는 점에서 그 필요성이 인정된다(Hudson & Grinnell, 1989).

③ 책무성(accountability)을 입증하기 위해서

사회복지기관의 최고관리자, 프로그램 관리자, 사회복지사들은 그들이 제공하는 서비스나 프로그램이 클라이언트 집단의 욕구를 충족시키고 당면문제를 해결하고 있다는 증거를 보여주어야 한다. 프로그램 평가가 필요한 이유는 바로 책무성 확보를 위한 자료를 제공하여 그러한 서비스나 프로그램이 만족스럽게 수행되고 있다는 증거, 즉 정당성의 근거가 되기 때문이다(Deschler, 1984). 프로그램에 대한 정당성을 확보하는 책무성에는 적용대상 책무성, 서비스 전달 책무성, 재정적 책무성, 법적 책무성 등이 있지만(Rossi & Freeman, 1987), 책무성의 소재와 관련해서는 클라이언트, 전문가집단, 사회복지기관, 지역사회, 정부 및 재원공급자 등이 있다. 사회복지 프로그램은 일차적으로 클라이언트 변화에 효과적임을 보여주고, 프로그램 관리자는 전문가로서 전문가집단에서 요구하는 지식과 기술 그리고 윤리강령에 위배되지 않는 전문적 실천을 하고 있다는 사실을 입증해야 하며, 프로그램은 기관의 설립목적에 이바지하고 있음을 나타내 보이며, 정부나 재원공급자의 요구에 부응하는 수준의 서비스가 제공되고 있음을 확인할 수 있는 증거를 제시한다는 차원에서 평가는 필요하다.

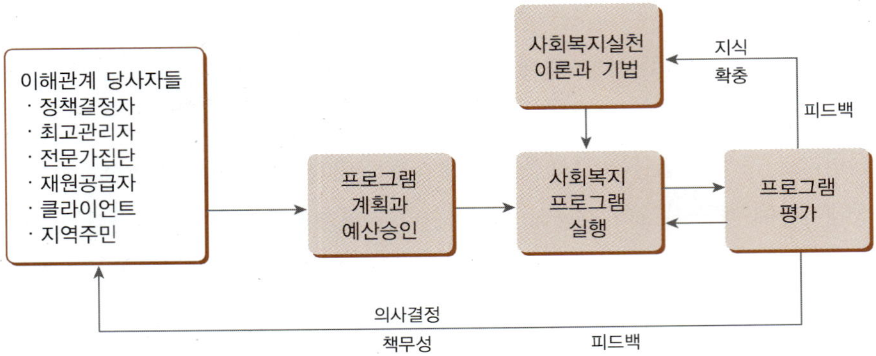

[그림 9-1] 프로그램 평가의 피드백과 용도

2. 프로그램 평가의 정치사회적 과정

프로그램 평가에 의해서 얻어진 결과는 프로그램을 옹호하는 사람이거나 프로그램을 반대하는 사람 모두에게 자신의 입장을 뒷받침할 수 있는 근거로 활용될 수 있기 때문에 프로그램 평가과정에는 상당한 정치적 압력이 가해질 수 있다. 프로그램 평가의 근본적 목적이 서비스의 질이나 프로그램의 효과성을 증진시키는 데 있음에도 불구하고 관련 당사자의 이해관계로 인해서 프로그램 평가는 과학적 진실을 밝히기보다는 기존 프로그램의 유지라는 필요성에 부합하는 방식으로 진행되기도 한다. 보수적 기관 책임자의 입장에서는 엄격하고 과학적인 평가가 도리어 위협으로 인식되어 평가결과를 인정하지 않거나 비현실적인 것으로 폄하되기도 한다(성숙진 외, 2004 : 633). 프로그램 평가의 정치사회적 측면은 프로그램 평가의 과정, 절차, 결과 등과 관련해서 이해관계 당사자들 간의 역할과 입장 차이에서 나타나는 현상이라 볼 수 있다. 따라서 여기서는 이들 이해관계 당사자들이 프로그램 평가의 생산자와 소비자의 역할관계를 중심으로 평가의 절차와 결과에 대한 각자의 제각기 다른 태도를 살펴보고 평가에 대한 역기능적 태도를 정치사회적 측면에서 논의해 보겠다.

1) 평가의 생산자와 소비자

평가의 목적은 사회복지기관이 프로그램을 통해서 클라이언트 집단과 지역사회의 사회적 기능을 향상시키는 데 있다. 평가의 방법이 엄격한 과학적 절차와 기준에 적합하게 이루어져야 한다는 점은 중요하다. 그러나 평가는 그 자체로서 하나의 수단에 불과하지 목적이 될 수 없다는 사실을 인식해야 한다. 아무리 잘 설계되어 과학적으로 진행된 평가조사도 이와 관련된 이해관계 당사자들에게 충분히 인식되지 않는다면 소용없는 일이다. 여기서 이해관계 당사자들이란 정책결정자, 행정책임자, 서비스 제공자, 지역사회 인사와 주민들이다. 이들이 평가조사를 생산하고 소비하는 사람들로서 실제로 평가가 이루어지는 과정과 그 결과의 활용에서도 큰 영향을 미친다. Patton(1986)의 활용중심평가(utilization-focused evaluation)는 평가조사의 설계와 실행을 비롯하여 평가결과가 실제로 활용되기 위한 원칙과 방법을 제시한다는 점에서 우리가 눈여겨볼 필요가 있다. 프로그램 평가와 관련된 이해관계 당사자들은 무수히 많다. 그들 가운데 누가 평가를 하는 생산자이며 누가 평가결과를 활용하는 소비자인지에 관한 구분을 명확히 하기는 어렵지만 모두가 프로그램의 향상에 관심을 갖고 있다는 사실은 명백하다. 프로그램 평가와 관련해서 주된 역할을 수행하는 사람들을 평가의 생산자와 소비자의 관점에서 살펴보겠다.

(1) 전문평가자(professional evaluators)

사회복지기관에서 이루어지는 프로그램 평가의 상당수가 기관 내부나 외부의 전문평가자에 의해서 수행되고 있다. 내부의 전문평가자는 평가조사를 위한 특별한 지식과 기술을 갖춘 사람이고, 외부의 전문평가자는 주로 기관의 자문가가 계약이나 프로젝트의 형태로 프로그램 평가에 참여한다. 컨설턴트(consultant)인 전문평가자에 의해서 프로그램 평가가 이루어질 때 분명히 평가는 과학적이고 체계적으로 될 수 있기 때문에 신뢰할 만한 결과를 기대할 수 있다는 장점이 있다. 그러나 외부 전문평가자는 평가의 기술과 방법론적 차원에서는 우수성이 있지만 전문가적인 독자적 판단으로 섭사리 기관이나 일선 사회복지사가 적용하기 어려운 주문이 나올 수 있고 외부전문가의 경우 평가의 책임이 전적으로 전문가에게 맡겨져 있기에 평가의 방법과 내용이 일선 사회복지사의 관심에서 벗어나거나 위협적인 것으로 오인되는 단점이 있다(Lewis et al., 2001 : 240). 그래서 전문평가자에 의한 평가를 그대로 둘 것이 아니라 기관의 직원들이 참여하여 위원회를 구성하여 모두가 평가의 생산자 역할을 수행할 때 비로소 일선 프로그램이나 서비스에 의미 있는 평가결과가 도출되고 직원은 동시에 평가결과를 유용하게 활용하는 실제적 소비자가 될 수 있다.

(2) 재원공급자(funding sources)

정부, 공동모금회, 기업복지재단 등의 재원공급자는 일반적으로 프로그램 평가의 소비자로 인식된다. 사회복지기관의 입장에서는 전술한 바와 같이 기관의 책무성을 확보하기 위해서 프로그램을 평가하고 결과를 보고함으로써 프로그램에 대한 재정적 지원의 정당성을 보여준다(Gabor & Grinnell, 1994 : 11). 재원공급자가 프로그램 평가의 과정과 절차, 즉 생산과정에 개입할 수 있는 부분은 그들이 지원하는 프로그램의 평가에 관한 대략적 설계의 타당성을 검토하는 차원에 머무르고 있다. 대체로 재원공급자들은 그들이 지원하는 프로그램이 어떤 외부전문가를 활용하는지 또는 어떤 평가자료가 모니터링에서 수집되어 분석되었는지에 관해서는 간섭하지 않는다. 그러나 사회복지 프로그램의 효과성을 향상시키고 보다 창의적이고 신뢰할 만한 평가가 될 수 있도록 하기 위해서 프로그램 재원공급자들은 단순히 평가의 소비자 위치에서 벗어나 평가의 내용, 범위, 절차, 방법에 관해 보다 큰 관심을 갖고 구체적 요구를 할 수 있는 평가 생산자의 역할수행이 요구된다고 본다.

(3) 프로그램 관리자와 서비스 제공자(program managers and social workers)

일반적으로 프로그램 평가과정에서 프로그램 관리자와 서비스 제공자인 일선 사회복지사들은 제외된다. 프로그램 관리자와 사회복지사가 평가의 주체가 되어 독자적으로 프로그램을 평가하는 경우도 있지만 대개 엄격한 조사연구와 방법론을 요구하는 체계적 평가의 경우 그들은 평가의 객체가 될 뿐이다. 심지어 이들은 평가로 인해 각종 기록과 서식에 자료를 입력시켜 전문평가자를 보조하는 수동적 역할수행으로 인해 자신들이 희생이 되고 있다는 느낌도 갖는다. 대부분의 사회복지기관에서 사회복지사들은 평가를 자신들이 수행하는 프로그램의 단점을 지적하고 자신들이 제공하는 서비스 전달상의 문제점을 부각시키기에 부정적으로 본다(Lewis et al., 2001 : 242). 따라서 그들은 평가의 결과에 의해서 처분만을 기다리는 수동적 소비자의 역할만 강요된다.

프로그램의 질적 개선과 프로그램 관리자와 사회복지사의 동기부여를 위해서도 사회복지 프로그램 평가는 기관중심의 조사(agency-based research)가 되어 전문평가자, 기관책임자, 프로그램 관리자, 일선 사회복지사 등이 모두 평가요원으로 참여하는 평가팀이나 평가위원회가 구성되어 적극적인 평가생산자의 역할이 기대된다.

2) 프로그램 평가에 대한 역기능적 태도

사회복지기관에서 프로그램 평가가 이루어지는 과정에는 반드시 심리사회적 요인과 정치사회적 요인이 작용한다. 프로그램 평가를 책임 맡은 사람은 이러한 요인을 파악하고 관련 당사자 사이에서 발생되는 오해와 갈등이 있다면 이를 해결하기 위해서 슬기롭게 대처해야 한다.

평가와 관련해서 이해관계 당사자 사이에서 발생되는 평가에 대한 태도에는 여러 가지 역기능적 요소가 나타난다(Posavac & Carey, 1997 : 36-40). 이러한 역기능적 태도의 근원은 무엇이고 누가 관련되어 있는지를 살펴보자.

(1) 과도한 효과성 기대

일반적으로 프로그램 관리자는 자신이 맡고 있는 프로그램에 대해서 자부심을 갖고 있고 그 프로그램은 상당한 효과를 발휘한다고 믿는 경향이 있다. 특히 기존 프로그램과는 차별성이 있는 새로운 프로그램을 시행하는 경우는 더욱더 그렇다. 그러나 실제 평가결과 효과성은 있지만 그다지 큰 효과는 없는 것으로 판정되면 실망하기 때문에 평가 자체에 의문을 제기하기도 한다. 실제로 대부분의 프로그램 평가에서 새로운 프로그램의 효과성은 기존 프로그램과 큰 차이가 없는 경우가 허다하기 때문에 효과성에 관한 과도한 기대는 삼가야 한다.

(2) 전문직의 가치훼손

전문가는 전문적 실천에서 자율성과 독립성을 강력히 요구한다. 전문가의 실천에 관해서 서비스를 받는 사람으로부터 이루어지는 평가는 전문적 가치를 훼손한다는 이유로 종종 무시된다. 대학교수가 학생으로부터 제기되는 강의의 질에 관한 평가를 무시하는 경향이 있듯이 사회복지사도 전문가로서 클라이언트가 제기하는 불평과 불만을 도외시하는 경우가 있다. 서비스의 대상자로부터 수집되는 자료에서 부정적 평가는 전문가의 가치와 자율성을 크게 침해한다는 이유로 무시되기가 십상이다. 이러한 태도를 유지하는 한 프로그램과 서비스의 질(quality)을 개선시키려는 노력의 일환으로 이루어지는 평가는 무의미하다.

(3) 프로그램 진행상 방해와 클라이언트 보호

평가는 프로그램 수행 전 과정에 걸친 자료수집과 분석을 요구한다. 평가방법의 설계에서 평가자는 프로그램 진행자의 의도와는 다른 형태의 집단을 구성하여 프로그램을 수행할 것을 요구하고 그에 따른 자료수집의 임무까지 부여하기도 한다. 특히 형성평가의 경우 프로그램 진행과정에서 평가자가 개입하는 것은 당연한 이치이다. 그래서 프로그램 관리자나 진행자의 입장에서 평가는 프로그램 진행과정을 방해하며 클라이언트를 실험대상으로 본다는 이유로 부정적 입장을 보인다.

(4) 인력 및 예산감축과 프로그램 종결에 대한 두려움

사회복지 프로그램에 대해서 평가결과가 부정적으로 나타났다 하더라도 그 프로그램이 종료되는 경우는 극히 드물다(Cook & Shadish, 1986). 부정적 평가의 결과는 보통 프로그램의 수정, 보완과 다른 프로그램으로 대체를 유발시키지만 곧바로 그 프로그램의 종결로 이어지지는 않는다. 왜냐하면 프로그램의 종식은 곧바로 클라이언트 삶의 질에 치명적 영향을 주기 때문에 정치적 이유로 프로그램은 존속되어 약간 수정, 보완되는 경우가 대부분이다. 그러나 프로그램 평가의 결과로 인해서 투입인력이 감축되거나 예산이 삭감되는 경우는 충분히 예측될 수 있는 그리고 실현가능성이 큰 변화로 인정된다. 결국 프로그램 관리자나 담당자는 이러한 이유로 평가에 대해서 부정적 태도를 보인다.

제 2 절 프로그램 평가의 이론과 모형

1. 프로그램 평가의 이론적 모형

프로그램 평가에 대한 연구방법과 체계적 접근은 미국에서 20세기에 들어와서 시작되었다고 할 수 있다. 초기 프로그램 평가는 주로 교육현장에서 이루어졌는데, 예를 들면 학교 간 상이한 수업방법으로 진행된 교육 프로그램의 효과를 비교하는 것에 관심을 두었다(성숙진 외, 2005 : 629). 1940년대 뉴딜정책이 시행되어 빈곤정책, 주택정책, 비행청소년에 대한 치료 프로그램 등의 효과성에 관한 연구가 진행되었다. 1950년대 이후 퇴역군인들의 정신건강, 공중보건문제, 가족계획사업, 지역사회개발 프로그램 등에 정부자원이 투입되기 시작하자 프로그램 평가에 관한 연구와 관심이 더욱 높아지기 시작했다. 그래서 1960년대에는 평가연구와 관련된 교과서, 전문학술지, 학술대회 및 전문가들의 연구모임 등이 활발히 나타나기 시작했다. 1970년대와 1980년대는 비록 미국 정부가 사회복지 관련 예산을 삭감하게 되자 보다 희소한 자원으로 프로그램 및 서비스의 효과성을 입증하려는 학계의 움직임이 책무성(accountability)의 강조로 평가에 관한 연구는 더욱 활발하게 되었다.

Fischer에 의해 시작된 사회복지실천의 효과성에 관한 논쟁도 1970년대 중반에 시작되어 1980년대까지 지속되어 사회복지서비스나 프로그램이 클라이언트에게 어떤 도움을 주고 있는지에 관한 진지한 연구가 이루어져 서비스 및 프로그램을 평가하는 방법 및 절차에 관한 조사방법과 평가연구의 획기적 발전이 이루어졌다. 프로그램 평가에 관한 이론과 접근방법을 교육학, 행정학, 경제학, 공중보건학, 도시계획학, 사회복지학 등 사회과학 전반에 걸쳐 발전된 내용을 상호공유하기 때문에 유독 사회복지 프로그램 평가이론 또는 모델만 별도로 존재하지는 않는다. 따라서 여기서는 일반적으로 잘 알려진 평가이론과 모형을 소개하지만 사회복지 프로그램 평가에 유용한 모델들만 선별하여 특별히 강조하고자 한다.

프로그램 평가의 이론적 모형은 여러 가지 기준에 따라 다양하게 분류될 수 있다. 우선 평가의 근본적 목적이 프로그램 진행과 관련된 사실이나 관계를 주로 서술 또는 기술하여 프로그램의 본질에 관한 내용을 명확히 이해하는 데 초점을 두었는지 아니면 객관적 사실의 발견보다는 평가자의 전문적이고 규범적인 판단이 중시되어 평가의 자료가 의사결정을 위해서 사용되는 것에 초점을 두었는지에 따라 서술적 모형(descriptive model)과 처방적 모형(prescriptive model)으로 분류될 수 있다.

서술적 모형에 속하는 대표적 모형이 논리모형(logical model)이고, 처방적 모형에 속하는 대표적 모형이 Scriven의 판단평가모형이다. 논리모형은 프로그램의 투입, 전환, 산출, 성과의 상호관련성을 강조하여 프로그램 설계에서 평가까지 일관된 형태로 진행되는 과정을 자세히 서술한다. 판단평가모형은 평가를 객관적 자료수집과 분석도 중요하지만 결국 프로그램의 가치를 전문적으로 판단하여 행정가의 의사결정을 돕는 데 주안하는 평가모형이다. 또한 평가모형의 발전과정에 따라 전통적 평가모형과 현대적 평가모형으로 구분도 가능하고, 전문가 중심의 평가모형과 직원중심의 평가모형과 같은 분류도 가능하다.

그러나 이러한 평가모형의 분류는 절대적 기준이 없기 때문에 상당한 논란의 여지가 있다. 따라서 여기서는 다양한 평가의 이론적 모형에 관한 분류를 시도하지 않고 사회복지 프로그램 평가에 유용한 몇 가지 평가모형을 다루고자 한다.

1) 목표달성 평가모형

목표달성 평가모형(objective-oriented evaluation model)은 가장 고전적 평가모형으로 알려져 있는데, 설정된 프로그램 목표와 참여자들의 실제 성취수준을 비교하는 데 초점을 두는 평가모형이다(Tyler, 1949). 올바른 프로그램의 목표설정을 위해서는 참여자들의 욕구, 지역사회의 욕구, 조직의 목적과 특성 등을 종합적으로 고려한 잠정적 목표를 우선 설정한 후, 정책적 요구와 성취가능성 등을 추가하여 최종목표를 설정한다. 최종목표는 반드시 측정가능하여 구체적이고 행동적인 목표의 형태를 갖추어야 한다.

Tyler는 프로그램의 개발을 목표의 설정과 세분화, 내용의 선정과 조직, 실행과정, 평가로 규정하였는데 실제로 목표평가에 강조점을 두었기 때문에 목표달성 평가모형은 프로그램 개발모형으로 간주되기도 한다. 참여자들이 목표를 실제로 얼마만큼 성취했느냐에 따라 프로그램의 효과성을 판단하며, 성취하지 못한 목표는 프로그램의 부적합성을 나타내는 기준이 된다. 또한 평가는 평가 그 자체를 위해 존재하는 것이 아니라 프로그램 전체 과정에 대한 합리적 판단을 하기 위해 존재하는 것이다.

목표 자체가 평가에서 핵심적 역할을 하고 있으며, 목표의 행동적 정의와 진술은 측정 및 평가를 용이하게 함으로써 평가의 효율성을 증진한다. 이러한 평가모형을 활용하면 목표와 참여자들의 성취정도 간의 합치여부를 체계적으로 검증할 수 있으므로 사회복지실천현장에서의 적용이 용이하다. 이 모형은 형성평가의 기능을 강조하므로 프로그램 수행활동을 개선하게 되며, 목표설정방법과 측정도구의 개발을 자극하여 평가방법 및 기술의 발전을 이루는 데 유용하다. 또한 이 모형은 사회복지기관으로 하여금 프로그램에 대한 책무성을 다하도록 자극한다. 그러나 의도하지 않은 부수적 효과를 평가할 수 없다는 점, 성과에만 주된 관심을 갖기 때문에 본질적 수행활동의 개선에 한계가 있다는 점, 기술적 합리성만 강조하기 때문에 프로그램의 정치사회적 역할이나 윤리도덕적 역할과 같은 복합적 측면을 평가할 수 없다는 점, 행동으로 표현되지 않는 측정하기 어려운 경험이나 태도 및 감정변화 등과 같은 중요한 성과와 경험과정을 평가하기 어렵다는 점 등으로 인하여 한계점을 안고 있다.

2) CIPP 평가모형

Stufflebeam(1974)은 의사결정에 필요한 정보를 기술, 수집, 제공하는 과정을 평가라고 보았다. 평가의 역할은 의사결정의 내용과 성격에 초점을 두어야 하며, 의사결정유형도 의사결정장면에 따라 달라져야 한다고 주장하였다. 의사결정유형에는 계획적 의사결정(planning decisions), 구조적 의사결정(structuring decisions), 수행적 의사결정(implementing decisions), 재순환적 의사결정(recycling decisions) 등이 있는데 평가에 의해 수집된 자료는 이러한 프로그램 진행과정에 따른 의사결정을 돕는다는 점을 강조한다. 이 모형에서 가장 중요한 것은 의사결정자의 의사결정을 돕는 것이며, 목표달성 평가모형과 여러 가지 면에서 비슷하나 평가자가 프로그램의 가치에 대해 개인적 평가를 하지 않는다는 점에서 차이가 있다.

CIPP란 상황평가(Context evaluation), 투입평가(Input evaluation), 과정평가(Process evaluation), 산출평가(Product evaluation)를 말하며, 이를 구체적으로 살펴보면 다음과 같다.

첫째, 상황평가는 가장 기본적 유형의 평가로서, 그 목적은 목표를 결정하는 합리적인 상황적 토대나 이론적 근거를 제공하는 데 있다. 상황평가는 프로그램 실행상황에서 적절한 환경의 요소를 개념화하고 그 맥락 속에 현존하는 문제, 욕구, 기회를 확인하는 데 도움을 줄 수 있는 경험적 자료를 수집하는 데도 사용된다. 그렇기 때문에 상황평가에서는 기술적이며 비교적인 방법을 주로 사용한다. 결국 이러한 상황평가는 프로그램 목표를 결정하는 기획과 의사결정(planning decisions)에 필요한 정보를 제공한다.

둘째, 투입평가는 목표를 성취하기 위해 동원해야 할 자원과 절차에 관한 정보를 제공하는 평가이다. 투입평가의 과제는 프로그램 수행체제의 성질과 그 가능성을 확인하는 일, 상황평가에 확인한 목표성취에 필요한 잠재적 전략을 규정하는 것이다. 투입평가자가 해야 할 과제는 여러 가지 대안이 되는 전략을 평가하는 데 필요한 정보를 사전에 미리 제공하는 것이다. 이러한 투입평가는 설정된 목표달성을 위한 절차를 설계하는 구조적 의사결정(structuring decisions)에 필요한 정보를 제공한다.

셋째, 과정평가는 프로그램의 목표를 달성하기 위해 실천되고 있는 제반 수행활동의 효율성에 관한 정보를 수집하여 이를 의사결정자에게 제공하는 것이 주된 과제이다. 이러한 과정평가는 프로그램의 절차, 전략, 방법을 활용하고 개선하는 실행적 의사결정(implementing decisions)에 필요한 정보를 제공한다.

넷째, 산출평가는 프로그램에 의해 성취된 결과를 측정하여 해석하는 것이다. 이 점은 목표지향이나 판단지향 평가모형과 큰 차이가 없다. 그러나 그 프로그램에 관하여 재순환적 의사결정을 한다는 점에서 차이가 있다. 이 모형은 체계개념(system concepts)을 사용하여 프로그램의 상황, 투입, 과정, 산출의 전 수행과정에서 의사결정에 필요한 평가가 제각기 이루어져 의사결정에 도움을 주는 평가의 근본목적에 적합한 평가모형이라는 장점이 있다. 그러나 이러한 CIPP 평가모형은 평가자가 가치판단을 배제하여 결정적 의사결정이 지연되고 있다는 점과 구체적 평가지표와 방법에 관해서는 자세한 설명이 없다는 점에서 비판을 받고 있다.

3) 판단평가모형

Scriven(1967)은 평가를 프로그램의 가치(merit)를 판단하는 활동으로 규정하였다. 전문적 판단에 주된 관심을 두는 평가모형인 판단지향 평가모형에서는 평가의 성질과 평가 그 자체의 적절성에 대한 평가전문가의 판단을 강조한다. 따라서 보다 전문적 판단을 위해 고려해야 할 점들은 다음과 같다.

첫째, 판단의 준거인 내재적 준거(intrinsic criteria)와 외재적 준거(extrinsic criteria) 중 외재적 준거에 많은 관심을 기울여야 한다. 외재적 준거는 의도된 효과뿐만 아니라 의도되지 않은 많은 부수효과까지 포함한다. 이런 점 때문에 이 모형을 탈목표평가모형이라고도 한다.

둘째, 평가의 유형은 전체 프로그램 중 하위계열 또는 수행과정을 개선하기 위해 실시하는 형성평가(formative evaluation)와 이미 실행된 프로그램 전체의 가치를 총괄적으로 검토하는 총괄평가(summative evaluation)로 구분되며, 이는 진행 중인 프로그램의 개선에도 중점을 두어야 함을 강조하는 것이다.

셋째, 평가방법에는 비교평가(comparative evaluation)와 비비교평가(non-comparative evaluation)가 있으며, 여러 가지 프로그램이나 목표 중 어떤 것이 우수하고 어떤 장점과 효과를 가지고 있는지 등을 비교, 분석하기 위해서는 비교평가를 활용해야 한다.

넷째, 평가는 목표의거평가와 탈목표평가로 구분된다. 목표의거평가란 목표설정이 제대로 되어 있다는 전제하에 평가하는 것이며, 여러 증거 가운데 평가의 목표와 가치를 찾아보고 성취여부를 판단하는 것이 탈목표평가이다.

다섯째, 평가란 단순한 목표의 성취수준이나 질만 판단하는 것이 아니라 목표 그 자체의 가치까지도 판단하는 것이다. 따라서 평가자는 프로그램 관리자에 의해 제공되는 목표를 수동적으로 받아들이는 차원에서 머무는 것이 아니라 보다 적극적 자세로 목표의 적합성을 판단할 수 있어야 한다.

4) 제 4 세대 평가모형

제 4 세대 평가모형이란 기존의 과학적 패러다임에 입각하여 이루어지는 전통적 평가모형들을 대체할 만한 새로운 평가모형을 총칭하는 말이다. 이전의 평가모형들을 살펴보면, 제 1 세대 평가모형은 측정 중심의 평가방법으로 목표의 달성정도에 초점을 둔 것이다. 제 2 세대 평가모형은 개인에 대한 측정부터 프로그램 전체까지를 평가대상으로 삼고, 이를 바탕으로 프로그램을 개선하는 평가의 형성적(formative) 기능까지 포함하는 평가방법이다. 제 3 세대 평가모형은 프로그램에 관한 기술을 바탕으로, 평가대상에 대한 보다 체계적 기술과 판단이 강조되는 평가방법이다.

Guba와 Lincoln(1989)은 이러한 기존의 평가모형들이 가지고 있는 문제점들을 지적하였다. 평가가 지나치게 평가의뢰자와 후원자를 포함한 관리자 중심으로 이루어져 평가자는 불리한 입장에서 평가를 수행하며, 가치의 다원주의가 수용되지 않고 평가결과에 대한 논의가 충분히 이루어지지 않고 있다는 등 문제점을 안고 있다고 하였다. 이러한 문제점들을 해결하기 위한 대안으로 제시된 것이 제 4 세대 평가모형이다. 제 4 세대 평가모형은 다른 말로 하면 반응적 구성주의 평가모형이라고도 한다.

반응적 구성주의 평가모형이란 '반응적 평가모형'와 '구성주의 평가모형'을 결합한 것으로 목표중심의 평가방법과는 달리 평가의뢰자와의 협상을 통해 평가근거와 영역을 정하는 일과 평가수행 시 특정 방법을 미리 정하는 것이 아니라 적절한 방법을 융통성 있게 구성하는 방법으로 이루어진다. 따라서 반응적 구성주의 평가모형은 기존의 논리적 실증주의에 입각한 계량적 자료의 수집과 분석에 반해서 질적 자료를 해석학적 또는 변증법적으로 처리하면서 평가방법에 관해서는 협상과 합의의 중요성을 강조한다.

5) Shadish, Cook, Leviton의 평가모형

Shadish와 Cook 그리고 Leviton(1991)은 프로그램 평가모형의 유형을 해결가능성 모형, 설명일반화 모형, 이해관계자 모형으로 분류하였다.

첫째, 해결가능성 모형은 Tyler의 목표달성 평가모형과 유사하며, 프로그램 평가는 프로그램과 관련된 기득권적 이해관계를 갖고 있는 당사자들의 관점이 아니라 일반대중들의 이해를 최우선으로 하는 입장을 바탕으로 이루어져야 한다. 따라서 이 모형에서는 해당 프로그램의 공공이익에 대한 효과성을 확인하는 총괄적 평가(summative evaluation)가 프로그램의 실행과정에 관심을 두는 형성적 평가보다 중요하다. 이 모형을 선호하는 사람들은 해결되어야 하는 제반 사회문제들에 대한 일련의 해결책이 있고, 그 각각의 해결책에 대한 효과성 평가가 이루어지는 실험적 상황을 가장 이상적인 것으로 전제하고 여러 해결책들의 효과성을 평가하여, 그 가운데 최선의 해결책을 모색한다. 여기서는 프로그램을 개선하기 위한 방안을 찾기 위해서 융통성 있는 조사방법을 사용하기보다는 프로그램의 효과성에 대한 불확실성을 감소시킬 수 있는 내적 타당도를 극대화하는 조사설계에 더 큰 비중을 둔다.

둘째, 설명일반화 모형은 해결가능성 모형과 달리 효과적 해결책은 여러 가지이며, 각각의 해결책이 갖는 효과성은 주어진 조건에 따라 달라질 수 있다고 전제한다. 어떤 특정 조건하에서 매우 효과적인 프로그램도 다른 조건하에서는 그렇지 못할 수 있다는 것이다. 이 모형은 내적 타당도보다는 외적 타당도를 중요시하며 단 한 번의 무작위 실험연구를 통해 프로그램의 효과성을 검사하는 것보다 여러 가지 상이한 환경하에서 실시한 프로그램들의 결과에 차이를 설명할 수 있는 변인들이 무엇인지를 파악하는 데 더욱 중점을 둔다. 이 모형은 특히 프로그램을 실행(implementation)하는 과정에서 나타나게 되는 문제점들의 해결방안을 파악하는 데 도움을 준다.

셋째, 이해관계자 모형에서 프로그램 평가는 그 프로그램과 밀접하게 관련된 이해관계자들의 욕구충족 정도를 확인하는 데 중점을 두며, 사회문제의 해결에 유용성이 있어야 한다는 것을 강조한다. 이 모형에서 가장 중요하게 생각하는 것은 이해관계자라고 보는데 이는 다른 누구보다도 프로그램 관리자들이 사회복지 프로그램에 큰 영향을 미치기 때문이다. 그러나 다른 일부 사람들은 이해관계자의 범위를 보다 넓혀야 한다고 강조하면서 프로그램의 대상이 되는 클라이언트, 서비스 제공자, 프로그램 운영위원회를 주요 이해관계자로 보기도 한다. 이 모형을 선호하는 사람들은 공통적으로 프로그램 평가의 주된 목적은 평가결과를 일반화하여 적용하는 것보다 오히려 평가대상인 특정 프로그램에 대해 심도 있는 평가가 이루어져야 한다는 점에서 견해를 같이한다. 또한 평가자로 하여금 충분한 정보를 제공받을 수 있게 한다는 맥락에서 이해관계자가 평가의 목적과 평가연구의 설계에 관한 중요한 결정을 내리는 데 적극 참여해야 한다고 주장한다. 이 모형에서는 가끔 총괄평가에 관심을 갖기도 하지만, 일반적으로 형성평가(formative evaluation)에 더 많은 관심을 갖는다.

이 모형에 대해서 비판적 시각을 갖는 사람들은 이해관계자들이 필요로 하는 정보는 사회문제해결과 무관하며, 아무런 일반적 가치도 없는 자신들의 기득권적 이해와 관련된 정보만을 요구할 뿐이라고 주장한다. 또한 정치적이고 경제적인 우선순위는 평가의 의미와 중요성을 흐리게 하며, 이해관계자들의 즉각적 요구에 부응하기 위해서는 방법론적 원칙들을 때로는 경시하기 때문에 부정확하고 왜곡된 정보를 제공하게 되는 결과를 초래할 수 있다고 비판한다.

6) 논리모형

논리모형(logic model)은 사회복지 프로그램 개발과정에서 체계이론의 개념을 적용하여 투입－과정－산출－성과 간의 관계를 논리적으로 설명하는 도식을 활용하여 프로그램의 성과를 체계적으로 평가하는 모형이다. 논리모형은 프로그램에 투입된 인적・물적 자원을 명확히 해 주고 목표를 분명히 설정하는 데 도움을 주고, 프로그램 수행과정을 차트로 보여주는 시각적 장치를 사용하여 프로그램 개발자나 평가자가 모니터링할 수 있도록 도와준다. 또한 성과를 장기성과와 단기성과로 나누어 실제로 프로그램 수행에 따른 결과를 합리적으로 평가할 수 있도록 하는 데 유용하게 활용할 수 있는 평가모형이다.

논리모형은 프로그램의 성과평가에 강조점을 두어 어떻게 논리적 장・단기 성과가 나타났는지를 측정하고 설명해 주는 평가모형으로 제 10 장 효과성 평가에서 자세히 다루겠지만 주로 다음과 같은 질문에 초점을 맞춘다.

- 중요한 모든 활동과 성과는 평가에 포함되었는가?
- 투입, 활동, 산출, 성과 사이에는 적절한 논리적 관계성이 있는가?

- 성과로 파악되고 측정되는 것들은 프로그램의 목적, 목표와 연관되는가?
- 성과는 프로그램 목적·목표달성에 반드시 필요한 것인가?
- 성과는 프로그램 참여자의 의미 있는 변화와 혜택을 나타내는가?
- 성과는 비록 통제할 수는 없지만 프로그램의 수행으로 얻어진 결과인가?
- 의도한 프로그램의 영향력 범위는 분명히 규정되었는가?
- 프로그램 관리자가 성공과 실패요인을 규명하는 데 도움을 주는가?
- 프로그램 관리자가 얻은 지식을 일반에게 알리는 의사소통이 효과적인가?

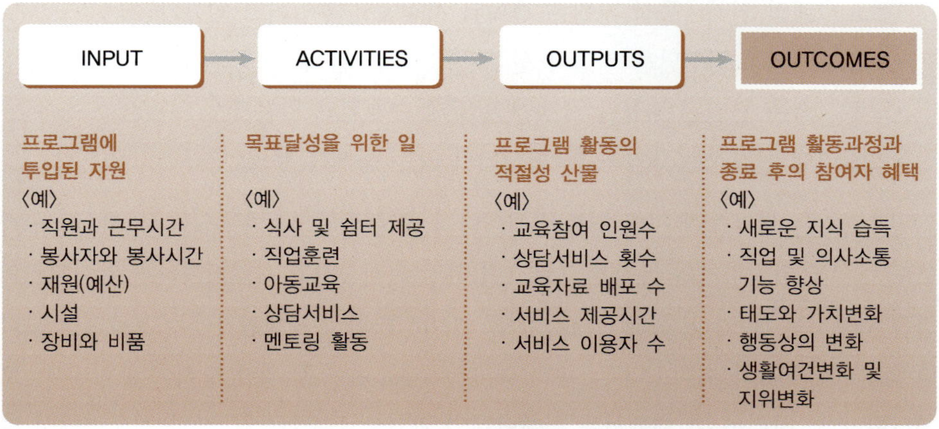

[그림 9-2] 논리모형의 도식

출처 : United Way of America(1996). *Measuring program outcomes : A practical approach*. United Way of America.

2. 프로그램 평가의 유형과 기준

1) 프로그램 평가의 유형

사회복지 프로그램 평가의 유형은 평가의 목적, 주체, 자료수집방법, 성과와 비용의 강조점 등에 따라 상호구별된다. 평가의 목적에 따라 형성평가와 총괄평가로 나누어지고, 주체에 따라 내부와 외부평가, 자료수집의 방법에 따라 양적 평가와 질적 평가, 성과와 비용의 강조점에 따라 효과성 평가와 효율성 평가 등으로 나눌 수 있다. 여기서 각 평가유형의 특성과 장단점을 비교해 보겠다.

(1) 형성평가와 총괄평가

형성평가(formative evaluation)는 프로그램 운영 도중에 이루어지는 평가로서 프로그램 수행과정에서 문제점을 발견하여 프로그램 수정 및 보완을 목적으로 이루어지는 평가조사이다. 따라서 형성이라는 용어의 의미에서 유추할 수 있듯이 형성평가는 프로그램을 만들어 나가는 뜻이 포함되어 프로그램의 개선과 개발에 초점을 둔다. 형성평가에서 평가자가 관심을 갖는 평가의 주요내용은 다음과 같다(성규탁, 1994).

- 프로그램은 원래 계획대로 운영과 활동이 이루어지고 있는가?
- 프로그램의 인적 · 물적 자원은 계획된 시점에서 투입되고 있는가?
- 프로그램의 표적집단은 적절히 선정되어 서비스를 받고 있는가?
- 프로그램은 관련된 법규나 규정에 알맞게 수행되고 있는가?
- 프로그램의 효과는 발생되며, 발생되지 않는 문제는 무엇인가?

형성평가는 프로그램 진행 도중에 일어나기 때문에 과정평가(process evaluation)라고도 하는데 과정평가의 목적은 프로그램 과정을 서술하고 모니터링하면서 서비스의 질을 확보하는 데 있다(Rossi et al., 1997 : 116). 따라서 형성평가에는 프로그램 모니터링(monitoring)과 서비스의 질 관리(quality assurance)를 위한 노력이 포함된다. 모니터링과 질 관리를 이 책에서는 실행단계의 과업으로 보아 제 7 장과 제 8 장에서 다루었다.

총괄평가(summative evaluation)는 프로그램이 종료되는 시점이나 완전히 종결된 이후 프로그램의 성과(outcomes)와 영향(impacts)을 파악하려는 목적으로 이루어지는 평가의 유형이다. 총괄평가는 프로그램의 대상이 되는 표적집단에 어떤 변화가 일어났는지와 투입된 비용에 비추어 그 성과는 정당화될 수 있는지의 여부에 관심이 있다. 따라서 총괄평가는 효과성 평가(effectiveness evaluation)와 효율성 평가(efficiency evaluation)로 나누어진다. 프로그램이 원래 달성하고자 설정했던 목표가 달성되었는지에 초점을 둔 평가가 효과성 평가이고, 프로그램의 결과가 투입된 비용에 비해서 정당화될 수 있는지 여부를 판단하는 것이 효율성 평가이다. 효과성 평가와 효율성 평가를 종합하여 총괄평가에서 평가자가 관심을 갖는 주요내용은 다음과 같다.

- 프로그램 효과는 과연 프로그램 때문에 발생한 결과인가?
- 프로그램의 효과는 원래 의도했던 사회문제해결에 어느 정도 기여하고 있는가?
- 프로그램의 효과는 당초 선정한 프로그램 목표에 대비하여 어느 정도인가?
- 프로그램에 투입된 비용과 사회문제 감소로 인한 사회적 비용은 얼마인가?
- 프로그램의 효과는 총비용을 상쇄할 만큼 크게 나타나고 있는가?

〈표 9-1〉 형성평가와 총괄평가의 비교

구 분	형성평가	총괄평가
목적	프로그램 수정, 보완 및 개발	프로그램 성과와 영향성 결정
이해관계 당사자	기관책임자, 프로그램 관리자, 사회복지사	기관책임자, 정부, 재원공급자, 클라이언트 집단
평가자의 위치	주로 내부평가자 활용 외부평가자의 자문	주로 외부평가자 활용 내부평가자의 원조와 지원
자료수집의 목적	주로 진단을 위해서	주로 의사결정을 위해서
자료수집의 방법	공식적 때로는 비공식적	공식적, 타당성과 신뢰성 중시
표본의 수	비교적 적음	대체로 많음
조사결과의 용도	프로그램 개발을 위한 피드백 제공	프로그램의 계속, 중단, 확대에 관한 종합적 판단

출처 : B. R. Worthen.(1987). *Program Evaluation : Alternative Approaches and Practical Guidelines*. Longman. p.17의 내용을 근거로 수정, 보완.

형성평가와 총괄평가는 평가의 근본적 목적에 있어서 차이가 있지만 그 밖에 평가를 수행하는 방법과 절차에 있어서도 상호구별되는 특성을 갖고 있다. 〈표 9-1〉을 자세히 살펴보면 이러한 양자의 특성을 잘 이해할 수 있을 것이다.

(2) 양적 평가와 질적 평가

양적 평가와 질적 평가의 구분은 평가를 위해서 수집되는 자료의 성격과 조사방법에 따른 평가의 구분이다. 양적 평가는 평가를 위해서 수집되는 자료가 주로 계량화되어 실험조사와 같은 설계를 통해 객관적 자료가 연역적 방법으로 분석되는 것을 강조하는 평가방법이다. 질적 평가는 자연스러운 상황에서 수량화되지 않는 자료를 수집하여 귀납적으로 자료를 분석하는 데 의미를 두는 조사평가방법이다. 양적 평가는 보통 설문조사와 구조화된 질문지를 이용하여 숫자, 비율 등 강성자료(hard data)를 수집하는 데 반해 질적 평가는 인터뷰와 관찰을 통해서 수집되는 수량화될 수 없는 연성자료(soft data)에 기초하여 분석하는 차이점이 있다. 프로그램 평가에서 질적 평가는 프로그램의 성과를 객관적으로 평가하는 것이 아니라 프로그램 관리자와 대상자를 중심으로 면접과 관찰을 하여 프로그램 자체에 대한 이해와 프로그램을 둘러싼 상황을 이해하여 프로그램의 개선에 더 큰 관심을 갖고 진행되는 평가유형이라 볼 수 있다. 대체로 지금까지 평가는 양적 평가가 주된 평가유형으로 인식되어 왔으나 최근 질적 평가의 중요성이 부각되어 이 책에서는 제 12 장에서 보다 자세히 다룰 것이다. 양적 평가와 질적 평가의 특성에 관해서는 〈표 9-2〉에서 잘 제시되어 있다.

〈표 9-2〉 양적 평가와 질적 평가의 주요 특성

구 분	양적 평가	질적 평가
평가의 강조점	결과 또는 성과의 강조	평가조사의 과정을 강조
논리추구의 방법	연역법	귀납법
자료의 성격	강성자료(hard data)	연성자료(soft data)
자료수집방법	설문조사, 질문지법	비구조화된 면접, 관찰
조사방법	실험조사, 준실험조사, 단일사례설계	민속학적 조사, 현장조사, 사례조사
조사대상자	집단객관성 강조	개인주관성 강조

(3) 적합성 평가와 메타평가

실제로 평가가 이루어지기 전후에 걸쳐 적합성 평가와 메타평가가 있을 수 있다. 적합성 평가(appropriateness evaluation)는 개별 프로그램의 평가가 이루어지기 전에 그 프로그램의 가치를 따져 보는 데 의미를 두는 평가이다. 즉 앞서 설명한 효과성 평가와 효율성 평가가 진행되기 이전에 그 평가들이 추구하는 목표가 사회적 가치나 사회정책적 입장에서 바람직한지에 관한 여부를 검토하는 평가이다. 여기서 적합성은 프로그램이 추구하는 수단이나 전략보다 프로그램이 추구하는 목표가 궁극적으로 사회적 가치에 부합하는지를 가리키는 개념이다.

메타평가(meta evaluation)는 이미 이루어진 프로그램 평가를 차후에 종합적으로 검토해 보는 평가이다. 따라서 메타평가는 평가에 대한 평가(evaluation of evaluation)로 표현되기도 한다. 즉 이미 완성된 평가를 최종 보고서로 발간하기 이전에 평가방법의 적정성, 자료수집의 오류 여부 그리고 평가결과의 해석 타당성 등을 종합적으로 검토하는 것이다.

메타평가는 또 다른 의미로 기존 평가연구를 통합 정리하는 평가방법을 지칭하기도 한다. 유명한 Fischer(1973)의 개별사회사업의 효과성 평가는 실험조사의 설계를 갖추고 효과성의 의미를 정확히 조작화한 11개의 실천효과성 평가연구를 분석하여 종합해 본 결과 개별사회사업은 총체적으로 효과성이 입증되지 않는다는 메타평가의 결론을 도출했다(황성철, 1998). 한국에서도 사회복지실천 프로그램에 대한 메타평가(이상균, 2000)와 임상사회복지실천의 효과성에 관한 메타분석(양옥경, 2002)이 있다.

[그림 9-3] 적합성 평가와 메타평가의 발생시점

(4) 프로그램 평가와 기관평가

프로그램 평가와 기관평가의 분류는 평가의 대상이 프로그램 또는 사업인가 기관 또는 조직인가에 따라 구분된다. 프로그램 평가(program evaluation)는 프로그램의 효과성, 효율성, 영향, 질, 클라이언트 만족도에 주된 관심이 있는 반면 기관(agency evaluation)평가는 기관의 설립이념과 설립목적에 따라 운영되고 있는지에 초점이 있다. 일반적으로 기관평가에는 프로그램 평가가 포함되지만 기관평가는 그 밖에 조직 및 시설관리, 재정관리, 인력관리, 지역사회관계 등이 평가의 영역에 속한다(최일섭 외, 1998). 최근 한국에서는 사회복지시설 및 기관에 대한 평가가 강조되고 있는데 이

러한 기관평가는 주로 정부 주도하에 이루어지고 있기 때문에 사회복지기관 운영의 적절성을 모니터링하는 차원에서 평가가 진행되고 있는 실정이다. 향후 한국의 사회복지기관평가는 평가인증제(accreditation system)로 발전될 필요가 있다. 즉 기관이나 시설운영 및 서비스 제공을 표준화하여 전문가에 의한 정기적 인증기준을 따르는지 여부를 평가하는 방향으로 개선되어야 한다.

(5) 내부평가와 외부평가

프로그램 평가는 평가의 주체가 누구인가에 따라 내부평가와 외부평가로 나누어진다. 내부평가(inhouse-evaluation)는 사회복지기관의 최고관리자, 프로그램 관리자, 프로그램 수행인력 등 조직 내의 구성원에 의해서 이루어지는 평가이다. 내부평가는 조직이나 프로그램 운영의 과정이나 결과에 대한 자기반성적 평가의 성격을 가진다. 따라서 내부평가는 평가를 통해서 얻어진 결과가 환류되어 조직운영이나 프로그램을 개선하려는 목적으로 시행된다(황성철 외, 2003 : 294).

반면, 외부평가(outsider-evaluation)는 프로그램을 수행하는 조직의 구성원이 아닌 조직 밖의 전문가에 의해서 수행되는 평가이다. 외부평가자는 주로 조직과 프로그램의 문제해결을 위해서 도움을 주는 컨설턴트(consultant)로서 활동하는 경우가 많은데, 이들의 활동도 주로 조직운영이나 프로그램의 개선에 목표를 두고 있다.

2) 프로그램 평가의 기준

사회복지 프로그램을 올바로 평가하기 위해서는 일정한 기준이 마련되어야 한다. 평가의 기준은 평가의 대상이 되는 프로그램의 옳고 그름과 성공과 실패를 판단하는 잣대이다. 만일 사전에 이러한 평가기준이 설정되지 않는다면 사실상 프로그램 평가는 무의미할 수밖에 없다. 프로그램 평가의 기준에 대해서는 여러 학자들이 다양한 기준을 제시하고 있다. 오래전에 Suchman(1967)은 프로그램 평가의 기준으로 노력성, 성과, 적절성, 효과성, 효율성, 그리고 과정 등 여섯 가지를 제시했다. 또한 Tripodi(1983)는 평가의 기준으로 노력성, 효과성, 효율성, 예상치 못한 결과 등 네 가지 기준의 중요성을 강조했다. Bennett과 Weisinger(1977)는 단순히 일차원적 평가기준을 제시하는 데 그치지 않고 노력성, 효과성, 효율성, 서비스의 질 등 네 가지 평가척도들이 전체 프로그램, 프로그램 관리, 서비스 전달이라는 세 가지 차원에서 제각기 측정되어야 보다 정확하고 총체적인 프로그램 평가가 될 수 있다고 주장했다. 보다 이색적으로 Attkisson과 Broskowski(1978)는 프로그램 평가를 정의하는 과정에서 프로그램은 특별히 접근성, 수용성, 종합성, 통합성, 인지도, 이용가능성, 지속성, 비용 등의 기준에 알맞게 구성되어야 한다고 제안했다. 이러한 기준들은 서비스나 프로그램의 구성과 전달의 관점에서 설정된 기준으로 클라이언트 중심의 프로그램을 평가하는 데 고려해야 할 기준으로 보인다. 따라서 여기서는 학자들에 의해서 보편적으로 제시되는 노력성, 효과성, 효율성, 서비스의 질, 영향 등 다섯 가지 평가기준에 대해서 살펴보기로 한다.

(1) 노력성(effort)

노력성은 프로그램 운영에 투입된 자원의 정도와 활동의 양을 의미한다. 즉 프로그램에 투입된 인력과 예산 그리고 수행을 위하여 전개된 활동의 양이 얼마나 되는지에 관한 판단이다. 특정 프로그램의 수행을 위해서 몇 명의 사회복지사와 자원봉사자가 얼마의 예산으로 어떤 검사도구와 장비 및 시설을 투입하여 몇 명의 클라이언트에게 서비스가 제공되었는지에 관한 기록과 자료로써 노력성이 평가될 수 있다.

노력성이 사회복지 프로그램에 중요한 평가기준으로 간주되고 가장 흔히 사용되는 평가기준인 이유는 사회복지서비스는 본질적으로 쉽사리 그 성과와 효과성을 평가하기 어려울 때가 많기 때문이다. 예를 들어 상당한 시간에 걸쳐 상담서비스가 진행되었으나 중도에 탈락한 클라이언트에 대해서 성과평가와 효과성 평가가 불가능하다. 노력성 평가를 위한 자료는 프로그램에 참여한 클라이언트 수, 투입된 자원의 양, 그리고 실행에 소요된 활동의 양과 질 등의 영역에서 수집될 수 있는데 구체적으로 노력성을 평가하기 위한 자료는 다음과 같다.

- 참여한 클라이언트의 수 : 상담건수, 의뢰건수, 집단활동 참여자의 수 등
- 인적 자원 투입정도 : 사회복지사의 수, 자원봉사자의 수, 참여 전문가의 수 등

- 물적 자원 투입정도 : 예산 지출액수, 기자재 및 장비투입횟수, 시설공간의 이용률 등
- 업무수행활동 : 면접횟수, 가정방문횟수, 치료건수, 집단활동횟수, 출장횟수 등

(2) 효과성(effectiveness)

효과성은 사회복지 프로그램 평가에서 가장 중요시되는 기준이다. 효과성은 특정 프로그램이 당초 의도한 목표가 어느 정도 달성되었으며 클라이언트는 예측한 변화가 일어났는지를 측정하는 기준이다. 앞서 노력성 평가에서 측정한 그 노력으로 어떤 성과 또는 결과가 발생했는지를 검토하는 것이다. 효과성 평가에서 주안점을 두는 것은 결국 클라이언트의 변화정도이다. 예를 들면 정신장애인의 사회재활 프로그램의 효과성은 이 프로그램에 참여한 클라이언트들이 일정 기간 동안 재활 프로그램을 거치면서 얼마나 재활에 성공했는지를 판정하면 된다. 그런데 사회복지서비스의 효과성을 측정하는 데 있어서 가장 큰 어려움은 성과정도에 대한 사회적 합의가 잘 이루어지지 않는다는 점이다. 비행청소년의 심리사회재활 프로그램에서 일반인들은 비행재발건수의 감소나 소멸을 주장하나 사회복지사는 심리적 안정감과 학교생활의 적응을 효과성 측정의 지표로 볼 수 있다는 점이다. 효과성을 측정하는 데 필요한 자료는 프로그램의 목표에 따라 약간씩 달라질 수 있지만 대개 클라이언트 변화상태에 주목한다.

- 클라이언트의 인지 · 정서 · 행동변화 : 각종 객관화된 척도와 상담기록지를 활용한 측정
- 클라이언트의 가족 및 사회적 기능의 변화 : 만족도, 취업률, 이용률, 참여도 등

(3) 효율성(efficiency)

효율성은 일반적으로 투입(input)에 대비한 산출(output) 또는 성과(outcome)의 정도로 정의된다. 즉 특정 프로그램의 산출 또는 성과가 그 프로그램에 투입된 비용에 비해서 얼마나 큰지에 관심이 있다. 효율성은 프로그램에 투입된 자원이 경제적이고 효율적으로 사용되었는지, 그리고 성과에 비해서 투입자원은 정당화될 수 있는지를 확인하는 기준이다. 투입비용 대비 산출의 효율성을 측정하기 위해서는 앞서 언급한

노력성 측정지표가 그대로 금전으로 환산된다. 즉 투입비용 대비 성과의 효율성 분석은 노력성 지표와 효과성 지표를 결합시켜 계산한다. 효율성의 측정을 위해서 필요한 자료와 측정방법은 다음과 같다.

- 프로그램에 투입된 자원의 총비용 : 인건비, 사업비, 재료비, 장비비 등의 합계
- 프로그램의 단위 산출물당 비율 : 1인당 서비스 비용
- 프로그램의 효과성을 화폐가치로 환원

(4) 서비스의 질(quality)

서비스의 질이 얼마나 우수한지에 관한 평가는 제공된 서비스의 내용 자체보다는 서비스 제공자의 자격요건이나 서비스 제공방법이 전문적 기준에 적합한지를 검토함으로써 이루어진다. 예컨대, 장애인복지관의 심리사회재활서비스의 질은 자격요건을 갖춘 사회복지사나 임상심리사에 의해서 서비스가 제공되고 적절한 검사도구의 선택과 활용이 이루어졌는지에 관해서 평가된다. 실제로 사회복지서비스의 효과성을 판정하기는 매우 어렵고 직접적으로 효과성을 측정할 만한 지표가 충분히 개발되지 않아 서비스의 질이 평가의 기준으로 강조되고 있다. 그러나 서비스의 질을 평가하는 요건인 전문가적 자격기준은 외형적 기준만 충족하면 동일한 서비스의 질로 평가될 수밖에 없다는 한계가 있다. 그럼에도 불구하고 서비스의 질은 사회복지 프로그램 평가에서 가장 흔히 사용되는 평가기준 중의 하나이다.

- 자격증 소지자의 비율
- 전문교육을 받은 횟수
- 외부전문가의 자문정도 등

(5) 영향(impact)

효과성의 평가기준이 프로그램에 참여한 개별 클라이언트 변화에 초점을 두었다면 영향은 프로그램이 해당 지역사회의 사회문제해결에 어떤 영향을 주었는지에 관심을 둔다. 즉 원래 의도했던 프로그램 목표가 지역사회의 사회문제해결에 어느 정도 공헌

했는지를 따져 보는 평가기준이다. 영향을 측정하기 위해서는 전체 문제나 욕구를 갖는 인구집단 중에서 이 프로그램을 통해서 효과를 본 사람들의 비율로 계산할 수 있다. 예를 들면 아동학대예방센터를 3곳 개설한 지 1년이 지난 시점에 해당 지역사회에서 이 프로그램의 영향으로 아동학대율이 낮아지고 있는지를 본다. 사회문제를 나타내는 지표인 영아사망률, 실업률, 청소년 비행률, 이혼율 등을 활용해 특정 프로그램이 지역사회의 사회문제해결에 어느 정도 공헌하고 있는지를 영향기준으로 평가할 수 있다.

마지막으로 이상에서 논의된 프로그램 평가기준이 장애인복지관 프로그램을 평가할 때 평가자가 수집해야 할 각 기준별 평가자료와 평가방법을 살펴보면 〈표 9-3〉과 같다.

〈표 9-3〉 장애인복지관 프로그램 평가의 기준과 자료 및 방법

평가기준	평가자료 및 평가방법
노력성 (effort)	· 투입된 사회복지사와 기타 전문가의 수, 자원봉사자의 수 · 투입된 단위 프로그램의 예산액수와 실제 집행예산액수 · 재활관련시설 및 장비보유현황과 활용도 · 표준화된 도구의 개발 및 활용, 욕구조사의 실시여부 · 상담 및 치료의 횟수, 가정방문횟수, 자원연계의 횟수
효과성 (effectiveness)	· 클라이언트의 인지능력향상 정도, 정서표현의 다양성, 행동변화의 정도 · 가정으로 복귀한 ct의 수, 취업한 ct의 수, 서비스 만족도 향상
효율성 (efficiency)	· 단위 프로그램의 비용 대비 이용자의 수(유사 프로그램과 비교) · 단위 프로그램의 비용 대비 취업 ct의 수(다른 기관 프로그램과 비교)
서비스의 질(quality)	· 1급 사회복지사 자격증 소지자의 수와 비율 · 물리치료사, 임상심리사, 직업재활사, 특수교사 등 자격증 소지 유무 여부 · 전문 교육 프로그램 참여 횟수 · 외부전문가의 자문 횟수
영향 (impact)	· 지역사회 등록장애인의 비율 증가 · 지역사회 장애인 취업률 상승 여부 · 지역사회 주민조사로 장애인에 대한 인식개선의 정도

제 3 절 프로그램 평가의 절차

사회복지 프로그램 평가는 일정한 단계와 절차를 거치면서 실행된다. 프로그램 평가의 절차에 관해서는 학자들에 따라 견해의 차이가 있기 때문에 일률적으로 규정하기는 매우 어렵다. 우선 York(1982)는 프로그램 평가의 절차를 6단계로 나누어 설명한다. 처음 프로그램 확인하는 작업으로 시작하여 평가기준의 선정, 평가조사의 설계, 자료수집, 결과분석, 그리고 마지막으로 평가의 잠재성과 한계를 지적하는 것으로 끝난다. Smith(1990) 또한 프로그램 평가의 단계를 6단계로 나누어 York의 단계와 매우 유사하게 제시한다. Pietrzak과 동료 학자들(1990)은 평가의 계획수립부터 결과보고서 작성까지 11단계로 나누어 세분화한다.

프로그램 평가는 원래 평가조사(evaluation research)의 줄임말로서 일반적 조사방법의 절차에 따라 이루어질 수 있다. 따라서 조사나 연구 문제점의 규정, 조사설계, 자료수집과 분석, 조사결과의 해석과 보고서 작성 등의 순서로 진행될 수 있다. 프로그램 평가조사는 이와 같은 일반 조사방법의 절차에 따라 진행될 수도 있지만 프로그램의 목적과 목표달성의 여부에 초점을 두고 프로그램 개발과 관련된 중요한 의사결정의 근거자료를 확보하는 데 그 본연의 목적이 있기 때문에 일반 조사방법의 절차와는 구분될 필요가 있다. 이 책에서는 사회복지 프로그램 평가의 절차를 기획 및 설계단계, 자료수집 및 분석의 단계, 결과판단 및 활용의 단계, 즉 3단계로 나누어 개념화한다.

1. 기획 및 설계단계

사회복지 프로그램을 평가하기 위해서 먼저 기관차원에서 평가의 목적을 구체화하여야 한다. 누가 어떤 목적으로 프로그램 평가를 요구하고 그 필요성은 분명하게 인정되는지의 검토가 있어야만 한다. 평가의 목적이 명확해야 평가의 방향과 내용이 구체적으로 설계될 수 있으며 평가결과의 활용도도 높아질 수 있다. 그리고 평가기획의 단계에서는 평가의 대상과 범위, 방법과 도구, 절차와 일정에 대해서도 상세한 계획이 수립되어야 한다.

프로그램 평가에서 핵심은 프로그램의 목표달성정도를 측정하는 데 있기 때문에 다시 한번 프로그램의 목표가 측정가능하고 구체적으로 진술되어 있는지의 여부를 검토해야 한다. 추상적이고 대략적인 목표를 측정하는 것은 무의미한 작업이기 때문이다.

평가의 대상과 범위를 설정할 때에도 단일 프로그램의 평가로 범위를 축소시킬 것인가 아니면 종합 프로그램, 즉 몇 개의 단일 프로그램의 집합적 총체를 대상으로 삼을 것인지가 결정되어야 한다. 단일 프로그램의 평가는 비교적 용이하고 짧은 시간 내에 이루어질 수 있으나 종합 프로그램의 경우는 다양한 이질적 요소에 대한 가중치를 어떻게 부여하여 종합적 판단을 할 것인지에 대해서 논란의 여지가 있으므로 중요한 이슈가 된다.

평가의 방법과 도구선정에서 우선 크게 양적 평가와 질적 평가의 장단점을 비교하여 평가의 목적에 알맞은 방법과 도구를 선택해야 한다. 주로 효과성 평가와 같이 인과관계에 기초한 투입변인의 관계를 보기 위해서는 양적 평가가 합당하지만 프로그램의 질적 개선과 프로그램의 수정 및 보완에 초점을 둔다면 구조화되지 않은 탐색적 방법으로 질적 조사의 방법을 활용할 수 있을 것이다. 그 밖에 내용분석과 사례분석도 평가의 방법으로 사용된다. 효과성 평가를 위해서는 가능한 한 실험설계와 유사실험설계로 조사설계를 하는 방안을 모색해야 할 것이다.

2. 자료수집 및 분석단계

평가의 목적과 범위 그리고 조사방법과 설계가 구체화되면 평가를 위한 적절한 자료수집과 분석의 단계에 접어든다. 자료수집에서 우선 자료와 성과에 관한 지표를 구체화하여 과연 평가목적에 부합되는 자료인지의 여부를 판단하는 적합성 검토가 이루어져야 한다. 적절한 자료와 정보가 체계적으로 수집되지 않는다면 결과의 해석에도 상당한 문제가 생길 수 있다. 따라서 각종 평가지표를 다시 한번 정리하여 검토한 후 수집계획에 따라 진행하는 것이 바람직하다. 자료분석의 방법은 평가조사의 설계에 따라 통계적 자료나 질적 자료를 분석하는 방법을 사용할 수 있다.

3. 결과판단과 활용단계

수집된 자료가 평가기준에 따라 분석되면 결과가 도출된다. 평가에서는 사실의 발견도 의미가 있지만 종합적 평가자의 판단이 더욱 큰 의미를 갖는다. 따라서 평가자의 추론과 가치주장이 크게 작용할 수 있다. 그 다음 평가의 주체는 평가목적에 비추어 설정된 원칙에 따라 기준의 성취여부를 결정하고 보고서를 작성할 것이다. 평가보고서에는 평가결과의 정리와 종합적 판단 그리고 정책제언이 포함된다. 형성평가의 경우 기존 프로그램의 개발과 개선을 위한 근거로 작용하지만 총괄평가의 경우 전체 프로그램의 성패를 결정하는 주요단서로 작용한다.

〈표 9-4〉 프로그램 평가의 절차와 주요과업

단 계	주 요 과 업	
1. 평가기획 및 설계단계	· 평가의 목적확인 · 평가방법과 도구결정	· 평가의 대상과 범위설정 · 평가절차와 일정확정
2. 자료수집 및 분석단계	· 자료의 출처확인과 선정 · 자료수집방법에 따른 체계적 수집 · 평가결과의 종합정리	· 지표의 정리 및 선정 · 적절한 분석방법과 기법의 활용
3. 결과판단과 활용의 단계	· 평가결과의 추론과 가치판단 · 평가결과의 활용	· 평가보고서의 작성과 제출

연구과제

1. 책무성을 입증하기 위한 평가의 소비자가 될 수 있는 사람과 기관을 열거해 보시오.
2. 현장에서 프로그램 평가결과가 잘 활용되지 않는 이유를 설명해 보시오.
3. 학교사회사업 프로그램을 논리모형에 따라 평가할 때 산출(outputs)에 해당하는 프로그램 요소를 세 가지만 열거해 보시오.
4. 형성평가와 총괄평가의 근본적 차이점을 설명해 보시오.
5. 상담 프로그램을 질적 평가할 때 활용할 수 있는 평가지표에는 어떤 것이 있는가?

제 1 절 효과성 평가의 개념과 논리모형

1. 효과성의 개념과 평가지표

사회복지 프로그램 평가에서 효과성(effectiveness)은 프로그램이 원래 의도했던 목적 또는 목표달성의 정도를 말하는 것이다. 프로그램의 목적과 목표는 제 1 장에서 상세히 설명되었듯이 상향적으로는 사회복지기관 또는 조직의 설립이념이나 목적달성을 위한 수단의 구실을 하기 때문에 설립이념과 조직목적도 관련성을 맺는다. 또한 프로그램의 목적과 목표는 하향적으로 클라이언트 목표달성을 위한 것이므로 서비스 목표와 관련이 있다. 따라서 사회복지 프로그램의 효과성은 조직의 효과성과 서비스 효과성을 포함하는 개념으로 간주된다. 그러나 조직효과성은 프로그램 수행 이외의 환경적응력, 인력, 리더십, 기술, 문화 등과 수많은 영역에서 각기 다른 효과성 측정 지표가 있고 프로그램 평가보다는 기관평가의 대상이 되기 때문에 외면의 범위가 너무 넓다. 그러므로 프로그램의 효과성은 프로그램 자체의 목표달성과 클라이언트에 대한 서비스 목표로 한정된다. 그런데 프로그램의 효과성은 궁극적으로 클라이언트들에게 제공된 서비스에 중점을 두어 서비스 질(quality or services)이 평가의 중요한 기준이 된다.

Donabedian(1966)은 의료서비스의 질을 평가하기 위해서 고려해야 할 지표의 군집을 크게 구조, 과정, 성과 등 세 가지로 나누었다. Gates(1980)는 이러한 세 가지 영역의 지표를 사회복지 프로그램 평가에 적용시켜 효과성의 지표를 다음과 같이 설명하고 있다.

1) 구조지표

구조(structure)지표는 프로그램의 배경이 되는 사회복지조직의 특성과 직원의 특성과 같은 구조적 요인들이 프로그램과 서비스의 효과성에 영향을 주는 것을 가리킨다. 그래서 구조지표는 효과적 프로그램의 수행을 위한 조직의 능력과 잠재력을 측정한다. 구조지표에 해당하는 것들은 다음과 같다.

① 사회복지기관 및 시설의 적합성과 접근성
② 사회복지 프로그램과 서비스의 다양성과 체계성
③ 사회복지 프로그램에 대한 지원체계의 적절성(예산, 정보처리, 의사소통 등)
④ 사회복지 프로그램 수행인력의 자질(자격증 보유 및 교육정도)

이와 같은 구조지표들은 사회복지기관이나 프로그램의 인증(accreditation)이나 서비스 구입(purchase or services) 계약 등의 목적에도 자주 사용된다. 구조지표들은 성과지표나 과정지표로 프로그램의 효과성을 평가할 수 없을 때 주로 사용될 수 있다.

2) 과정지표

과정(process)지표는 실제 프로그램의 수행과정에서 수행인력들이 펼치는 활동이 프로그램의 효과성을 좌우한다는 가정에서 설정된 지표이다. 따라서 과정지표는 프로그램 수행자의 활동과 기록을 분석하고 검토해서 나타날 수 있는 것들이다. 과정지표에 해당하는 것들은 다음과 같다.

① 클라이언트가 갖는 문제의 정도
② 문제해결을 위해서 제공된 서비스의 종류나 양
③ 문제와 서비스의 관련성 정도

과정지표들은 주로 산술적 추정치를 제공하는데 사회복지기관이나 프로그램의 효과성을 산출(outputs)의 관점에서 평가하는 데 유용한 자료를 제공해 준다. 예를 들면 사회복지사의 관리사례 수, 방문건수, 의뢰건수, 평균 면접시간 등이 구체적 과정지표로 활용될 수 있다.

3) 성과지표

성과(outcomes)는 프로그램의 활동의 최종 결과물로 얻어지는 것이다. 구조지표와 과정지표가 프로그램의 효과성을 측정하고 클라이언트에 대한 서비스의 질을 가늠하는 간접적 지표라 한다면 성과지표는 프로그램이 투입되어 일정한 과정을 거쳐 산출되는 최종의 직접적 지표가 된다. 사회복지 프로그램의 성과는 클라이언트나 참여자의 입장에서 나타나는 조건과 지위의 변화를 말한다. 그런데 프로그램의 주된 내용인 서비스는 쉽사리 클라이언트 차원에서 발생하는 성과를 측정하기가 쉽지 않다는 데 문제가 있다.

투입 (inputs)	전환 (throughputs)	산출 서비스 종료 (outputs)	성과 측정가능한 변화 (outcomes)
프로그램에 투여되거나 프로그램에 의해 소비된 자원 · 이용자 · 직원, 봉사자 · 자금, 예산 · 시설 · 장비, 소모품 프로그램에 작용하는 기제 · 법, 규정, 규칙 등	임무를 수행하기 위하여 프로그램에서 투입으로 활동하는 것 · 상담 · 직업훈련 · 치료 및 교육 · 보호 · 청소년 대인관계 지도 · 사회적응훈련 · 재가서비스 · 정보제공 및 의뢰 등	프로그램 활동의 직접적 산물(량) · 상담 수 · 서비스에 참여한 참여자 수 · 취업인원 · 서비스 시간 · 분배된 교육적 자료의 수 · 지도한 집단 수 등	프로그램 활동 중, 활동 이후의 참여자들이 얻은 이익 · 새로운 지식 · 향상된 기술 · 태도 및 가치변화 · 행동의 수정 · 향상된 조건 · 변화된 지위

[그림 10-1] 프로그램 평가요소

앞서 언급되었지만 사회복지서비스는 무형의 즉시성과 소멸성이 있고 제고로 비축할 수도 없기 때문에 서비스가 어떤 형태로 주어졌고 그 효과가 어떠한지를 측정하기에는 어려움이 크다. 그럼에도 불구하고 최근 사회복지 프로그램에는 책무성이 강조되고 있기 때문에 성과지표의 중요성이 점차 커지고 있다. 결론적으로 구조지표와 과정지표는 프로그램의 효과성을 측정하는 간접적 지표에 불과하기 때문에 성과지표의 측정이 불가능한 경우에는 이러한 지표들도 대리지표로 사용될 수 있으나 명확히 프로그램의 효과성을 가늠하는 기준과 지표는 성과로 보아야 한다는 데 이론의 여지가 없다. 성과는 무엇을 의미하는지에 관해서 체계모형을 이용하면 〔그림 10-1〕에서 잘 보여준다. 사회복지 프로그램의 성과평가를 위해서 잘 설계된 논리모형을 중심으로 효과성 평가를 논의해 보겠다.

2. 논리모형(logic model)

1) 논리모형의 개요와 구성요소

논리모형은 프로그램의 투입, 전환, 산출, 성과 간의 관계를 논리적으로 연결해 프로그램을 체계적으로 기획하고 성과를 구체적으로 측정하고 평가하는 도구라 할 수 있다. 논리모형은 프로그램의 투입에서 결과까지의 연결고리를 그림(diagram)으로 표시해 프로그램의 목적달성을 위한 활동(전환)의 수행으로 성과를 구체화해 전반적인 프로그램에 대한 이해증진은 물론 프로그램의 성과평가를 위한 개념적 틀을 제공한다.

최근 프로그램의 기획이나 평가에서 논리모형이 상당한 인기를 얻고 있는데 그 이유는 몇 가지로 집약된다. 첫째, 논리모형은 기관책임자, 프로그램 개발자, 평가자, 기타 이해관계 당사자들이 프로그램의 목적과 목표를 분명히 인식하는 데 도움을 준다. 둘째, 프로그램이 진행되는 과정을 차트와 그림 등으로 표시해서 시각적으로 전 프로그램의 과정을 이해하는 데 유용하다. 셋째, 잠정적 성과와 최종성과를 구별함으로써 과정평가와 성과평가를 통합적으로 운영할 수 있다는 장점이 있기 때문이다. 아래는 논리모형의 주요 구성요소들로 사용되는 용어의 정의이다.

① **투입**(inputs) : 프로그램이 목표달성을 위해 사용하는 자원을 말한다. 프로그램 활동(activities)을 지원하기 위해서 투입이 필요하다. 예를 들면 직원, 자원봉사자, 자금, 시설과 장비 등을 말한다.

② **활동**(activities) : 프로그램의 근본적 목적달성을 위해서 투입요소와 같이 이루어지는 일이다. 프로그램 활동으로 인해서 산출(output)이 발생한다. 예를 들면 무주택가정에 쉼터를 제공하는 일, 아동학대예방을 위해 대중교육을 하는 일, 저소

득가정의 아동에게 멘토(mentor)를 붙여 주는 일 등을 말한다.

③ **산출**(outputs) : 프로그램 활동의 결과로 나타나는 것을 말한다. 산출은 보통 프로그램의 수행실적으로 나타나는데, 교육시행 횟수, 식사배달의 횟수, 배포된 홍보지의 숫자, 참석한 클라이언트의 인원수 등이 산출물로 표시된다.

④ **성과**(outcomes) : 프로그램에 참여하는 과정 또는 결과로 참여자에게 주어지는 혜택을 말한다. 성과는 클라이언트의 지식, 태도, 기술, 가치, 행동, 상황조건, 지위 등의 변화와 관련된 것이다. 가족화합의 필요성 인식, 읽기·학습기술의 향상, 갈등상황에 대한 효과적 대응, 직장 구함, 가계소득의 향상 등이 성과의 예이다. 프로그램에 따라 초기성과(initial outcomes)가 먼저 발생하고 차후 장기성과(long-term outcomes)로 이어지는 경우도 있다.

⑤ **성과지표**(outcome indicators) : 성과로 프로그램의 성패를 추정할 수 있는 구체적 정보나 자료를 말한다. 성과지표는 성과의 활동을 나타내며 관찰가능하고 측정가능한 클라이언트 특성과 변화를 서술한다. 만일 '건강한 생활양식'을 획득하는 목표가 설정되었다면 금연, 체중, 혈압, 콜레스테롤 수치 등이 건강한 생활양식의 구체적 지표가 될 수 있다.

2) 논리모형 작성방법

사회복지 프로그램 성과를 평가하기 위한 논리모형을 구축하는 방법은 다음과 같다.

(1) 클라이언트 집단의 문제나 욕구확인

사회복지 프로그램이 시작되기 전 주어진 사회적 상황이나 문제상황에서 개입의 대상이 되는 클라이언트 집단이 당면한 문제나 욕구를 구체적으로 확인한다. 문제나 욕구는 프로그램의 목표로 환원되어 목표가 구체적이고 측정가능한 형태로 진술되었는지를 확인한다.

(2) 투입요소의 내용구성

클라이언트 집단의 문제나 욕구를 해결하기 위해서 필요한 프로그램, 인적·물적 자원과 프로그램의 기술적 요소를 식별한다. 이러한 투입요소들은 전 단계의 문제나 욕구의 해결에 도움이 되는지를 만일(if) 문제가 주어졌다면 그러면(then) 투입의 요소가 문제해결에 필수적인지를 조건관계로 파악한다.

(3) 활동내용과 과정의 명확화

활동요소는 프로그램의 수행을 위한 서비스 제공 활동, 행정활동, 지역사회활동을 포함한다. 이러한 활동은 사회복지사나 자원봉사자가 담당하며 프로그램 관리자는 이러한 활동을 총괄 또는 조정하는 역할을 한다. 구체적 프로그램의 활동내용을 명확히 하고 그 과정과 일정한 기간의 설정도 필요하다.

(4) 산출과 성과지표의 구체화

프로그램 수행활동으로 나타날 수 있는 산출물과 성과를 구체화한다. 산출물은 앞서 정의된 바대로 주로 산술적 결과로 표시되고 성과는 클라이언트 집단이나 지역사회에 대한 프로그램의 영향을 의미한다. 성과를 단기, 중기, 장기로 나누기도 하고 단기(잠정적)성과와 장기성과 두 가지로 나누기로 한다. 이와 같은 논리모형의 작성방법은 문제상황으로부터 시작해 왼쪽부터 오른쪽으로 그림을 그려 나간다. 노인의 경제적 문제를 문제상황으로 설정하면 논리모형에 따른 진행방법은 〔그림 10-2〕로 표시된다.

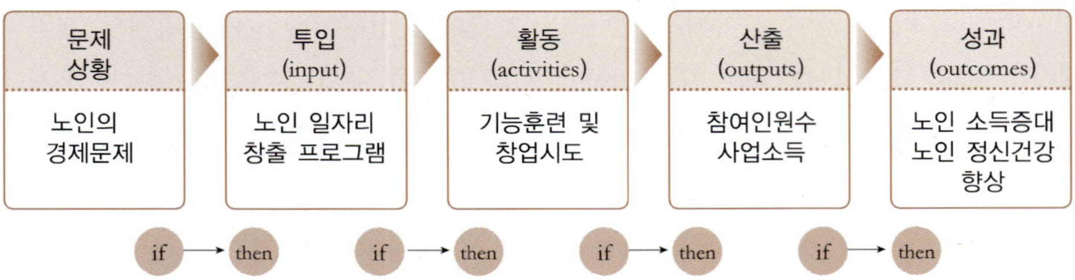

[그림 10-2] 노인의 경제적 문제에 따른 논리모형 구성절차

아동학대라는 사회문제 또는 사회적 상황이 주어졌다면 이에 대한 개입으로 〈표 10-1〉에서 성과를 초기, 중기, 장기로 나누어 각각 작성하였다.

〈표 10-1〉 아동학대예방 및 홍보 프로그램의 논리모형

inputs	activities	outputs	outcomes		
			initial	intermediate	long-term
· 석사학위 소지 10년 경험의 사회복지사 · 지역방송국 임원이 자문위원으로 참여 · 의사 및 교사가 운영팀 자문가로 투입	· 아동학대예방을 위한 홍보물, 책자, 안내지 등 작성 · 방송용 사례모음과 시나리오 작성으로 메시지의 명확성 검토	· 홍보물, 책자, 안내지 배부 수 · 상점과 거리에 붙인 포스터 수 · 라디오와 텔레비전에 방송됨	일반대중, 부모, 교사, 의사 등 관련된 사람들이 라디오와 텔레비전을 통해 정보를 얻음	표적인구집단이 아동학대와 예방의 징후를 발견하고 적절한 조치를 취함	표적인구집단의 사람들이 아동학대의 현장을 목격하고 신고함

3. 성과측정의 방법

Martin과 Kettner(1996)는 사회복지 프로그램 성과측정에 관해서 ① 산술적 계산, ② 표준화된 측정도구 사용, ③ 클라이언트 기능수준척도, ④ 클라이언트 만족도 등 네 가지를 제시한다.

클라이언트 만족도는 이미 실행과정에서 검토했으므로 여기서는 성과측정의 세 가지 방법만을 다루고자 한다. 그 다음으로 성과측정의 세 가지 유형을 상호비교하면서 동시에 성과측정방법의 선정기준들을 제시하겠다.

1) 성과측정방법

성과는 다양한 방법으로 측정할 수 있다. 이러한 성과측정방법들은 측정목적 및 내용에 따라 적합한 방법을 사용해야 한다. 성과측정방법은 산술적 계산, 표준화된 측정도구, LOF(Levels of Functioning Scales) 등의 세 가지가 있다.

(1) 산술적 계산(numeric counts)

산술적 계산은 프로그램의 결과에 관한 명목적 내용을 계산하는 것이다. 이는 일반적으로 클라이언트의 조건, 상태, 행동 등을 측정하는 데 사용한다. 예를 들어 행동상의 변화가 일어난 클라이언트의 수를 계산한다.

① 산술적 계산

가. 산술적 계산은 인구학적이고 측정가능한 자료로써 클라이언트의 변화와 관련된 정보를 측정한다. 예를 들면 개입 후 집으로 돌아간 아동의 수를 계산한다.

나. 산술적 계산은 클라이언트의 변화와 관련된 명목적 측정이다. 이는 특정 질문에 대한 '예, 아니요' 식의 답을 요구한다. 예를 들면 "클라이언트는 직업훈련 이후 직업을 얻었는가?"에 관한 답이다.

다. 산술적 계산은 바람직한 사건과 바람직하지 않은 사건을 모두 반영하는 중요한 작업이다. 예를 들어 클라이언트는 취직되어 더 이상의 서비스가 필요없다.

② 산술적 계산의 예시

〈표 10-2〉 산술적 계산의 예

1. 정보와 의뢰	
a. 평가의 중간성과	클라이언트가 서비스나 지원을 받음
b. 평가의 최종성과	해당사항 없음
2. 식사배달	
a. 평가의 중간성과	클라이언트가 좋은 영양상태를 유지함
b. 평가의 최종성과	클라이언트가 가정에서 독립적으로 생활할 수 있음
3. 상담	
a. 평가의 중간성과	클라이언트의 생활조건이나 행동에 향상을 보임
b. 평가의 최종성과	클라이언트에게 더 이상 상담이 필요 없음

출처 : Martin, L. L. & Kettner, P. M.(1996). *Measuring the Performance of Human Service Programs*. Sage. p.63.

위의 산술적 계산의 예를 살펴보면, 먼저 어떤 사회복지서비스 프로그램들, 즉 정보와 의뢰서비스가 포함된 프로그램은 평가에서 최종성과가 도출될 수 없을 것이다.

이러한 서비스는 클라이언트가 활용하는 최종적 목적달성의 수단구실을 한다.

식사배달 프로그램은 평가의 중간과 최종성과 간의 인과관계가 모호하다. 즉, 식사배달 프로그램은 클라이언트의 좋은 영향상태 및 독립적 생활유지를 도모하고 있지만, 그 자체만으로 바람직한 최종목적을 달성하였다고 하기에는 불충분하다. 최소한 가정도우미와 방문간호사가 함께 서비스를 제공하는 프로그램이 요구된다. 그럼에도 불구하고 식사배달 프로그램은 궁극적으로 바람직한 목적달성에 공헌하는 바가 있으므로, 그 측정은 최종성과의 평가에서 적응되며 최종성과는 독립적 생활로 볼 수 있다.

산술적 계산과 최종산출측정 및 품질측정은 유사점들을 갖고 있어 혼동되기 쉽다. 성과평가에서의 산술적 계산은 클라이언트에 초점을 두며, 산출과 품질측정은 서비스에 초점을 둔다. 성과평가는 각 프로그램당 클라이언트에게 얼마나 적절한 서비스가 제공되었는지에 대한 정보를 제공하도록 설계되어 있다.

③ 산술적 계산의 적용

미국에서 SEA(Service Effect and Accomplishment) 보고서를 실행하는 사회복지기관들의 산술적 계산을 선호한다. 이는 SEA 보고서가 정부에서 지원받은 공공자금을 사용한 기관들에게 요구되는 평가보고서이며, SEA 보고서의 평가는 대부분 산술적 계산으로 하기 때문이다. 사회복지기관이 운영하는 사회복지서비스 프로그램에서도 클라이언트의 성과를 모니터링하고 조사하는 데 산술적 계산을 선호한다. 이처럼 산술적 계산을 선호하는 것은 산술적 계산이 다른 성과측정방법들에 비하여 상대적으로 정의하기가 쉽고, 이를 해석하여 사용하기도 쉽기 때문이다. 이러한 산술적 계산의 강점에도 불구하고 산술적 계산은 표준화된 측정, LOF 척도, 클라이언트 만족도 등과 같은 다른 측정방법을 산술적 계산으로 전환시키는 것이 어렵다는 문제가 있다.

(2) 표준화된 측정도구

성과중심의 평가에서 가장 중요한 것은 바로 성과의 도출이며, 그 다음으로 중요한 것은 측정도구의 선택 및 확보이다. 왜냐하면 측정도구의 적용범위가 협소하거나 도구 자체를 구할 수 없다면, 그 측정도구와 관련한 성과 자체를 설정할 수 없기 때문이다. 한국의 실천현장에서는 적당한 측정도구의 확보가 쉽지 않기 때문에 이러한 도구의 선택과 확보는 앞으로 중요한 문제가 될 것이다. 표준화된 측정도구는 클라이언트의 변화를 측정하기 위해 사용하는 정형화된 도구이며, 일반적으로 클라이언트의 인지, 감정, 태도 등을 측정하는 데 사용된다.

① 표준화된 측정도구의 정의와 특징

표준화된 측정도구는 정확하며 신뢰성이 높다는 특성이 있다. 이러한 표준화된 측정도구는 개입 전과 후의 검증으로 클라이언트를 사정하는 데 사용된다. 어떤 표준화된 측정도구들은 클라이언트와 그 가족에게 초점을 맞추기도 한다. 표준화된 측정도구는 무료로 사용되기도 하지만 대부분은 저작권자에게 사용에 대한 비용을 지불해야 한다.

간편사정도구(RAI)의 특징

① 클라이언트에 의해 채워지는 자기보고형식을 갖고 있다.
② 1~2장 정도의 분량으로 간결(20~30문항 정도)하게 구성되어 15분 이내로 완성하기에 용이하다.
③ 클라이언트가 쉽게 이해할 수 있도록 명확하고, 단순한 언어로 구성되어 있다.
④ 클라이언트 앞에서 즉시 측정되고 결과가 나타나 신속한 점수화가 가능하다.
⑤ 측정에 대한 해석은 직접적이고 명확하다.
⑥ 측정하는 데 있어서 광범위한 지식을 요구하거나 복잡하지 않다.
⑦ 특정 이론을 요구하지 않는다.
⑧ 개인적 정보와 클라이언트의 문제에 대한 체계적 사정과 상담이 가능하다.
⑨ 전체 점수는 클라이언트 문제의 범위, 수준, 강도에 대한 지표를 제공한다.
⑩ 클라이언트 개개인 및 집단을 통하여 표준화되며, 비교가능한 구조화된 자료수집이 가능하다.
⑪ 일회적 또는 반복적으로 사용할 수 있다. 또한 시간에 따른 클라이언트의 문제변화에 대한 자료를 쉽게 얻을 수 있으며, 그러한 변화를 가시화할 수 있다.

출처 : Martin, L. L. & Kettner, P. M.(1996). *Measuring the Performance of Human Service Programs*. Sage. p.72.

표준화된 측정도구의 두 가지 공통된 특징은 다음과 같다. 첫째, 표준화된 측정도구는 클라이언트의 상태, 행동, 태도, 감정, 개인 간, 개인 내적 기능, 인성발달 등에 대한 정보를 담은 구조화된 질문으로 구성되어 있다. 둘째, 표준화된 측정도구는 관리 및 점수화에 있어서 동일한 절차, 크기 혹은 강도, 측정영역의 정도 등을 예측하는 유용한 단일의 점수화가 가능하다.

이러한 표준화된 측정도구 중에 일부는 클라이언트를 심층적으로 사정하기 위해 복합측정항목들로 구성되어 있기도 하다. 일반적으로 간편사정도구(Rapid Assessment Instruments : RAI)라고 불리는 측정도구들은 매우 간단하게 클라이언트의 문제를 사정하고 평가하는 데 매우 유용하게 사용된다. RAI는 그 구성이 간결하고 명확하여 사회복지실천가나 연구자로부터 관심과 인기가 높다. 사회복지 프로그램의 성과 측정에 사용되는 표준화 측정은 대개 RAI를 사용한다.

② 표준화된 측정도구의 종류

표준화된 측정도구는 다음의 차원 또는 강조점에 따라 매우 다양하다.

가. 현재적 초점

아래에 열거된 바와 같이 현재적 초점을 어디에 두는지에 따라서 표준화된 측정도구는 매우 다양하다.

- 인구 초점 : 아동, 부부, 가족, 성인, 노인 등(예 : FAD, The Family Assessment Device)
- 행동 초점 : 폭력, 부모행동, 구직행위, 건강관련 실천정도, 자기주장력 등
- 태도 초점 : 자아에 대한 태도, 아동에게 의미 있는 타인에 대한 태도로 클라이언트와 그 가족상담 시에 사용
- 문제 초점 : 약물, 알코올, 신체건강, 사회적 기능장애, 기본적 일상생활수행능력 등(예 : Hudson(1990)의 MPSI, Multi-Problem Screening Inventory)
- 개인 내적, 개인 간(상호) 기능 초점 : 개인 내적인 초점을 기질, 자아존중감, 사고, 우울로 파악하여 개인 상호기능 초점은 가족이나 사회와 관계하는 클라이언트의 능력을 다룸
- 발달적 초점 : 아동에게 사용

- 인격성향 초점 : MMPI(Minnesota Multiphastic Personality Inventory)
- 성취, 지식, 적성에 초점 : 직업훈련 프로그램에 사용되는 표준화 측정도구에 많음
- 서비스 초점 : 아동보호 또는 양육서비스 등

나. 누가 작성하는가

표준화된 측정도구는 작성자가 누구냐에 따라서도 다양하게 나타난다. 대부분의 표준화된 측정도구는 클라이언트가 스스로 작성하도록 되어 있다. 하지만 측정도구 중에는 전문가나 제삼자에 의해 작성되는 것도 있다. 예를 들어, 노인의 일상생활수행정도에 대한 측정은 노인의 보호자, 친척 또는 간호사가 하도록 되어 있다.

다. 응답척도

표준화된 측정도구는 응답척도의 구조에 따라 다양하다. 대부분의 빈도측정에는 리커트 척도를 사용한다. Hudson(1992)의 측정은 대부분 7점 척도(1=전혀 안함, 2=아주 가끔, 3=조금, 4=종종, 5=아주 많음, 6=매우 많음, 7=전부)를 사용한다. 하지만 부부 의사소통기술 측정(the Marital Communication Skills Ratine Scale)에는 10점 척도를 사용하기도 한다.

③ 성과측정으로서의 표준화된 측정도구 사용

사회복지 프로그램의 성과측정으로서 표준화된 측정도구를 사용하는 데에는 다음과 같은 몇 가지 요건이 필요하다.

가. 프로그램에 사용된 표준화된 측정도구는 그 형태와 수가 결정되어 있어야 한다.

나. 성과측정으로서 표준화된 측정도구는 프로그램이 시작하는 시점에서 모든 클라이언트를 사정해야 한다. 이것은 클라이언트의 개별적이고 기본적인 자료를 구축하는 데 필요하다.

다. 프로그램에는 반드시 클라이언트가 참여해야 한다.

라. 선택된 표준화 측정도구는 개입이나 서비스가 완료된 시점에서 다시 한번 사용해야 한다. 완료시점에서 표준화된 측정도구를 사용하는 것은 중간성과측정이 된다.

마. 개입 전후의 비교는 각 개인별로 기초적 자료와 개입 후 자료의 차로 이루어진다.

④ 측정도구의 개발과 선택

심리학이나 교육학의 수많은 RAI들은 사회복지 프로그램 평가에서도 사용할 수 있다. 측정도구의 선택은 다음의 여러 방법들을 통해 가능하다.

가. 측정도구의 자체 개발

나. 공인된 한국기관에서 개발한 도구를 유료구입

다. 관련 한국논문에서 사용했던 도구들의 재사용

라. 관련 외국논문에서 사용했던 도구들의 번안사용

마. 평가도구자료집(source book)을 통한 선별

- Measures for Clinical Practice. Corcoran, K. & Fischer, J., Free Press, 1994(2nd ed.).
- Handbook of Behavioral Assessment. Ciminero, A. R., Calhoun, K. S., & Adams, H. E., Wiley, 1986.
- The Clinical Measurement Package : A Field Manual. Hudson, W. W., Dorsey Press, 1982.
- The Eleventh Mental Measurements Yearbook. Conoley, J. C. & Kramer J. J., Univ. of Nebraska Press, 1994.

(3) 기능수준척도(Level of Functioning Scales)

① LOF의 의미

표준화된 도구를 사회복지 프로그램의 모든 클라이언트에게 사용하는 것은 부적절할 수도 있다. 예를 들면, 성인을 대상으로 개발된 표준화된 도구가 아동에게 사용되는 것은 부적절하다. 따라서 어떤 사회복지 프로그램에 대하여 개입 전후 클라이언트의 기능수준변화를 측정할 때 LOF 척도를 사용하는 것이다.

LOF 척도는 최근 사회복지영역에 성과측정 중요성이 강조되면서 발전한 것이다. LOF 척도는 클라이언트 기능의 중요한 부분을 측정하기 위해서 설계된 클라이언트

사정도구라고 할 수 있다. 이러한 LOF 척도는 클라이언트의 기능뿐만 아니라 클라이언트의 행동과 문제까지 포함하여 광범위하게 측정할 수 있다.

LOF 척도는 여러 가지 특징을 지닌다. 일반적으로 LOF 척도는 클라이언트의 여러 기능 중 하나의 측면이나 범주와 관련되어 있다. 예를 들면, LOF 척도는 청소년기 클라이언트의 사회적응을 다루기도 하고, 알코올과 마약남용 혹은 학교출석과 같은 부분을 다루기도 한다. 이런 이유로 사회적응, 알코올과 마약남용, 학교출석 등을 다루는 LOF 척도는 청소년기 클라이언트의 복합적 측면을 사정하기 위하여 사용된다.

② LOF **척도의 설계원리**

가. 이론적 기반 개발

LOF 척도는 사회복지 프로그램과 프로그램이 제공된 클라이언트 인구집단에 대한 이론, 연구, 실제지식 등에 기반을 두고 있어야 한다. 즉, 아동을 대상으로 하는 주간보호 프로그램에서 관찰자는 LOF 척도를 파괴적 행동에 초점을 맞추고자 할 수 있다. 하지만 아동의 행동에 대한 여러 가지 연구들을 살펴보면, 조용하면서 감정을 드러내지 않는 아동이 더 심각한 문제를 야기할 수 있기 때문에 파괴적 행동뿐 아니라 조용하고 내성적인 행동에도 초점을 두어야 한다. 이처럼 LOF 척도는 프로그램 담당직원, 행정가, 관련된 사람들에 의해서 개발될 수도 있지만, 이러한 것들이 이론, 연구, 실제 문헌 등을 통한 지식을 대신할 수는 없는 것이다.

나. 특징기술

LOF 척도에서 사용되는 특징을 기술할 때에는 직접 관찰이 가능한 클라이언트의 기능수준을 표현해야 한다. 표현은 간결하고, 애매하지 않으며, 실증적 문구로 해야 한다. LOF 척도를 개발하기 위해서 또 한 가지 중요하게 고려해야 할 점은 정확성이다. 범위라는 것은 경미한 것에서부터 아주 중대한 문제까지 매우 광범위하기 때문에 가능한 한 개별 클라이언트에 대한 서술은 정확하게 해야 한다. LOF 척도에서 사용되는 특징기술은 행동에 입각하여 설정해야 한다. 예를 들면, 가족의 조화/불일치의 정도를 측정하는 데 있어서 "역기능적이다."라는 의미에 대해 각각 다른 해석을 할 수 있다. 따라서 실제행동과 관련된 표현을 사용하는 것이 바람직하다.

다. 평가자 고려사항

㉠ LOF 척도에서 평가자는 일반적으로 전문가로서 클라이언트에 대한 지식이나 직접적 관찰을 통하여 척도를 완성시키는 사람이다.

㉡ 평가자는 다음의 세 가지 방식으로 클라이언트를 파악할 수 있다. 첫째, 클라이언트를 직접 관찰한다. 둘째, 클라이언트 자신에 대해 직접 질문한다. 셋째, 제3의 집단으로부터 클라이언트에 대한 정보를 얻는다.

㉢ 만약 가족 간의 조화/불일치의 정도를 알고자 한다면, 직접적 질문-특히 초기 면접 시-을 통해서는 정확한 내용을 파악하기 어렵다. 따라서 시간을 두고 클라이언트와 전문적 관계를 수립하며, 다른 가족성원들과도 친밀한 관계를 맺어야 한다. 이러한 관계가 수립된 후에야 클라이언트 반응의 정확성은 증가할 것이다.

㉣ 평가자는 LOF 척도에 능숙해야 하며, 클라이언트의 행동에 초점을 맞추어야 한다. 만약 자료가 인터뷰를 통해 얻어지는 것이라면, 질문의 의미를 명확하게 전달하는 것이 필수적이다.

㉤ 클라이언트를 관찰하는 장소는 일관성이 있어야 한다.

㉥ 표준화와 신뢰성이라는 측면에서 관찰의 빈도는 매우 중요하다. 하지만 이는 상황과 프로그램에 따라 다를 수밖에 없다. 따라서 관찰의 일관성을 위해 조정된 것에 대해서는 상세하게 명기해야 한다.

㉦ 관찰상황에 영향을 주지 않기 위해서 평가자는 언제나 중립적이어야 한다.

㉧ 평가자는 관찰에 신뢰성을 기하기 위하여 노력해야 한다. 신뢰성은 같은 대상을 반복적으로 측정해도 매번 동일한 결과를 가져오는지의 여부를 의미한다. 이 과정의 목적은 LOF 척도가 평가자와 클라이언트에 따라서 변하는 것을 막기 위해서이다.

• **1단계 : 평가할 기능의 선택** - 평가할 기능의 선택은 LOF 척도구성에서 가장 중요한 단계이다. 이 단계에서는 복합적이지 않으며, 증명이 가능한 기능을 구별해야 한다.

예) 노인 식사제공 프로그램 : 노인 식사제공 프로그램에서 중요한 두 가지 요소는 영향요소와 사회화 또는 레크리에이션 요소이다. 이러한 구성요소들은 두 가지 별개의 기능을 반영한 것이다. 또한 사회화와 레크리에이션을 한꺼번에 측정하는 것은 부적절하다. 따라서 바람직한 접근은 적어도 두 개 이상의 구별되는 LOF 척도를 구성하여 하나의 척도가 하나의 기능만을 다루도록 해야 한다.

- **2단계 : 척도의 점수부여** – 척도의 점수부여는 일반적으로 홀수로 이루어진다. 점수의 범위는 적어도 세 개 정도는 되어야 하며, 아홉 개가 넘어가면 변수가 많아져 신뢰성이 떨어진다.
- **3단계 : 점수별로 특징 설명** – 점수별로 특징 설명하기는 클라이언트의 전형적이고, 관찰가능하며, 증명가능한 행동에 기반을 두어야 한다. 또한 설명자는 클라이언트에게 유용하도록 각 단계에 여러 가지 다양한 기능수준을 표현하는 것이 필요하다.
- **4단계 : LOF 척도의 현장검증** – LOF 척도들이 사회복지 프로그램에 사용되기 위해서는 먼저, 현장검증을 거쳐야 한다. 현장검증의 기초 위에서 그 내용과 구성을 첨가시키거나 삭제 혹은 수정해야 하는 것이다.

〈표 10-3〉 노인을 위한 집단급식 프로그램의 기능수준척도

다음 사항에 가장 적절한 기능 수준에 ○표 하시오.

	1	2	3	4	5
〈외모〉	1	2	3	4	5
· level 1 : 외모에 대한 관심 또는 인식부족 : 개인위생과 의복을 소홀히 함					
· level 3 : 외모에 대한 관심을 언어로 표현 : 약간의 도움이 요구됨					
· level 5 : 외모에 개인위생에 대한 주의 깊은 관심					
〈식사〉	1	2	3	4	5
· level 1 : 제공된 식사의 ⅓ 이하를 드심					
· level 3 : 제공된 식사의 ½을 드심					
· level 5 : 꾸준히 식사의 전량을 다 드심 : 더 드실 수 있음					
〈체중〉	1	2	3	4	5
· level 1 : 나이와 체형에 따른 이상적 체중에 비해 지나친 과체중 또는 저체중					
· level 3 : 과체중 또는 저체중이나 상태를 바꾸고자 함					
· level 5 : 나이와 체형에 적당한 체중 유지					

• **5단계 : LOF 척도의 신뢰성 검증**－신뢰성 검증은 여러 평가자들이 동일한 클라이언트에게 LOF 척도를 완성하도록 하였을 때, 동의하는 비율에 기초해서 응답자 상호간의 신뢰성을 측정하는 것이다. 신뢰성 검증에서 상호평가자들의 동의가 70~80% 정도라면, 척도의 신뢰성은 높은 편이다.

제 2 절 효과성 평가를 위한 조사설계의 유형

사회복지현장에서 프로그램의 개입을 효과적으로 측정하기 위하여 다양한 평가방법이 연구, 개발되어 왔다. 효과성 평가를 위한 조사설계에는 일반 사회조사 또는 사회복지조사의 설계와 마찬가지로 크게 전실험설계(원시실험설계), 유사실험설계, 실험설계로 나뉘어 있다. 각각을 살펴보면 다음과 같다.

1. 전실험설계(pre-experimental design)

1) 단일집단 사후검사설계(one-group posttest-only design)

한 집단의 구성원에게 특정 프로그램(실험처치)을 실시한 다음, 그 집단의 특성을 관찰하여 프로그램의 효과를 평가한다. 이 설계는 일명 일회검사 사례연구(one-shot case study)라고도 한다.

X　　O

X는 프로그램 개입(실험처치)을 의미하고, O는 관찰이나 평가를 의미한다. 하나의 집단을 대상으로 독립변인으로서 한 번의 실험처치를 가하고, 그 프로그램이 종속변인에 미치는 영향을 사후측정하여 두 변인 간의 인과관계가 아닌 단순관계를 확인하는 방식이다. 이러한 평가설계는 조건통제가 전혀 되지 않으며 결과를 의미 있게 비교할 수 있는 대상이나 근거가 없다는 단점이 있다.

X－O 설계에 의한 무주택자 쉼터 프로그램의 효과성 평가의 예

미국 조지아 주 애이턴 시에 위치한 무주택자 쉼터를 평가하기 위해서 Glisson과 동료 학자들(1999)은 단순히 무주택자에게 음식과 주거시설을 제공하는 차원을 넘어서 사회복지사를 고용하여 프로그램의 효과성을 조사하였다. 조사를 시행하기 1년 전부터 4개월 동안 무주택자 쉼터를 이용한 124가구 중에서 24가구는 주거지를 계속적으로 옮겨 다니는 유형이었고, 100가구는 애이튼 시에 과거부터 지속적으로 주거지로 정착한 유형이었다. 조사결과 후자의 경우에 속하는 개인과 가족들은 화재, 가정폭력, 실업, 교도소 수감, 정신질환, 약물남용 등의 문제로 인해서 무주택자로 되었다는 사실이 밝혀졌다. 조사는 이들 100가구에 대해서 이루어졌다. 아무튼 과거 애이튼 시에 살았던 경험이 있던 사람으로 무주택자 쉼터의 생활을 청산한 100가구를 탐문하여 방문조사한 결과, 71명만 면접을 할 수 있었는데 그중 41가구(58%)가 그 후 평균 4개월 이상 자신의 거주지로 전세를 얻어 비교적 안정된 주거시설을 확보하고 있었다.

이와 같이 X－O 설계는 무주택자 쉼터 이용이 안정된 주거지 확보의 원인이 되었다는 식으로 인과관계를 입증하지는 못했지만 최소한 무주택자 쉼터가 그들에게 차후 안정된 주거지를 확보하는 데 도움을 주었다는 충분한 증거를 발견하는 데 도움이 되었다. 따라서 이와 같은 효과성 평가는 면접조사대상자의 대부분이 쉼터서비스를 받은 후 비교적 안정적인 거주지를 마련하고 있었다는 결론을 맺을 수 있었다. 이런 X－O 효과성 평가는 간단하면서도 현실에 알맞게 설계된 것으로 평가된다.

2) 단일집단 사전－사후검사설계(one-group pretest-posttest design)

한 집단을 선정하여 특정 프로그램(실험처치)을 실시하기 전에 사전검사를 하여 미리 종속변인과 관련된 특징을 확인한 다음, 프로그램을 실시하고 사후검사를 한 뒤 두 검사 간의 차이를 분석함으로써 프로그램의 효과를 평가하는 방법이다.

$$O_1 \quad X \quad O_2$$

O_1은 사전검사, X는 프로그램(실험처치), O_2는 사후검사를 말한다. 사전검사의 결과와 사후검사의 결과 간의 차이를 통해 프로그램 개입의 효과를 확인한다는 점은 단일집단 사후검사설계에 비해 향상된 방법이다. 이 설계는 프로그램 개입 전후로 평가대상의 특성변화에 관한 상관관계를 평가하고 인과적 시간－순서를 통제할 수 있지만 두 검사 사이의 시간간격이 큰 경우에는 연구설계에서 내적 타당도를 저해하는 우

연한 사건, 성숙, 검사 및 통계적 회귀와 관련된 타당도 저해요인들을 통제할 수 없다는 단점이 있다.

단일집단 사전-사후검사설계에 의한 프로그램 효과성 평가의 예

김용석과 장정연(2005)은 마약관리법을 위반하여 보호관찰대상자로 분류되어 법원으로부터 수감명령을 받은 성인여성 24명을 3개 집단으로 나누어 약물남용재발방지에 초점을 두어 집단 프로그램을 시행하고 그 효과성을 단일집단 사전-사후검사설계에 의해서 분석하였다. 집단 프로그램의 목표를 약물사용에 대한 태도를 변화시키고 약물사용의 유혹을 뿌리칠 수 있는 능력을 강화하는 데 두고 약물사용에 따른 의료적 문제와 여성의 성에 관한 교육과 약물사용 상황에 능동적으로 대처할 수 있는 기술과 능력을 습득하는 데 주안한 프로그램의 내용을 8회기에 걸쳐 시행하였다. 집단 프로그램의 효과성 평가의 결과는 아래와 같이 나타났다.

효과성 지표	사전조사		사후조사		t값
	M	SD	M	SD	
약물사용에 대한 태도	33.00	8.90	29.92	8.55	1.85*
단약 관련 자기효능감	88.08	10.71	95.25	13.72	-2.61**

*P<.05, **P<.01

조사결과 약물사용에 대한 태도는 평균점수가 낮을수록 부정적 태도를 의미하므로 효과가 있는 것으로 해석되고 약물사용 금지 또는 중단과 관련한 자기효능감 평균점수가 높을수록 효과가 있는 것으로 해석된다. 효과의 크기를 사전-사후조사 평균점수의 차이를 사전-사후 표준편차의 차이로 나누면 약물사용에 대한 태도는 29.92-33.00/8.19=-0.38이고 단약 관련 자기효능감은 88.08-95.25/13.47=0.52로 계산되었다. 효과의 크기에 대한 해석을 Z분포도를 활용해서 계산해 보면 약물사용에 대한 태도는 프로그램 시행 전과 비교하여 14.8% 향상을 보였고, 단약 관련 자기효능감은 프로그램 시행 전보다 19.9%가 향상된 것으로 나타났다. 이 효과성 평가는 전실험조사설계(pre-experimented design)를 사용했기 때문에 내적타당도 저해요인을 통제하지 못하는 한계를 갖고 있다. 내적 타당도를 확보하기 위해서는 비교집단을 구성하여 실험집단과 비교집단을 상호비교하는 방법이 타당하나 현실적으로 비교집단을 구성하기에 어려움이 있었다.

생업자금융자사업 효과성 분석의 예

생업자금융자사업은 정부가 근로능력이 있는 빈곤계층에게 소규모 자본을 융자해 줌으로써 그들의 생업기반을 조성하고 자립의지고취 및 생활안정을 도모하는 데 목적을 둔 빈곤대책 프로그램의 일종이다. 1999년 한국보건사회연구원은 보건복지부로부터 이 프로그램의 효과성을 분석하는 연구용역을 의뢰해 와서 평가조사를 실시하였다. 효과성 분석의 척도를 대상자 가구의 소득변화와 자립의지의 변화에 초점을 두어 전국을 단위로 이 프로그램의 참가자를 표본추출하여 조사하였다. 주관적으로 이 사업이 실패했다고 판단한 응답자의 수는 성공했다고 판단하는 응답자의 수보다 훨씬 많았지만, 1년 후 성공한 가구 중 100만 원 이상 월평균 가구소득의 비율과 자립의지의 변화는 다음과 같이 나타났다.

(단위=%)

구분	생활보호대상자		저소득 장애인		저소득모부자	
	시행 전	시행 후	시행 전	시행 후	시행 전	시행 후
100만 원 이상 소득창출가구	12.4	33.4	44.4	55.6	20.0	30.0
자립의지가 매우 높은 가구	19.8	21.0	11.1	22.2	30.0	70.0

출처 : 원종욱 외(1999). 생업자금융자사업평가. 보건복지부 · 한국보건사회연구원에서 발췌.

3) 비동질집단 사후검사설계(nonequivalent group posttest-only design)

두 집단을 대상으로, 한 집단에는 특정 프로그램(실험처치)을 실시하고, 다른 집단에는 아무런 프로그램도 실시하지 않은 채 그대로 두었다가 두 집단에 동일한 사후검사를 실시하여 그 검사결과를 서로 비교하는 전실험설계이다. 정태적 집단비교설계(static-group comparison design)라고도 하며, 두 집단은 임의적으로 나누는 것이 아니라 이미 존재하는 집단을 활용한다. X는 프로그램을 의미하며, 가운데 점선이 동질화되지 않은 두 집단을 나타낸다.

X　O
- - - - - - - - - -
　O

이 설계의 내적 타당도를 저해하는 요인에는 대상자 선정 시 발생하는 편파성, 실험집단과 비교집단이 동질적이라는 것을 보장할 수 없다는 점, 실험기간 동안 피험자 탈락으로 인해 두 집단 간의 동질화가 더욱 악화되어 프로그램의 효과에 편파적 영향을 미친다는 점 등이 있다.

2. 유사실험설계(quasi-experimental design)

1) 시계열설계(time-series design)

한 개인이나 집단을 대상으로 종속변인을 주기적으로 측정하고, 이 측정의 시계열 중간에 프로그램(실험처치)을 실시하여 그 효과를 종합적으로 검증하는 방법을 말한다. 프로그램 X를 실시한 후 관찰된 점수의 경향이 사전점수의 경향과 차이가 있을 때 프로그램의 영향 정도를 나타낸다.

$$O_1 \quad O_2 \quad O_3 \quad X \quad O_4 \quad O_5 \quad O_6$$

시계열설계에서도 내적 타당도를 저해하는 우연한 사건을 통제하지 못한다는 점에 유의해야 하며, 사전-사후검사 시 사용되는 도구로 인한 요인도 무시할 수 없다는 한계를 가지고 있다. 그러나 이 설계는 사전측정과 사후측정을 일정한 시간간격으로 반복함으로써 대상집단에 가해지는 외생변수의 영향을 어느 정도 차단하는 효과가 있다.

2) 비동질집단 사전-사후검사설계(nonequivalent control group pretest-posttest design)

실험집단과 통제집단으로 나뉘어 있으나 두 집단이 동질화된 것은 아니다. 이 설계방법은 사회복지현장연구에 가장 많이 이용되고 있으며, 사후검사의 결과가 높더라도 타당성을 따져 봐야 한다. 이 설계에서 내적 타당도를 위협하는 요인은 피험자 선정과 성숙의 상호작용이다. 또한 두 집단을 동질화하지 못했으므로 예상치 못한 실험결과가 나타날 수도 있다는 단점이 있다.

$$O_1 \quad X \quad O_2$$

$$O_3 \quad X \quad O_4$$

3. 실험설계(experimental design)

1) 통제집단 사후검사설계(control-group posttest-only design)

대상자들을 실험집단과 통제집단으로 나눈 후 실험집단에만 프로그램(실험처치)을 실시한 후 두 집단에 대한 사후검사로 프로그램의 효과를 확인하는 방법이다.

R	X	O
R		O

이 때 R은 실험이나 프로그램의 대상자들을 무작위 선정하였음을 나타내는 말이다. 이 설계는 사전검사를 실시하지 않기 때문에 실험의 내적 타당도를 위협하는 요인들을 통제할 수 있으며, 사전검사와 프로그램 간의 상호작용도 통제할 수 있다. 사전검사가 불필요한 경우, 피험자의 익명성이 요구되는 경우, 사전검사와 프로그램의 상호작용이 예상되는 경우 등에 사용된다. 사회복지 프로그램은 많은 경우 실험집단과 통제집단의 사전 점수를 확보하지 못하기 때문에 사후측정의 점수만을 비교하는 경우가 발생한다.

사례관리모델에 의한 실험조사 프로그램 평가의 예

성인정신지체장애인을 대상으로 서비스를 제공하는 S복지관 부설 장애인주간보호소에서 총 13명의 클라이언트를 무작위로 실험집단과 통제집단의 두 집단으로 나누어 실험집단에는 황성철(1995)의 사례관리모형 중에서 전문관리형에 따라 인지능력 향상, 일상생활수행능력 향상, 사회적응력 향상을 위한 프로그램 내용과 더불어 가족면담과 지원을 추가하는 프로그램을 시행하고 통제집단은 일상적 보호 프로그램만 진행하였다. 총 6개월 동안의 통제집단 사후검사설계에 따른 실험조사에서 사례관리 프로그램의 개입대상이 된 실험집단의 클라이언트들은 통제집단의 클라이언트들보다 다음의 세 가지 척도에서 향상된 결과가 나타났다.

집 단	구성원 수	일상생활기술	적응행동	목표달성척도(SAS)
실험집단	7	85.7	18.7	0.63
통제집단	6	62.4	12.5	0.42

2) 통제집단 사전-사후검사설계(control-group pretest-posttest design)

무작위로 선정된 실험집단과 통제집단을 대상으로 사전검사를 측정한 다음 실험집단에게는 프로그램(실험처치)을 실시하고, 통제집단에게는 아무런 프로그램을 실시하지 않은 후 일정 기간이 경과한 다음, 두 집단의 사후검사를 통해 프로그램의 효과성을 확인하는 방법이다.

R	O_1	X	O_2
R	O_3		O_4

이 설계는 대상자들을 무작위 배치하기 때문에 우연한 사고, 성숙, 검사, 도구의 사용, 피험자 선정과 같이 프로그램의 효과에 영향을 미치는 요인들을 통제할 수 있다는 장점을 가진다. 그러나 사전검사와 사후검사 사이에 개입될 수 있는 피험자 개개인의 특수한 사건은 통제하기 어렵다는 한계를 가진다.

이 실험설계는 프로그램 개입과 효과의 관계에 대한 인과관계(casuality)를 검증하는 이상적인 방법이다. 그러나 이 실험설계는 현장에서 프로그램을 평가하는 데 윤리적 문제와 현실적 어려움을 안고 있다. 기관이나 시설에서 동일한 욕구를 갖는 클라이언트 집단을 무작위로 실험집단과 통제집단으로 나누어 실험집단에는 특수한 서비스를 제공하고 통제집단에는 일상적 서비스나 서비스를 제공하지 않아야 한다. 이때 효과성 평가를 위해서 클라이언트에게 차별적 서비스를 제공한다는 점에서 윤리적 문제가 제기된다. 또한 동일한 클라이언트를 사실상 동질적 실험집단과 통제집단으로 나누는 것도 현실적으로 어려움이 있다.

고전적 실험설계에 의한 프로그램 평가의 예

Velasquez와 McCubbin(1980)은 정신장애인에 대한 장면치료서비스를 제공하는 입원치료 프로그램의 효과성을 전형적 실험설계인 통제집단 사전-사후검사설계로 평가하였다. 실험집단에는 장면치료서비스를 핵심요소로 하는 입원치료 프로그램을 제공하였고 통제집단에는 보편적인 낮병원서비스를 제공하였다. 사전공고에 의해서 모집된 클라이언트들은 무작위로 두 집단에 배분되었고 사전검사의 결과 동질성이 확보되었다. 그러나 사후검사에서는 실험집단이 통제집단보다 참여자의 책임감, 사회활동참여, 고용지속성, 자존감, 입원가능성 감소 등 9개 척도에서 향상된 결과가 나타났다. 따라서 장면치료에 의한 입원치료는 전통적인 낮병원 프로그램보다 효과적이라는 사실이 확인되었다.

3) 솔로몬 4집단 설계(Solomon four-group design)

Solomon(1949)이 고안한 방법으로, 앞서 서술한 통제집단 사전-사후검사설계의 결함을 보완하고자 사전검사를 실시하지 않은 두 개의 집단을 추가한 것이다. 이 설계는 피험자를 네 개의 집단으로 무작위 선정한 다음, 첫째 집단에는 사전검사를 실시한 후 프로그램(실험처치)을 개입하고, 둘째 집단은 사전검사 실시 후 프로그램을 개입하지 않으며, 셋째 집단은 사전검사 없이 프로그램만 실시하고, 마지막 넷째 집단은 사후검사만을 실시하는 방법이다.

$$
\begin{array}{llll}
R & O_1 & X & O_2 \\
R & O_3 & & O_4 \\
R & & X & O_5 \\
R & & & O_6
\end{array}
$$

이 설계는 실험설계의 타당성을 확보한다는 점에서 가장 이상적 형태이며, 실험설계의 타당성에 영향을 미치는 변인들을 통제할 수 있고 그 효과까지 측정할 수 있다는 장점을 가지고 있으나 설계 자체의 복잡성이라든지, 피험자 선정과 처치의 상호작용, 실험배치의 반동효과, 피험자가 실험에 참여하고 있다는 인식으로 인해 발생하는 문제 등 다양한 단점을 갖고 있다.

4. 타당도(validity) 및 비교설계

내적 타당도는 실험설계상 필수불가결한 준거로서, 프로그램(실험)에서 제공한 처지만이 실험결과에 영향을 주었느냐와 관련된 것이다. 내적 타당도의 한계는 대체로 통제집단이 없고 하나의 실험집단만으로 연구가 진행되는 경우에 많이 발생한다. 또한 시간이 경과함에 따라 여러 요인들이 영향을 미치게 되며, 통제집단이 있는 실험설계일지라도 두 집단 간의 동질화가 이루어지지 못한 경우에는 내적 타당도가 위협받게 된다.

내적 타당도를 저해하는 요인에는 우연한 사건, 성숙, 검사, 도구사용, 통계적 회귀, 피험자 선정, 피험자 탈락, 피험자 선정과 성숙의 상호작용 등이 있다.

외적 타당도는 실험을 통해 얻어진 결과의 일반화에 관한 준거로서, 실험결과를 어떤 대상과 상황에까지 일반화하여 적용할 수 있는지와 관련된다. 외적 타당도의 결함은 대체로 표집방법이 적절하지 못할 때 발생한다. 적절한 표집방법이 사용되었다 하더라도 피험자와 프로그램(실험) 간에 상호작용이 생기면 일반화에 한계를 가지게 된다.

외적 타당도를 저해하는 요인에는 검사와 처지 간의 상호작용, 피험자 선정과 처지의 상호작용, 실험배치의 반동효과, 중다처지의 간섭효과 등이 있다.

유사한 프로그램들을 대상으로 서로 비교하는 설계방법을 말하며, 유사한 개입전략을 활용한 다양한 프로그램들을 비교함으로써 프로그램에 대한 평가의 근거를 제공해준다. 앞서 살펴보았던 설계들이 비교적 논리적 방법이라면, 비교설계는 현실적 상황에서 통제 없이 각기 다른 프로그램들을 비교하기 때문에 논리성이 결여되었다고 할 수 있다. 또한 따로 통제집단이 없으므로 비실험설계에 해당된다.

비교설계는 조작변인들이 미치는 영향을 설명할 수 있는 근거가 없다는 점 때문에 프로그램의 효과성을 검증하는 데 많은 취약점을 갖고 있다. 또한 조작변인 간의 복잡성과 각각을 분리하여 통제할 방법이 없기 때문에 엄격한 인과관계에 대한 검증이 어렵다.

이러한 한계에도 불구하고 프로그램의 내부사정에 익숙한 평가자들에 의해 수행되며, 다른 프로그램들과의 비교를 통해 평가분석이 이루어지기 때문에 사회복지기관이나 프로그램 서비스 개선을 위해 유용하게 사용될 수 있다.

제 3 절 효과성 평가의 방법

1. 목표달성척도(Goal-Attainment Scaling)

1) 목적과 용도

목표달성척도(GAS)는 직접적이거나 간접적인 서비스나 프로그램 제공에서 클라이언트의 변화 또는 표적체계의 변화를 측정하는 유용한 평가도구 중의 하나이다. 목표달성척도를 사용하는 목적은 사회복지개입의 목표가 어느 정도 달성되었는지를 가늠해 보기 위해서이다. 목표달성척도는 정신건강, 약물남용, 보호관찰 등과 같은 치료나 교정 중심의 서비스 제공 분야에서 활용되어 왔지만 반드시 이러한 영역에만 국한되는 것은 아니다. 목표달성척도는 집단과 지역사회에 대한 개입에서도 사용되며 재가복지 및 사회복지행정의 분야에서도 활용될 수 있다.

2) 사용방법과 절차

목표달성척도는 개입에서는 계약단계나 목표설정단계에서 적용되기 시작한다. 즉 개입과정에서 클라이언트에 대한 일반적 개입목표가 사회복지사와 클라이언트 간의 합의에 의해서 설정되면, 그 목표는 몇 가지의 하위목표로 나누어지고 그것들은 목표달성추적표(Goal-Attainment Follow-Up Guide)에 기록되어 개입과정에서 점검되고 종결단계에 종합적으로 평가된다. 이 추적표는 일련의 척도들로 구성되어 있으며, 그 척도들은 클라이언트 기능수행의 영역에서 합의된 긍정적이거나 부정적인 성과를 가늠하게 해 준다. 목표달성추적표를 만드는 방법은 다음의 세 가지 단계를 거쳐야 한다.

(1) 프로그램 개입이 영향을 주는 클라이언트의 주요기능수행영역을 파악할 것

정신건강 분야에서 클라이언트의 주된 기능수행영역에는 알코올, 우울, 자살, 대인관계 등이 있을 수 있고, 재가노인복지 분야에서는 독립적 생활의 영위라는 일반적 목표 아래 경제적, 심리적, 의료적, ADL, 비공식적 원조망 등에 관한 하위목표 또는 기능수행영역이 있을 수 있다.

(2) 여러 가지 하위목표의 영역을 비교해 상대적 중요도를 표시하는 숫자를 부여할 것

이 숫자들은 각 하위목표의 영역들에 대한 성과에 가중치를 부여하며 전반적 목표달성에 관한 판정의 공정성을 확보하기 위해서 부여된다. 예컨대, 노인재가복지에서 경제적, 심리적, 의료적, ADL의 네 가지 하위목표의 영역 가운데 ADL의 기능향상을 0.4로 하고 나머지 세 영역에 0.2씩을 부여하여 총점이 1이 되도록 가중치를 부여한다.

(3) 각 하위목표 영역에서 달성될 수 있는 성과를 5점 척도로 나누어 기록할 것

성과의 5점 척도는 누진적으로 '가장 바람직하지 않은 성과', '기대 이하의 성과, '기대수준의 성과, '기대 이상의 성과, '최고의 성과'의 순으로 정한다. 성과에 관한 진술은 구체적이고 관찰가능하며 클라이언트의 문제와 밀접히 관련된 것으로 실제적이어야 한다.

목표달성추적표는 개입과정에 필요한 시점에 작성할 수도 있으나 대체로 사례를 종결할 때나 종결 후 전화나 방문을 통해서도 작성할 수 있다.

3) 목표달성추적표의 작성과 계산법

다음 사례에서 ct의 자아존중감을 향상시키는 전반적 목표는 개입의 영역이 2개로 분화되어 한편에는 재정적 독립을 추구하고 다른 한편으로 체중감소를 위해서 노력하는 것에 개입의 초점을 모을 수 있다. 이러한 영역은 하위목표가 된다. 전반적 목표달성의 정도를 가늠하기 위해서 하위목표 1은 기대 이상으로 향상(0.75)을 보이고 하위목표 2는 기대한 정도의 향상(0.5)을 보였다고 가정하면 다음과 같이 계산할 수 있다.

$$
\begin{aligned}
\text{전반적 목표달성수준(GGAL)} &= (\text{목표 1의 가중치} \times \text{성과수준}) + (\text{목표 2의 가중치} \times \text{성과수준}) \\
\therefore \text{GGAL} &= (0.6 \times 0.75) + (0.4 \times 0.5) \\
&= 0.45 + 0.2 \\
&= 0.65
\end{aligned}
$$

이러한 점수(0.65)는 기대한 정도의 향상(0.5)보다 30% 기대 이상의 성과를 올린 것으로 판정할 수 있다.

Ct Name : Date : / /

일반목표 : ct의 자아존중감 향상		
성과의 수준(척도의 점수)	하위목표 1 : 재정적 독립(0.6)	하위목표 2 : 체중감소(0.4)
· 최적의 향상 (1.00)	· 전임직장을 구하고 최저임금을 훨씬 상회한 보수와 의료보험 혜택	· 체중 30kg 이상 감량
· 기대 이상으로 향상 (0.75)	· 전임직장을 구하고 최저임금을 약간 상회하는 보수수준	· 체중 15~30kg 정도 감량
· 기대한 정도의 향상 (0.50)	· 전임직장을 갖고 최저임금수준의 급여	· 체중 5~10kg 정도 감량
· 기대 이하의 성과 (0.25)	· 시간제 직업을 구함	· 체중 5kg 이상 줄이지 못함
· 전혀 성과가 없음 (0.00)	· 직장과 일거리를 갖지 못하고 여전히 부모와 동거	· 체중 불변 또는 증가

4) 목표달성척도의 장단점

목표달성척도는 다음과 같은 장단점을 지닌다.

① 일반적 목표가 여러 가지의 하위목표로 분화되어 각 하위목표의 성공과 실패의 정도를 측정하여 전반적 목표달성의 여부를 계량적으로 파악할 수 있다.

② 목표달성추적표로 특정한 서비스 제공이 어느 정도 효과가 있었는지 쉽사리 평가할 수 있다. 그러나 이러한 장점에도 불구하고 하위목표의 설정이 주관적이어서 사회복지사가 쉽사리 달성할 수 있는 목표를 설정하고 추진하는 경우가 있다는 점이 단점으로 지적된다.

2. 과업성취척도(Task Achievement Scaling)

1) 평가척도의 용도

과업성취척도는 과업중심의 실천방법론(Task-Centered Model)을 정립시킨 Reid와 Epstein에 의해서 개발된 평가도구로 간편하고 탄력적으로 개입의 주요과업이 어느 정도 성취되었는지를 알아보기 위한 방법으로 널리 활용되고 있다. 특히 이 척도는 정보제공, 의뢰, 식사배달, 주택확보, 독립생활 향상, 생활비 제공 등 유형, 무형의 구체적 자원공급과 서비스 제공의 과정평가에 적합한 평가도구이다.

2) 사용방법

① 개입의 목표를 5개 이내의 주요과업으로 나눈다. 주요과업은 사회복지사가 수행하는 활동목표나 과정목표로 간주될 수 있다.

예) 목표 : 가정에서 독립생활의 확보 →

- **① 가정봉사원 배치**
- **② 식사배달서비스 확보**
- **③ 치료용 침대 확보**
- **④ 이웃주민의 원조 확보**
- **⑤ 아들과의 연락 및 접촉**

② 성취도의 수준을 정하고 구체적으로 기술한다.

③ 각 과업의 진척을 4점 척도로 평가한다.

- 0 : 과업에 대해 일을 한 기회가 없었을 때
- 1 : 거의 성취되지 않았음
- 2 : 부분적으로 성취되었으나 여전히 상당한 노력이 필요함
- 3 : 상당히 성취되었으나 약간의 노력이 필요함
- 4 : 완전히 성취되었음

3) 적 용

과 업	성취도	평 점
1. 가정봉사원 배치	인테이크 이후 서비스의 지속적 제공	3
2. 식사배달서비스	타 기관의 협조로 주 5일 식사제공	2
3. 치료용 침대 확보	후원자 개발로 침대 확보	4
4. 이웃주민의 원조	이웃주민과 면담 후 매일 1회씩 ct 접촉	4
5. 아들과 접촉	진전 없음-아들의 연락처를 추적했으나 행방불명	1

4) 장단점

(1) 장 점

① 구체적이고 다양한 서비스 제공의 정도 또는 결과를 측정한다.

② 과정평가로 서비스의 점검에 활용되며 효과적 · 효율적 서비스 제공에 주요한 정보를 제공해 준다.

③ 사회복지사의 과업에 관한 결과와 성취도를 어느 정도 객관적으로 가늠하게 한다.

④ 사례관리의 대상자에 적합한 평가도구이다.

(2) 단 점

① 주관적 평가의 성격이 강하여 과학적 · 객관적 평가가 되지 못한다.

② 결과만 평가될 뿐 의도나 노력성에 관한 평가가 되지 못한다.

③ 사회복지사의 주관적 평가로 평점의 부여가 자의적일 수 있다.

연구과제

1. 모자가정 아동을 대상으로 한 멘토링 프로그램을 논리모형에 따라 투입, 활동, 산출, 단기성과, 장기성과의 요소를 파악해 보시오.
2. 간편사정도구(RAI)가 과정평가와 성과평가에 유용하게 활용되는 이유를 열거해 보시오.
3. 현장에서 통제집단 사전-사후설계와 같은 실험설계에 의해 평가를 할 수 없는 제약요건은 무엇인가?
4. 현재 수행 중인 프로그램이나 사업을 목표달성척도에 따라 평가해 보시오.

11 효율성 평가

제 1 절 효율성 평가에 대한 시각과 의미

1. 효율성 평가의 관점

특정 정책이나 프로그램에 대한 자원할당의 결과를 효율성의 관점에서 분석하는 비용효과분석과 비용편익분석은 1930년대부터 시작되었다. 미국은 세계대공황 이후 테네시강 유역의 공공투자사업(TVA)과 같은 대규모 정부투자사업의 비용과 편익의 정도를 계산하여 정책추진의 정당성을 확보했다. 마찬가지로 영국은 교통체계 개선을 위한 대규모 고속도로 건설과 같은 국책사업에 효율성 평가의 방법을 적용하였다. 그 후 세계은행(World bank)은 개발도상국가의 대규모 국책사업에 대한 투자에 앞서 비용효과와 비용편익의 경제성 평가를 적용하기 시작했다. 아무튼 정책이나 프로그램 개입의 실용성을 효율성의 관점에서 평가한다는 생각은 상당한 지지를 획득하여 비용효과분석과 비용편익분석은 프로그램 평가자의 관심을 끌게 되었다. 그러나 이러한 효율성 평가의 개념, 방법, 그리고 절차는 완전한 상태에 있는 것이 아니라 여전히 개발되는 단계에 있기 때문에 이러한 평가방법을 적용하는 데에는 상당한 논란의 여지가 있을 수 있다. 효율성 평가를 보는 관점의 차이와 효율성 평가에서 요구되는 복잡한 기술적 절차로 인해서 효율성 평가는 비현실적이고 현명한 평가방법이 아니라는 주장도 제기되기도 한다. Rossi와 Freeman(1993 : 326)의 견해를 중심으로 이러한 주장의 논거를 검토해 보자.

첫째, 효율성 평가는 기존 정책이나 프로그램 평가의 수준을 뛰어넘는 고도의 기술적 방법과 절차를 요하는데 이러한 작업을 추진할 자원과 인력이 부족하기 때문에 비

현실적이라는 것이다. 설령 상당한 재원과 인적 자원을 투입해서 평가를 수행하더라도 그 소득은 크지 않기 때문에 효율성 평가 자체가 비효율적일 수 있다는 점이다.

둘째, 효율성 평가는 경제적 가치를 우선시하기 때문에 정책이나 프로그램의 투입과 성과를 화폐단위로 계산하여 비교한다. 만약 과학적이고 체계적인 조사연구의 결과로 효과성이 입증된 프로그램이라 하더라도 효율성 평가에서는 비효율적일 수 있다. 따라서 효율성 평가는 이를 활용하는 사람들이 정치적 의사결정의 근거자료로 삼는 데 있어서 균형된 시각을 갖지 못하고 악용될 소지가 있기에 더욱 우려된다.

셋째, 효율성 평가에서 효율성은 누구의 관점에서 효율적인지가 논란의 대상이 된다. 프로그램 및 서비스 제공자, 서비스 이용자, 재원공급자, 전체사회 등 평가와 관련된 이해관계 당사자의 시각에 따라 비용과 효과의 계산법이 달라진다(Royse et al., 2001 : 255-256). 또한 사회복지 프로그램의 경우 비용과 편익을 계산하는 데 필요한 자료를 확보하는 데에도 어려움이 있다.

효율성 평가의 유용성을 강조하는 Thompson(1980)과 같은 학자도 효율성 분석에서 합의된 유일한 분석방법은 존재하지 않는다고 주장했다. 물론 효율성 평가를 누가 어떤 방법으로 비용과 편익을 어떻게 계산하느냐에 관해서는 논란의 여지가 있을 수 있다. 그럼에도 불구하고 정책이나 프로그램 평가에서는 효율성 평가의 유용성이 강조되고 있다. 아마도 경제적 효율성은 평가의 기준 가운데 하나에 불과하고 노력성, 효과성, 영향 등의 평가기준이 갖는 중요성을 인정하면서도 달리 비교분석의 방법이 없다면 그 자체로서 효용가치는 충분히 인정된다고 볼 수 있다. 보다 구체적으로 효율성 평가의 가치는 다음과 같은 경우에 더 큰 효용성이 인정될 수 있을 것이다.

정책이나 프로그램을 기획할 때 두 가지 이상의 정책 또는 프로그램 대안에서 어떤 것이 투입비용에 따른 효과나 혜택의 정도가 큰지에 관한 문제를 해결하는 데에는 효율성 평가가 가장 적합한 분석기법이다. 또한 현존하는 정책이나 프로그램이 전반적으로 상당한 문제를 안고 있고 매몰비용(sunken cost)의 회수가 불가능하다는 판단하에 그 정책이나 프로그램의 총괄평가에서 근거자료가 필요할 때 효율성 분석은 유용하게 사용될 수 있다. 왜냐하면 투입비용에 대한 효과성과 혜택의 정도가 어떠한지에 관한 사실을 규명하는 가장 과학적이고 경제적인 분석방법이기 때문이다.

2. 효율성 평가의 유형과 개념

효율성 평가는 경제적 가치를 중요시하는 평가방법이다. 효율성 평가에는 크게 비용효과분석과 비용편익분석이 있다. 비용효과분석(cost-effectiveness analysis)은 프로그램에 투입된 비용을 화폐단위로 계산하여 달성된 성과(outcomes)와 비교분석하는 방법을 취한다. 예를 들면 방과후 아동보호 프로그램에 투입된 예산과 인력의 총비용을 계산하여 아동의 성적 향상, 사회성 향상, 신체발달의 정도 등을 유사 프로그램과 비교한다면 분명히 비용효과성을 밝힐 수 있을 것이다.

그러나 비용편익분석(cost-benefits analysis)은 프로그램에 투입된 비용과 편익을 모두 화폐가치(monetary values)의 단위로 환산하여 비교분석하는 방법이다. 일반 사기업에서 특정 프로그램에 대해 비용편익분석하는 것은 전혀 문제가 없다. 왜냐하면 비용과 편익 모두 화폐가치로 쉽게 환산할 수 있기 때문이다. 그러나 사회복지 프로그램과 같은 경우 편익을 화폐가치로 환산하기가 매우 곤란한 경우가 많다. 예를 들어 상담 프로그램에서 클라이언트가 획득한 심리적 안정감은 어느 정도 돈의 가치가 있는지에 관한 객관적 판단의 근거가 전혀 없다는 것이다.

비용효과분석은 프로그램 간의 비교를 허용하고 투입비용에 대한 효과의 크기에 따라 프로그램의 우선순위를 정하는 데 도움을 준다. 즉 비용효과분석은 특정한 성과를 달성하는 데 있어서 단위효과성에 따라 비용투입의 정도를 비교함으로써 효율적 프로그램과 비효율적 프로그램의 구별을 용이하게 한다. 비용편익분석은 제각기 다른 프로그램 개입방법이 어느 정도 편익을 유발하는지에 관한 비교와 의사결정에 크게 도움을 준다. 비용효과분석과 비용편익분석은 공히 영향평가(impact evaluation)의 일환으로 사용될 수 있다. 특정 프로그램이 일정한 지역사회와 지역주민의 삶에 어떤 영향을 주었는지를 평가하는 데 사용된다. 비용효과분석과 비용편익분석에서 성과와 편익의 정도를 금전적으로 계산하는 것은 반드시 지역사회에 프로그램이 미친 영향의 정도에 관한 정보와 자료를 근거로 산출될 수 있기 때문이다.

제 2 절 비용효과분석

1. 비용효과분석

사회복지기관들은 매우 제한적 예산으로 기관을 운영한다. 프로그램 수행은 비용을 수반하기 때문에 기존 프로그램을 위한 예산은 물론이고 새로운 프로그램의 시행을 위한 재원도 고려해야 되기에 비용(costs)문제는 항상 초미의 관심거리다. 실제로 비용을 고려한 의사결정은 우리들이 행하는 아주 일반적 행동유형의 하나이다. 전자제품을 구매하거나 자동차를 살 때에도 항상 우리는 성능과 기능을 살펴보지만 동일한 성능이라면 적은 값을 지불하는 것을 선택한다. 마찬가지 논리로 사회복지 프로그램에서도 효율성이 큰 프로그램이 무엇인지를 생각하게 되는데 동일하거나 유사한 성과를 낼 수 있는 두 가지 형태의 개입방법 중 비교적 비용이 적은 개입방법이 효율적인 것으로 선호된다. 사회복지 프로그램의 비용과 관련된 효율성을 평가하기 위해서 프로그램 관리자는 비용효과분석(cost-effectiveness analysis)을 실시한다.

약물남용과 범죄행위에 연루된 비행청소년을 치료하는 기존의 프로그램보다 새로운 다중체계치료(multisystemic therapy)가 비용은 50% 증가(1인당 $1,695)되었지만 감금일수와 입원치료기간이 각각 46%와 64% 감소되었다는 사실이 발견되었다. 감금일수의 감소로 인해 절감되는 비용의 총액이 $48,200로 계산되어 다중체계치료의 단위비용이 1인당 $877로 내려갔다면 새로운 프로그램은 분명히 전통적 프로그램보다 비용효과적이다(Schoenwald et al., 1996).

노인취업을 위한 2개 유형의 프로그램이 기획되어 시범사업이 전개되었다. 각 프로그램을 대도시 거주 취업 가능한 50명의 노인들을 대상으로 취업을 위한 사전교육과 기능교육이 비슷한 형태로 진행되었다. 1년간의 시범사업 결과 〈표 11-1〉이 제시되었다.

〈표 11-1〉에서 보는 바와 같이 총 프로그램의 비용은 A 프로그램이 B 프로그램보다 약 20% 낮게 지출되어 비용절감적이었다. 또한 성공적으로 1년 동안 취업 프로그램을 수료한 노인의 비율도 각 50명 가운데 A 프로그램이 38명(76%)으로 B 프로그램의

26명(52%)보다 높게 나타났다. 그러나 실제 전임직으로 취업한 노인의 수는 B 프로그램이 28명으로 A 프로그램보다 2배의 성과를 보였다. 이 프로그램의 근본적 목표를 취업노인의 수로 본다면 결국 B 프로그램이 1인당 취업노인에 대한 비용이 낮기 때문에 비용효과적 프로그램으로 평가될 수 있다.

〈표 11-1〉 노인취업을 위한 프로그램의 비용효과분석 (단위 : 천 원, 명)

구 분	A 프로그램	B 프로그램
총 프로그램 비용	380,000	475,000
프로그램 수료생 비율	76%	52%
전임직 취업노인의 수	14	28
1인당 취업비용	27,142	16,964

2. 비용효과분석의 절차와 방법

(1) 1단계 : 프로그램과 성과지표의 정의

사회복지 프로그램을 평가하는 평가자는 평가대상이 되는 프로그램의 모든 내용과 특성을 잘 이해할 필요가 있다. 프로그램의 목표와 표적인구집단을 비롯하여 프로그램의 역사적 변화과정, 그리고 클라이언트 관련자료에 대해서도 마찬가지다. 두 가지 이상 프로그램을 상호비교할 때 주의해야 할 사항은 비교대상 프로그램에 대하여 모두 동일한 성과의 조작적 정의가 사용되고, 척도는 비교적 측정하기 쉽고 계량화할 수 있으며 일률적 도구를 사용해야 한다. 예를 들면 가정폭력 프로그램의 경우 프로그램 수료 후 경찰에 의해 체포된 횟수를 상호비교한다면 계량화와 측정이 비교적 용이할 것이다. 그러나 부부관계갈등에서 비롯된 폭력이 아닌 운전 중 다른 운전자와의 시비로 인해 발생한 폭력행위에 대한 체포는 제외되어야 한다. 마지막으로 프로그램의 성과지표에 대해 구체적 합의가 되었더라도 성과를 측정하는 기간이 설정되어야 한다. 6개월, 1년, 2년 등 동일한 시간 범위 내에서 일어나는 성과가 측정되어야 한다.

(2) 2단계 : 비용계산

다음 단계로 프로그램의 운영비용을 계산해야 한다. 프로그램 운영비용은 프로그램마다 상이할 수 있지만 보통 인건비, 사무비, 장비비, 기타 경비로 나누어 계산한다. 프로그램 운영비율은 프로그램의 투입(input) 부분에 해당하는 것으로 화폐적 가치도 계산되어야 한다.

① 인건비

인건비에는 본봉, 수당, 처우개선비 등 일체 개인에게 지급되는 모든 비용을 포함한다. 자원봉사자의 인건비가 포함될 수 있는지에 관해서 논란의 여지가 있지만 미국의 경우 자원봉사자의 수당도 포함시킨다. 전임직원으로 두세 가지 프로그램에 투입된 경우에도 전체 인건비에서 투입비율에 따른 인건비를 계산한다.

② 사업비와 관리비

사업비는 실제 프로그램에 투입된 직접적 비용이다. 관리비의 경우에는 전체 프로그램 수행에 차지하는 비율에 따라 전기료, 연료비 등을 계산한다. 그룹홈 프로그램에는 집단거주지 마련을 위한 전세값과 월세 등이 프로그램의 사업비와 관리비에 포함된다.

③ 장비비 및 비품

이 항목에 속하는 비용은 컴퓨터, 프린트, VCR, OHP 등 프로그램 수행에 필요한 장비의 비용을 말한다. 또한 서적, 비디오테이프, 검사지 등도 이 항목에 포함된다.

④ 기타 비용

이 항목은 위의 항목에 포함될 수 없는 기타 잡다한 비용을 위해서 설정되었다. 직원의 교육훈련비, 여비, 현장답사비 등이 이 항목에 속한다.

(3) 3단계 : 프로그램 성과자료의 수집

성과에 대한 자료가 수집되기 전에 얼마의 기간 동안에 걸쳐 얼마나 많은 수의 클라이언트에 관한 자료가 수집될 것인지가 결정되어야 한다. 기간은 보통 6개월 또는 1년 동안으로 잡는 경우가 많으며 프로그램의 역사가 오래된 경우 수많은 클라이언트 중에서 표집해야 한다. 성과지표에 해당하는 자료도 적절히 수집되어야 한다.

(4) 4단계 : 프로그램 성과의 계산

이 단계에서 프로그램 평가자는 반드시 프로그램 성공에 대한 설명자료를 준비해야 한다. 성공을 측정하는 성과지표에는 지난 1년간 재입원하지 않은 클라이언트 수, 6개월 동안 확보한 새로운 위탁가정의 수, 고등학교 졸업장을 받은 클라이언트의 수, 1년 이상 금연한 흡연자의 수 등이 있다.

(5) 5단계 : 비용-효과의 비율계산

비용효과의 비율은 프로그램에 소요된 총비용을 성공한 사람의 수(성과를 거둔 클라이언트의 수)로 나누어 계산한다. 이러한 비용효과비율은 의사결정자들이 투입된 비용에 비해 프로그램의 효과성을 상호비교하여 어떤 프로그램이 적은 비용으로 보다 큰 효과를 얻었는지를 판단할 수 있다.

(6) 6단계 : 민감도 분석

비용효과분석의 마지막 단계는 민감도 분석(sensitivity analysis)을 하는 일이다. 민감도 분석이란 비용효과분석의 결과 기초한 제안을 최종적으로 검토하는 작업이다. 비용효과분석에서 실제비용을 산출하기 어려운 경우에는 추정비용으로 계산하는데 여러 항목에서 추정비용을 확대하여 사용하는 경우 반드시 민감도 분석이 필요하다. 결국 민감도 분석이란 이러한 추정비용이 실제비용에 얼마나 가깝게 산출되었는지를 검토하는 것이다.

제 3 절 비용편익분석

1. 비용편익의 의미

프로그램의 편익(benefits)은 가시적 또는 비가시적 프로그램의 순수한 성과를 말한다. 예를 들어 공중보건 프로그램의 편익은 질병의 감소, 사망률 저하, 경제적 생산성의 향상 등이 될 수 있고, 직업능력 프로그램의 편익은 참가자의 경제적 생산성과 미래의 수입이 될 수 있다. 한편 비용(costs)은 직접적 또는 간접적으로 프로그램 수행에 요구되는 자원을 말한다. 프로그램 비용에는 인력, 행정, 장비, 시설, 운영 등에 소요되는 비용이 포함된다. 특히 비용에는 경제학적 용어로 기회비용을 반드시 포함시켜야 한다. 기회비용(opportunity costs)은 특정 프로그램에 참여함으로써 다른 생산적 활동을 포기해야 하는 상황에서 발생되는 비용이다. 기회비용의 개념은 단순히 이해되지만 기회비용의 추산은 매우 복잡하여 논란의 여지가 있다. 예를 들어 종합사회복지관에 근무하는 어떤 사회복지사의 대학원 공부를 위해서 업무시간의 공백을 동일한 자격요건의 사회복지사를 시간제로 채용할 때 지불하는 인건비의 계산은 명백하지만 동료 사회복지사가 그의 업무를 떠맡을 때 기회비용은 전혀 발생하지 않을 수 있다. 비용과 편익의 계산에는 시간의 변화에 따른 비용과 편익의 화폐적 가치도 달라진다는 점을 고려해야 한다.

대체로 비용은 현재 발생되지만 편익은 미래에 기대되는 것이므로 할인율(discount rate)을 적용해야 한다. 할인율은 자본에 대한 기회비용으로 상실된 기회의 가치를 반영하는 것이다. 만일 2%의 할인율을 적용하면 복리로 계산하지 않아도 5년 후 미래 가치 11이 현재 10의 가치가 된다는 것이다. 할인율과는 반대로 물가상승률도 고려해야 균형 잡힌 비용산출이 될 수 있다.

비용편익분석의 결과비용은 편익과 비교해서 비율로 나타낸다. 예를 들면 어떤 사회복지 프로그램이 2,000만 원의 비용이 소요되었는데 3,000만 원의 편익을 달성했다면 순수편익은 1,000만 원이다. 이때 비용편익의 비율은 3,000만 원/2,000만 원으로 계산되어 1.5가 된다. 1.5 비용편익의 비율이 갖는 의미는 1원을 투입해서 그 프로그램에 얻을 수 있는 편익의 가치는 1.5원이 된다는 것이다.

비용편익분석의 절차는 우선 특정 프로그램의 모든 비용과 편익을 열거하고 그 다음 각 비용과 편익을 화폐가치로 환산하여 마지막으로 총비용과 총편익의 비율을 산출하면 된다. 비용편익분석에서 핵심적 요소가 비용과 편익을 화폐가치로 환산하는 방법에 있다. 따라서 여기서는 잠깐 화폐가치로 환산될 수 있는 편익과 그렇지 못한 편익을 예를 들어 살펴보고 보다 자세히 편익의 계산방법에 관해서 논의하겠다.

〈표 11-2〉 아동학대예방 및 치료 프로그램의 편익

화폐가치로 환산 가능한 편익	화폐가치로 환산 불가능한 편익
· 아동과 부모에 대한 건강 및 정신보건 서비스 비용절감액 · 예방으로 인한 차후 아동복지서비스에 대한 비용절감액 · 위탁가정 또는 대리모서비스에 대한 비용절감액 · 부모의 학대로 인해서 발생하는 교도소 비용절감액 · 학대받은 아동에 대해 발생하는 의료비 절감액	· 프로그램 시행으로 인한 개인과 가족의 감소된 스트레스 · 부모의 아동양육기술의 향상과 부부관계 향상 · 부부갈등의 감소와 아동에 대한 태도 변화 · 아동과 부모의 위협감소와 신체적 건강 · 아동학대의 범죄행위에 대한 불안감 해소

2. 비용편익분석의 방법

(1) 비용과 편익의 구체화

비용편익분석에서 편익의 내용을 구체화하고 편익을 화폐가치로 환산하여 측정하는 방법은 관점의 차이에 따라 달라질 수 있다. 누구의 관점에서 비용편익분석을 할 것인지에 대해서 Rossi와 Freeman(1985 : 335)은 ① 프로그램 참여자 개인의 관점, ② 프로그램 후원자의 관점, ③ 사회적 관점 등 세 가지로 나누어 설명한다. 프로그램 참여자 개인의 관점에서 비용편익분석을 하면 다른 두 개의 관점에서 접근하는 것보다 높은 비용편익의 비율을 얻을 수 있다. 다시 말해서 프로그램 후원자와 사회적 관점은 성공적 프로그램의 수행을 위한 토대를 마련하고 지원하는 역할수행에 따른 비용을 지불해야 하므로 상대적으로 투입비용이 적은 개인의 관점에서 편익이 클 수밖에 없다는 것이다. 예를 들어 저소득가정의 청소년을 위한 대안학교 프로그램을 시행할 경우 참여자 개인이 지불하는 비용은 프로그램에 참가하는 시간밖에 없다. 교실과 책걸상 그리고 교재 및 교구는 프로그램 후원자나 사회가 지불하는 비용이기 때문이다. 개인 참여자의 기회비용도 수업시간을 저녁이나 주말에 시행하면 다른 직업을 선택함으로써 발생하는 소득획득의 기회는 그대로 유지할 수 있기에 전혀 기회비용이 발생하지 않는다.

프로그램 후원자는 그 프로그램을 시행하는 기관, 재원조달자, 정부 등이 될 수 있다. 프로그램 후원자의 관점에서 비용편익분석은 마치 기업에서 순이익을 계산하는 방법과 동일하다. 프로그램 후원자의 관점에서 비용편익분석에 접근할 때 가장 적절한 경우는 정부가 새로운 투자를 하기 어렵고 예산의 규모는 한정된 상황에서 둘 이상의 대체적 프로그램 가운데 하나를 선택해야 하는 경우이다. 사회적 관점에서 비용편익분석에 접근하면 전체 사회의 시각에서 모든 비용과 편익이 포함되어 매우 포괄적이므로 실제로 적용하기가 무척 어렵다. 물론 사회적 관점에서는 기회비용이 다른 사업과 프로그램에 투자할 수 있는 투자비용을 의미하나 특정 프로그램의 비용과 편익도 사회적 관점에서는 사회적 형평성과 자원배분의 적절성이라는 또 다른 관점에서 평가되기도 한다. 〈표 11-3〉은 각 세 가지 관점에 따라 저소득층 직업재활 프로그램을 예로 비용과 편익의 구체적 내용과 측정이 달라질 수 있다는 점을 잘 보여준다.

〈표 11-3〉 직업재활 프로그램 비용편익분석의 관점과 내용 차이

구분	개인참여자 관점	프로그램 후원자 관점	사회적 관점
편익 (benefits)	· 개인소득의 증가분 · 기타 프로그램 참가로 인한 직·간접 편익	· 세수의 증가 · 공공부조비용 절감 · 작업생산품의 가치	· 사회적 부의 증가 · 기타 사회적 부의 축적 · 대체적 사업의 비용절감 · 직업생산품의 가치 증가
비용 (costs)	· 기회비용 · 공공부조 수혜금 삭감	· 프로그램 시행 비용 · 부대비용	· 기회비용 · 사회가 지불하는 여타 비용

(2) 비용과 편익의 측정

비용과 편익의 측정에는 두 가지 문제가 있다. 하나는 프로그램의 모든 비용과 편익을 식별하고 측정하는 것이고, 다른 하나는 비용과 편익을 화폐가치로 환산하는 것이다. 우선 특정 프로그램의 비용과 편익에 해당하는 모든 요소를 고려하기 위해서는 관련된 정보와 자료가 필요하나 실제 이용가능한 정보와 자료의 제약으로 한계에 봉착한다. 따라서 프로그램 평가자는 특정 프로그램에 관련된 비용과 편익의 가능한 요소를 식별할 수 있도록 현존하는 자료를 적극 활용하고 새로운 정보나 자료도 개발해서 사용해야 할 것이다. 비용과 편익을 화폐가치로 전환시키는 문제는 사회복지 프로그램에서 더욱 심각한 문제를 야기한다. 앞서 설명한 바와 같이 사회복지 프로그램은 시장가치로 환산할 수 없는 편익이 무수히 많기 때문이다. 예를 들면 상담 프로그램과 가족계획 프로그램의 편익의 주요요소인 심리사회적 혜택을 금전적 가치로 환산하기가 매우 어렵다. 그럼에도 불구하고 비용편익분석은 가능한 한 편익을 화폐가치로 환산해야만 한다. Thompson(1980 : 140-151)은 다음과 같은 다섯 가지 편익 측정방법을 제시했다.

① **화폐가치측정**(money measurement)

편익을 직접적으로 화폐가치로 측정하는 방법으로 비교적 논란의 여지가 적은 측정방법이다. 예를 들어 지역사회 건강센터 프로그램의 편익은 건강센터가 저녁시간에 2시간 개방된다면 이용자들이 연간 10일의 직장 결근을 줄일 수 있는 효과를 유발하여 10일 동안의 평균임금을 계산하여 편익을 화폐가치로 환산한다.

② **시장가치측정**(market valuation)

편익을 직접 화폐가치로 환산할 수 없을 때 시장가치로 측정할 수 있다. 시장가치측정은 대부분 경제학자나 비용편익분석을 하는 연구자들이 선호하는 측정방법으로 비교적 논란의 여지가 적다. 어떤 지역사회 내에서 범죄예방 프로그램을 시행한 후 그 효과를 편익의 관점에서 측정하고자 할 때 범죄율이 50% 감소되었다는 성과는 감소된 만큼의 범죄율을 가진 유사 지역사회의 주택가격을 시장가치로 보아 편익을 계산하는 방법이다.

③ **계량경제적 추계**(econometrics estimation)

계량경제적 추계방법은 범죄예방 프로그램의 효과로 범죄에 대한 불안감이 해소되어 그 지역사회에 대형할인매장이 들어서서 발생되는 지방세 수입을 유사한 지역의 지방세 수입과 비교하여 추계하는 측정방법으로 매우 복잡한 분석방법이 요구되기에 편익의 추계에 대해서 약간의 논란이 있다.

④ **가설적 질문**(hypothetical questions)

가설적 질문의 방법은 본질적으로 비화폐적 편익을 프로그램 참여자에게 질문하여 어느 정도 가격을 지불할 수 있는지를 계산하는 방법이다. 비화폐적 편익에 대한 가격책정은 개인마다 매우 큰 편차가 있어 신뢰할 만한 적정가격을 산출하기가 매우 어렵기 때문에 상당히 논란의 여지가 큰 측정방법이다.

⑤ **정책적 선택**(political choice)

비용편익분석에서 편익을 정치적 선택에 따라 화폐가치로 환산하는 방법이다. 만일 장애인의 직업재활을 위해서 국가가 1인당 1천만 원의 정부예산을 들여 사업을 수행할 용의가 있다고 한다면 장애인직업재활 프로그램의 편익을 1인당 1천만 원으로 계산한다. 정치적 선택은 정권의 변화와 예산상의 제약 등으로 일관성이 없기 때문에 신뢰하기 어려운 측정방법으로 논란의 여지가 매우 크다.

지금까지 논의된 편익측정의 다양한 방법들 가운데 어떤 측정방법을 사용할 것인지에 관한 문제는 전적으로 평가자의 선택과 활용가능한 자료의 종류에 달려 있다 해도 과언이 아니다. 주의할 점은 편익을 너무 보수적으로 측정하거나 너무 관대하게 측정하여 측정결과가 현상을 잘 반영하지 못하고 왜곡시키는 경우도 있다는 점이다. 그러나 무엇보다도 편익의 측정에서 가장 중요한 사항은 모든 편익과 비용의 요소를 식별하여 화폐가치로 환산하는 것이다. 실제로 어떤 프로그램의 비용편익분석에서 중요한 편익의 요소를 누락하거나 비용의 요소를 과다하게 첨가시키는 경우에는 어떠한 측정방법을 사용하든 상관없이 비용편익의 비율은 낮을 수밖에 없을 것이다.

(3) 가격부여방법(pricing methods)과 할인율(discount rate)

비용편익분석에서 비용과 편익은 명확히 규정되어야 하고 제각기 다른 방법으로 가격이 부여되어야 한다. 그러나 대다수 사회복지 프로그램의 성과와 편익은 쉽게 화폐가치로 전환하기 어려운 요소를 갖고 있다. 예를 들면 전업주부의 가사와 부부관계의 만족도와 같은 프로그램의 성과와 편익을 가격으로 책정하기가 쉽지 않다. 그렇지만 비용편익분석을 위해서는 이러한 편익의 가치도 추산되어야만 한다. 가격부여방법과 할인율은 비용과 편익을 계산하는 데 필수적 고려요소이다. 앞서 제시한 화폐가치의 측정방법보다 더욱 정확히 비용과 편익을 산출하는 가격부여방법의 하나가 그림자 가격(shadow prices) 산출방법이다. 그림자 가격은 실제로 사회와 개인에 대한 비용과 편익계산에서 시장가격보다 더욱 정확히 비용과 편익을 반영하기 때문에 경제학자들에 의해서 선호되는 가격부여방법이다(Royse et al., 2001 : 258). 만일 어떤 프로그램의 후원자가 장애인 체육시설을 설치하기 위해서 1,000평의 부지를 1억 원에 장애인 복지단체에 매각했다고 하면 장애인체육 프로그램은 부지 비용 1억 원으로 그대로 계산하면 부정확하다. 주변지역의 부동산 가격을 조사해 보면 그만한 부지는 최소한 10억 원을 호가한다고 할 때 숨어 있는 실제비용, 즉 가격이 10억 원으로 그림자 가격이 된다.

할인율(discount rate)은 장래의 비용과 편익을 현재 가치로 환산할 때 적용하는 이자율(interest rate)과 같다. 사회복지 프로그램은 장기간에 걸쳐 시행된다. 초기 프로그램의 시작단계에서는 투입되는 시설과 장비가 크지만 점차 투자비용은 줄어든다. 마찬가지 논리로 프로그램 참여자의 성과와 혜택도 장기에 걸쳐 발생한다. 이러한 비용과 편익의 미래가치를 정확히 현재가치로 환산할 때 사용하는 것이 할인율이다. 만일 직업능력 프로그램의 시행으로 참여자의 전임직 임금이 현재 가치로 100만 원이라 하면 내년도에는 임금인상률 5%로 잡으면 105만 원이 되고, 2년 후에는 임금이 110만 원으로 계산된다는 것이다. 할인율 산출의 공식은 다음과 같다.

$$PV = \frac{A}{(1+r)t}$$

PV(Present Value) : 현재 가치
A(Amount) : 미래의 비용 또는 편익의 금액
i(interest rate) : 연평균 이자율 또는 할인율
t(time) : 미래의 연수

(4) 인적자본방식과 비용지불의사방식

비용편익분석에서 특히 편익을 측정하는 방법에는 인적자본방식(human capital approach)과 비용지불의사방식(willingness to pay approach)이 있다(황성철 · 한혜경, 2002 : 149). 인적자본방식은 프로그램의 참여자가 프로그램 활동의 결과로 인간의 생산성이 증대하여 증대된 생산성을 화폐가치로 환산하는 방법을 말한다. 예를 들어 장애인 재활 프로그램의 결과 직업능력의 향상이라는 성과를 얻었을 때 그 성과를 추가로 증대되는 소득과 수입으로 계산한다는 것이다. 이 접근법은 개인의 편익을 계산할 때 너무 수입과 관련된 소득에 초점을 두어 개인별 특성이 잘 고려되지 않는다는 점에서 약간의 문제가 있다. 예컨대 노인보다는 아동이 훨씬 높은 편익을 발생시키는 것으로 간주될 가능성이 매우 크다.

한편 비용지불의사방식은 잠재적 프로그램 이용자들이 부여한 주관적 가격의 평균에 프로그램 존속기간을 곱하여 다시 현재가치로 할인율을 적용하여 계산하는 방법이다. 비용지불의사방식의 추계대상은 반드시 그 프로그램의 편익을 받고자 하는 잠재적 클라이언트나 보호자를 대상으로 해야 하며 설문조사를 통해서 평균가격이 산출될 수 있다. 그러나 비용지불의사방식에서 응답자는 실제로 현재 프로그램의 편익을 보기 위해서 비용을 지불하는 것이 아니므로 실제로 지불하는 비용보다 더 많은 지불을 할 수 있다는 태도를 보일 수 있기 때문에 그 가격이 과장될 가능성이 매우 크다는 단점이 있다.

〈표 11-4〉 장애인차별금지법의 편익과 비용

구 분	편 익	비 용
화폐가치로 환산가능한 항목	· 장애인의 소득증대 · 소득증대로 인한 소득지원 지출감소 · 소득지원 지출감소에 따른 국민들의 세금 부담 감소 · 다른 재활 프로그램 비용 감소 · 장애고용에 따른 기업의 분담금 감소	시정기구 비용 · 물적 자원 -토지사용 -건물사용 -장비 컴퓨터 등 · 인적 자원 -종사직원 급여 등 · 운영 및 유지비용 개별 사업체의 법규 준수 비용
환산불가 항목	· 국가의 국제적 이미지 제고 · 사회통합도 향상 · 장애인 이해 증진 · 장애인의 삶의 질 향상	· 분쟁의 심리적 비용 · 장애인에 대한 거부감

출처 : 유동철(2005). "장애인차별금지법의 잠재적 비용-편익 분석 : 고용영역을 중심으로". 『한국사회복지학』, 57(2), p.302에서 인용.

3. 비용편익분석의 실례

황성철과 한혜경(2003)은 재가노인복지사업의 비용편익분석에서 1999년 현재 정부지원을 받고 있는 가정봉사원파견사업소, 주간보호사업소, 단기보호사업소의 총운영비를 비용으로 계산하고, 사회적 관점에서 편익을 추계하는 방법을 사용했다. 편익 측정방법으로는 비용지불의사방식을 사용하며 재가노인복지서비스의 수요과 공급분석을 통한 균형시장가격(balanced market price)을 추정하여 잠재적 수요자, ADL 한 가지 이상 어려운 노인, IADL 한 가지 이상 어려운 노인 등 클라이언트 계층에 따라 각기 서비스 종류별로 총비용과 총편익 그리고 순편익을 산출하였다. 재가복지사업의 순편익의 규모와 투입비용을 2배로 확대했을 경우 산출되는 사회적 편익의 규모는 〈표 11-5〉에서 잘 보여준다.

〈표 11-5〉 재가복지서비스의 순편익 규모 추정 (단위 : 천만 원)

서비스 종류	잠재수요자 대상			ADL 한 가지 이상 어려운 노인 대상			IADL 한 가지 이상 어려운 노인 대상		
	총비용	총편익	순편익	총비용	총편익	순편익	총비용	총편익	순편익
가정봉사원파견사업	916	15,372	14,455	916	14,640	13,723	916	14,640	13,723
주간보호사업	756	4,701	3,945	756	2,350	1,594	756	3,526	2,769
단기보호사업	233	1,022	788	233	848	615	233	848	615

주 : 순편익=연간 전국시설 총수입-연간 전국시설 예산
연간 전국시설 총수입=균형가격×연간 전국시설 이용자 수×연간 평균 1인당 이용일수
가정봉사원파견서비스의 1인당 이용일수=180일〔360÷2(6개월)〕
주간보호서비스의 1인당 이용일수=360일〔360÷1(12개월)〕
단기보호서비스의 1인당 이용일수=90일〔360÷4(3개월)〕

분석결과 가정봉사원파견사업의 사회적 순편익은 적게는 1,372억 원에서 크게는 1,445억 원인 것으로 추계되었다. 주간보호사업의 사회적 순편익은 적게는 159억 원에서 크게는 394억 원이며, 단기보호사업은 61억 원에서 78억 원으로 추계되었다. 즉, 사회적 순편익은 모든 경우에 양의 값을 가질 뿐 아니라 상당히 큰 것으로 나타났다.

〈표 11-6〉은 총예산을 2배로 확대하는 경우의 사회적 편익규모를 보여주는 것으로서 지원의 규모를 2배 이상 확대하여도 비용보다는 사회적 편익이 더 크다는 것을 확인할 수 있다.

〈표 11-6〉 재가노인복지사업의 투입비용을 2배로 확대하는 경우의 사회적 편익규모 (단위 : 천만 원)

서비스 종류	잠재수요자 대상			ADL 1가지 이상 어려운 노인 대상			IADL 1가지 이상 어려운 노인 대상		
	총비용	총편익	순편익	총비용	총편익	순편익	총비용	총편익	순편익
가정봉사원파견시설	1,833	15,372	13,538	1,833	14,640	12,806	1,833	14,640	12,806
주간보호시설	1,513	4,701	3,188	.1513	2,350	837	1,513	3,526	2,013
단기보호시설	467	1,022	555	467	848	381	467	848	381

이상의 분석결과는 다음과 같은 정책적 함의를 제공한다. 우선 재가노인복지사업은 비용보다 사회적 편익이 더 큰 사업인 것으로 증명됨으로써 이들 사업에 대한 국고지

원의 타당성이 인정된다. 특히 앞의 추계에 사용된 비용 속에는 정부지원금과 각 시설의 부담금, 그리고 후원금이 포함되어 있으므로 정부지원금에 대한 사회적 편익은 이상에서 제시된 금액보다 훨씬 더 크다는 것을 알 수 있다. 따라서 재가노인복지사업에 대한 정부의 예산지원은 계속되어야 한다.

또한 재가노인복지사업에 대한 투입예산을 지금보다 2배 확대할 경우에도 순편익의 값은 여전히 큰 것으로 나타남으로써 1998년 노인복지예산의 2.1%를 차지하는 재가노인복지사업에 대한 예산이 확대되어야 할 필요성을 뒷받침해 준다.

사업별로, 사회적 편익이 가장 큰 사업은 가정봉사원파견사업이며, 이 사업의 순편익 규모는 현재와 같은 지원규모뿐 아니라 투입예산을 확대할 경우에도 큰 변화가 없는 것으로 나타남으로써 예산의 확대에 따른 상대적 편익이 큰 사업임을 알 수 있다. 따라서 현재는 주간보호시설이나 단기보호시설이 절대적으로 부족하므로 이들 시설의 급속한 양적 확대가 요구되지만, 일정한 수준이 확보된 후에는 가정봉사원파견사업에 더 많은 투자를 하는 것이 더 경제적이라는 추론을 가능하게 한다.

연구과제

1. 효율성 평가가 필요한 이유와 잘 수행되지 않는 이유는 무엇인가?
2. 비용효과분석에서 인건비를 화폐가치로 계산하는 방법을 설명해 보시오.
3. 노인취업 프로그램의 편익을 개인적 관점과 사회적 관점에서 파악해 보시오.
4. 편익을 측정하는 방법으로 사용되는 비용지불의사방식은 어떻게 편익을 계산하는가?

12 질적 평가

제 1 절 질적 평가의 개념과 효용성

1. 질적 평가의 의미

질적 평가(qualitative evaluation)는 사회복지 프로그램을 평가하는 데 있어서 질적 조사방법을 사용하여 평가하는 방법을 말한다. 질적 조사는 인간과 사회적 현상을 자연주의적이고 해석학적 접근을 통해서 이해하고 규명하는 데 초점을 둔 연구방법이다. 따라서 자연스러운 현장의 상황에서 참여자의 언어나 의미를 관찰하여 계량적 자료가 아닌 질적 자료를 수집하여 해석하는 데 강조점을 둔다. 질적 연구에는 한 개인의 인생 이야기를 연구하는 전기연구(biographical study), 어떤 현상에 대한 여러 개인들의 체험의 의미를 기술하는 현상학적 연구(phenomenological study), 어떤 상황에 관련된 사람들의 생각과 의미를 압축하여 가설과 이론을 개발하는 근거이론연구(grounded theory study), 특정한 문화나 관습을 가진 집단의 행동유형과 생활방식의 형태를 서술하는 문화기술지(ethnography), 그리고 사례연구(case study) 등이 있다(Guba & Lincoln, 1994). 어떠한 연구방법을 사용하든 간에 질적 평가는 ① 자연스러운 상황에서 관찰이나 질문에 초점을 두고, ② 조사자나 평가자가 자료수집의 역할을 담당하고, ③ 수치보다는 이야기와 서술을 강조하여 보고하는 점에서 공통적 특성이 있다. 이와 같은 특성으로 인하여 질적 평가는 양적 평가보다 체계적이지 못하고 경험적 기반이 약하다는 반론이 제기되기도 한다. 그러나 평가조사의 선구자 중 한 사람인 Carol Weiss(1998 : 252)의 주장처럼 질적 조사는 계량적 평가의 한계를 극복하고 보완하는 의미에서 프로그램 평가에도 그 유용성이 충분히 인정되고 사회과학의 이론개발에도 크게 기여한다. 특히 계량적 평가의 문제점을 극복하는 차원에서 제시된 제 4 세대 평가모형(fourth generation evaluation model)을 주장하는 Guba와 Lincoln(1987)의 관점에서는 질적 평가도 계량적 평가 못지않은 과학성과 체계성을 갖추고 있다는 점이 강조된다.

2. 질적 평가의 유용성과 한계

지금까지 프로그램 평가에 관한 조사방법은 계량적 조사가 주류를 형성해 왔고 앞으로도 그럴 가능성이 매우 크다. 그러나 벌써 약 100년 전부터 인류학자에 의한 질적 조사가 부분적으로 프로그램 평가에 적용되었고 심지어 계량적 조사의 리더격인 Cronbach까지도 어떤 프로그램의 성공여부를 판단하는 데 있어서 프로그램의 배경에 관한 관찰과 관련자들의 인터뷰 내용과 같은 질적 평가는 크게 도움이 된다고 주장했다(Royse et al., 2001 : 84). 그래서 과거부터 초점집단면접(focus group interviews)과 참여관찰(participant observation)은 투표행위, 마케팅 조사, 그리고 교육 프로그램의 평가에 사용되어 왔다. 그러면 질적 평가는 모든 유형의 평가에 전방위적으로 적용될 수 있는지에 대한 질문이 제기될 수 있다. 평가의 근본적 목적에 따라 구별하여 프로그램의 개선과 개발에 초점을 두는 형성평가와 프로그램의 전반적 성공과 실패를 규정하는 총괄평가에서 질적 평가는 총괄평가에는 적합지 않고 형성평가에 매우 긴요하게 사용될 수 있다. 왜냐하면 질적 평가는 프로그램의 배경과 상황에 관한 이해를 증진시켜 주고 프로그램의 구성요소인 참여자와 직원의 상호작용에 관한 통찰을 주어 프로그램의 질적 개선과 개발이 가능하기 때문이다(Schuerman, 1983 : 114). 질적 평가는 프로그램과 관련된 특정한 측면, 즉 직원의 사기, 관리자의 의사결정, 클라이언트의 인식 등 계량적 연구나 평가로 알 수 없는 사실과 상황을 설명하는 자료를 제공해 준다. 따라서 질적 평가의 장점은 바로 이와 같이 계량적 자료로 밝혀낼 수 없는 복잡한 프로그램의 상황적 배경에 관한 통찰력을 주는 데 있다. 다시 말해서 깊이 있는 현상을 분석함으로써 프로그램의 수행과정에서 잘 드러나지 않는 내부적 문제와 예기치 못한 문제를 발견하여 프로그램 개선과 개발에 이바지할 수 있다는 것이다.

질적 평가가 갖는 또 다른 장점은 직원이나 프로그램 참여자를 임파워시키고 그들의 불만을 해소하는 데 있다. 프로그램을 수행하는 직원과 참여자에 대한 면접조사를 할 경우 그들이 갖는 애로사항과 불만이 토로되어 환기되는 효과가 분명히 나타날 수 있을 것이다.

질적 평가의 이러한 장점들에도 불구하고 몇 가지 한계점이 있어서 반드시 지적되어야 한다. 질적 평가는 평가대상에 대한 깊은 통찰력을 줄 수는 있으나 많은 대상을 조사하거나 평가할 수 없는 한계가 있다(Patton, 1987). 특히 질적 평가는 평가대상자의 수가 많을 경우 적합하지 않는 평가방법이다. 그래서 평가의 범위가 광범위하고 시간이 넉넉지 않을 때 이러한 평가방법은 사용하기가 곤란하다. 또한 질적 평가는 효과성 평가와 같이 프로그램의 성과를 정확히 측정하는 데에도 한계를 가진다. 효과성 평가는 성과에 영향을 미치는 프로그램 이외의 변인을 통제하여 목표와 성과 간의 상관관계를 통계분석해야 그 평가결과를 인정받을 수 있기 때문이다(Weiss, 1998). 물론 Guba와 Lincoln(1987)과 같은 질적 평가의 옹호자들은 효과성 평가의 통계분석에 의한 정확성에도 의문을 제기하고 질적 평가도 충분히 효과성을 검증할 수 있는 우수한 평가방법이라고 주장하지만 효과성 평가는 계량적 평가가 더욱 적합한 평가방법이라는 학계의 보편적 견해를 받아들이는 것이 바람직할 것이다.

그러면 질적 평가는 성과평가에는 반드시 제외되어야 하는가? 이러한 질문에 대한 답은 명백히 그렇지 않다. 질적 평가는 양적 평가와 동등한 위치에서 성과평가에 적용될 수 있다(Royse et al., 2001 : 85). 예를 들어 사례관리 프로그램을 받은 클라이언트들이 무작위로 통제집단에 속한 전통적 프로그램을 받은 클라이언트보다 45% 삶의 질이 향상되었다면 분명히 양적 평가에 의한 효과성이 입증되었다. 그러나 45% 삶의 질 향상이 무엇을 의미하는지에 대한 물음에 양적 평가는 답을 제시할 수 없다. 질적 평가로 사례관리 대상자인 클라이언트와의 면접결과 집중적 사례관리가 클라이언트들에게 항시적 지지체계를 마련해 준다는 사실을 발견할 수 있었다. 이러한 성과의 구체적 내용은 단지 45%의 삶의 질 향상과 마찬가지의 중요한 의미를 갖는 평가결과가 된다는 것이다. 이와 같은 성과평가와 더불어 질적 평가는 사례관리 프로그램이 보다 효과적 프로그램으로 발전될 수 있는 정보를 제공해 주기 때문에 형성평가(formative evaluation)에도 이바지한다. 또한 사례관리 대상자인 클라이언트들이 사례관리자들과 문제해결을 하는 노력과 과정에 대한 상세한 서술적 자료가 제시되기 때문에 과정평가(process evaluation)에도 도움이 될 것이다.

결론적으로 질적 평가도 양적 또는 계량적 평가와 마찬가지로 평가의 목적달성을 위해서 활용될 수 있는 평가방법이다. 질적 평가가 양적 평가로 가능한 측정의 정확성과 총체성에 도전을 하지 않는 한 그 자체로서 가치가 인정되어야 한다. 만일 평가를 위한 시간과 자원이 충분히 허락된다면 평가대상체계의 내면적 실상을 볼 수 있는 질적 평가는 반드시 필요하다고 본다. 어떤 형태의 평가방법을 사용하든 간에 우리가 얻을 수 있는 소득이 있다면 그 방법을 사용할 수 있다. 이러한 관점에서 Patton(1987)은 평가의 방법과 도구의 선택에서 창조적 정신을 발휘하여 평가의 목적과 여건에 가장 알맞은 방법을 활용할 수 있는 지혜를 강조했다.

제 2 절 질적 평가의 방법

질적 평가는 조사의 방법과 기법사용에서 계량적 조사방법과 크게 다르지 않다. 왜냐하면 질적 평가도 평가의 근본적 목적인 프로그램에 관한 중요한 의사결정과 프로그램 개선과 개발을 위해서 동원될 수 있는 일반적 절차와 방법을 따를 수밖에 없기 때문이다. 질적 평가는 질적 조사의 형태에 따라 약간씩 그 방법론상의 차이점은 있지만 모든 형태의 조사에 일률적으로 적용되는 방법론은 존재하지 않는다. 그래서 여기서는 조사설계, 표집, 자료수집, 그리고 자료분석에 초점을 맞추어 서술해 나가고자 한다. 그러나 이러한 평가절차와 방법은 요리책(cookbook)과 같이 순서대로 진행되지 않는다는 점을 명심할 필요가 있다(Royse et al., 2001 : 86). 실제로 질적 평가에서는 이러한 평가방법과 절차가 앞뒤 순서 없이 언제 어디서나 일어나고 동시에도 진행될 수 있다는 것이다. 질적 평가를 위한 방법과 절차를 크게 ① 조사설계, ② 자료수집,

③ 자료분석, ④ 평가의 질 관리 및 검증 등으로 나눌 경우 각 단계별 주요내용과 방법은 〈표 12-1〉에 잘 나타나고 있다.

〈표 12-1〉 질적 평가의 단계 및 절차의 주요내용과 방법

단 계	주요내용 및 방법	
1. 연구 설계	· 평가의 목적 확인 · 연구문제의 구체화 및 분석단위 설정 · 구체적인 대상, 상황, 현상에 초점을 맞춤 · 인간의 행동, 사건, 과정에 관한 표집(sampling) · 현장(site)에 접근성 확보	
2. 자료수집	· 현장참여 · 심층면접	· 직접관찰 · 문헌검토
3. 자료분석	· 질적 조사방법에 따른 기록과 기록의 분류 및 검토 · 메모, 기술, 분류, 해석, 이야기(narrative) 제시 · 이론 또는 명제 제시	
4. 평가의 질 관리와 검증	· 지속적 참여와 관찰 · 동료보고회 · 외부감사	· 부정적 사례분석 · 참여자 확인 · 자료다원화 등

1. 평가설계

1) 평가의 목적확인과 분석의 단위

질적 평가의 설계는 다른 계량적 조사설계와 흡사하다. 그러나 질적 평가는 계량적 평가보다 조사설계에 융통성이 강조된다. 왜냐하면 평가의 상황과 대상이 현장중심으로 이루어지기 때문이다. 그렇지만 평가설계단계에서 평가의 목적을 다시 한번 확인할 필요가 있다. 질적 평가조사에서 연구문제는 주로 "프로그램의 효과성은 무엇을 의미하는가? 프로그램 참여자가 획득한 성과는 무엇을 의미하는가? 프로그램의 성공은 무엇을 의미하고 그 원인을 참여자와 사회복지사는 무엇으로 보고 인식하는가? 실패한 클라이언트의 주변상황과 인과적 요인은 무엇인가? 프로그램 참여자는 어떤 과정으로 참여하게 되었는가?" 등과 같이 진술될 수 있다.

연구문제가 구체화되면 다음 평가자가 결정할 사항은 분석의 단위(unit of analysis)를 명확히 하는 것이다. 질적 평가에서 분석의 단위는 대체로 개인(individuals)이다. 즉 프로그램의 참여자인 클라이언트, 서비스 제공자인 직원 또는 사회복지사, 프로그램 관리자, 이사회 임원 등이 분석의 대상이 된다. 그러나 때로는 분석의 단위가 특정 프로그램을 중심으로 개인적 활동이 일어나는 배경이 되는 기관 또는 조직이 될 수 있다. 이러한 기관과 조직의 배경은 그 프로그램과 주요활동가에 대한 전체적 그림을 제공하는 자연스러운 실험환경이 된다.

실험조사와 같은 계량적 조사에서 필수요소가 되는 것은 비교집단이다. 질적 조사에서는 비교집단이나 개인을 설정하기 어렵지만 비교의 대상을 선정하여 인식과 의미해석의 차이를 비교하는 것도 가능하다. 평가조사의 설계에서 융통성이 강조되는 질적 평가는 계량적 조사나 평가에서 요구되는 비교집단과 대상을 선정하여 평가를 할 수 있다. 이러한 방법은 실제로 질적 조사와 양적 조사의 장단점을 상호보완하는 혼합방법(mixed methods)의 일종으로 그 효과성이 여러 연구나 평가조사에서 입증되고 있다(Cook & Reichardt, 1979 ; Kidder & Fine, 1987 ; Patton, 1990 ; Tashakkori & Teddie, 1998). 질적 평가와 양적 평가의 혼합방식에서 형성평가단계에는 질적 평가를 하고 총괄평가단계에서는 양적 평가를 하는 것도 유용하며 동시에 전체 평가의 설계는 양적 평가를 하지만 평가대상자의 하위집단의 개인에 대해서 질적 평가를 하는 방법도 사용할 수 있다. Drake와 동료 연구자들(1993)은 이중진단명을 가진 워싱턴시의 노숙자를 대상으로 전체 노숙자들 가운데 하위표집단위에 속한 개인을 대상으로 한 질적 평가를 양적 평가에 포함시켰다. 이 평가조사에서 노숙자가 사례관리자의 관계에 관한 만족도 조사에서 왜 그 관계가 만족스러운 성과를 거두었거나 실패했는가에 관한 구체적 이유를 밝히는 데 면접에 의한 질적 평가를 활용하였다.

2) 표집방법

질적 평가의 설계에서 누구를 평가의 대상자로 선정하느냐에 관한 표집(sampling) 방법은 매우 중요하다. 계량적 평가에서 평가대상자의 표집문제는 평가결과의 신뢰도와 일반화를 결정하는 중요기준이 된다. 질적 평가에서 사용되는 다양한 표집방법은 한마디로 의도적 표집(purposeful sampling)이라 통칭한다(Patton, 1990). 질적 평가에 사용될 수 있는 여러 가지 표집방법은 아래와 같이 다양하지만 모두 표본의 범위를 넓혀 나가는 것을 포기하는 대신 깊이를 강조하고 어떤 자료가 누구에 의해서 가장 잘 공급될 수 있을까에 초점을 두고 있다는 점에서 모두 동일하다.

(1) 일탈사례표집(deviant case sampling)

일탈사례라 함은 프로그램의 참여자 가운데 유난히 큰 성공을 거두었거나 크게 실패한 사람을 지칭한다. 이러한 프로그램 참여자는 보통의 범주에서 벗어난 국외자(outliers)로서 극단적 형태의 프로그램 성공과 실패를 잘 설명해 주는 평가대상자가 될 것이다.

(2) 전형적 사례표집(typical case sampling)

전형적 사례는 프로그램의 규칙과 규범을 잘 따라 움직이는 참여자를 말한다. 일탈사례와는 정반대로 정상적이거나 평균적인 상태에 있는 참여자를 평가대상자로 선정한다.

(3) 최대변량표집(maximum variation sampling)

최대변량표집방법은 프로그램의 과정과 성과에서 다양한 변이(variations)를 수렴하는 대표적 사례에 해당하는 참여자를 평가대상자로 선정하는 것이다. 이 표집방법은 그 프로그램의 중요하고 공통적인 성공의 패턴을 확인하려는 의도에서 실시된다.

(4) 눈덩이 표집(snowball sampling)

눈덩이 표집은 평가대상이 되는 사람을 찾기가 매우 어렵거나 거부반응을 보일 때 한 사람의 평가대상자가 유사한 환경과 위치에 있는 다른 평가대상자를 소개하는 방식으로 차차 일정한 수의 평가대상자를 확보하는 방법이다. 청소년 약물남용 프로그램의 효과성을 평가하기 위해서 이 프로그램에 참여한 청소년들이 거부반응을 보일 때 약물남용의 경험이 있고 치료를 받은 친구와 동료를 소개시켜 줌으로써 충분한 표본이 확보될 수 있다.

(5) 편의표집(convenience sampling)

편의표집 또는 유의표집방법은 가장 손쉬운 표집방법으로 현재 평가의 대상이 될 만한 사람 중에서 임의로 선택하는 방법이다. 표집에서 시간, 비용, 노력을 줄이는 편리한 방법이나 정보의 신뢰성과 내용상에 의문이 제기될 수 있는 방법으로 가급적 회피하는 것이 바람직하다.

(6) 이론적 표본(theoretical sampling)

근거이론(grounded theory)에 의한 평가조사에서 이론개발에 기여할 수 있는 개인을 선택하여 평가대상자로 삼는 경우이다. 처음에는 동질적 표본을 선택하여 평가하고 이론개발을 한 이후 이질적 표본을 선택하여 평가함으로써 이론의 맥락적 또는 중재적 조건을 확인하거나 이론의 부당함을 증명하고자 할 때 사용한다.

3) 현장접근성 확보

질적 평가를 위한 기관의 승인과 예산이 확보되어 있어도 평가자가 자연스러운 생활환경에 있는 평가대상자에 대한 접근성을 확보하지 못하면 표본추출의 방법도 소용이 없게 된다. 현상학적 조사나 문화기술지 조사에서는 참여자들이 생활하는 장소(site)가 공유된 가치, 신념, 전제를 나타내 주기 때문에 매우 중요하다. 기관이나 조직 내에서 진행되는 프로그램의 질적 평가에서도 평가자는 이방인으로 취급되기가 쉽기 때문에 평가의 현상에 접근하기 위해서 세심한 주의가 필요하다. 특히 질적 평가에서는 평가의 대상이 되는 사람 중 처음으로 접촉하는 문지기(gatekeeper)와 조심스러운 접촉을 시도하여 점차 다른 평가대상자를 확보해 나가는 방법이 필요하다(Royse et al., 2001 : 90). 특히 질적 평가는 평가의 대상이 인간이므로 평가를 위한 면접과 관찰에서 대상자에게 잠재적인 해가 될 수 있기 때문에 현장접근에는 인간주제심의위원회(human subject review board)의 승인을 얻어야 한다. 따라서 질적 평가에는 자발성, 비밀보장, 위험의 사전고지 등을 알려 주어 평가대상자의 인권을 보호하는 데 만전을 기해야 한다.

2. 자료수집

질적 평가에서 장소에 대한 접근이 이루어져 조사대상자가 선정되었다면 다음 단계로 자연스러운 현장상황에서 질적 자료가 수집된다. 질적 평가에서 자료수집의 방법은 대체로 세 가지로 나누어진다. 현장관찰(on-site observation)에 의한 관찰기록, 심층면접(in-depth interview)에 의한 자료, 문서(documents)와 다른 기존 자료의 활용 등이 있다. 어떤 자료수집방법을 택할 것인지에 관한 답은 평가의 목적과 활용가능한 자료의 존재여부에 달려 있지만 가능한 한 질적 평가자는 한 가지 이상 자료수집의 방법을 취하는 것이 바람직하다. 결국 평가조사의 조사문제에 적절한 답을 제시할 수 있는 자료의 유형에 따라 자료수집의 방법이 결정되어야 한다. 각기 다른 자료수집의 방법에 대해서 보다 자세히 살펴보기로 한다.

1) 현장관찰(on-site observation)

현장관찰은 프로그램이 수행되는 현장의 실제상황에서 현장을 실제로 보거나 참여자의 행동을 유심히 살펴서 자료를 수집하는 방법을 말한다. 현장관찰은 문화기술(ethnography), 현장조사(field work), 그리고 참여관찰(participant observation) 등과 같은 용어로도 사용된다(Fetterman, 1984). 이러한 현장관찰에서 중요한 것은 평가자 또는 조사자가 프로그램이 일어나는 상황에 접근하여 참여자와 공감대를 유지하고 그들의 자연스러운 행동을 관찰하는 도구로 스스로를 활용한다는 것이다. 관찰된 내용은 질적 자료의 중요한 한 유형인 현장노트(field notes)에 상세히 기록된다. 이때 평가자는 참여자의 활동에 방해가 되지 않으면 실시간(real time)에 노트 기록을 하거나 아니면 그 현장에서 벗어나 차후에 기록을 하는 방법을 택한다.

평가자가 프로그램이 진행되는 실제상황에 어느 정도 참여가 바람직한지에 관해서는 정도의 차이가 있다. 현장관찰에서 평가자가 활동이 일어나는 상황과 멀리 떨어져서 관찰하는 경우도 있지만 참여관찰(participant observation)의 경우 정반대로 능동적으로 참여하여 동질성을 갖고 활동하면서 관찰한다. 어느 정도의 참여가 적절한지에 대해서는 상황에 따라 달라지지만 대체로 참여자 등의 요구에 의해서도 결정된다. 프로그램의 참여자들이 평가자를 부담스럽게 느끼지 않고 자연스럽게 받아들이는 경우 다른 참여자와 마찬가지로 여러 가지 역할을 수행하면서 관찰할 수 있다. 그러나 반대로 프로그램 참여자들이 평가자를 국외자로 보는 시각이 있을 때 참여의 권유와 요구는 종종 기대하기가 어렵기 때문에 약간 상황에서 벗어난 관찰이 적절할 것이다.

현장관찰에서 평가자는 사실상 현장에서 일어나는 모든 일을 샅샅이 관찰하기는 현실적으로 불가능하므로 무엇을 관찰할 것인지에 관한 편견(bias)이 개입될 수 있다(Royse et al., 2001 : 93). 질적 평가에서 관찰의 대상은 참여자의 행동과 상호작용, 그들이 사용하는 언어적 또는 비언어적 의사소통, 그리고 물리적 환경 등이다. 물론 관찰의 대상 중에서 참여자의 행동과 상호작용 그리고 의사소통이 매우 중요하다. 그러나 물리적 환경의 중요성이 간과되어서는 안 된다. 왜냐하면 병원이나 사회복지기관의 물리적 환경이 인간의 행동과 인지과정에 영향을 미치기 때문이다. 예를 들어 일반직원의 사기를 평가하는 데 있어서 일반직원들은 좁은 공간에 근무하는 데 반해서 기관장은 넓고 화려한 사무실을 사용하고 있다는 사실의 물리적 환경에 관한 세심한 관찰이 평가에 반영될 수 있어야 한다. 아무튼 현장관찰에서 평가자는 참여자의 언어, 행동, 상호작용, 숨은 규칙 등을 주의 깊게 관찰해야 하지만 전반적인 물리적 세팅도 잘 살펴보아야 한다. 일반적으로 관찰과 같은 질적 자료를 수집할 때 평가자는 다음과 같은 절차에 따라 진행한다.

① 1단계 : 관찰할 장소(site)를 선택한다. 장소에 대한 접근을 확보하는 데 필요한 허가를 받는다.

② 2단계 : 장소에서, 누구를, 언제, 얼마나 오랫동안, 무엇을 관찰할 것인지를 확인한다. 문지기(gatekeeper) 혹은 주요정보제공자(key informants)가 이 과정을 도와준다.

③ 3단계 : 초기에 관찰자로서의 역할을 결정한다. 이 역할은 완전한 참여자(현지인

처럼 되는 것)의 역할로부터 완전한 관찰자의 역할까지 있을 수 있다. 나는 초기에는 외부인이었다가 이후에 시간이 흐르면서 내부인이 되는 절차를 특히 선호한다.

④ 4단계 : 현장에서 노트를 기록하는 방법으로 관찰지침서를 만든다. 이 지침서에는 기술노트(descriptive note)와 반영노트(reflective note)가 모두 포함된다.

⑤ 5단계 : 정보제공자, 물리적 세팅, 특별한 사건과 활동, 당신 자신의 반응에 대한 묘사를 기록한다(Bogdan & Biklen, 1989).

⑥ 6단계 : 관찰하는 동안, 당신이 외부인이라면 당신을 소개할 사람이 있어야 하고 수동적이며 우호적이어야 한다. 그리고 관찰하는 처음 몇 세션은 제한된 관찰을 한다. 초기의 관찰 세션에서는 기록은 거의 하지 않고 관찰에만 주의를 기울일 수도 있다.

⑦ 7단계 : 관찰한 이후, 참여자들에게 사의를 표시하고 자료이용과 연구에 대한 접근성을 알려 주면서 장소에서 천천히 철수한다.

2) 심층면접(in-depth interview)

심층면접이란 질적 평가에서 평가자가 참여자를 대상으로 자유롭게 말할 수 있도록 면담을 실시하여 자료를 수집하는 방법이다. 심층면접과정에 평가자는 개방적 질문으로 참여자의 생각, 의도, 행동패턴을 알아내고 비언어적 의사표현의 의미로 밝혀낼 수 있다. 또한 평가자는 반구조화된 질문으로 핵심적 내용에 관해서 어느 정도 윤곽을 정해서 정보를 수집할 수 있다. Patton(1990)은 질적 면접방법으로서 비공식대화면접, 면접지침접근법, 표준화된 개방적 면접 등 세 가지 형태의 개방적 면접을 제안하였다.

첫째, 비공식대화면접은 현장관찰의 과정 중에 평가자와 참여자 사이에 계획되지 않고 자연스럽게 일어나는 예상치 못한 언어적 상호작용을 말한다. 이는 가장 개방적 면접으로 참여자는 어떤 방향으로든 자신이 하고 싶은 말을 할 수 있기에 매우 유용한 면접방법이라 할 수 있다. 비공식적 대화면접은 일상의 대화와 너무 비슷하기 때문에 평가자는 일상적 대화를 하고 있는 것이 아니라는 사실을 계속 주지시켜야 한다.

둘째, 면접지침접근법은 비공식 대화면접보다 더 구조화된 면접을 말한다. 모든 질적 면접은 개방적이기 때문에 참여자는 자신의 언어로 자신의 생각과 견해를 자유롭게 표현하도록 허용되지만 면접지침접근법은 그러한 개방형 질문도 어느 정도 순서에 따라 진행된다는 점에서 다르다. 질문순서의 구조화의 정도는 상황에 따라 다르지만 비교적 구조화의 정도가 높을수록 평가자의 편견을 줄이고 면접과정의 일관성도 높일 수 있다. 면접지침접근법을 사용하는 평가자는 일단 면접에서 다루어야 할 주제를 열거하고 지침의 순서에 따라 면접을 시행한다.

셋째, 표준화된 개방적 면접은 평가자의 영향과 편견을 최소화하면서 정확히 사전 계획된 질문을 함으로써 면접의 일관성을 확보할 수 있다. 이 방법은 시간과 자원이 부족한 상황에서 구조화되지 않은 면접을 충분히 시행할 수 없을 경우와 오랜 시간 동안 참여자를 추적하여 면접하는 경우 발생될 수 있는 평가자에 의한 참여자의 영향력을 줄이기 위해서도 필요하다. 표준화된 개방적 면접에서 평가자는 사전에 계획된 질문들을 어떻게 표현하고 순서를 어떻게 정해야 적절한지에 관해서 많은 주의를 기울여야 효과적 면접이 될 수 있다.

심층면접에서 평가자가 참여자에 대해서 행하는 질문은 참여자의 태도, 감정, 지식, 행동 등에 대해서 이루어진다. 태도와 관련된 질문은 참여자의 특정 사안에 대한 견해(opinion)를 물어서 시작하고, 감정상태에 관한 질문은 정서적 반응을 유도하고, 지식은 그 사안에 관해서 알고 있는 정도를 파악하고, 행동은 그 사안과 관련된 구체적 행위가 무엇이었는지에 관해서 내용을 묻는 것이다.

심층면접의 기법이 가장 잘 실제로 활용될 수 있는 집단이 초점집단(focus group)으로 10명 내외의 집단구성원에게 다양한 개방적 질문으로 질적 평가의 자료를 획득할 수 있다. 평가자가 실제로 면접을 진행할 시 우선 참여자 또는 면접대상자와 친근한 대면관계를 수립하고 비밀보장을 확신시켜 솔직하고 충분한 이야기를 하도록 유도하여 그 내용을 노트에 기록하여야 한다.

3) 문서 및 기존자료의 활용

문서(documents)는 공문서이든 사문서든 상관없이 질적 평가의 자료로 활용될 수 있다. 문서는 기관에서 누군가에 의해서 이미 작성된 것이므로 자료수집에서 편견이나 왜곡이 가장 적은 방법이라 할 수 있다. 사회복지 프로그램의 질적 평가와 관련해서 수집될 수 있는 문서에는 기관의 설립이념, 정관 및 각종 규정집, 사업계획서, 재정관련서류, 업무실적, 소식지, 메모 등 프로그램 수행과 관련된 각종 서류 및 인쇄물이 포함된다. 그 밖에 프로그램 활동과 관련된 사진, 비디오테이프, 전자우편 등 시청각 자료들도 질적 평가의 자료로 활용될 수 있다. Patton(1990)은 질적 평가의 계획단계부터 이와 같은 각종 문서나 기존자료에 대한 접근성을 확보해야 한다고 주장했다. 만일 평가 도중에 이러한 자료가 필요하다고 요청할 경우 정치적 이유나 다른 이유로 접근성이 차단되는 사례가 빈번히 일어나기 때문이다.

〈표 12-2〉 질적 평가의 자료수집방법과 내용

자료수집방법	자료의 내용 및 수집
관찰	· 참여자로서 관찰을 수해하여 현장노트(field note)를 수집한다. · 관찰자로서 관찰을 수행하여 현장노트를 수집한다. · 관찰자보다는 참여자로서 좀 더 많은 시간을 보내고 현장노트를 수집한다. · 참여자보다는 관찰자로서 좀 더 많은 시간을 보내고 현장노트를 수집한다. · 먼저 '외부인'으로서 관찰하여 현장노트를 수집한 후, 세팅으로 들어가 '내부인'으로서 관찰하여 현장노트를 수집한다.
면접	· 비구조화, 개방형 면접을 수행하고 면접을 기록한다. · 비구조화, 개방형 면접을 수행하고 면접을 녹음하고 면접을 필사한다. · 반구조화된 면접을 수행하고 면접을 녹음하고 면접을 필사한다. · 초점집단면접을 수행하고 면접을 녹음하고 면접을 필사한다.
문서 및 기존자료	· 연구기간 동안 일지를 작성한다. · 연구기간 동안 참여자들이 일지 혹은 일기를 쓰도록 한다. · 참여자로부터 사적인 서류들을 수집한다. · 공문서를 분석한다. · 자서전과 전기를 조사한다. · 정보제공자가 사진 혹은 비디오를 촬영한다. · 개인이나 집단, 사회적 상황을 비디오테이프로 녹화하거나 촬영한다. · 사진이나 비디오테이프를 조사한다. · 전자우편이나 전자 메시지를 수집한다.

양적 평가에서는 평가자가 개발한 조사 및 평가도구가 평가대상자에게 적용되면 자료수집의 단계는 종결되고 자료분석의 단계로 접어든다. 그러나 질적 평가에서는 어느 시점에 자료수집이 종결되는지에 관한 일률적 지침이 없다. 질적 평가나 조사에서 자료수집은 일반적으로 자료가 포화(saturation)상태에 이르면 종결된다.

자료의 포화상태는 추가적으로 수집되는 자료가 기존의 사실과 범주를 확인하는 차원에서 머무르고 더 이상 새로운 영역으로 확대되지 않을 때를 말한다(Strauss & Cobin, 1990). 다시 말해서 포화는 이미 기존의 자료로서도 충분히 연구문제에 관한 질문에 답이 될 만한 근거를 확보한 상태를 지칭한다. 자료수집과 분석이 동시에 일어나는 질적 평가에서 평가자는 분석단계에 포화가 언제 일어나고 있는지를 깨닫고 더 이상의 자료수집 활동은 중지해야 할 것이다.

3. 자료분석

각종 원문과 여러 가지 형태의 자료를 체계적으로 분석하는 일은 질적 평가자에게 부여되는 만만치 않은 과제로 등장했다. 노트기록, 메모, 문서, 녹음 테이프, 면접기록 등과 같은 질적 자료를 분석하기 위해서는 우선 자료관리가 필요하다. 자료관리는 각종 자료를 쉽게 찾을 수 있게 분류하여 정리하는 것으로 일률적인 자료관리의 방법은 없다. 평가자가 쉽게 자료에 접근하고 다시 볼 수 있도록 번호와 기호로 표시해 두는 방법이 보편적이다. 자료관리에서 주의할 점은 항상 자료의 복사본을 만들어 비치하여 만일 자료분실의 사고에 대비해야 한다는 것이다.

자료분석의 방법에서 일반적으로 질적 평가자가 활용하는 기법으로는 코드(codes)와 사례분석(case study)이 있다(Denzin & Lincoln, 1994 ; Patton, 1990). 코드는 자료에 개념적 주제를 붙여서 보다 세부적 분석을 위해서 활용하는 방법이고 사례분석은 특정 개인이나 기관의 상황에 관한 깊이 있는 묘사와 서술을 하는 것을 말한다. 코드는 다른 코드와 비교되어 일정한 자료에서 공통적 패턴을 발견하는 데 유리하게 사용되고 사례분석은 분석의 단위에 관한 심층적 서술을 목적으로 사용된다.

Creswell(1994)은 질적 조사에서 사용될 수 있는 자료분석의 방법을 나선형 자료분석으로 설명하고 있다. 질적 조사는 양적 조사와 달리 고정된 선형적 자료분석보다는 나선형으로 자료수집과 동시에 분석이 시작되고 이야기체 설명으로 분석이 끝나는 순환적 과정을 되풀이한다는 것이다. 나선형 자료분석방법은 우선 수집된 자료와 이미지들이 주제단위로 조직화되어 몇 개의 파일로 정리한 후 그 자료를 읽으면서 떠오르는 느낌을 메모하여 생각해 보고 다시 곰곰이 생각하여 동질의 의미와 뜻을 범주화시켜 분류와 해석을 반복하면서 정리하는 단계에 이르게 된다. 〔그림 12-1〕은 나선형 자료분석절차와 예를 잘 보여준다.

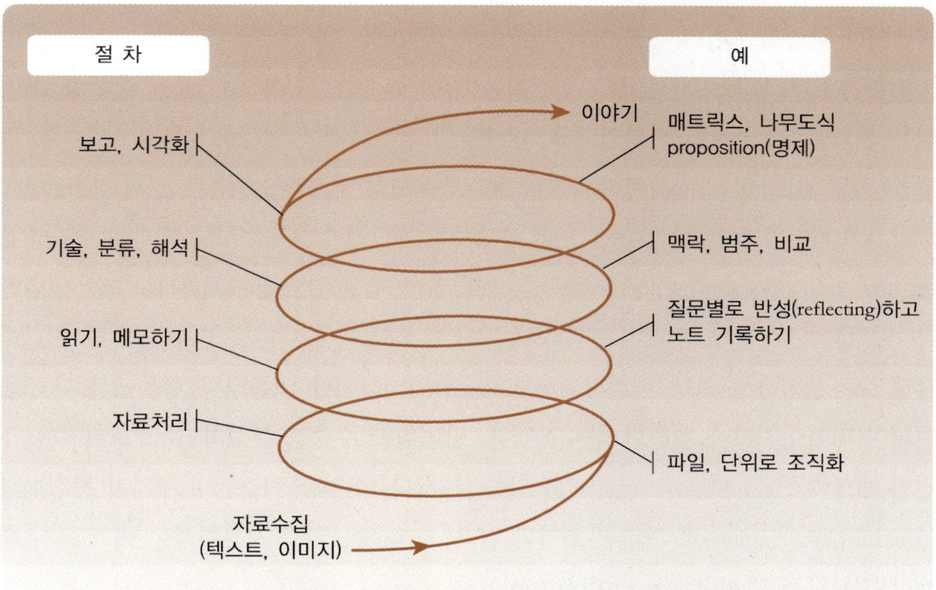

[그림 12-1] 나선형 자료분석절차와 예

구체적 자료수집방법으로 사회복지학에서 최근 유행하는 근거이론(grounded theory)에 따른 질적 자료수집의 방법을 간략히 살펴보겠다. Corbin과 Strauss(1990)에 의해 개발된 근거이론에 의한 질적 자료수집방법은 개방코딩(open coding), 축코딩(axial coding), 선택코딩(selective coding)으로 구성된다. 근거이론은 정보의 범주를 만들어 내고(개방코딩), 범주들을 서로 연결시키고(축코딩), 범주들을 연결하는 이야기를 구성하고(선택코딩), 광범위한 이론적 명제(propositions)로 끝내는 절차들을 제공한다.

개방코딩(open coding) 단계에서, 연구자는 원문(예를 들어 축어록, 현장기록, 문서)에 의해 지지되는 정보의 범주를 만들어 내기 위해 원문을 검토한다. 지속적 비교접근(constant comparative approach)을 이용하여 연구자는 범주를 포화(saturate)상태까지, 즉 범주를 나타내는 경우를 찾고 획득된 새로운 정보가 더 이상 범주에 대한 통찰을 제공하지 않을 때까지 계속 살펴본다. 이 범주들은 범주에 대한 다양한 관점을 제시하는 속성(properties)이라는 하위범주들로 구성된다. 속성들은 차원화(dimensionalize)되고 연속선상에 제시된다. 전체적으로 이것은 데이터베이스를 근거이론조사에서 탐구되는 과정이나 행동을 특징짓는 주제와 범주들로 축약하는 과정이다.

범주가 일차적으로 개발되면, 연구자는 관심사의 중심현상(central phenomenon)이 되는 한 범주(category)를 확인하고, 범주들의 상호관계를 설명하기 시작한다. 이 과정을 축코딩(axial coding)이라고 하는데, 중심현상에 영향을 주는 인과조건(casual conditions)들, 현상을 설명하는 전략(strategies)들, 전략을 형성하는 맥락과 중재조건(context and intervening conditions)들, 전략을 수행한 결과(consequence)들을 연결한다. 이 분석단계에서, 연구자는 정보의 축코딩 과정에서 나타난 범주들의 관계를 시각적으로 설명하는 코딩 패러다임(coding paradigm)이나 이론적 모형을 만든다. 즉, 이론이 만들어지거나 일반화되는 것이다. 광범위한 수준을 분석하면서, 조사자는 조건적 매트릭스(conditional matrix)를 만들 수 있다. 이 매트릭스는 연구자가 중심현상(central phenomenon)과 관련된 조건과 결과(consequence)를 시각화하는 데 도움이 되는 분석도구는 그림(diagram)이다(Strauss & Corbin, 1990).

〈표 12-3〉 질적 연구방법에 따른 자료분석

자료분석	전 기	현상학	근거이론	문화기술지	사례연구
자료 처리	자료를 위한 파일을 만들고 조직화	자료를 위한 파일을 만들고 조직화	자료를 위한 파일을 만들고 조직화	자료를 위한 파일을 만들고 조직화	자료를 위한 파일을 만들고 조직화
읽기 메모	전체 텍스트를 읽고, 여백 노트를 만들고, 최초의 코드를 형성	전체 텍스트를 읽고, 여백 노트를 만들고, 최초의 코드 형성	전체 텍스트를 읽고, 여백노트를 만들고, 최초의 코드 형성	전체 텍스트를 읽고, 여백 노트를 만들고, 최초의 코드 형성	전체 텍스트를 읽고, 여백 노트를 만들고, 최초의 코드 형성
기술	객관적 경험들 기술–인생의 연대기	연구자에게 주는 경험의 의미 기술		사회적 배경, 행위자들, 사건들을 기술하고 현장의 그림을 그림	사례와 그 맥락 기술
분류	이야기 확인 발현(epiphanies) 찾기 인생의 맥락적 자료 확인	개인을 위한 의미의 진수를 찾아 나열, 진술들을 의미 단위로 묶음	축코딩–인과적 조건, 맥락, 중재적 조건, 전략, 결과 개방코딩–범주, 속성, 속성을 차원화	주제와 유형화된 규칙을 찾기 위해 자료분석	· 범주별 집합 사용 · 범주들의 패턴 구성
해석	패턴과 의미를 개발하기 위한 이론화	· '무엇이 일어났는지'의 조직적 기술을 발전시킴 · '어떻게' 현상이 경험되는지 구조적 기술을 발전시킴 · '본질', 경험의 전반적인 기술을 발전시킴	· 선택코딩과 이야기 전개 · 조건적 매트릭스를 발전시킴	결과를 해석하고 이해	· 직접적 해석 사용 · 자연주의적 일반화 전개
보고와 시각화	과정, 이론, 독특하고 일반적인 인생의 모습에 초점을 둔 이야기(narration) 제시	경험의 '본질'을 이야기하고, 진술과 의미 단위를 표, 그림으로 제시	시각적 모형이나 이론과 명제 제시	표, 그림, 스케치가 첨가된 이야기 제시	표, 그림이 첨가된 이야기 제시

출처 : Crewell, J. W., 조흥식 외 역(2005). 『질적 연구방법론 : 다섯 가지 전통』. 서울 : 학지사. p.183에서 재인용.

4. 평가의 질 관리와 검증

질적 평가의 질 관리의 문제는 우선 평가자의 자질에서 출발한다. 질적 조사에 관한 지식과 기술의 습득 없이는 의미 있는 질적 평가는 불가능하다. 수많은 질적 자료를 수집하고 분석하는 기법은 반복적 학습과 경험을 통해서 터득될 수 있을 것이다. 양적 조사에서 조사의 신뢰도와 타당도는 조사의 과학성과 객관성을 담보하는 척도가 된다.

질적 조사에서는 신뢰도, 타당도란 용어보다 신빙성(credibility), 이전성(transferability), 의존성(dependability), 확인성(confirmability)이라는 용어를 사용한다(Lincoln & Guba, 1990 : 300). 어떤 용어를 사용하든 간에 질적 평가도 평가과정과 결과에 대한 과학적이고 객관적인 증거를 보여주어야 한다. 선행연구에 의하면 대체로 질적 평가의 엄격성과 객관성을 담보하는 방법은 다음 여섯 가지 절차가 있다(Royse et al., 2001 : 98).

1) 지속적 참여와 관찰(prolonged engagement)

평가가 이루어지는 현장(site)에 계속적으로 참여하여 프로그램 참여자들의 신뢰를 얻어 혹시 잘못된 정보나 자료를 다시 점검하는 기회를 가짐으로써 평가결과에 대한 신뢰성을 확보한다.

2) 자료의 다원화(triangulation)

평가자는 한 가지의 자료에 의존하기보다는 여러 가지 자료를 수집해서 상호비교함으로써 자료분석과 해석에서 발생되는 편견과 오류를 방지할 수 있다. 따라서 다양한 자료에 근거한 주제에 관한 결론은 보다 확실한 증거로 보이게 된다.

3) 동료보고회(peer debriefing)

평가자 이외 질적 평가에 관심과 조예가 있는 동료 학자나 연구자에게 평가과정과 평가결과를 보고함으로써 객관성을 확보하는 방법이다. 동료보고회는 동료로부터 정서적 지지와 조사도구 및 과정에 관한 조언을 얻을 수 있지만 능력 있는 동료가 확보될 수 있는지가 관건이 된다.

4) 부정적 사례분석(negative case analysis)

부정적 사례분석은 조사가설을 부정하거나 위배하는 자료나 사례를 더욱 탐구하여 보편적 자료와 비교하여 보편적 사례의 가치를 부여하는 방법이다. 즉 극단적 사례나 예외적 사례를 자료에서 제외시켜 신뢰성을 확보하는 방법이다.

5) 외부감사(audit)

외부의 전문가들이 이 조사의 내용과 결과를 검토하여 정확성을 평가하도록 한다. 회계감사와 유사하게 전문가에 의해서 이 평가조사의 결과가 자료에 의해서 지지되는지 아닌지를 평가하여 신뢰성을 확보한다.

6) 참여자 확인(member checking)

일차적 평가결과를 프로그램 참여자, 즉 평가대상자에게 보여주어 그 내용들이 자신들이 실제로 느끼고 생각한 것과 일치하는지를 검토받는다. 참여자 확인은 질적 평가의 신뢰성을 높이는 데 기여할 뿐만이 아니라 평가과정에 참여자들의 관여와 참여도를 높이는 데도 도움을 준다.

제 3 절 질적 평가의 사례

Fraser와 Haapala(1987)는 가족보존 프로그램을 평가하는 데 있어서 질적 평가와 양적 평가를 혼합하여 사용했다. 이러한 연구는 보다 타당하고 신뢰성 있는 평가의 사례가 된다.

가족보존 프로그램의 대부분 아동복지 옹호자들이 선호하는 프로그램으로 시설보호아동과 위탁양육아동의 수를 줄일 수 있는 효과적 개입방안으로 알려져 있다. 연구자들은 가족보존 프로그램이 어떻게 진행되고 있는지에 대한 관심과 함께 프로그램의 전반적 성과에도 관심이 있었다. 주정부의 지원으로 프로그램에 참여한 41가구의 위기가정 가족구성원들을 대상으로 개방적 면접으로 질적 자료를 수집하였다. 면접대상자들은 어머니와 아이들 그리고 그 가족을 치료한 치료자가 포함되었다. 코딩한 자료를 근거로 연구자들은 외부방해가 있는 경우부터 치료자의 교육과 지지가 돋보이는 경우에 이르기까지 여덟 가지 유형의 치료형태를 발견했다. 수집된 질적 자료는 사건발생의 빈도, 면접대상자의 절망감, 도움의 정도, 치료의 성패여부 등에 관한 것들이었다. 이와 같은 질적 코딩의 결과를 바탕으로 계량적 자료수집과 분석을 해본 결과 치료의 과정과 성과에 관한 흥미로운 연구결과가 도출되었다.

질적 자료의 코딩에서 나타난 자료를 포함하여 범주화된 변인을 계량적으로 분석해 본 결과 치료과정과 성과에 관한 재미있는 몇 가지 사실은 다음과 같다. 여덟 가지 유형의 치료형태 가운데 2가구가 매우 성공적 사례로 나타났는데 성공적 사례의 가구주는 다른 사람보다 치료과정에 의의를 빈번히 제기했으며 치료자로부터 보다 구체적이고 실제적인 서비스를 받았다고 보고했다. 치료자로부터 주택, 의료, 재정 등의 실제적 서비스를 받는 것은 성공의 조건이 될 수 있는 것으로 쉽게 이해되지만 성공적 사례에서 치료과정을 방해하는 이의제기가 빈번히 일어났다는 사실은 의외의 결과였다. 치료자들은 종종 지역주민들로부터 전화나 내방으로 항의를 받는 일이 있어서 이를 잘 극복하고 활용하도록 훈련되었지만 서비스 대상자로부터 항의나 이의제기를 많이 받아도 치료과정이 별 문제 없이 진행되어 성공적 원조의 결과가 나타났다는 것은 매우 흥미로운 사실이었다. 치료과정의 방해요소가 실제로 긍정적 성과를 산출했는지에 관한 검증을 위해서는 향후보다 자세한 조사평가가 필요하지만 최소한 이 조사결과는 그 개연성을 확실히 보여주고 있다.

연구과제

1. 프로그램 평가에서 질적 평가가 유용하게 활용되는 경우는 어떠한 경우인가?
2. 질적 평가의 자료수집방법은 어떤 것이 있으며 문제행동을 보이는 클라이언트 집단에 대한 타당한 자료수집방법은 무엇인가?
3. 근거이론에 따른 자료분석방법에서 개방코딩과 축코딩은 자료를 어떻게 하는 것을 말하는가?
4. 질적 평가의 신뢰성과 객관성을 확보하기 위해서 사용하는 방법을 설명해 보시오.

13 단일사례조사평가

제 1 절 단일사례조사설계

단일사례조사설계(single subject research design)는 클라이언트 개인, 집단, 프로그램, 정책 등 단일한 사례를 대상으로 개입의 효과성을 측정하는 방법으로 지난 30여 년 동안 임상적 실천뿐만이 아니라 거시적 실천의 일종인 프로그램 평가에도 유용하게 사용되어 왔다. 1970년대 이후 사회복지설천의 효과성을 검증하려는 노력의 일환으로 주로 임상사회사업가와 연구자들에 의해서 많이 사용되기 시작했으나 최근에는 집단활동, 조직, 프로그램, 지역사회조직활동, 복지정책 등의 평가에도 널리 활용되고 있다. 단일사례조사방법은 단일사례실험방법(single case experiment design), 단일체계조사방법(single system design), 중단성시계열조사방법(interrupted time series research design) 등 다른 유사한 이름으로 불리지만 일반적으로 단일사례조사설계(single subject research design)로 통용되고 있다.

단일사례조사설계가 다른 조사설계와 구별되는 특징은 개입과 개입의 효과성 평가가 동시에 진행될 수 있다는 점이다(Rubbin & Babbie, 1998 : 297). 일반적으로 기존의 조사설계 또는 조사방법들은 대개 개입활동이나 실천활동이 진행되는 도중에 사용하기 어렵고 개입이 종결된 이후 그 결과를 평가하게 된다. 그러나 단일사례조사설계는 개입이 계속되고 실행되는 과정 속에 자료수집과 측정이 이루어져 개입의 효과성에 대한 지속적인 환류적 정보를 제공할 수 있기 때문에 과정평가에도 용이하다. 따라서 이러한 조사설계는 사회복지사들이 실천가이면서 동시에 조사자의 역할을 병행할 수 있는 실천조사자(practitioner-researcher)로서 실천이나 프로그램의 효과성을 평가할 수 있다. 단일사례조사설계는 다음과 같은 몇 가지 요건만 구비된다면 매우 간편하고 쉽게 활용할 수 있다.

① 단일사례의 설정 : 개인, 집단, 프로그램, 조직, 정책 등이 단일사례로 설정될 수 있다. 집단을 단일사례로 취급하는 경우 집단구성원들의 개별적 특성의 평균이나 전체 빈도를 하나로 묶어서 단일한 사례로 보면 된다. 조직이나 지역사회, 그리고 프로그램도 그 특성을 하나로 묶으면 단일사례가 된다.

② 성과척도를 반복적으로 측정 : 하나의 사례를 두고 종속변인의 값이 되는 성과척도를 시간이 지나감에 따라 반복적으로 측정하여 개입(intervention)이라는 독립변인의 효과를 측정한다. 하나의 사례를 두고 반복적 관찰과 측정을 하는 것은 집단조사설계에서 마치 통제집단을 두는 것과 같은 효과가 있다. 그러나 반복측정은 그 자체에서 발생하는 조사대상자의 반응성(reactivity) 등과 같은 타당도의 문제가 발생할 수 있다.

③ 그래프 표시와 성과의 변화해석 : 사회복지실천이나 프로그램의 개입을 전후로 하여 클라이언트나 프로그램의 특성 또는 성과를 수직적 높낮이를 달리하여 수평적 시간의 흐름에 따라 그래프로 표시한다. 그래프에 표시된 자료가 개입의 효과성을 나타내며 이에 관한 설명과 해석이 요구된다.

단일사례조사설계에 의한 평가는 변화의 대상이 되는 클라이언트의 문제 또는 프로그램의 목표가 조작적으로 정의되고 이를 가늠하는 지표의 측정이 매우 중요하다. 모든 조사설계에서와 같이 단일사례조사도 독립변인과 종속변인에 관한 조작적 정의로 측정가능한 지표를 산출하여 그래프에 표시되도록 해야 한다. 프로그램 평가에서 독립변인은 개입(intervention)으로 프로그램의 시행을 의미하고 종속변인은 클라이언트 특성의 변화정도, 즉 프로그램에 의한 성과(outcomes)를 의미한다. 단일사례조사설계에서는 여러 번 반복 측정을 해야 하기 때문에 측정할 성과지표는 정기적으로 측정가능하고 시간의 변화에 따른 자료가 수집될 수 있어야 한다. 개인에 대한 개입 프로그램의 경우 측정지표는 가급적 개인의 표출된 행동을 선택하는 것이 바람직하다. 개인의 생각과 느낌 등 외부 관찰자가 객관적으로 측정할 수 없는 지표를 선택하는 경우 그것을 측정하는 간접지표를 사용할 수 있으나 신뢰도에 문제가 제기될 수도 있다. 예를 들면 자살방지 프로그램의 효과성을 측정하는 단일사례조사설계에서 개인에 대해서는 자살시도와 자살 생각 등을 일정 기간 동안 측정할 수도 있고 전체 프로그램의 효과성을 측정하기 위해서는 일정 지역 내의 공식적으로 보고된 자살건수와 자살시도 횟수 등의 자료를 활용할 수 있을 것이다. 이러한 경우 전자의 측정방법보다는 후자가 더욱 신뢰도가 높을 것이다. 왜냐하면 전자의 경우 개별 클라이언트에게 질문으로 지난 1개월 동안 자살 생각이나 시도의 횟수를 물어서 측정할 수밖에 없기 때문이다.

단일사례조사설계에서 개입과 프로그램에 대한 평가는 기록과 기록자료의 분석에 의해 이루어진다. 자료는 수량화되어야 하고 개입 전후로 클라이언트의 표적행동이나 프로그램의 성과에 변화가 있는지를 살펴보아야 한다. 단일사례조사설계에서 표적행동에 대한 직접적 관찰은 주로 빈도, 기간, 크기로 수량화될 수 있으며 이를 측정하여 그래프에 표시한다. 빈도(frequency)는 정해진 관찰기간 동안에 클라이언트의 특정 행동이 나타난 횟수를 말한다. 지속기간(duration)은 관찰기간 동안에 표적행동 또는 특정행동이 지속되는 시간의 길이를 의미한다. 강도(magnitude)는 표적행동의 양과 정도의 차이를 지칭한다. 예를 들면 부부관계 프로그램에서 지난 일주일 동안 부부간에 논쟁의 횟수가 2회 또는 3회로 기록되고, 지속기간은 10분에서 30분 동안 지속될 수 있으며, 강도는 강, 약, 중간 정도로 표시될 수 있을 것이다.

제 2 절 단일사례조사설계의 기본원칙과 유형

1. 단일사례조사설계의 기본원칙

단일사례조사설계에 의한 조사나 평가를 위해서는 그래프 표시에서 다음과 같은 원칙이 반드시 지켜져야 한다.

① **A는 기초선 국면 단계를 표시한다.** 그래프에서 A 국면 또는 단계는 기초선(baseline)

이라 하며 개입 이전 또는 프로그램 시행 이전의 표적집단 특성에 관한 자료가 수집되고 표시된다. 개입 이후의 A는 개입의 철회를 의미한다.

② **B는 개입 도중 또는 개입 후의 국면을 표시한다.** 그래프상에서 B의 표시는 개입 이후 또는 프로그램 시행 이후의 상황이나 국면을 나타낸다. A와 B를 구별하는 기준은 반드시 점선으로 표시한다.

③ **C와 D는 다른 개입을 표시한다.** B라는 개입방법과 성격이 다른 개입방법을 적용하는 경우 이를 C, D, E 등으로 표시한다.

2. 단일사례조사설계의 유형

단일사례조사설계는 프로그램 개입이 이루어지기 이전과 이후에 표적행동의 변화를 측정하여 개입이나 프로그램의 효과성을 평가하는 데 유용하게 사용된다. 단일사례조사설계는 여러 가지 유형이 있다.

A-B 설계는 이 중에서 가장 기본적인 유형에 속한다. 그리고 A-B-A 설계, A-B-A-B 설계, B-A 설계, 복수기초선 설계, 복수개입설계인 ABCD 등도 활용될 수 있다.

1) A-B 설계

A-B 설계는 단일사례조사설계에서 가장 기본적 설계모형으로 프로그램 개입 전후를 비교할 목적으로 사용된다. 기초선(A)에서는 표적행동에 관한 측정이 개입 전에 수차례에 걸쳐 이루어지고 개입 후(B)에 반복적으로 동일한 측정이 이루어진다. 경향성을 파악하기 위해서는 셋 이상의 측정이 필요하고 행동의 변화가 심할수록 더 많은 측정이 이루어져야 한다. 측정의 횟수에 관해서는 다다익선의 원칙이 적용되나 보통 측정과 기록의 기간에 따라 제약을 받는다. 〔그림 13-1〕에서 보는 바와 같이 A 국면인 기초선에서 3차례의 관찰과 측정이 이루어졌고, B 국면인 개입 후 5차례의 관찰과 측정이 이루어졌음을 나타내 준다. A 국면에서는 표적행동의 빈도가 비록 변화는 있지만 안정적 경향을 보이다가 프로그램 개입 후 B 국면에서는 표적행동의 빈도가 증

가하는 것을 볼 수 있다. A 국면은 일종의 통제집단으로 볼 수 있고, B 국면은 실험집단으로 볼 수 있기 때문에 프로그램 개입이 없는 A 국면 이후 B 국면에서 차이를 발견하여 개입의 효과성을 평가할 수 있다. 예를 들면 자기 부인의 전 남편과의 관계를 의심하는 재혼 남자를 상대로 문제해결치료모델을 적용하여 효과성을 검증하기 위해서 상담과 치료에 의한 개입 이전의 망상횟수와 개입 후 망상횟수를 그래프로 표시하여 비교하면 개입 후 B 국면에서 망상횟수가 훨씬 줄어들었다는 사실을 발견할 수 있을 것이다. A-B 설계의 장점은 가장 손쉽게 적용할 수 있다는 점이다. 그러나 이러한 설계는 측정시간의 변화에 따른 외생적 영향요인에 의한 클라이언트 변화가 있을 수 있는 가능성의 타당도 저해요인인 역사(history)를 적절히 통제할 수 없다는 점이 단점으로 작용한다.

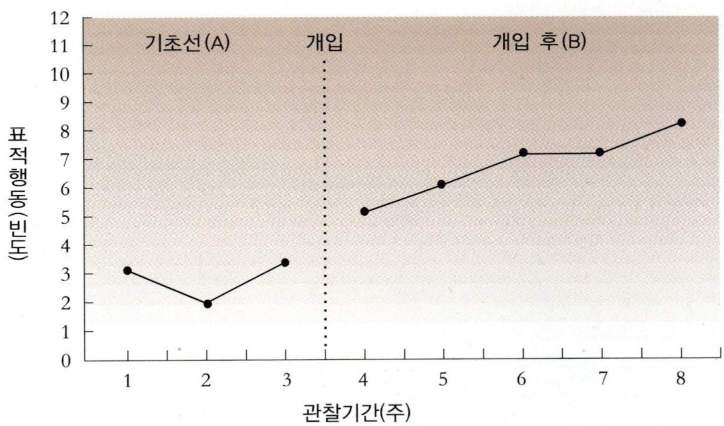

[그림 13-1] A-B 설계의 그래프

2) A-B-C 설계

A-B-C 설계는 지속적 개입설계(successive intervention design)라고 부르며 B라는 개입과는 다른 개입(C)이 적용되어 클라이언트 상태의 변화를 측정하는 방법이다. 물론 D, E라는 다른 개입방법을 적용시킨다면 A-B-C-D-E 모형이 될 수 있다. A-B-C 설계는 기본적으로 A-B 설계에 다른 개입방법을 적용하여 어느 정도 효과가

있는지를 관찰할 수 있다.

A-B-C 설계의 그래프를 보면 개입 전 A 국면에서는 표적행동의 변화가 없다가 개입(B)이 이루어진 후 표적행동의 변화가 나타나고 다른 개입(C)이 이루어진 후 더욱 표적행동의 빈도가 높게 나타남을 볼 수 있다. 따라서 개입(B)과 개입(C)은 분명히 표적행동의 변화를 촉발하는 효과가 있다는 사실을 알 수 있다. 그러나 개입방법 B와 C가 혼합되어 동시에 적용되기 때문에 반드시 C가 B보다 효과적 개입이라고 말할 수는 없다. 이 설계는 사회복지 프로그램과 서비스의 효과성을 측정하는 데 실용적 방법이라 할 수 있다. 왜냐하면 실제로 현장에서는 여러 가지 다른 방법의 개입에 따른 각각의 기초선에 관한 자료를 수집하지 않고 하나의 개입이 적용되면 곧 바로 다른 개입방법도 적용되는 것이 일반적인 프로그램 수행방법이기 때문이다.

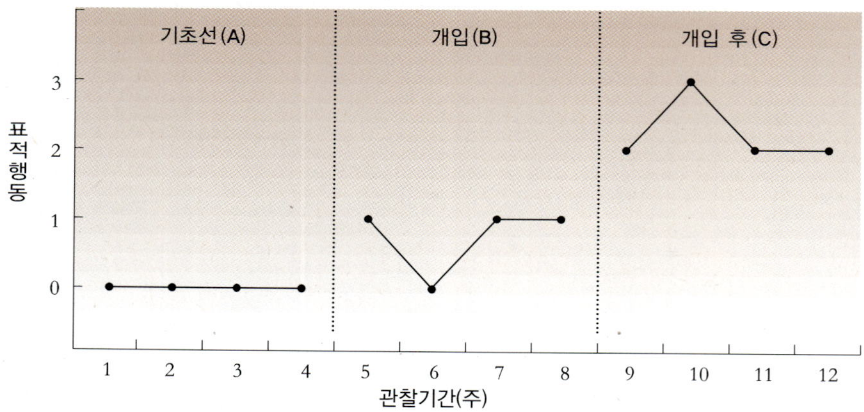

[그림 13-2] A-B-C 설계의 그래프

Kazi와 Wilson(1996)은 영국에서 학교사회사업가의 개입활동을 평가하는데 A-B-C 설계를 사용했다. 학교에 출석을 잘하지 않는 부모와 갈등상태에 있는 15세 학생에 대한 개입에서 사회사업가는 개입 이전의 출석상태를 점검하여 기초선(A)을 설정하였다. 주 1회 부모와 남자친구를 함께 참석시킨 상담(B)이 이루어졌으나 출석률에는 큰 변화가 없었다. 새로운 개입방법(C)인 교사의 격려와 긍정적 피드백이 진행될수록 출석률이 향상되고 있음을 발견할 수 있었다. 따라서 이 평가조사는 사회사업가의 일반적 상담보다는 교사의 개입이 더욱 효과적이라는 사실을 밝혀내었다.

3) A-B-A-B 설계

A-B-A-B 설계는 A-B 설계의 과정을 한 번 더 반복하는 경우로 기초선(A)-개입(B)-개입중단(A)-재개입(B)의 순서로 진행된다. 이 설계는 개입을 한 후 개입을 철회하여 다시 원상태의 기초선(A)에 관한 자료를 수집하고 재개입하기 때문에 반전설계(reversal design) 또는 철회설계(withdrawal design)라고도 한다. 이 설계에서는 개입을 하지 않은 상태와 개입을 한 상태를 두 번 관찰함으로써 개입에 따른 변화를 확인할 수 있다. 따라서 이 설계는 개입 이외의 다른 요인에 의한 표적행동변화가 일어난 가능성을 배제시킬 수 있다.

A-B-A-B 설계의 장점은 개입의 효과성을 입증할 수 있다는 점이다. 즉 개입과 표적행동 사이의 인과관계를 설명하고 유추할 수 있기 때문에 A-B 설계 또는 A-B-C 설계보다는 설명력이 높다. 그러나 이 설계는 이러한 장점에도 불구하고 몇 가지 단점이 있다(Marlow, 2001 : 120). 첫째, 이 설계는 모든 표적행동과 개입에 적용되기는 어렵다. 즉 어떤 개입은 개입중단 또는 반전으로 원상태로 회복되기 어렵다는 것이다. 특히 교육과 훈련 프로그램의 경우 이미 학습된 것은 지식이나 기능 면에서 습득되었기 때문에 개입의 철회로 다시 원상태로 돌아갈 수는 없다. 둘째, 이 설계는 윤리적 문제가 발생하기 때문에 실제로 적용하기는 매우 어렵다. 우리가 개입의 효과성을 파악하기 위해서 개입 후 인위적으로 개입을 중단한다는 것은 최선의 서비스를 제공해야 하는 사회복지사의 의무가 조사평가에 따른 효과성을 입증하려는 가치와 상충되기 때문에 발생하는 문제이다. 일반적으로 클라이언트 문제해결과 최선의 서비스 제공에 관한 가치가 우선시되기 때문에 실험 또는 조사의 대상으로 서비스를 철회하는 경우는 바람직하지 않는 것으로 판단된다. 이러한 A-B-A-B 설계가 갖는 윤리적 문제를 해결하기 위해서 많은 학자들은 가장 기본적 A-B 설계를 더욱더 선호하기도 한다.

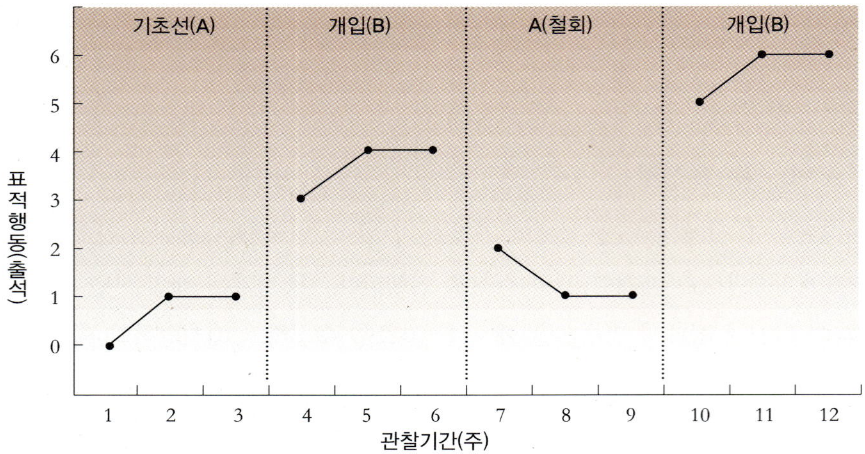

[그림 13-3] A-B-A-B 설계의 그래프

단일사례설계에 의해서 나타나는 자료를 평가하고 해석하는 데에는 주로 시각적 분석, 통계적 분석, 실용적 분석 등의 세 가지 방법이 사용된다(Rubin & Babbie, 성숙진 외 역, 2004 : 383). 시각적 분석(visual analysis)은 기초선과 개입에 그려 놓은 그래프를 보면서 개입 이전에 비해서 개입 이후 표적행동에서 변화가 일어났는지를 보고 확인하는 방법이다. 통계적 분석(statistical analysis)은 시각적 분석을 보충하는 역할을 하는데 자료의 변화가 통계적으로 의미 있는지를 분석하는 것으로 평균비교와 경향성 분석방법을 활용할 수 있다. 마지막으로 실용적 분석(pragmatic analysis)은 개입 이후 표적행동의 변화가 일어났다면 과연 그 변화들이 실제적 문제에 어느 정도 비중과 의미를 갖는 변화인지를 판단하는 것이다. 실용적 분석은 일명 임상적 분석(clinical analysis)이라 부르기도 한다.

제 3 절 단일사례조사평가의 적용

단일사례조사방법은 다양한 형태의 프로그램 평가에 적용될 수 있다. 욕구조사를 욕구평가로 보아 시행하는 경우 지역사회의 문제나 클라이언트 욕구를 단지 숫자로 나타내는 표를 제시하는 것보다 그래프를 활용하면 더욱 시각적으로 설득력을 가질 수 있다. 예컨대, 특정 지역사회 청소년 비행의 문제가 심각하다는 사실을 규명하기 위해서 사회지표를 활용하는 욕구평가에서 지난 3년 동안 청소년 비행률을 6개월 단위로 그래프로 표시하면 증가 또는 상승의 정도를 누구나 쉽게 이해하고 공감을 가질 것이다. 단일사례조사설계는 이와 같이 욕구평가뿐만이 아니라 기본적으로 모든 평가의 유형에도 적용될 수 있다. 여기서는 형성평가, 총괄평가, 질 관리 평가 등 세 분야에 적용시켜 자세히 살펴보겠다.

1. 형성평가

형성평가는 프로그램이 시행되는 도중에 이루어지는 평가로서 프로그램의 시행과정에서 과연 그 프로그램은 목적과 목표달성의 방향으로 진행되고 있는지를 확인하고 문제점이 발견되면 프로그램을 수정 또는 보완할 목적으로 수행된다. Stocks와 동료 연구자들(1987)은 장애인을 위한 지역사회중심 그룹홈에서 토큰경제(token economy) 프로그램을 시행하는 도중 이러한 프로그램이 과연 장애인의 행동변화에 어떤 영향을 주고 있는지에 관해서 궁금증을 갖게 되어 단일사례조사설계에 의한 평가를 수행하였다.

토큰경제 프로그램은 공동거주시설에서 청소, 세탁, 식사준비, 침구정리 등 가사업무를 수행하는 거주자인 장애인에게 이러한 가사업무를 자발적으로 수행하면 점수를 주고 자신들이 획득한 점수로 간식과 음료수 등을 사 먹을 수 있도록 시행되었다. 그룹홈 관리자는 처음 1주일 동안 이러한 프로그램을 시행한 뒤 개별 그룹홈 거주자의 가사에 따른 획득점수를 그래프로 표시했다. 2주차 이 프로그램을 중단한다고 선언한 뒤 동일한 거주자의 가사업무 수행정도를 표시하고 3주차에는 다시 이 프로그램을 재개한 뒤 가사업무 수행정도를 자료화하여 B－A－B 설계에 따라 〔그림 13-4〕와 같은 결과를 얻을 수 있었다. 처음 토큰경제 프로그램을 시행할 때 가사업무수행에 따라 특정 클라이언트가 얻은 점수는 평균 70~80점대에 이르렀다. 그러나 개입이 중단된 A 국면에서는 인센티브가 없기 때문에 평균 30~40점대에 머무르다 다시 프로그램이 재개되었을 때인 3주차에는 다시 평균 70~80점대로 획득점수가 높아져 그룹홈 거주자에 대한 토큰경제 프로그램이 효과적으로 진행되고 있다는 사실을 확인할 수 있었다.

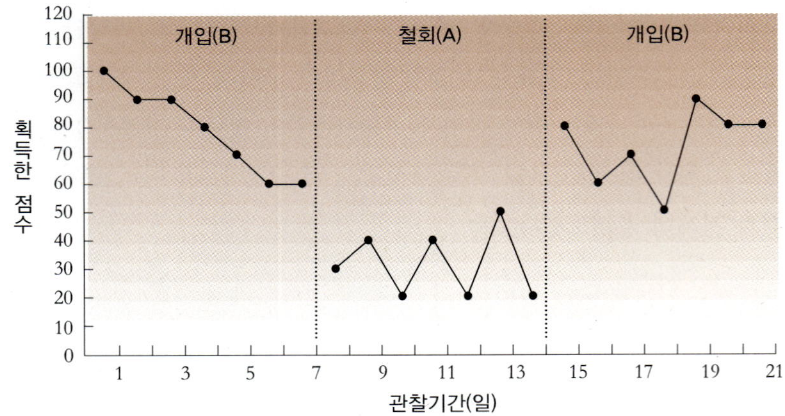

[그림 13-4] 그룹홈에서 토큰경제 프로그램의 형성평가

2. 총괄평가

총괄평가는 프로그램이 종료되는 시점이나 완전히 종료된 이후 프로그램의 성과와 영향을 파악하려는 목적으로 이루어지는 평가이다. 따라서 총괄평가는 프로그램의 목적 또는 목표가 어느 정도 달성되었는지, 프로그램에 참여한 클라이언트는 의도한 변화가 일어났는지, 프로그램의 수행으로 지역주민의 삶의 질은 향상되었는지 등에 관한 자료수집과 판단과정을 거치게 된다. 특정 지역사회에서 아동복지 프로그램과 서

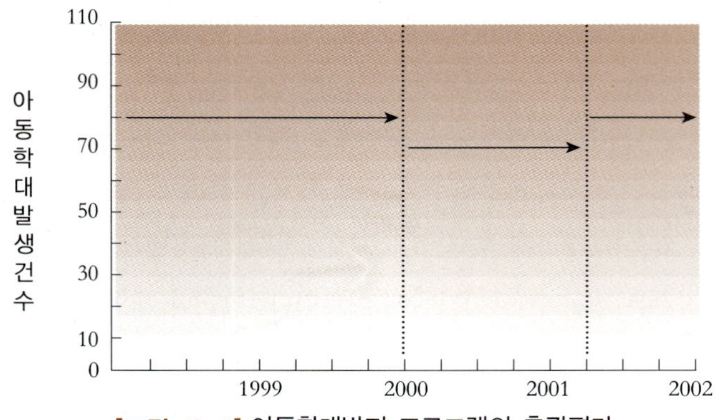

[그림 13-5] 아동학대방지 프로그램의 총괄평가

비스를 제공하는 사회복지기관이 전체 지역사회를 대상으로 아동학대방지사업을 지속적으로 전개한 이후 과연 그 프로그램은 지역사회에 어떤 파급효과 또는 영향(impact)을 미쳤는지에 관해서 총괄평가를 시행하였다. 〔그림 13-5〕와 같이 프로그램 시행 전 2년 동안의 기초선(A)에 관한 자료수집과 1년 6개월 동안 프로그램을 수행(B)하고 종료한 이후 1년 동안(A) 프로그램의 효과성을 살펴보았다. 즉 A-B-A 설계에 따라 아동학대방지사업의 효과성을 그래프를 통해 평가한 결과 비록 효과성이 크지는 않지만 약간의 효과성이 있는 것으로 해석할 수 있었다.

3. 질 관리 평가

단일사례조사설계를 사회복지 프로그램의 평가에 잘 적용시킬 수 있는 또 한 가지 영역은 서비스나 프로그램의 질 관리이다. 전술한 바와 같이 질 관리는 주로 프로그램 실행과정에 이루어지는 것으로 지속적 모니터링으로 질적 향상을 위한 다양한 노력과 기법이 활용된다. Neuhring과 Pascone(1986 : 359-365)의 연구는 의료사회사업가의 투입에 따른 병원에서의 환자에 대한 서비스의 질을 단일사례조사설계로 평가한 전형적 사례로 간주되어 여기서 소개하겠다.

미국에서는 1984년부터 기존의 행위별 수가제를 대체하는 새로운 DRG(Diagnosis Related Groups)에 의한 의료서비스 사전가격고시제를 채택했다. 의료보호(Medicaid) 환자와 더불어 노인의료보험(Medicare) 환자 등 모든 연방정부 의료제도의 영향권에 속하는 병원들은 새로운 의료수가제도에 적응해야만 되었다. DRG에 의한 의료가격고시제는 470여 개에 달하는 진단명에 따라 미리 의료수가가 결정되었기 때문에 병원에서는 의료비에서 가장 큰 비중을 차지하는 입원기간을 단축시키면 시킬수록 재정적으로 도움이 되도록 설계되었다. 따라서 거의 모든 병원에서는 의료사회사업가가 환자와 그 가족에 대한 상담과 지원으로 환자의 입원기간을 단축시키는 데 공헌한다는 사실을 인식하고 과연 의료사회사업가의 투입이 질적 서비스의 훼손 없이 입원기간을 단축시키는지에 관한 평가가 필요했다. 그래서 어떤 병원에서 3개의 의료팀(의사, 간호사, 기타 의료인력)을 구성하여 각 팀별로 할당된 환자들에 대한 입원기간을 사전조사(A 국면)했다. 그 다음 첫 번째 팀에 대해서는 의료사회사업가를 배치하지 않고, 두 번째 팀에는 1명의 의료사회사업가를 배치하였고, 세 번째 팀에는 2명의 의료사회사업가를 배치하여 그들의 역할에 따른 환자의 입원기간 단축이 일어났는지를 자료수집해서 그래프에 표시했다(B 국면). 조사결과 첫 번째 팀보다는 두 번째 팀이, 두 번째 팀보다는 세 번째 팀이 현저한 입원기간 단축의 결과를 보였다. 두 번째 팀과 세 번째 팀에 속한 의료사회사업가에게 퇴원계획(discharge planning)을 환자가 입원하는 즉시 세울 것을 지시하는 새로운 개입방법(C 국면)을 적용한 결과 환자들의 입원기간은 더욱더 단축되었다. 그래서 퇴원계획은 기존의 심리사회적 상담과 차별성이 확연히 나타나는 의료사회사업가의 활동으로 병원 의료서비스의 질적 향상을 위한 프로그램으로 확인되었다.

연구과제

1. 단일사례조사평가에서 기초선은 무엇을 의미하는가?
2. 두 가지 프로그램을 상호비교할 때 활용될 수 있는 단일사례조사설계의 유형은 어떤 것인가?
3. 철회나 개입중단이 일어나는 A－B－A－B 설계가 실제로 현장에서 잘 사용되지 않는 이유는 무엇인가?
4. 학교생활 부적응 문제를 가진 아동을 대상으로 부록에 제시된 아동 자아존중감 척도를 사용하여 A－B－A 설계에 따라 단일사례조사평가를 해보시오.

참고문헌

권기성 · 나운환(1995). 장애인복지기관의 조직효과성 지표에 관한 연구. 한국사회복지학, 27, 9-33.

김영란(1999). 한국지역사회복지관에서의 총체적 품질경영(TQM)의 적용가능성에 관한 시론. 사회복지리뷰, 제3집.

김영모(1982). 현대사회문제론. 서울 : 한국복지정책연구소.

김영숙 · 김욱 · 엄기욱 · 오만록 · 정태신(2002). 사회복지 프로그램 개발과 평가. 교육과학사.

김영종(2002). 사회복지행정. 서울 : 학지사.

김용석 · 장정연(2005). 보호관찰 여성의 약물남용 재발예방을 위한 집단개입 프로그램의개발 및 효과분석. 한국사회복지학, 57(2), 231-250.

김통원(2003). 사회복지 프로그램 개발과 평가. 서울 : 학지사.

김형식(1999). 사회복지 프로그램 평가 : 이론과 실제. 서울 : 아시아미리어리서치.

김형식 · 이영철 · 신준섭(2002). 사회복지행정론. 서울 : 동인.

남세진 · 최성재(1994). 사회복지조사방법론. 서울 : 서울대출판부.

노화준(2001). 정책평가론(제3전정판). 서울 : 법문사.

박경일(2000). 사회복지 프로그램 진행과 관리기법. 사회복지평가제도의 진단과 개선방안. 2000년 한국사회복지행정학회 추계학술대회 자료집.

박경일 · 장중탁 · 이명현(2002). 사회복지기관의 TQM 전달평가를 통한 단계별 수행방안에 관한 연구 : 부산광역시 지역사회복지관을 중심으로. 한국사회복지행정학, 6, 33-63.

변재관 외(2000). 사회복지시설 평가모형개발 및 평가결과. 한국보건사회연구원 · 보건복지부, 43-127.

서인해(2003). 프로그램 개발을 위한 새로운 패러다임 : 개입조사모델의 적용가능성과 과제. 사회복지 프로그램 개발모델과 관리. 2003년 한국사회복지행정학회 추계학술대회 자료집, 3-23.

서인해 · 공계순(2003). 프로그램 개발의 창의성에 영향을 미치는 요인에 대한 연구. 한국사회복지연구, 22, 107-136.

성규탁(1998). 사회복지행정론. 서울 : 법문사.

성규탁 · 윤경아(1996). 사회복지실천평가론. 서울 : 법문사.

성숙진 · 유태균 · 이선우 · 이기영 역(2004). 사회복지조사방법론. A. Rubin & E. Babbie.

Research methods for social work. 서울 : 시그마 프레스.

양옥경(2002). 한국 임상사회복지실천의 효과성 연구경향에 관한 연구. 한국사회복지학, 42, 225-253.

양옥경 외(2001). 사회복지실천론. 서울 : 나남출판사.

이상균(2000). 사회복지실천 프로그램에 대한 메타분석. 한국사회복지학, 40, 131-156.

장인협 · 우국희(2001). 케어 · 케이스매니지먼트. 서울 : 서울대학교 출판부.

전혜승 · 최재성(1999). 부랑인시설의 조직 효과성 분석 – 체계이론과 목표달성모델을 중심으로. 한국사회복지행정학, 창간호, 119-156.

정무성 역(1999). 사회복지 프로그램 기획과 관리. 서울 : 나눔의 집.

_________(2000). 비영리기관의 모금. 서울 : 나눔의 집.

정무성 · 정진모(2001). 사회복지 프로그램 개발과 평가. 서울 : 양서원.

조흥식 · 정선욱 · 김진숙 · 권지성. 공역(2005). 질적 연구방법론 : 다섯 가지 전통. 서울 : 학지사.

지병주(1999). 사장님 차리기만 하면 뭐 합니까? 알려야죠! 서울 : 새로운 제안.

최선화 · 박광준 · 황성철 · 안홍순 · 홍봉선(2003). 사회문제와 사회복지. 서울 : 양서원.

최성재 · 남기민(2000). 사회복지행정론. 서울 : 나남출판사.

최일섭 · 김통원 · 박광준 · 정무성 · 황성철(1998). 사회복지관 평가모형 개발연구. 서울 : 한국사회복지관협회.

최일섭 · 이창호(1993). 사회계획론. 서울 : 나남출판사.

최일섭 · 최성재(1994). 사회문제와 사회복지. 서울 : 나남출판.

최재성(1997). 총체적 품질경영기법(TQM)의 적용가능성에 관한 고찰 : 사회복지조직관리 및 평가를 위한 새로운 패러다임. 연세사회복지연구, 4, 233-258.

최재성(2001). 사회복지분야의 평가경향과 과제. 한국사회복지행정학, 4, 89-115.

홍순혜 · 한인영 역(1997). 사회사업기록. 서울 : 학문사.

황성철(1995). 사례관리 실천방법의 모형개발과 한국적 적용에 관한 연구. 한국사회복지학, 27, 275-304.

_____(1998). 사회사업실천의 효과성에 관한 논쟁과 미국사회사업의 발전 : 임상적 실천을 중심으로. 한국사회복지학, 34, 215-245.

_____(2000). 사회복지관의 지역사회자원동원능력 결정요인분석. 한국사회복지행정학, 2, 173-189.

_____(2002). 임파워먼트(Empowerment)모델과 사회복지조직관리. 한국사회복지행정학, 6, 65-90.

황성철 · 강혜규(1994). 사회복지관 운영평가 및 모형개발. 서울 : 한국보건사회연구원.

황성철 · 정무성 · 강철희 · 최재성(2003). 사회복지행정론. 서울 : 현학사.

황성철 · 한혜경(2003). 재가노인복지 정책과 실천. 서울 : 현학사.

Aldrich, H. E.(1979). *Organizations and environment*. Englewood Cliffs, NJ : Prentice Hall.

Armstrong, G. & Kotler, P.(2000). *Marketing : an introduction(5th ed.)*. Upper Saddle River, NJ : Prentice Hall.

Au, C. F.(1994). The status of theory and knowledge development in social welfare administration. *Administration in Social Work, 18*, 27-58.

Babbie, B.(1983). *The practice of social research*. Belmint, CA : Wadsworth.

Barker, R. L.(1995). *The social work dictionary(3th ed.)*. Washington, DC : NASW Press.

_____________(1999). *The social work dictionary(4th ed.)*. Washington, DC : NASW Press.

Bebbington, A. C., Davis, A., & Bleddyn, P.(1983). Equity and efficiency in the allocation of the personal social services. *Journal of Social Policy, 12*(3), 309-330.

Bennett, E. L. & Weisinger, M.(1977). Evaluation : alternative models. In N. Gilbert & H. Specht(Eds.). *Planning for social welfare : Issues, models, and tasks*. Englewood Cliffs, NJ : Prentice-Hall. 361-379.

Berry, L. L. & Parasuraman, A.(1992). Prescriptions for a service quality revolution in America. *Organizational Dynamics*, 5-15.

Bogdan, R. C. & Biklen, S. K.(1992). *Qualitative research for education : An introduction to theory and methods*. Boston, MA : Allyn & Bacon.

Bradshaw, J.(1972). The concept of social need. *New Society, 30*, 640-643.

__________(1977). The concept of social need. in *Planning for social welfare*. N. Gilbert & H. Specht(Eds.). Englewood Cliff, NJ : Prentice-Hall, 290-296.

Brager, G. & Holloway, S.(1992). Assessing prospects for organizational change : The use of force field analysis. *Adminstration in social work, 16*(3-4), 15-29.

Cassafer, D. J.(1996). How can planning make it happen?, In Pecora, P. J. et al., (Ed.), *Quality Improvement and Evaluation in Child and Family Services*. Washington, D.C. : CWLAL, 177-196.

Chambers, D. E.(1986). *Social policy and social programs : a method for the practical public policy analyst*. New York, NY : Macmillan publishing Co.

Chase, R. R. & Bowen, D. E.(1991). Service quality and the service delivery system : a diagnostic framework. In S. W. Brown, E. Gummesson, B. Edardsson, & B. Gustavsson(Eds.), *Service quality : Multidisciplinary and multinational perspective*, 157-176. Lexington, MA : Lexington Books.

Cherin, D. & Meezan, W.(1998). Evaluation as a means of organizational learning. *Administration in Social Work, 22*(2), 1-21.

Chin, R., & Benne, K.(1969). General strategies for effective changes in human systems. In K. Benne, & R. Chin(Eds.), *The planning of change*. New York : Holt, Rinegart and Winston.

Cloward, R., Ohlin, L., & Piven, F.(1959). *Delinquency and opportunity*. New York : Free Press.

Cohen, M. D. & March, J. G.(1974). *Leadership and ambiguity : The american college president*. New York : McGraw-Hill.

Compton, B. & Galaway, B.(1984). *Social work process(3rd ed.)*. Chicago, IL : Dorsey Press.

Compton, B. R. & Galaway, B.(1984). *Social work processes(5th ed.)*. Belmont, CA : Wardsworth/Thomas Learning.

Cook, T. D. & Reichardt, C. S.(1979). *Qualitative and quantitative methods in evaluation research*. Beverly Hills, CA : Sage.

Creswell, J. W.(1994). *Research Design : Qualitative and quantitative approaches*. Thousand Oaks, CA : Sage.

Crocker, O. L., Chiu, J. S. K., & Charney, C.(1984). *Quality circles : a guide to participation and productivity*. New York : Methuen Publications.

D'Zurilla, T. & Goldfried, M.(1971). Problem solving and behavior modification. *Journal of Abnormal psychology, 78*, 107-126.

Day, P. J.(2000). *A new history of social welfare. Needham Heights*. MA : Allyn & Bacon.

Denzin, N. K. & Lincoln, Y. S.(1994). *Handbook of qualitative research*. Thousand Oaks, CA : Sage.

DePoy, E. & Gilson, S. F.(2003). *Evaluation practic : thinking and action principles for social work practice*. Pacific Grove, CA : Brooks & Cole.

Deshler, D.(1984). *Evaluation for program improvement*. San Francisco, CA : Jossey-Bass.

DiNitto, D. M.(2000). *Social welfare : politics and public policy*. Needham Heights, MA : Allyn & Bacon.

Dolgoff, R. & Feldstein, D.(2000). *Understanding social welfare(5th ed.)*. Needham Heights, MA : Allyn and Bacon.

Donabedian, A.(1966). Evaluating the quality or medical care. *Milbank Memorial Fund Quarterly, 44*, Part2, 166-206.

Drake, R. E., Bebout, R. R., Quimby, E., Teague, G. B., Harris, M., & Roach, J. P.(1993). Process evaluation in the Washington, D.C. dual diagnosis project. *Alcoholism treatment quarterly, 10*(3/4), 113-124.

Dubois, B. & Miley, K.(2002). *Social Work : an empowering profession(4th ed.)*. Needham Height, MA : Allyn & Bacon.

Edvardsson, B. & Gustavsson, B. O.(1991). *Quality in services and quality in service organizations*. In S. W. Brown, E. Gummesson, B. Edvadsson, & B. Gustavsson(Eds.), *Service quality : Multidisciplinary and multinational perspective*. pp.319-339. Lexington, MA : Lexington Books.

Etzioni, A.(1964). *Modern organization*. Englewood Cliffs, NJ : Prentice-Hall.

Fischer, J.(1973). Is casework effective? A review. *Social Work, 18*, 5-20.

Flynn, J.(1985). *Social agency policy : analysis and presentation for community practice*. Chicago : Nelson-Hall.

Frager, M. & Haapala, D.(1987). Hone-based family treatment : A quantitative and qualitative assessment. *The Journal of Applied Social Sciences, 12*(1), 1-3.

Gabor, P. & Grinnell, R.(1994). *Evaluation and quality improvement in the human services*. Neeham Heights, MA : Allyn & Bacon.

Gabor, P., Unrau, Y., & Grinnel, R.(1998). *Evaluation for social workers*. Needham

Heights, MA : Allyn & Bacon.

Gates, B. L.(1980). *Social program administration : the implementation of social policy*. Englewood Cliffs, NJ : Prentice-Hall.

Gerber, G. J. & Prince, P. N.(1999). Measuring client satisfaction with assertive community treatment. *Psychiatric Services, 50*, 546-550.

Gilbert, N. & Specht, H.(1977). *Planning for social welfare*. Englewood Cliffs, NJ : Prentice-Hall.

Gilbert, N. & Terrell, P.(1998). *Dimensions of social welfare policy(4th ed.)*. Boston : Allyn and Bacon.

Goldberg, G. S.(1995). Theory and practice in program development : A study of the planning and implementation of tour teen social programs. *Social Services Review, 65*(4), 614-655.

Gronbjerg, K.(1992). Nonprofit human service organizations : Funding strategies and patterns of adaptation. In Y. Hasenfeld(Ed.), *Human services as complex organizations*. Newbury Park, CA : Sage.

Gronbjerg, K. A., Kimmich, M. H., & Salamaon, L. M.(1985). *The Chicago nonprofit sector in a Time of government retrenchment*. Washington, DC : Urban Institute.

Gross, M. J.(1978). "The importance on budgeting." in Simon Slavin(Ed.), *Social administration*. New York : Haworth press & CSWE.

Growbjerg, K.(1993). *Understanding nonprofit funding*. New York : Russell Sage Foundation.

Guba, E. G. & Lincoln, Y. S.(1989). *Fourth generation evaluation*. Newbury Park, CA : Sage.

Hanslin, J. M.(1996). *Social Problems(4th ed.)*. Upper Saddle River, NJ : Prentice-Hall.

Harkness, D. & Hensley, H.(1991). Changing the focus of social work supervision : The effects on client satisfaction and generalized contentment. *Social Work, 36*, 506-512.

Hasenfeld, Y.(1987). Program development. In J. Rothman, J. Erlich, & J. E. Tropman(Eds.), *Strategies of community organization(5th ed)*. Itasca, IL : Peacock, 427-448.

Hasenfeld, Y.(1992). *Humans services as complex organizations*. Newbury Park : Sage

Publications.

__________(1996). The administration of human services : what lies ahead? In P. R. Rattoul & C. A. MeNeece(Eds.), Future issues for social work practice. Neeham Height, MA : Allyn & Bacon, 191-202.

Hornick, J. P. & Burrows, B.(1988). Program evaluation. in R. M. Grinnell, Jr.(Ed.), *Social work research and evaluation*. Itaska, IL : Peacock.

Hudson, J. & Grinnell, R. M., Jr.(1989). Program evaluation. In B. Compton & B. Galaway, *Social work processes(4th ed.)*, 691-711. Belmont, CA : Wadsworth.

Hudson, W. W.(1982). *The clinical measurement package : A field manual*. Chicago, IL : Dorsey.

Hudson, W. W. & Thyer, B. A.(1987). Research measures and indices in direct practice. In A. Minahan(Ed.), *Encyclopedia of social work*, 487-498. Washington, DC : National Association of Social Workers.

Ingle, S. & Ingle, N.(1983). *Quality circles in service industries : Comprehensive guidelines for increased productivity and efficiency*. Englewood Cliffs, NJ : Prentice Hall.

Ingram, B. L. & Chung, R. S.(1997). Client satisfaction data and quality improvement in managed mental health care organization. *Health care management review, 22*, 44-52.

Kahn, A. & Kamerman, S.(1976). *Social services in international perspective : the emergence of the sixth system*. Washington, DC : US Dept. of Health, Education, and Welfare.

Kamerman, S. B.(1975). A paradigm for programming : First thoughts. *Social Services Review, 49*(2), 412-420.

Kamerman, S.(1973). *Community-based child advocacy project : a study in evaluation*. DSW Dissertation, Columbia University School of Social Work.

Kaze, M. A. & Wilson, A. F.(1996). Applying single-case evaluation methodology in a British social work agency. *Research on Social Work Practice,* 6(1), 5-26.

Kettner, P. M.(2002). *Achieving excellence in the management of human service organizations*. Boston, MA : Allyn & Bacon.

Kettner, P. M., Daley, J. M., & Nichols, A. W.(1985). *Initiating change in organizations and communities : A macro practice model*. Monterey, CA : Brooks/Cole.

Kettner, P. M., Moroney, R. M., & Martin, L. L.(1999). *Desigining and managing programs : An effectiveness-based approach(2nd ed.)*. Thousand Oaks, CA : Sage Publications Ltd.

Kettner, P. M., Moroney, R. M., & Martin, L. L.(1999). *Designing and managing programs : An effectiveness-based approach(2nd ed.)*. CA : Sage.

Kettner, P. & Martin, L.(1993). Performance, accountability, and purchase of service contracting. *Administration in Social Work, 17*(1), 61-79.

Kidder, L. H., & Fine, M.(1987). Qualitative and quantitative methods : When stories converge. In M. M. Mark & R. L. Shotland(Eds.), *Multiple methods in program evaluation,* 57-76. San Francisco : Jossey-Bass.

Kirst-Ashman, K. K. & Hull, G. H.(2001). *Generalist practice with organization & communities(2nd ed.)*. Belmont, CA : Brooks & Cole.

Kotter, J.(1996). *Leading Change*. Boston : Harvard Business School Press.

Kurtz, P. D.(1998). A case study of a network as a learning organization. *Administration in Social Work, 22*(2), 57-73.

Lauffer, A.(1984). *Strategic marketing for not-for-profit organizations : program and resource development*. New York : Free Press.

Lebow, J. L.(1983). Research assessing consumer satisfaction with mental health treatment : A review of findings. *Evaluation and Program Planning, 6*, 211-236.

Lebow, J. L.(1987). Acceptabiligy as a simple measure in mental health program evaluation. *Evaluation and Program Planning, 10*(3), 101-195.

Lewin, K.(1951). *Field theory in social science*. New York : Harper & Row.

Lewis, J. A., Lewis, M. D., Packard, T., & Souflee, F., Jr.(2001). *Management of human service programs(3rd ed.)*. Belmont, CA : Brooks & Cole.

Lindblom, C. E.(1959). The science of muddling through. *Public Administration Review, 19*, spring, 79-88.

Lovelock, C.(1992). *Managing services-marketing, operation and human resources(2nd ed.)*. Englewood Cliff, NJ : Prentice-Hall.

Lovelock, C. H. & Weinberg, C. B.(1990). *Public and nonprofit marketing(2nd. ed.). San Francisco*. CA : The Scientific Press.

Marlow, C.(2001). *Research methods for generalist social work(3rd ed.)*. Belmont, CA : Wardsworth/Thomson Learning.

Martin, L. L.(1993). Total quality management : The new managerial wave. *Administration in Social Work, 17*(2), 1-15.

Martin, L.(1993). *Total quality management in human service organizations*. Newbury Park, CA : Sage.

Martin, L. & Kettner, P.(1996). *Measuring the Performance of Human Service Programs*. Thousand Oaks, CA : Sage.

Maslow, A. H.(1954). *Motivation and personality*. New York : Harper & Row.

Masterson, D.(1991). What business are we in? In L. Friedman(Ed.), *The AMA handbook of marketing for the service industries*, 25-38. New York : American Management Association.

Mausner, J. & Kramer, S. K.(1985). *Epidemiology : An introductory text(2nd ed.)*. Philadolphia, PA : Saunders Co.

McMurtry, S., Netting, F., & Kettner, P.(1990). How non-profits adapt to a stringent environment. *Non-Profit Management and Leadership, 1*, 235-252.

Melkers, J. & Willoughby, K.(1998). The state of the states : Performance-based budgeting requirements in 47 out of 50 states. *Public Administration Review, 58*, 66-73

Miley, K. K., O'Melia, M., & DuBois, B. L.(1995). *Generalist social work practice : An empowering approach*. Needham Heights, MA : Allyn & Bacon.

Moxley, D. (1989). *The practice of case management*. Newbury Park, CA : Sage.

Mullen, E.(1994). Design of Social Intervention. In J. Rothman & J. Thomas(Eds.), *Intervention Research design and development for human service,* 163-194. New York : The Haworth Press. Inc.

Munson, F. & Pelz, D.(1982). *Innovation in organization : A conceptual framework*. The University of Michigan Press.

Murdick, R. G., Ross, J. E., & Claggett, J. R.(1984). *Information system for modern management(3rd ed.)*. Englewood Cliffs, NJ : Prentice-Hall, Inc.

Napier, R. & Gershenfeld, M.(1981). *Groups : Theory and experience(2nd ed.)*. Boston, MA : Houghton Mifflin.

NASW.(1974). Social casework : generic and specific. a report of the milford conference of 1929 reprinted in *National association of social workers classics series*. Washington, DC : NASW.

Netting, F. E., Kettner, P. M., & McMurtry, S. L.(1993). *Social work macro practice*. New York : Longman.

Netting, F., Kettner, P., & McMurty, S.(1998). *Social work macro practice(2nd ed.)*. New York : Longman.

Nuehring, E. M. & Pascone, A. B.(1986). Single-subject evaluation : A tool for quality assurance. *Social Work, 31*, 359-365.

Nugent, W. R., Bruley, C., & Allen, P.(1999). The effects of aggression replacement training on male and female antisocial behavior in a runaway shelter. *Research on social work practice,* 9(4), 466-482.

Patti, R. J.(1983). *Social welfare administration : managing social programs in a developmental context*. Englewood Cliffs, NJ : Prentice-Hall.

Patti, R.(1985). In search of purpose for social welfare administration. *Administration in Social Work,* 9, 1-14.

Patton, M. Q.(1981). Creative evaluation. Beverly Hills, CA : Sage Publication Inc.

____________(1986). *Utilization-focused evaluation(2nd ed.)*. Beverely Hills, CA : Sage.

____________(1987). *How to use qualitative methods in evaluation*. Newbury Park, CA : Sage.

____________(1990). *Qualitative evaluation and research methods*. Newbury Park, CA : Sage.

Piertrzak, J., Ramler, M., Renner, T., Ford, L., & Gilbert, N.(1990). *Practical program evaluation : Examples from child abuse prevention*. Newbury Park, CA : Sage.

Posavac, E. J. & Carey, R. G.(1997). *Program evaluation : Methods and case studies(5th ed.)*. Upper Saddle River, NJ : Prentice Hall.

Pruger, R. & Miller, L.(1991). Efficiency and the social services : Part A.

Administration in Social Work, 15(1-2), 5-23.

Rapp, C. & Poertner, J.(1992). *Social administration : A client-centered approach*. New York : Longman Publishing Group.

Reid, W.(1978). *The task centered system*. New York : Columbia University.

Resnick, H.(1980). Tasks in changing the organization from within. In M. Resnick & R. J. Patti(Eds.), *Change form within : mumanging social welfare organizations*. pp.200-216. Philadelphia, PA : Temple University Press.

Rogers, E.(1995). *Diffusion of inovations*. New York : The Free Press.

Rossi, P. H. & Freeman, H. E.(1993). *Evaluation : a systematic approach(5th ed.)*. Newbury Park, CA : Sage.

Rosso, H. A.(1991). Understanding the fund rasing. In H. A. Rosso(Ed.), *Achieving excellence in fund raising : A comprehensive guide to principles, strategies and methods*. San Francisco, CA : Jossey-Bass.

Rothman, J.(1995). Approaches to community intervention. in J. Rothman, J. L. Erlich, & J. E. Tropman. *Strategies of community intervention(5th ed.)*. Itasea, IL : Peacock Publishers.

Royse, D.(1992). *Program evaluation : An introduction*. Chicago, IL : Nelson-Hall.

Royse, D., Thyer, B. A., Padgett, D. K., & Logan, T. K.(2001). *Program evalution : An introduction(3rd ed.)*. Belmont, CA : Wadsworth Thomson Learning.

Royse, D., Thyer, B., Padgett, D., & Logan, T.(2001). *Program evaluation : an introduction(3rd ed.)*. Belmont, CA : Brooks & Cole.

Rubin, A.(1985). Practice effectiveness : More grounds for optimism. *Social Work, 30*, 469-476.

Rubin, A. & Babbie, E.(1993). *Research methods for social work(2nd ed.)*. Pacific Grove, CA : Brooks/Cole Publishing Company.

Rutman, L.(1980). *Planning useful evaluations*. Newbury Park, CA : Sage.

Schoech, D.(1995). Information systems. In R. Edwards(Ed.), *Encyclopedia of social work(19th ed.)*. Washington, DC : NASW Press.

__________(1999). *Human services technology : understanding, designing, and implementing computer and Internet applications in the social services*. New York : Haworth

Press.

Schoenwald, S. K., Ward, D. M., Henggeler, S. W., Pickrel, S. G., & Patel, H. (1996). Multisystemic therapy treatment of substance abusing or dependent adolescent offenders Costs of reducing incarceration, inpatient, and residential placement. *Journal of child and family studies,* 5(4), 475-487.

Schuerman, J. R.(1983). *Research and evaluation in the human services*. New York : Free Press.

Scriven, M.(1991). *The evaluation thesaurus*. Newbury Park, CA : Sage.

_________(1967). The methodology of evaluation. In R. Tyler, R. Gagne, & M. Scriven(Eds.). *Perspectives on curricular evaluation*. Area monograph series on curriculum evaluation. No.1, Chicago, IL : Rand McNally.

Shadish, W. R., Cook, T. D., & Leviton, L.(1991). *Foundation of program evaluation : Theories of practice*. Newbury Park, CA : Sage Publications.

Sheafor, B., Horejsi, C. R., & Horejsi, G. A.(1994). *Techniques and guidelines for social work practice(3rd ed.)*. Boston, MA : Allyn & Bacon.

Skidmore, R. A.(1995). *Social sork administration : dynamic management and human relationships(3rd ed.)*. Needham Heights, MA : Allyn & Bacon.

Smith, M. J.(1990). *Program evaluation in social services*. New York : Springer.

Strauss, A. & Corbin, J.(1990). *Basics or qualitative research : Grounded theory procedures and techniques*. Newbury Park, CA : Sage.

Stufflebeam, D. L.(1974). Alternative approaches to educational evaluation. In W. J. Popham(Ed.), *Evaluation in education : Current applications*. Berkeley, CA : McCutchan. 95-144.

Suchman, E. A.(1967). *Evaluation research*. New York : Russell Sage Foundation.

Taber, M. & Finnigan, D.(1980). *A theory of accountability for social workers*. Urbana, IL : University of Illinois at Urbana-Champaign. Unpublished paper.

TARP(Technical Assistance Research Programs Institute)(1986). *Consumer complaint handling in America : An update study*. Washington, DC : Consumer Affairs Council of the U. S. Department of Commerce.

Tashakkori, A., & Teddlie, C.(1998). *Mixed Methodology : Combining qualitative and quantitative approaches*. Thousand Oaks, CA : Sage.

Thomas, E.(1988). Design and development in organization innovation. *Administration in social work, 11*(3/4), 101-144.

Thomas, E. J.(1984). *Designing interventions for the helping professions*. Beverly Hills, CA : Sage Publications.

Thompson, M.(1980). *Benofit-cost analysis for program evaluation*. Beverly Mills, CA : Sage publications.

Timberlake, E. M., Farber, M. Z., & Sabatino, C. A.(2002). *The general method of social work practice(4th ed.)*. Boston, MA : Allyn & Bacon.

Toseland, R. W. & Rivas, R. F.(1995). *An introduction to group work practice(23rd ed.)*. Needham Heights, CA : Allyn & Bacon.

Tripodi, T.(1983). *Evaluation research for social workers*. Englewood Cliffs, NJ : Prentice-Hall.

Tyler, R. W.(1949). *Basic principles of curriculum & instruction*. Chicago, IL : Univ. of Chicago Press.

Van de Ven, A. H. & Ferry, D. L.(1980). *Measuring and assessing organizations*. New York : Wiley-Interscience.

Velasquez, J. S. & McCubbin, H. I.(1980). Toward establishing the effectiveness or community-based residential treatment : program evaluation by experimental research. *Journal of Social Service Research, 3*(4), 337-359.

Weil, M. D., & Gamble, D. N.(1995). "Community practice models," in *Encyclopedia of Social Work(19th ed.)*. New York : NASW, 580-580.

Weinbach, R. W.(2003). *The social worker as manager : a practical guide to success(4th ed.)*. Boston, MA : Longman.

Weiner, M. E.(1990). *Human service management : analysis and applications(2nd ed.)*. Belmont, CA : Wadsworth.

Weiner, Y.(1998). Forms of value systems : a focus on organizational effectiveness and cultural change and maintenance. *Academy of Management Review, Vol.13*(4).

Weiss, C. H.(1972). *Evaluation action programs : Readings in social action and education*. Boston, MA : Allyn & Bacon.

Weiss, C. H.(1998). *Evaluation(2nd ed.)*. Upper Saddle River, NJ : Prentice-Hall.

Wildovsky, A.(1978). *Budgeting : a comparative theory of budgeting process*. Boston, MA : Little Brown Co.

Williams, B.(1994). Patient satisfaction : A valid concept? *Social Science and Medicine, 38*, 509-16.

York, R. O.(1982). *Human service planning : concepts, tools and methods*. Chapel Hill, North Carolina : The University of North Carolina Press.

부 록

〔부록 1〕 노인복지정책 및 프로그램 개발을 위한 초점집단 활용방법사례
〔부록 2〕 사회복지 프로그램 평가척도
〔부록 3〕 2006년 공동모금회 배분신청서 양식

[부록 1] 노인복지정책 및 프로그램 개발을 위한 초점집단 활용방법사례[1)]

노인복지정책을 개발하기 위해서 노인과 예비노인을 대상으로 초점집단을 활용하였다. 현재 노인복지정책에 대한 평가와 더불어 노인과 예비노인들의 노년기 인식, 노후대책, 거주형태, 잠재적 욕구 등을 파악하는 데 초점을 두었다.

1. 문제확인 및 연구주제의 선정

초점집단연구 및 조사는 문제에서 출발한다. 초점집단은 '초점'이라는 이름이 암시하듯이 초점이 분명한 아젠다를 가지고 있다. 문제확인은 정보가 누구로부터 얻어질 수 있고, 바람직한 정보의 종류에 대한 명확한 진술을 필요로 한다. 이 초점집단에서는 연구목적이 중요하다. 주제가 초점 있게 좁혀지지 않을 경우에는 그 모든 주제에 대하여 참여자들이 충분한 토의를 하지 못하게 되어, 질적 자료수집이 되기보다 사회조사의 양적 자료수집 수준에 머물 우려가 있으며, 주제에 관한 참여자들의 인지도가 지나치게 낮은 주제선정 시에는 참여자들의 활발한 토론을 기대할 수 없다(이가옥 외, 1993).

2. 표본 틀 선정

표본 틀(sampling frame)은 표본 또는 여러 단계의 표본을 선정하는 표본추출단위(sampling unit)의 실제목록이다. 많은 경우 연구조사자는 연구대상으로 생각하고 있는 모집단에서 시작하여 가능한 표본 틀을 찾는다(성숙진 · 유태균 · 이선우, 2000). 특히 초점집단은 '전체 대상층'의 경험과 관점에 대한 일반화보다는 연구목적에 따라 선택된 '하위대상집단'에 대한 일반화에 관심을 두고 있다. 따라서 연구주제에 따라 하위대상집단을 명확한 근거하에 체계적으로 표집하는 것이 매우 중요하다. 특히 주요 특성변수에 따라 집단을 선정하고, 집단을 선정할 때 참여자의 동질성을 확보하는 데 유의해야 한다. 이에 대한 자세한 내용은 다음과 같다.

1) 이 사례는 이가옥 외(1993). 노인복지정책 개발을 위한 연구. 서울 : 한국보건사회연구원의 내용을 당시 연구에 참여했던 김만지 박사가 수정, 보완한 내용을 중심으로 작성됨.

1) 주요특성 변수에 따른 집단선정

주요특성이란 집단 간에 서로 큰 잠재적 차이를 나타내는 특성으로, 초점집단에서 토론될 주제와 관련하여 각 집단의 관점 및 경험에 상반된 의견이 예상되는 가장 기본적 변수를 의미한다.

〈예〉

· 생애단계(노인 : 만 60세 이상/예비노인 : 만 40~59세)
· 성별(남/여)
· 지역별(대도시/농촌)
· 경제수준별(중/하)

〈예〉

(단위 : 집단)

구 분	노 인		예비노인	
	남	여	남	여
대도시 경제 중 경제 하	 1 1	 1 1	 1 1	 1 1
농촌	1	1	1	1
총집단=12	3	3	3	3

2) 참여자의 동질성 확보

첫째, 집단 내의 동질성을 유지함으로써 토론이 원활하게 진행될 수 있도록 한다. 집단참여자의 인구사회학적 배경변수에 있어서의 동질성을 의미하는 것이지, 집단참여자 각자가 일치된 의견이나 태도를 지녀야 한다는 것이 아니다.

둘째, 집단참여자는 되도록 서로 '모르는 사람(stranger)'으로 구성한다. 참여자가 서로 잘 아는 사이인 경우에 집단참여자들이 상대방을 의식하여 자신의 의견을 솔직하게 표현하지 못하거나 서로 간에 잡담이 오고 갈 우려가 있기 때문이다.

3. 집단 수와 회기 수(session)의 결정

한 집단만을 운영하는 것은 바람직하지 않다. 한 집단으로부터 자료가 나올 때 그 집단구성원의 특성이나 집단역동이 토론의 내용과 구별되지 않게 된다. 여러 개의 집단을 구성하는 장점은 초점집단을 분석할 때 여러 집단을 비교함으로써 어떤 주제가 가장 중요한지 알게 해 주고 어떤 문제가 어떤 단일 집단에 특별하고 반복적으로 대두되는지 알게 해 준다. 일반적으로 집단은 3~5개가 필요하지만, 어떤 주제에 대한 반응이 다양할 때에는 더 많은 집단을 활용하기도 한다.

4. 지침서(guideline) 개발

초점집단에서는 자료수집을 위하여 토론주제에 대한 내용을 정리한 토론지침서가 필요하다. 토론지침서의 질문은 구체적으로 언어화될 필요는 없지만, 주제에 대한 참여자의 생각이나 태도를 토론으로 이끌어 낼 수 있도록 구체적으로 만들어져야 한다(이가옥 외, 1993).

〈예〉 노인집단토의지침서

주제 1 : 노년기에 대한 인식

1.1. 스스로 자신을 노인이라고 생각하는가?

1.2. 언제부터 노인이 된다고 생각하는가?(또는 언제부터 노인이라고 생각하게 되었는가?)
(확인 : 연령, 사건 등)

주제 2 : 노후대책

2.1. 노후생활을 대비하여 젊은 시절부터 준비를 해 온 것이 있는가?

2.2. 노후준비를 하지 못했다면, 그 이유는 무엇인가? (확인 : 여유 없음, 자녀부양에 대한 기대)

2.3. 일반적으로 우리나라 부모들이 자녀들의 양육을 위하여 재산 또는 수입의 대부분을 사용하고, 따라서 자신의 노후를 위하여 따로 충분한 저축을 하지 못하는 것에 대하여 어떻게 생각하는가?

주제 3 : 거주형태에 대한 의견

3.1. 어떤 자녀와 살고 있는가?

3.2. 가능하다면, 자녀와는 어떻게(어떤 거주형태로) 사는 것이 좋다고 생각하는가?
(확인 : 동거, 인접별거, 별거 등)

3.3. 자녀와 함께 살기를 원한다면, 자녀들 중에서 어떤 자녀와 함께 살고 싶은가? 그 이유는?

< 중 략 >

주제 7 : 노인의 복지욕구

7.1. 현재 가장 큰 바람(욕구)은 무엇인가?

7.2. 앞으로의 시간을 어떻게 보내고 싶은가?

7.3. 지나온 인생을 전반적으로 어떻게 평가하는가?(확인 : 만족도, 후회정동 등)

7.4. 앞으로 국가가 노인들을 위하여 어떤 일을 우선적으로 해 주기를 바라는가?
(확인 : 노령수당 증액, 요양원 증설 등)

7.5. 기타 하고 싶은 말은?

5. 사회자(moderator) 및 보조사회자(assistant moderator)의 훈련

초점집단에서 요구되는 진행팀은 사회자와 보조사회자로 구성되는데 이들의 능력은 자료수집에 매우 큰 영향을 미치므로 사전훈련과정을 거칠 필요가 있다(Krueger, 1994).

1) 사회자

특히 사회자의 능력은 수집된 자료의 타당성과 유용성에 주요한 영향을 주기 때문에 가장 중요하다. Knodel(1990)은 사회자가 그 역할을 잘 수행하기 위해서는 다음의 일곱 가지 특성을 갖추도록 훈련되는 것이 바람직하다고 하였다. 첫째, 참여자들을 편안히 느끼게 만들 수 있고, 각 참여자의 특성과 욕구에 민감하게 반응할 수 있는 우호적이고 다정다감한 사람일 필요가 있다. 둘째, 토의될 주제에 대해 개인적 감정을 피하고 중립적 태도를 취하며, 표정이나 동작 등에서도 긍정적이거나 부정적인 표현을 삼가는 것이 바람직하다. 셋째, 사회자는 초점집단 동안 일어날 수 있는 여러 예기치 못했던 사건들에 대해서도 능숙하게 대처할 수 있어야 한다. 넷째, 연구주제에 대한 충분한 이해를 가지고 토론의 흐름을 이끌어 가며, 얻어 내고자 하는 정보를 효과적으로 수집할 수 있어야 한다. 다섯째, 사회자는 이전에 초점집단을 실시해 본 경험이 있는 사람이 적합하다. 여섯째, 사회자의 의상은 너무 공식적이지 않은 자연스러운 복장을 하는 것이 좋다(이가옥 외, 1993).

2) 보조사회자

Krueger(1994)는 보조사회자들의 역할을 다음과 같이 제시하고 있다.

1. 모든 장비를 책임지고 준비한다.
   - 녹음기, 마이크, 공테이프, 연장 코드, 이름표, 사례금, 펜, 다과, 덕트, 건전지, 유인물
2. 다과를 책임지고 세팅한다.
3. 초점집단에 참여하는 모든 참여자들이 서로 볼 수 있도록 의자와 테이블을 배치한다.
4. 필요한 장비를 설치하고 확인한다.
5. 도착하는 참여자들을 맞이한다.
6. 앉을 자리를 안내한다.
7. 토론의 전 과정을 기록한다.
8. 기록 장비를 모니터한다.
9. 토론에 참여하지 않는다.
10. 토론의 끝 무렵에 과정에서 질문이 주어지면 대답한다.
11. 토론의 끝 무렵에 진행자나 보조진행자는 중요한 질문에 대해 간단히 요약을 해야 한다.
12. 참여자들에게 사례금을 전달하고 감사의 뜻을 표한다.
13. 진행자와 함께 회기의 결과에 대해 보고를 듣는다.
14. 분석에 대한 피드백을 제공한다.

이가옥 외(1993)의 연구에서는 보조사회자의 역할을 기록자와 보조원으로 구분하고 있다. 기록자는 초점집단의 목적, 진행방법, 좌석표 작성, 관찰기법 등에 대한 이론적 바탕을 확실히 갖추도록 해야 하며, 지침서의 내용을 숙지하여 수집할 자료에 대한 명확한 인식을 지니며, 초점집단에서 생성되는 언어적 및 비언어적 정보를 효과적으로 수집할 수 있어야 한다. 보조원은 사회자와 기록자가 그들의 임무에 집중할 수 있도록 보조하는 역할을 맡게 된다. 따라서 회의 전에 다과준비 등 모든 준비물을 점검하며, 회의 중에는 사소한 일에 신경을 쓰지 않도록 보조하는 역할을 수행하여야 한다.

6. 예비조사 실시

예비조사를 통하여 지침서의 내용이나 집단구성에 대한 수정확인작업을 하고, 집단토의의 주제별 소요시간을 확인하며, 주제의 배열순서를 확정하며, 연구팀들을 위한 실제훈련의 기회를 가져야 한다(이가옥 외, 1993).

〈예〉

4회에 걸친 예비조사를 통하여 지침서를 수정하였으며, 예비조사 시 사회자 및 보조인력의 훈련을 겸하였다.

7. 초점집단 참여자 선정

보통 사회자 또는 진행자 선정과 지침서 개발은 초점집단 참여자 모집과 동시에 이루어진다. 초점집단의 참여자를 발굴하고 소집하기 위해서는, 먼저 연구에 적합한 지역을 선정하고, 참여후보의 명단을 작성하며, 사전점검표(screening form)를 개발한다. 초점집단 실시 전에 후보로 선정된 사람들을 일일이 방문해 사전점검표를 작성함으로써 각 후보가 초점집단에 적합한지 여부를 결정하고 또한 연구팀이 참여후보와 친숙한 관계를 형성하는 것이 바람직하다(이가옥 외, 1993).

〈예〉

참여후보가 될 만한 사람들을 사회복지 전문요원, 통장, 이장 등을 통하여 추천받고, 이들의 이름과 주소를 포함한 명단을 작성하였다.

참여자를 구성하는 방법으로 명단, 무작위표집, 의뢰, 공개권유 등이 있다. 참여자를 결정하는 데 고려되는 요소로는 인구학적 특성, 경험, 태도와 의견 등이 있다. 집단에 참여하기로 동의하면 정보를 주고받아야 한다. 즉 참여자의 주소와 전화번호를 확인하고 연구주제, 집단에 참여함으로써 원하는 인센티브, 간단한 다과 등이 제공되는 것, 그리고 집단시작 전에 앞으로 어떤 접촉을 하게 되는지 말해 준다. 특히 인센티브는 참여를 촉진하는 역할을 한다. 참여자들이 편리한 시간과 장소를 선택한다. 처음 만났을 때부터 참여가 중요함을 강조하고 계속 사후연락을 취하는 것이 중요하다. 가장 기본적인 사후연락방법은 확인 편지 보내기와 전화 걸기이다.

8. 집단실시

1) 초점집단실시를 위한 사전작업

첫째, 초점집단을 위한 장소로는 되도록 토론과 녹음이 용이하도록 충분히 조용하며, 외부인의 방해를 받지 않는 곳으로 정해야 한다.

둘째, 일시는 집단참여자들의 상황을 고려하여 융통성 있게 정해야 한다.

〈예〉

농촌지역의 초점집단시간을 여름철의 밭일이 끝나는 저녁 8~9시경으로 하였다.

사전에 미리 약속시간 및 면접소요시간을 정해 참여자에게 알려 주어야 하며, 참여자에게 면접자의 연락처를 알려 줌으로써 불가피하게 면접약속을 어기게 되었을 경우 연구자에게 연락이 되도록 한다.

셋째, 초점집단에 필요한 녹음기, 참여자 답례품, 다과 및 음료 등을 준비한다.

〈예〉

- 토의지침서(3부)
- 녹음기(2개)
- 카세트 테이프(90분용 4개)
- 카메라 및 필름
- 다과 및 음료
- 일반사항 조사표
- 좌석표 및 토론내용의 기록을 위한 종이와 펜
- 고성능 마이크
- 건전지(녹음기용, 마이크용)
- 참여자들의 이름표
- 참여자 선물

2) 초점집단의 진행

초점집단의 시작은 참여자들이 토론을 할 준비가 되고 편안한 자세가 될 수 있도록 가벼운 주제부터 시작한다. 주제별로 시간배정에 거의 같은 비중을 두는 것이 바람직하나, 상황에 따라 융통성 있게 진행할 수 있다. 그리고 토론과정에서 빠지거나 보충되어야 할 중요한 부분이 발견되면, 기록자는 이를 쪽지에 적어 사회자에게 알려 주도록 한다(이가옥 외, 1993).

3) 초점집단에서 사회자의 개입

사회자는 지침서에 따른 질문을 하면서 집단을 이끌어 나가며, 모든 집단성원들이 토론에 참여하도록 촉진하는 역할을 한다. 초점집단 진행방법으로는 사회자가 비지시적으로 집단을 운영하는 방법(low involvement)과 토론될 주제 및 집단토론의 역동성에 대하여 비교적 깊은 관여를 하는 방법(high involvement)으로 나누어질 수 있다(이가옥 외, 1993). 사회자의 통제수준은 연구의 목적이나 형태에 따라서 선택적으로 사용된다. 예를 들면 실험적 조사에서는 목적달성을 위해 사회자의 개입이 비교적 낮은 수준에서 이루어진다(Morgan, 1988).

초점집단에서 문제로 나타날 수 있는 참여자들의 행동유형은 다음과 같다(Morgan & Krueger, 1998 ; 한인영 외, 2001, 재인용).

① 전문가(experts and influentials) : 이들은 동일 토론주제에 대해 경험했었거나 이전에 이런 유형의 모임에 참여했기 때문에 스스로를 전문가라고 생각한다. 참여자들은 더 많이 교육받고 경험이 있거나 사회적 영향력이 있다고 인식되는 사람들에게 미루려고 한다. 전문가들을 다루는 방법은 그들의 전문적 기술을 깨닫게 하고 다른 사람들이 어떻게 생각하는지에 관해 듣기를 요청하는 것이다. 또, 이 자리에 참여한 모든 사람들이 전문가라는 사실과 모든 참여자들이 표현할 필요가 있는 중요한 인식들을 가지고 있다는 사실을 분명히 해 주는 것이다.

② 주도자(dominant talkers) : 이들은 스스로가 전문가라고 생각하지만, 자신들이 타인들에게 어떻게 인식되는지는 알지 못한다. 이들을 통제하기 위해서 사회자의 옆에 앉게 하거나, 그래도 통제가 되지 않으면 주의를 변화시키기 위한 직면의 기법(직접적인 말)을 사용한다.

③ 발해자(disruptive participants) : 이들은 초점집단의 지침이 되는 규칙을 따르지 못하며 계속해서 타인을 방해하는 등 집단의 흐름을 막는다. 사회자가 이들을 다루는 방법은 모든 참여자들의 견해를 환영한다는 것과 모임에서 모든 사람들이 서로 의견을 나눌 수 있다는 사실을 주지시키는 것이다. 계속해서 집단을 진행하기 곤란한 경우에는 최후의 수단으로 퇴출시킬 수도 있다.

④ 횡설수설자(ramblers and wanderers) : 이들은 두서없이 많은 말을 하며 논지에서 벗어나 있다. 사회자나 보조사회자가 이들에게 20~30초 동안 눈을 마주치고, 이들이 말하는 것을 중단하자마자 사회자는 다음 질문을 시작할 준비를 하거나 현재 토론되고 있는 질문을 다시 반복해야 한다.

⑤ 소심한 자(quiet and shy respondents) : 수줍어하는 응답자들은 적게 말하고 조용한 목소리로 말하는 경향이 있다. 이들은 다른 사람들에 비해 일단 생각한 후에 말하는 것처럼 보인다. 가능하면 사회자는 최대한 시선접촉할 수 있도록 자신의 반대편에 앉히도록 한다.

⑥ 주의산만한 자(inattentive participants) : 이들은 지속적으로 주제에 참여하기를 힘들어한다. 때로 목표에 벗어난 대답을 하는 점에 있어 두서없이 말하는 응답자들과 비슷하지만, 이들은 질문을 이해하거나 듣는 것처럼 보이지 않으며 방향을 알지 못하고 잊어버린다.

9. 자료분석 및 해석

연구자는 집단과정에서 일어난 경향과 패턴을 주의 깊게 살펴보아야 한다. 분석과정은 원자료를 모으는 데에서 시작하고 전체적 과정에 대한 그림을 그리게 한다. 분석과정에서 연구자의 역할은 원자료의 집합체를 연속선상에 놓고 다른 한편으로는 분석적 해석을 하는 것이다. 분석과정에서는 참여자들이 사용한 단어, 어조, 말의 내용, 비언어적 행동, 내적 일치성, 빈도, 특이점, 그리고 아이디어를 고려하게 된다(Krueger, 1994). 초점집단의 분석 및 해석을 위해서는 무엇보다도 먼저 초점집단에서의 녹음내용을 기록(process recording)할 필요가 있다. 녹음기록 시에는 오고 간 대화내용을 있는 그대로 되도록 구체적이고 자세하게 기록하는 것을 원칙으로 하며, 관찰내용도 함께 기록에 남기도록 한다. 비언어적 의사소통이 때로는 언어적 표현보다도 더 유용한 자료로 활용될 수 있다(이가옥 외, 1993).

또한 자료환원(data reduction)전략은 분석에서 중요한 부분이다(Krueger, 1994). 초점집단에서 수집된 자료의 분석방법은, 다음과 같이 크게 두 가지로 구분하여 살펴볼 수 있다(이가옥 외, 1993). 첫째, 토론내용의 직접적 인용 및 해석에 의한 질적 분석방법으로, 녹음기록 및 양적 분석을 토대로 집단 간 특징을 비교한다.

〈예〉

주제 1 : 노년기에 대한 인식

1.2. 언제부터 노인이 된다고 생각하는가?(또는 언제부터 노인이라고 생각하게 되었는가?)
(확인 : 연령, 사건 등)

노인이라고 인식하는 또는 노인이 된다고 생각하는 시점에 대하여는 6개 노인집단과 6개 예비노인집단의 의견이 일치하고 있었다. 즉 노인이나 예비노인 모두가 노년기가 시작되는 계기를 신체적 변화 및 생활주기상의 변화로 인식하는 경향이 있었다. 특히 대도시 지역에서 이러한 경향이 우세하게 나타났다. 반면 농촌지역은 주로 연령을 기준으로 보고 있었으나 기력이 떨어져 일을 못하게 될 때 노인임을 느낀다는 의견도 상당수 있었다.

[기력쇠퇴로 노인임을 느꼈음] "삭신이 말을 안 듣더란 말이요. 나이 먹은 노인네들이 다리가 아프다고 하니까……. 그때부터 이젠 나는 노인네구나. 그라고 시방도 뭐 마음은 안 늙었지. 마음은 새각시 같으지만 몸이 말 안 듣는 걸. 뭘 하려고 그러면 힘이 들어요. 그러니 노인네지, 뭐요."(대도시 저소득층 여자 노인, 73세)

[정년퇴직을 하니……] "정년퇴직하니까, 제가 50살에 정년퇴직을 했습니다. 근데 노인 생각이 나요. 왜 그러느냐? 사회에 나가서 뭘 할라니까 아무것도 할 게 없어요."(대도시 중산층 남자 노인, 70세)

[농촌에는 노인들이 일을 하니, 노인이 아님] "지금 농촌에도 전부 고령화 시대가 돼 있고, 농사래도 전부 노인이 하기 때문에 힘 모자르는 노인이 농사를 짓는 데 애로가 있는 거죠. 젊은 사람들이 있어서 노인이 일하는 거 거들어 줬으면 하는데 70대 넘어서 80대 가야 노인이라고 인정이 되지. 내가 현재 머리는 희고 그래서 남이 보면 '아 저기 노인이다' 하지만 나 자신으로서는 그렇지 못합니다. 그만치 일을 하니까……."(농촌 남자 노인, 68세)

둘째, 주제별 양적 분석으로, 수집된 자료에 수적 개념을 포함시켜 양적으로 기술하는 분석방법으로 집단참여자의 반응을 수량화함으로써 양적 크기를 가늠한다.

〈예〉

주제 1. 노년기에 대한 인식

1.2. 언제부터 노인이 된다고 생각하는가?(또는 언제부터 노인이라고 생각하게 되었는가?)

노인이 되는 시기를 신체적 변화 및 생활주기상의 변화로 인식함(6), 기력이 쇠약해져 일을 할 수 없을 때(1), 노인정에 다니면서 노인이라고 부르니까(2), 노인은 무용지물이라는 소외감이 들어서(1), 경로우대증을 주는 등 사회에서 노인으로 대우하니까(1), 손자가 할아버지라고 부르니까(1) (N=8)

〈예〉

주제 6.1. 국가가 현재의 노인들을 위하여 어떤 일을 해야 한다고 생각하는가?
(노인을 위한 국가시책에 대한 요구사항)

집단구분	노 인	예비노인
대도시 중산층 남자 노인	· 경로승차권을 늘려 주기를 바람(7) · 노인정, 경로당을 중심으로 봉사조직을 구성해 주기를 바람(1)	· 부모를 부양하는 자녀에게 혜택(1) · 경로당, 양로원 등의 시설 증설(2) · 노인인력으로 자원봉사자 조직으로 봉사기회 제공(3) · 연금제도의 확충 · 저소득층 노인을 위한 소득보장 프로그램 · 무료 서비스 확충 · 국가의 시혜만 바랄 것이 아니라 노인의 권익을 위해 노인들 스스로 노력해야 한다는 의견
대도시 중산층 여자 노인	· 경로승차권을 늘려 주기를 바람(6)	· 노인정을 활성화하여 이용도를 높일 수 있도록 해야 한다는 의견(5) · 양로원과 요양시설의 활성화 · 지역별 체육시설의 설치
대도시 저소득층 남자 노인	· 국가복지정책의 진행상황에 대한 홍보(1) · 노인정의 경제적 지원(1) · 의료혜택 대상범위의 확대(6)	· 노령수당으로 액수를 높이고 해당 대상범위를 늘려야 함(4) · 요양시설을 저렴한 비용으로 여러 사람이 이용할 수 있도록 해야 함(2) · 경로승차권을 더 많이 주어야 함(1)
대도시 저소득층 여자 노인	· 노인을 위한 복지기관의 증설(1) · 취로사업의 확대(4)	· 일거리를 주어야 함(3) · 혼자 사는 노인들이 모여 살 수 있는 시설을 마련해 주어야 함(2) · 가정봉사원을 늘려야 함(1) · 노령수당액을 올려야 함(8)
농촌 남자 노인	· 도덕성 회복(4) · 일자리 희망(1)	· 노인에 대한 인식을 계몽시켜야 함(1) · 농사짓는 사람을 위한 노후생활보장이 필요함(7) · 의료혜택의 범위확대가 필요함(2)
농촌 여자 노인	· 노인들을 위한 일자리를 늘려 주기를 바람(7)	· 무의무탁노인들을 위한 대책이 필요함(8) · 자식들의 부모부양은 당연한 것이므로 국가적 차원의 노인부양은 생각해 본 적이 없다는 의견에 동의(8)

10. 보고서 작성

보고는 연구의 목적을 명확히 하고, 보고를 듣고 이용할 사람들에게 초점을 두어야 한다. 초점집단의 보고에는 서면보고(written reports), 구두보고(oral reports), 그리고 이 둘의 형태를 조합한 세 가지가 있다. 가능하다면 조합의 방식으로 보고할 것을 권장하는데, 왜냐하면 각각의 형태가 모두 나름대로의 장점을 갖고 있기 때문이다(Kreuger, 1994).

1) 서면보고

서면보고는 사실이나 경험에 입각한 보고로, 문제에 대한 진술과 초점집단을 활용한 이유, 원자료, 중요한 결과, 그리고 설명적 요약과 해석을 포함할 수 있는 틀을 갖추어야 한다. 서면보고는 세 가지의 형태로 구분이 된다. 첫째, 원자료모델(the raw data model)은 질문을 제시한 다음에 곧바로 이 질문에 참여자들이 코멘트한 내용을 제시한다. 둘째, 설명모델(the descriptive model)은 인용한 문구를 제시하고 이에 대해 요약설명을 한다. 셋째, 해석모델(the interpretative model)은 인용한 문구와 요약설명을 제시하고 이에 대한 해석을 덧붙인다. 원자료보고모델은 분석가가 제한된 능력을 갖고 있는 상황이나 피보고자들이 모든 코멘트를 검토하기를 원할 때, 그리고 설명모델과 해석모델의 서두에 활용된다. 연구자가 가장 손쉽게 빨리 구성할 수 있다. 설명모델과 해석모델 모두 자료환원(data reduction)의 이점을 갖고 있으며 해석모델이 가장 고차원적 분석을 제시한다(Kreuger, 1994).

2) 구두보고

구두보고는 서면보고와는 다른 형태로서, 가장 중요한 점을 처음에 제시한다. 구두보고를 준비하기 전에 발표자는 발표하는 데 시간이 얼마나 소요되는지, 보고가 어떤 장소에서 이루어지는지, 그리고 자신의 보고를 듣는 청중은 누구인지에 대해 알고 있어야 한다. 보통 구두보고를 받는 사람들은 결과에 대해 토론하기를 원하거나 질문을 할 수 있다. 그래서 가장 좋은 구두보고의 형태는 발표하는 데 전체 시간의 1/3~1/2를 할당하고, 나머지 시간에는 결과를 명확히 하고 미래의 행동방향을 위한 토론을 하는 것이다(Kreuger, 1994).

〈예〉

주제 6.1. 국가가 현재의 노인들을 위하여 어떤 일을 해야 한다고 생각하는가?
(노인을 위한 국가시책에 대한 요구사항)

[결과 요약 및 해석]

노인들이 국가로부터 가장 바라는 시책은 경로승차권 지급매수의 증대, 의료혜택의 확충, 취업알선으로 요약될 수 있다. 이를 각 집단별로 살펴보면, 대도시 중산층 노인집단에서는 경로승차권 지급매수 확충, 대도시 저소득층 남녀 노인집단에서는 의료혜택 및 취로사업의 제한일수의 확대로 나타났다. 그러나 농촌지역 노인집단에서는 국가에 대한 요구를 구체적으로 표현하지 않았다.

예비노인이 바라는 노인복지정책의 우선순위에 대해 보면, 대도시 중산층 예비노인집단의 경우에는 노부모 동거자녀에게 특별혜택을 줄 것, 노인복지시설의 운영을 개선해 줄 것, 문화시설을 설치하고 운영해 줄 것 등이 제시되었다. 대도시 저소득층 예비노인집단은 경제적 측면에 초점을 두어 노령수당의 증액, 경로승차권 지급매수의 증대, 노인취업기회의 알선, 실비로 운영되는 노인요양시설 등을 요구하고 있었다. 농촌지역집단은 농사짓는 사람들을 위한 특별한 노후생활보장책, 의료혜택의 범위확대, 자녀가 없는 무의무탁노인들에 대한 대책 등을 요구하고 있었다. 그리고 노인권익을 위해서는 노인들이 국가시책에만 의존할 것이 아니라, 노인들 스스로가 노력하여 '얻어 내야 한다'는 주장도 있었다.

[제언]

- 노인의 고용기회 확대를 위하여 정년퇴직 후 재고용의 기회를 확대하고 정년연령의 지속적 연장 추진→퇴직준비 프로그램, 고령자 직업훈련학교 설치 및 운영, 고령자 직종개발 및 재취업 프로그램 개발 및 보급
- 노인성 질환의 효율적 관리를 위하여는 만성질환 중심의 보건의료체계의 수립이 시급→보건소에 노인진료실 설치, 노인병 전문요원 및 가정간호사 배치, 의료서비스의 접근성을 높이기 위한 순회이동진료기능 강화
- 노인정이 지역사회 노인복지서비스의 중심거점으로 활용될 수 있도록 활성화
- 농림업이 노인의 취업기회 제공에 있어서 가장 큰 위치를 점하고 있다는 점과 취업이 노인의 자기실현의 기회를 제공하고 있다는 점을 감안해서, 농촌노인이 신체적 조건에 적합한 방법으로 농업생산활동에 종사할 수 있도록 농촌의 제반조건을 정비할 필요성 제기

참고문헌

이가옥 외(1993). 노인복지정책 개발을 위한 연구. 한국보건사회연구원.

Greenbaum, T. L.(1998). 포커스그룹 리서치. 이광숙 역(2001). 서울 : 커뮤니케이션북스.

Krueger, R. A.(1994). *Focus Groups-A Practical Guide for Applied Research(2nd ed.)*. Sage Publications, Inc.

Morgan, D. L.(1988). Focus Groups as Qualitative Research. *Qualitative Research Methods Series,* Vol.16. Sage Publications, Inc.

Rubbin, A. & Babbie, E.(1997). 사회복지조사방법론(2000). 성숙진 · 유태균 · 이선우 공역. 서울 : 나남.

Stewart, D. W. & Shamdasani, P. N.(1990). Focus Groups-Theory and Practice. *Applied Social Research Methods Series,* Vol. 20. Sage Publications, Inc.

http : //www.krf.or.kr. 한인영 외(2001). "십대 임신예방을 위한 참여활동 연구결과 보고서". 1998년도 한국학술진흥재단 국제협력 공동연구.

[부록 2] 사회복지 프로그램 평가척도

1. 일반화된 만족척도(Generalized Contentment Scale)

이름 : ______________________ 일시 : _______ 년 ______ 월 ______ 일

이 질문지는 당신의 생활과 주위환경에 대하여 일반적 만족의 정도를 측정하기 위한 것입니다. 이것은 시험이 아니므로 옳고 그른 답이 있을 수 없습니다. 각각의 문항에 대하여 자신이 생각한 대로 정확하게 아래에 해당하는 번호를 1, 2, 3, 4, 5 등으로 기입해 주십시오.

1. 거의 그렇지 않다 2. 조금 그렇다 3. 가끔 그렇다
4. 자주 그렇다 5. 항상 그렇다

1. 내 생활에 관해 무엇을 하든지 무력감을 느낀다. ______
2. 우울하다. ______
3. 불안하여 침착할 수 없다. ______
4. 나는 가끔씩 운다. ______
5. 나는 쉽게 긴장을 푼다. ______
6. 해야 할 필요가 있는 일을 시작하는 데 힘이 든다. ______
7. 밤에 잠을 잘 이루지 못한다. ______
8. 일이 어려워질 때 도움을 청할 수 있는 사람이 항상 있는 것 같다. ______
9. 나의 미래는 밝다고 느낀다. ______
10. 낙담한 심정이다. ______
11. 내가 필요로 됨을 느낀다. ______
12. 다른 사람들에게 인정을 받고 있다고 느낀다. ______
13. 활동적이고 바삐 움직이는 것을 좋아한다. ______
14. 내가 없어도 다른 사람들은 잘 지낼 수 있다고 생각한다. ______
15. 다른 사람들과 함께 있는 것을 좋아한다. ______
16. 내가 의사결정을 하는 것은 쉽다고 생각한다. ______
17. 짓눌린 것같이 느껴진다. ______
18. 나는 성급하다. ______
19. 나는 쉽게 당황해한다. ______
20. 나는 즐겁게 지낼 가치가 없는 사람인 것 같다. ______
21. 나는 충실한 생활을 하고 있다. ______
22. 사람들이 진정으로 나에게 신경을 쓰는 것 같다. ______
23. 나는 매우 즐겁다. ______
24. 아침에는 상쾌하다. ______
25. 내 처지는 절망적인 것 같다. ______

- 모든 문항에 답을 했을 때 계산방법 : 총 점수 − 25
- 역점수 문항은 1은 5로, 2는 4로, 3은 그대로.
- 답을 하지 않은 문항이 있는 경우 계산방법 : $\dfrac{\text{각 문항의 점수 합} - \text{답을 한 문항} \times 100}{\text{답을 한 문항수} \times 4}$
- Clinical Cutting Score : 30
- 역점수 문항 : 5, 8, 9, 11, 12, 13, 15, 16, 21, 22, 23, 24

2. 가족기능척도(Family Functioning Scale)

이 질문지는 당신 가족의 기능을 여러 측면에서 측정하기 위한 것입니다. 아래의 40개 문항이 어느 정도 자신의 가족을 잘 설명하는지 그 정도를 오른쪽의 일곱 가지 척도 중에서 정확하게 해당하는 번호를 동그라미로 표시해 주십시오.

1. 전혀 그렇지 않다. 2. 거의 그렇지 않다. 3. 조금 그렇다.
4. 가끔 그렇다. 5. 자주 그렇다. 6. 거의 항상 그렇다.
7. 항상 그렇다.

1. 우리 가정에서 누구의 생일은 중요시된다.	1 2 3 4 5 6 7
2. 우리 가정의 아이들은 서로 싸운다.	1 2 3 4 5 6 7
3. 우리 가족 성원은 다른 사람의 요구를 잘 수용한다.	1 2 3 4 5 6 7
4. 우리 가족 성원 중 누구도 내가 필요한 것을 충분히 해 주지 않는다.	1 2 3 4 5 6 7
5. 우리 가족은 주말이나 연휴를 함께 보낸다.	1 2 3 4 5 6 7
6. 우리 가족 성원들은 돈 문제로 다툼이 있다.	1 2 3 4 5 6 7
7. 우리 가족은 내가 인격을 갖춘 인간으로 받아들인다.	1 2 3 4 5 6 7
8. 우리 가족구성원 중에 누가 화가 났을 때 나는 불안하고 걱정이 된다.	1 2 3 4 5 6 7
9. 우리 가족구성원은 내가 말할 때 귀를 기울인다.	1 2 3 4 5 6 7
10. 우리 가족구성원 중의 다른 사람의 견해에 동의하지 않을 때 나는 불안스럽고 걱정이 된다.	1 2 3 4 5 6 7
11. 나는 가족구성원으로부터 존중을 받는다.	1 2 3 4 5 6 7
12. 우리 가족은 과거의 행동양식에 같은 전통에 신경을 쓴다.	1 2 3 4 5 6 7
13. 가정에서 무엇인가 잘 되지 않을 때 나는 머리가 아프다.	1 2 3 4 5 6 7
14. 우리 가정은 졸업, 입학 또는 다른 기념일에 축하하기 위한 특별한 자리를 마련한다.	1 2 3 4 5 6 7
15. 우리 가족성원들은 서로 툭툭 치거나 손찌검을 한다.	1 2 3 4 5 6 7
16. 내가 인간관계에 관한 질문이 있을 때 가족구성원과 의논한다.	1 2 3 4 5 6 7
17. 내가 슬플 때 가족구성원들이 내 기분을 알아차리도록 한다.	1 2 3 4 5 6 7
18. 가족구성원 한 사람의 기분이 전 가족의 분위기를 좌우한다.	1 2 3 4 5 6 7
19. 내가 화가 났을 때 가족구성원들이 알 수 있도록 한다.	1 2 3 4 5 6 7
20. 우리 가족구성원들은 서로 큰 소리로 소리친다.	1 2 3 4 5 6 7

21. 우리 가족은 내가 희망이 없는 사람으로 간주한다.	1 2 3 4 5 6 7
22. 나는 우리 가족에서 일어난 고통스러운 일을 쉽게 잊을 수 없다.	1 2 3 4 5 6 7
23. 우리 가족구성원들은 내 물건을 함부로 다룬다.	1 2 3 4 5 6 7
24. 우리 가정에서 남자와 여자에 관해서 옳고 그렇지 않는 부분을 이야기한다.	1 2 3 4 5 6 7
25. 가족구성원들은 음식 먹는 방법에 대해 서로 잔소리를 한다.	1 2 3 4 5 6 7
26. 무엇이 잘못되어 갈 때 누구 한 사람이 집중적으로 비난받는다.	1 2 3 4 5 6 7
27. 우리 가정에서는 성장에 따른 신체적 변화에 관해서 이야기한다.	1 2 3 4 5 6 7
28. 내가 누구에게 화가 났을 때 나는 공개적으로 이야기한다.	1 2 3 4 5 6 7
29. 최소한 한 끼 정도는 가족구성원들이 모여 식사한다.	1 2 3 4 5 6 7
30. 잠시 헤어진 가족구성원이 다시 모일 때 반갑고 중요시된다.	1 2 3 4 5 6 7
31. 우리 가족의 문제에 대해 생각하면 머리가 무겁고 잠이 잘 오지 않는다.	1 2 3 4 5 6 7
32. 우리 가족은 조상과 가족의 역사에 관심이 있다.	1 2 3 4 5 6 7
33. 나는 가족구성원들로부터 사랑을 받고 있다고 느낀다.	1 2 3 4 5 6 7
34. 우리 가정에서 무엇인가 잘되지 않을 때 나는 입맛을 잃는다.	1 2 3 4 5 6 7
35. 나는 내가 걱정하고 있는 바를 가족구성원들이 알아차리도록 한다.	1 2 3 4 5 6 7
36. 내가 하는 일에 가족구성원들은 관심이 없다.	1 2 3 4 5 6 7
37. 우리 가족구성원 중에 어떤 사람의 기분을 알아차리는 것은 중요하다.	1 2 3 4 5 6 7
38. 나는 우리 가족에서 소외감을 느낀다.	1 2 3 4 5 6 7
39. 우리 가족은 다른 가족들과 친숙하고 잘 지낸다.	1 2 3 4 5 6 7
40. 우리 가족구성원 중에 어떤 삶은 자신의 문제를 나와 의논한다.	1 2 3 4 5 6 7

〈가족기능척도(FFS)에 관한 설명〉

- 개발자 : Mark L. Tavitian 외 4인
- 목적 : 가족기능의 다양한 측면을 측정하기 위한 것
- 대상 : 대규모 응답자(563명)를 대상으로 개발되었는데 연령층은 12세에서 64세로 다양하다. 주로 청소년을 대상으로 사용되었다.
- 점수계산 : 총점 = 40문항×7 = 280
  각 문항의 점수를 합산한다. 단 역점수 문항(4, 21, 38)은 1일 때 7로, 2일 때 6으로, 3일 때 5로 계산하며 그 반대인 경우는 역으로 점수를 고쳐서 계산한다. 총점이 160 이하일 때 문제가정으로 분류되고, 120점 이하일 때는 심각한 문제가정으로 판정된다.

3. 아동 자아존중감 척도(Hare Self-Esteem Scale)

1) 가정생활 자아존중감

아래의 문항에 가장 자신을 적절히 표현한 답을 네 가지 중에 골라 1, 2, 3, 4를 빈칸에 써 넣으시오. 아래의 문항은 여러분이 가정생활에서 어떻게 느끼고 있는지를 단순히 묻는 질문들일 뿐이며 옳고 그른 답은 없습니다. 따라서 솔직히 느낀 점을 답해 주십시오.

1. 전혀 그렇지 않다.	2. 그렇지 않다.	3. 그렇다.	4. 매우 그렇다.

_______ 1. 나의 부모님들은 현재의 나를 매우 자랑스럽게 생각한다.
_______ 2. 가정에서 누구 하나도 나에게 관심을 보이는 사람은 없다.
_______ 3. 나의 부모님들은 나를 믿을 수 있는 사람으로 본다.
_______ 4. 나의 부모님들은 가능하다면 나를 다른 집 아이와 바꾸었으면 생각한다.
_______ 5. 나의 부모님들은 나를 이해하려고 애쓴다.
_______ 6. 나의 부모님들은 나에게 너무나 큰 기대를 갖고 있다.
_______ 7. 나는 우리 가정에서 필요한 사람이라고 생각된다.
_______ 8. 나는 가족 우리 가정에서 불필요한 사람이라고 느낀다.

2) 학교생활 자아존중감

아래의 문항에 가장 자신을 적절히 표현한 답을 네 가지 중에 골라 1, 2, 3, 4를 빈칸에 써 넣으시오. 아래의 문항은 여러분이 학교생활에서 어떻게 느끼고 있는지를 단순히 묻는 질문들일 뿐이며 옳고 그른 답은 없습니다. 따라서 솔직히 느낀 점을 답해 주십시오.

1. 전혀 그렇지 않다.	2. 그렇지 않다.	3. 그렇다.	4. 매우 그렇다.

_______ 1. 학교의 선생님들은 나에게 요구하고 바라는 것이 너무 많다.
_______ 2. 전체적으로 볼 때 나는 우리 학급의 다른 학생들과 비슷한 정도 공부한다.
_______ 3. 나는 학교에서 별로 공부를 잘하지 못하는 학생으로 생각될 때가 많다.
_______ 4. 내가 제출한 숙제에 나는 자부심을 느낄 때가 많다.
_______ 5. 학교생활은 다른 학생들보다 나에게 더 큰 어려움을 준다.
_______ 6. 학교의 선생님은 내가 하는 공부와 숙제에 항상 만족하고 있다.
_______ 7. 대부분의 학교 선생님들은 나를 이해하지 못한다고 생각한다.
_______ 8. 나는 우리 학급에서 중요한 사람이라고 생각한다.
_______ 9. 아무리 열심히 공부해도 내가 원하는 성적을 받지 못한다.
_______ 10. 전 학교생활에서 지금까지의 선생님들을 만날 수 있었던 것은 행운이라고 생각한다.

3) 동료관계 자아존중감

아래의 문항에 가장 자신을 적절히 표현한 답을 네 가지 중에 골라 1, 2, 3, 4를 빈칸에 써 넣으시오. 아래의 문항은 여러분이 친구 또는 동료관계에서 어떻게 느끼고 있는지를 단순히 묻는 질문들일 뿐이며 옳고 그런 답은 없습니다. 따라서 솔직히 느낀 점을 답해 주십시오.

1. 전혀 그렇지 않다.	2. 그렇지 않다.	3. 그렇다.	4. 매우 그렇다.

______ 1. 나는 내 나이 또래 다른 아이들처럼 많은 친구가 있다.
______ 2. 나는 다른 아이들처럼 그렇게 인기가 있는 사람이 아닌 것 같다.
______ 3. 다른 아이들과 비교해 보면 나는 그렇게 나쁜 사람인 것 같지가 않다.
______ 4. 내 또래 아이들이 가끔 나를 괴롭힌다.
______ 5. 다른 사람들은 나와 같이 있는 것이 즐거운 일이라 생각한다.
______ 6. 나는 다른 사람들과 같지 않아 친구들과 사귀지 않는다.
______ 7. 다른 사람들은 그들이 나처럼 되고 싶어한다.
______ 8. 나는 다른 사람들보다 친구가 많기 때문에 좀 독특한 사람이 되었으면 좋겠다고 생각한다.
______ 9. 만일 내 친구들이 투표를 하여 대장을 뽑는다면 내가 대장이 될 것이다.
______ 10. 내가 어려운 일이 있을 때 다른 아이들처럼 도움을 요청하는 그런 사람은 아니다.

〈HSS의 설명〉

- 개발자 : Brace R. Hare
- 목적 : 학령기 아동의 자아존중감 측정
- 점수계산 : 부정적으로 진술된 무한의 점수를 역으로 환산하여 세 영역(학교, 가정, 동료)의 자아존중감 점수를 계산한다. 높은 점수는 높은 수준의 자아존중감의 정도를 나타내 준다. 세 영역의 총점은 전체적으로 자아존중감의 정도를 나타낸다.
- 적용대상 : 주로 10세 이상, 18세 미만의 아동과 청소년을 대상으로 사용한다.

4. 청소년 문제경험척도(Adolescent Orientation for Problem Experience)

아래의 문항은 여러분이 어려운 상황에 직면하거나 긴장감을 느낄 때 취할 수 있는 행동들을 열거해 놓은 것이다. 각 문항에 여러분들의 행동을 가장 적절히 표현한 다섯 가지의 답지 중 하나를 선택하여 ○표 해 주십시오. 이 문항들은 어떤 정답도 있을 수 없습니다. 따라서 가장 적절한 행동성향이라고 표현되는 것을 솔직히 답해 주십시오.

* 당신이 어려움에 직면하거나 긴장감을 느낄 때 당신은 어떻게 합니까?

	전혀 그렇지 않다	거의 그렇지 않다	때로는 그렇다	자주 그런 편이다	대부분 그렇다
1. 부모님이 시키는 대로 따른다.	1	2	3	4	5
2. 책을 읽는다.	1	2	3	4	5
3. 심각하게 생각하지 않고 웃어넘긴다.	1	2	3	4	5
4. 다른 사람에게 사과한다.	1	2	3	4	5
5. 음악을 듣는다.	1	2	3	4	5
6. 고민을 선생님이나 다른 사람에게 말한다.	1	2	3	4	5
7. 음식을 먹는다.	1	2	3	4	5
8. 가능한 한 집을 떠나 있는다.	1	2	3	4	5
9. 진정제나 진통제를 복용한다.	1	2	3	4	5
10. 학교의 활동에 더 적극적으로 참여한다.	1	2	3	4	5
11. 가지고 싶은 물건을 산다.	1	2	3	4	5
12. 부모님과 의논하여 원인을 밝힌다.	1	2	3	4	5
13. 성적이나 자신의 모습을 가꾸기 위해서 노력한다.	1	2	3	4	5
14. 운다.	1	2	3	4	5
15. 행복했던 시간을 상상해 본다.	1	2	3	4	5
16. 남자나 여자친구와 함께 있는다.	1	2	3	4	5
17. 차를 타고 어디론가 가 본다.	1	2	3	4	5
18. 다른 사람에게 좋은 이야기를 한다.	1	2	3	4	5
19. 다른 사람에게 화를 내고 소리친다.	1	2	3	4	5
21. 목사나 신부님 또는 성직자와 이야기한다.	1	2	3	4	5
22. 가족 누구에게 불평불만을 하여 해소한다.	1	2	3	4	5
23. 교회나 절에 간다.	1	2	3	4	5
24. 술이나 담배 또는 가스를 흡입한다.	1	2	3	4	5
25. 인생을 정리하고 무엇을 할 것인가 생각해 본다.	1	2	3	4	5
26. 욕을 하고 다른 사람을 저주한다.	1	2	3	4	5
27. 학교 공부를 더욱 열심히 한다.	1	2	3	4	5
28. 잘못된 것을 다른 사람 탓으로 돌리고 비난한다.	1	2	3	4	5
29. 좋아하는 것을 다른 사람 탓으로 돌리고 비난한다.	1	2	3	4	5
30. 다른 사람의 문제해결에 도움을 준다.	1	2	3	4	5

	전혀 그렇지 않다	거의 그렇지 않다	때로는 그렇다	자주 그런 편이다	대부분 그렇다
31. 고민거리를 어머니에게 이야기한다.	1	2	3	4	5
32. 스스로 문제해결의 방법을 찾는다.	1	2	3	4	5
33. 취미생활에 시간을 보낸다.	1	2	3	4	5
34. 전문상담원을 찾아본다.	1	2	3	4	5
35. 친구와 우호관계를 유지하고 새로운 친구를 사귄다.	1	2	3	4	5
36. 스스로 그것은 중요한 문제가 아니라고 말한다.	1	2	3	4	5
37. 영화구경을 간다.	1	2	3	4	5
38. 좋은 방향으로 풀릴 것으로 생각에 잠긴다.	1	2	3	4	5
39. 자기의 감정을 형제에게 이야기한다.	1	2	3	4	5
40. 일거리를 찾아 열심히 한다.	1	2	3	4	5
41. 가족과 함께 무슨 일을 한다.	1	2	3	4	5
42. 담배를 피운다.	1	2	3	4	5
43. TV를 본다.	1	2	3	4	5
44. 기도를 한다.	1	2	3	4	5
45. 어려운 상황에서도 좋은 일을 생각하려 애쓴다.	1	2	3	4	5
46. 술을 마신다.	1	2	3	4	5
47. 스스로 어떤 결정을 내린다.	1	2	3	4	5
48. 잠을 잔다.	1	2	3	4	5
49. 다른 사람을 비꼬거나 빈정댄다.	1	2	3	4	5
50. 고민을 아버지에에 이야기한다.	1	2	3	4	5
51. 친구를 나무래서 불안을 감소시킨다.	1	2	3	4	5
52. 친구에게 자신의 감정을 이야기한다.	1	2	3	4	5
53. 비디오 게임이나 당구를 친다.	1	2	3	4	5
54. 농구, 자전거 타기, 수영 등 운동을 한다.	1	2	3	4	5

〈청소년 문제경험척도(A-Cope)〉

- 개발자 : Joan M. Patterson & Hamilton I. McCabbin
- 목적 : 청소년들의 대처행동의 정도를 측정하는 데 있다.
- 설명 : 54문항으로 구성된 A-Cope는 어려운 상황에서 직면한 청소년들이 어떤 행동양상을 보이는지를 알아보기 위해서 준비된 것이다. 오늘날 우리 사회에서도 청소년들은 각종 문제로 고민이 많고 어려움에 직면하고 있다. 이러한 상황에서 어떤 대처능력과 행동을 보이는 것인가를 측정하는 것은 상담과 지도에서 중요한 부분을 차지한다.
- 계산방법 : 7, 8, 19, 24, 26, 28, 42, 46, 49문항은 역점수로 환산하고 나머지는 그 점수를 합하여 총점을 낸다.

5. 행동적 자아개념척도(Behavioral Self-concept Scale)

아래의 내용을 검사 대상 학생에게 읽어 주십시오.

"우리 인간은 모든 일을 잘할 수는 없다. 대부분 사람들은 어떤 일은 특히 잘한다."

다음의 질문은 학교에서 여러 가지 학습활동과 관계되는 것입니다. 내가 각 질문을 읽어 나갈 때에는 두 가지를 항상 말하는데 여러분이 앞의 것보다 뒤의 것을 더욱 잘할 때는 "뒤"라고 답해 주시고, 반대로 뒤의 것보다 앞의 것을 보다 잘할 때에는 "앞"이라고 대답해 주십시오. 자 시작합니다.

1.	수학문제를 푸는 것	( )	국어책을 읽는 것	( )
2.	철자법에 맞추어 쓰는 것	( )	학교숙제를 하는 것	( )
3.	미술시간에 그림을 그리는 것	( )	과학에 관한 책을 읽는 것	( )
4.	체육시간에 운동을 하는 것	( )	음악시간에 노래를 부르는 것	( )
5.	사회과목의 책을 읽는 것	( )	철자법에 맞추어 쓰는 것	( )
6.	학교숙제를 하는 것	( )	미술시간에 그림을 그리는 것	( )
7.	국어책을 읽는 것	( )	체육시간에 운동을 하는 것	( )
8.	음악시간에 노래를 부르는 것	( )	수학문제를 푸는 것	( )
9.	과학에 관한 책을 읽는 것	( )	사회과목의 책을 읽는 것	( )
10.	철자법에 맞추어 쓰는 것	( )	미술시간에 그림을 그리는 것	( )
11.	체육시간에 운동을 하는 것	( )	학교숙제를 하는 것	( )
12.	국어책을 읽는 것	( )	음악시간에 노래를 부르는 것	( )
13.	수학문제를 푸는 것	( )	과학에 관한 책을 읽는 것	( )
14.	사회과목의 책을 읽는 것	( )	체육시간에 운동을 하는 것	( )
15.	미술시간에 그림을 그리는 것	( )	국어책을 읽는 것	( )
16.	음악시간에 노래를 부르는 것	( )	철자법에 맞추어 쓰는 것	( )
17.	학교숙제를 하는 것	( )	수학문제를 푸는 것	( )
18.	과학에 관한 책을 읽는 것	( )	체육시간에 운동을 하는 것	( )
19.	국어책을 읽는 것	( )	사회과목의 책을 읽는 것	( )
20.	미술시간에 그림을 그리는 것	( )	음악시간에 노래를 부르는 것	( )
21.	철자법에 맞추어 쓰는 것	( )	과학에 관한 책을 읽는 것	( )
22.	수학문제를 푸는 것	( )	사회과목의 책을 읽는 것	( )
23.	음악시간에 노래를 부르는 것	( )	학교숙제를 하는 것	( )
24.	체육시간에 운동을 하는 것	( )	미술시간에 그림을 그리는 것	( )
25.	과학에 관한 책을 읽는 것	( )	국어책을 읽는 것	( )
26.	사회과목의 책을 읽는 것	( )	음악시간에 노래를 부르는 것	( )
27.	체육시간에 운동을 하는 것	( )	철자법에 맞추어 쓰는 것	( )
28.	미술시간에 그림을 그리는 것	( )	수학문제를 푸는 것	( )
29.	과학에 관한 책을 읽는 것	( )	학교숙제를 하는 것	( )
30.	국어책을 읽는 것	( )	철자법에 맞추어 쓰는 것	( )
31.	사회과목의 책을 읽는 것	( )	미술시간에 그림을 그리는 것	( )
32.	수학문제를 푸는 것	( )	체육시간에 운동을 하는 것	( )

33. 학교숙제를 하는 것	( )	국어책을 읽는 것	( )
34. 음악시간에 노래를 부르는 것	( )	과학에 관한 책을 읽는 것	( )
35. 철자법에 맞추어 쓰는 것	( )	수학문제를 푸는 것	( )
36. 학교숙제를 하는 것	( )	사회과목의 책을 읽는 것	( )

〈ESCS에 관한 설명〉

- 개발자 : Robert L. Willianm와 Edward A. Workman
- 목적 : 아동의 학습영역에서의 자신감 정도 측정
- 서술 : 아동의 학교생활에서 국어, 수학, 사회, 과학, 음악, 미술, 체육, 숙제 등의 학습영역에서 자신감의 정도를 알아보기 위한 척도이다.
- 점수계산 : 36개 질문에서 보다 잘한다를 (V)하고, 체크한 부분에 1점씩을 주어 체크된 각 영역의 총점을 비교해 보면 특정 영역이 다른 영역보다 자신감이 높다는 것을 나타낸다.

6. 통합사정모형(Integrated Assessment Protocol)

Ⅰ. 인적사항

• 이름 : ________________ • 성별 : ________________ • 나 이 : ____________________
• 주소 : ____ • 연락처 : ____________________
• 직업 : ________________ • 가족관계 : ____________

Ⅱ. 문제의 성격

1. 해결해야 할 문제의 종류나 성격을 규명
2. 문제의 구체화
   1) 역사 - 언제 처음으로 그 문제가 발생되었는가? 오래된 것인가 또는 최근에 발생된 문제인가?
   2) 지속기간 - 얼마나 오랫동안 문제가 지속되는가?
   3) 빈도 - 얼마나 자주 그 문제가 발생되나?
   4) 강도 - 문제의 심각성은 어느 정도인가?
   5) 선행조건 - 문제발생 이전에 어떤 일이 일어났는가?
   6) 결과 - 문제발생 후 무슨 일이 일어났는가?
   7) 원조요청의 이유 - 어떤 이유로 원조를 요청하는가?
   8) 과거의 노력 - 과거에 문제해결을 위한 ct의 동기의 정도는?
   9) 동기의 수준 - 문제해결을 위한 ct의 동기의 정도는?
   10) 지원 - ct가 동원할 수 있는 자원은 무엇인가?
3. 문제의 우선순위 결정

Ⅲ. 클라이언트

1. 정신내적(intrapersonal)
   1) 인지적 기능 - ct가 문제를 인식하는 방법, 문제해결의 능력여부, 합리적 사고를 하는가를 점검
   2) 정서적 기능 - ct의 정서상태를 기술하고 적절하거나 부적절한 정서표현의 증거가 있는가?
   3) 행동적 기능 - 행동상 장애와 적절한 행동양상을 보이는가?
   4) 신체적 기능 - 병원에 간 적이 있는가? 약물 또는 마약을 복용하는가?
   5) 정신상태 - 옷차림, 외모, 환청, 사고, 기억력, 주의결핍, 논리 등을 판단
   6) 동기수준 - 문제해결을 진정 원하는가? 동기부여의 원인파악
   7) 역할수행 - 주어진 역할에 대한 관념과 역할수행의 적절성 여부
   8) 발달적 요인 - 출생 때부터 성장단계별로 중요한 사항 또는 문제
2. 대인관계(interpersonal) - 가족관계
   1) 가족이 보는 ct의 문제에 관한 시각은?
   2) 결혼관계의 여부, 부부관계의 친밀도, 갈등문제의 여부
   3) 가족구성원 간의 상호작용의 형태
   4) 가족의 구조, 권력, 경계, 의사소통의 유형

3. 대인관계(interpersonal) - 학교나 직장
   1) 직장에서 동료와 상사와의 관계, 업무의 스트레스 정도, 직업만족의 정도
   2) 학교에서 적응상태(교우관계, 성적, 선생님과의 관계 등)
4. 대인관계 - 친구와 기타 사회적 관계에서 적응과 만족도

Ⅳ. 사회적 지원망과 환경

1. 기관의 프로그램이 ct의 문제해결에 도움을 주는가 아니면 의뢰를 할 것인가의 여부 판단
2. ct의 환경적 자원의 정도, 개발이 필요한 지원체계는 무엇인가, 욕구충족을 위한 자원 파악

Ⅴ. 측정(QAI를 이용)

1. 개인의 사회적 기능 측정
2. 가족의 기능
3. 부부관계의 기능성

[부록 3] [프로그램사업] 배분신청서 표준 양식

미기입⇒

접 수	
연 번	

2016년도 배분신청서(프로그램사업 신청용)

구분	항목	내용	항목	내용
신청 기관 정보	기관명		대표자	
	고유번호 (사업자등록번호)		전화번호	
			FAX번호	
	홈페이지		설립년월일	년 월 일
	E-mail			
	주 소	□□□-□□□		
	기관특성	____① 지역복지시설 ____② 노인복지시설 ____③ 아동/청소년시설 ____④ 장애인시설 ____⑤ 여성/가족시설 ____⑥ 기타		
운영법인 또는 단체정보	법인(단체)명		대표자	
	고유번호 (사업자등록번호)		전화번호	
			FAX번호	
	홈페이지		설립년월일	년 월 일
	E-mail			
	주 소	□□□-□□□		
	운영주체 성격	____① 사회복지법인 ____② 사단법인 ____③ 종교법인 ____④ 학교법인 ____⑤ 재단법인 ____⑥ 국가지방자치단체 ____⑦ 임의단체 ____⑧ 개인(신고) ____⑨ 기타(법인) ____⑩ 기타(단체) ____⑪ 기타(개인)		
사업 기본 정보	사업구분	____① 신청사업 ____② 기획사업 ____③ 지정기탁사업 ____④ 긴급지원사업		
	신청구분	____① 1차년(신규)사업 ____② 2차년 사업 ____③ 3차년 사업		
	사업명			
	사업기간	서비스 지역:	실인원수:	서비스 단가: 원
	사업대상	____① 아동/청소년 ____② 장애인 ____③ 노인 ____④ 여성/다문화 ____⑤ 지역사회 ____⑥ 해외지원		
	서비스내용	____① 교육/훈련 ____② 기초생활/생계/주거 ____③ 보호/양육/안전 ____④ 심리/정서/상담 ____⑤ 여가/문화/예술 ____⑥ 의료/건강 ____⑦ 인식개선 ____⑧ 편의/차별 ____⑨ 지역사회역량 ____⑩ 취업/자활 ____⑪ 학대/폭력 ____⑫ 자원봉사 ____⑬ 환경개선		
	예 산	총사업비	신청금액	
	담당자명	직 위	직통전화 / 핸드폰	FAX
	담당자경력	년 개월	E-mail	

위와 같이 2016년도 사업을 신청합니다.

2015년 월 일

기관대표자 : (인)

사회복지공동모금회장 귀하

사업개요

※ 필히 1Page로 작성

<table>
<tr><td>기관명
(신청기관명)</td><td colspan="6"></td></tr>
<tr><td>사업명</td><td colspan="6"></td></tr>
<tr><td>사업기간</td><td colspan="4"></td><td>서비스
지역</td><td></td></tr>
<tr><td>서비스대상</td><td colspan="4"></td><td>실인원수</td><td></td></tr>
<tr><td>서비스 단가</td><td colspan="4">원 (산출식 = 총사업비 ÷ 실인원)</td><td>투입인력</td><td>명</td></tr>
<tr><td>사업목적</td><td colspan="6"></td></tr>
<tr><td>성과목표</td><td colspan="6">①
②
③</td></tr>
<tr><td rowspan="4">주요 사업
내용 요약
(프로그램명 및
주요 시행내용)

※성과목표별
주요 프로그램
1개씩 기재</td><td>세부
프로그램명</td><td colspan="5">주요 내용</td></tr>
<tr><td></td><td colspan="5"></td></tr>
<tr><td></td><td colspan="5"></td></tr>
<tr><td></td><td colspan="5"></td></tr>
<tr><td>예 산</td><td>총사업비</td><td>원</td><td>신청금액</td><td colspan="3">원</td></tr>
<tr><td>신청금액의
세부내역</td><td>인건비</td><td>원
%</td><td>사업비</td><td>원
%</td><td>관리
운영비</td><td>원
%</td></tr>
</table>

Ⅰ. 기관현황

1. 신청기관

1) 설립목적 및 주요 연혁

2) 조직 및 직원체계

3) 주요 사업 내용

① 주요 사업 내용

② 지역사회 조직 활동 내역

4) 연간예산

<table>
<tr><th colspan="3">세 입</th><th colspan="3">세 출</th></tr>
<tr><th rowspan="2" colspan="2">구 분</th><th colspan="2">내 역</th><th rowspan="2">구 분</th><th colspan="2">내 역</th></tr>
<tr><th>2014년(결산)</th><th>2015년(예산)</th><th>2014년(결산)</th><th>2015년(예산)</th></tr>
<tr><td colspan="2">합 계</td><td></td><td></td><td>합 계</td><td></td><td></td></tr>
<tr><td colspan="2">사업수입</td><td></td><td></td><td>사무비</td><td></td><td></td></tr>
<tr><td colspan="2">이용자
부담금수입</td><td></td><td></td><td>재산조성비</td><td></td><td></td></tr>
<tr><td rowspan="3">보조금
수입</td><td>국고보조금</td><td></td><td></td><td rowspan="3">사업비</td><td rowspan="3"></td><td rowspan="3"></td></tr>
<tr><td>법인보조금</td><td></td><td></td></tr>
<tr><td>기타후원금</td><td></td><td></td></tr>
<tr><td colspan="2">차입금</td><td></td><td></td><td>상환금</td><td></td><td></td></tr>
<tr><td colspan="2">기타수입</td><td></td><td></td><td>기타지출</td><td></td><td></td></tr>
</table>

5) 외부 지원금 현황(최근 3년간, 현재까지)

연 도	수행기간 (월-월)	사업명	지원금액	지원주체 (정부/민간)	평가결과
2015					
2014					
2013					

6) 신청 사업과 유사/동일 사업 수행경험(최근 3년간)

연 도	수행기간 (월-월)	사업명	지원금액	지원주체 (정부/민간)	평가결과
2015					
2014					
2013					

※ 모금회 배분사업의 평가결과는 기입하지 않음

7) 이사회/운영위원회 명단

순 번	성 명	소속기관 · 단체/직위	비 고
1			
2			

8) 신청기관 약도

2. **운영법인**(※신청기관과 운영법인이 동일한 경우 작성하지 않음)

1) 설립목적 및 주요 연혁

2) 조직 및 직원체계

3) 주요 사업 내용

4) 이사회/운영위원회 명단

순 번	성 명	소속기관 · 단체/직위	비 고
1			
2			

Ⅱ. 사업계획

1. 사업명 :

2. 사업의 필요성
   1) 대상자 욕구 및 문제점
   2) 지역 환경적 특성
   3) 경험적 근거
   4) 본 사업과 관련된 지역 복지자원 현황

3. 서비스 지역, 서비스 대상 및 실인원수
   1) 서비스 지역 :
   2) 서비스 대상 :
   3) 서비스 대상 선정기준 및 방법(과정) :
   4) 실인원수

대상구분	서비스대상자 산출근거	단위수(명)
① 일반대상		
② 위기대상		
③ 표적대상		
④ 실인원수		

4. 사업 목적 및 목표

목 적	산출목표	성과목표

5. 사업내용

1) 세부 사업내용

성과목표	프로그램명	활 동 (수행방법)	시행 시기	수행 인력	참여 인원	시행 횟수 시간

2) 목표에 대한 평가방법

성과목표	목표에 대한 평가방법			
	성과지표	자료원	자료수집방법	자료수집시기

3) 담당인력 구성

이 름 (역할)	담당부서/직위	투입시간 (단위 : 1주일)	경력(년)/주요 업무	자격증 (신청사업 관련)

4) 사업 진행 일정

기 간 / 내 용	월	월	월	월	월	월	월	월	월	월	월	월

5) 홍보 계획

대 상	홍보방법 및 횟수	활용매체	비 고
지역사회주민			
타 복지기관			
지방자치단체			

※ 사업 관련 홍보 및 제작에 관련하여 사회복지공동모금회의 배분사업임을 반드시 명시하여야 함[사회복지공동모금회법 제20조의3[2], 제35조[3]].

6) 지역자원 활용 계획

자원명	활용계획	비 고

2) 제20조의3(배분자의 표시) 모금회는 공동모금재원을 배분하는 경우 모금회가 배분하는 것임을 표시하여야 한다.
3) 제35조(벌칙) ③ 다음 각 호의 어느 하나에 해당하는 자는 1년 이하의 징역 또는 1천만 원 이하의 벌금에 처한다.
4. 제20조의3을 위반하여 모금회가 배분하는 것임을 표시하지 아니하고 공동모금재원을 배분한 자

6. 예산계획

(단위 : 원)

관	사업비							
항	공동모금회 “○○○○○○○” 사업비							
목	세 목	계	산출근거	예산조달 계획				
				신청금액	비 율 (%)	자부담	비 율 (%)	자부담 재원
총 계								
인건비								
	소 계							
사업비								
	소 계							
관리 운영비								
	소 계							

※ 사업에 직접 투입되는 비용만 예산계획에 기입

7. 향후 운영계획

찾아보기

〈인명〉

Barker 17
Bebbington 185
Berman 257
Brager 51
Burrows 121
Carey 274
Chun 261
Cohen 49
Cook 290
Corbin 369
Creswell 368
Cronbach 356
Cronbjerg 194
Deming 251, 256
DiNitto 32
Donabedian 307
Drake 360
Edvardsson 248
Epstein 334
Etzioni 48
Finnegan 180
Fischer 285
Gamble 24
Gates 307
Gilbert 45, 69
Goldberg 47, 48
Guba 357
Gustavsson 248
Harkness 250
Hensley 250
Hornick 121
Ingram 261
Kahn 30, 32, 51
Kamerman 30, 32, 51
Kazi 382
Kotler 209
Lebow 261
Leviton 290
Lewin 105
Lincoln 357
Lindbloom 48
Maslow 112
Meenaghan 109
Neuhring 387
Pascone 387
Patti 17, 53, 205
Patton 274, 281, 358, 365, 367
Poertner 17, 57
Posavac 274
Rapp 17, 57
Reid 334
Royse 18, 121
Rutman 274
Sanders 263
Shadish 290
Smith 303
Specht 45, 51, 69
Strauss 369
Taber 180
Thomas 55, 82
Weil 24
Weingbach 18
Wilson 382
York 303

〈내용〉

가격 212
가격부여방법 349
가계도 171
가설적 질문 348
가정봉사원파견사업소 351
가정폭력쉽터 프로그램 149
가족계획 프로그램 31
가족복지기관 프로그램 148
가족해체 91
가출 청소년 선도 프로그램 31
가치 29
간접적 실천 170, 172
간접적 실천기법 40

강도 379
개발단계 56
개방코딩 369
개방형 질문 138
개시 52
개입 378
개입전략 167, 174
개입조사 55
개입효과성 383
거시적 실천 24, 170
검증된 실천방법 30
결정주의(determinism) 276
경험주의(empiricism) 276
계량경제적 추계 348
계열성 178
계획 79
계획가 70
계획적 의사결정 287
고유의 정체성 29
과도한 효과성 기대 283
과업 46
과업성취척도 334
과업수행팀 205
과정 및 효과평가 62
과정기록 222
과정목표 152
과정지표 308
과정평가 234, 288, 294, 358, 377
과정향상팀 255
과정흐름도표 255
과제중심모델 30
과학적 합리성 71
과학적 회의주의 276
관료 46
관리자 70
관리정보 시스템 61
광의의 프로그램 개발 37
교육 25
교육자 70
구조적 의사결정 287
구조지표 308
권력-강제적 변화전략 168
규범적 67
규범적 욕구 115
규범-재교육적 변화전략 168
균형시장가격 351
그랜트 193
그림자 가격 349
그림자 클라이언트 252
근거이론 369, 371
근거이론연구 355
기관목적 147
기관목표 153
기능수준척도 319
기록관리 222
기술 20
기술노트 365
기술방법론적 46
기술방법론적 측면 66
기초선 379
기회 169
기회비용 344
기회차단 95
기획 45, 51, 68
기획개념 79
기획예산 191
기획특성 79

나선형 자료분석 368
내부평가 298
내재적 준거 289
노동문제 91
노력성 299
노숙자보호 프로그램 36
노인의료보험 387
논리모형 286, 292
눈덩이 표집 361
능력 169

다양성 179
다중체계치료 340
단기보호사업소 351
단순 프로그램 35
단위 프로그램 34
단일사례실험방법 377
단일사례조사설계 377

단일집단 사전-사후검사설계 324
단일집단 사후검사설계 323
단일체계조사방법 377
대상자 선정 179
대중 211
대표성 135
델파이 조사방법 137
독립변인 378
동기 169
동료보고회 372
디자인 개발모형 55, 65
디자인 단계 56

마케팅의 구성요소 211
마케팅의 방법 213
만족도 조사 262
만족도의 차원 262
매몰비용 338
메타평가 296
면접지침접근법 366
명목집단기법 39
명분마케팅 216
모니터링 233, 387
목적 18, 19, 58
목적·목표설정 62
목표 19, 58
목표달성 18
목표달성 평가모형 286, 290
목표달성척도 332
목표달성추적표 332
목표설정기준 155
목표수립 60
목표유형 152
목표진술방법 156
문서 363, 367
문제분석 60
문제분석의 틀 57
문제중심기록 222
문제지도 102
문제지도작성 101
문제해결치료모델 381
문지기 362, 364
문화기술 363
문화기술지 355, 371
물적 자원 20, 28
미시적 실천 24, 170
민간재원 194
민감도 분석 343

바이어스 238
반영노트 365
반전설계 383
발생 96, 97
방과후 아동보호 프로그램 35
범죄문제 91
범주 370
법적 책무성 237
보호 25
부정적 사례분석 373
분석단계 56
분석의 단위 360
분석적 46
분석적 접근방법 251
불패 신화 261
브레인스토밍 39, 197
비공식대화면접 365
비교적 욕구 117
비동질집단 사후검사설계 326
비용 340
비용계산 342
비용과 편익의 측정 347
비용지불의사방식 350
비용편익분석 339, 344, 351
비용효과분석 339, 340
비용효과분석절차 341
비용-효과의 비율계산 343
비통제성 248
빈곤모자가정 사회재활 프로그램 32
빈곤문제 91
빈도 379

사례관리 30, 172
사례분석 368
사례연구 355, 371
사명 17
사명헌장 18

사실주의(realism) 276
사업계획서 195
사회마케팅 208
사회문제 88
사회문제규정 88
사회문제분석 57, 88, 91
사회문제분석의 틀 91, 93
사회복지 원조이론 57
사회복지사 70
사회복지서비스 21
사회복지실천방법 170
사회복지실천이론과 기법 20
사회복지정책 32
사회복지조사방법 41
사회적 욕구 112
사회정치적 46
사회정치적 측면 66
사회해체문제 89
산술적 계산 314
산출 311
산출평가 288
상담 25
상대적 욕구 117
상위목표 152
상호작용적 과업 46
상황평가 288
새로운 프로그램 창출 83
생리적 욕구 112
생업자금융자사업 326
생태도 171
서베이 127
서비스 25
서비스 구입 308
서비스 만족도 259
서비스 목표 154
서비스 변이 254
서비스 수요 116
서비스 전달 책무성 236
서비스 전달구조 145
서비스 접근성 32
서비스 정보 230
서비스 제공 활동 21, 247
서비스 제공자 137, 282
서비스 질 247
서비스 프로젝트 27
서비스의 질 249, 301
서술적 모형 286
선택코딩 369
설계 80
설계관리 59
설계관리모형 65
설계단계 53
설립목적 18
설립이념 17, 146
설명일반화 모형 291
설명적 이론 66
성과 28, 249, 311, 378
성과 모니터링 235
성과목표 152, 155
성과주의 예산 190
성과지표 309, 311, 341
성과지표의 구체화 312
성과측정 234
성과측정방법 313
성과평가 357
성차별문제 91
세계은행 337
소비자 관여 248
소비자 만족도 260
소비자와의 상호작용 248
소속욕구 112
솔로몬 4집단 설계 330
수직적 표적효율성 186
수평적 표적효율성 186
수행인력 21
수행인력구성 187
수행적 의사결정 287
순환적 모형 74
시각적 분석 384
시장가치측정 347
신뢰도 264
실용적 분석 384
실용주의(pragmatism) 276
실증적 개입 29
실증주의(positivism) 276
실천 24

실천기법 21
실천기법과 기술 40
실천모델 21
실천조사자 377
실행 53, 62, 68
실행 모니터링 235
실행단계 54
심층면접 363, 365
쓰레기통 모형 49

아동복지 프로그램 22
아동학대방지사업 387
아이디어 개발 62
안내 32
안전욕구 112
안정적 재원 28
안정화 54
양육 및 보육 프로그램 31
양적 평가 295
역장분석 101, 105
연속 프로그램 34
연속성 178
영기준예산 191
영향 301
영향목표 154
영향평가 339
예비조사 131
예산수립 61, 187
옹호자 46, 70
외부감사 373
외부평가 298
외재적 준 289
요구 109
욕구 99, 109
욕구사정 60
욕구조사 384
욕구조사방법 142
욕구조사의 필요성 120
욕구조사절차 122
욕구파악 99
우수 프로그램 28
위험집단 181
유통 213
윤리 29
응용사회조사 41
의도적 표집 361
의뢰 25
의뢰 프로그램 32
의사결정 39
의사결정계통분석 200
의사결정과정 45
이론 67
이론적 근거 29
이론적 표본 362
이벤트 217
이자율 349
이해관계자 모형 291
인간의 존엄성 29
인간자원 접근방법 252
인간주제심의위원회 362
인과관계 329
인과관계도 255
인력 및 예산감축 284
인적 자원 20, 28
인적자본방식 350
인증 308
인지부조화 262
인지적 욕구 116
인테이크 25
일반사회복지실천 61
일반집단 180
일탈사례표집 361
일화주의 277
일회검사 사례연구 323
임상적 프로그램 33
입양 및 위탁가정보호 프로그램 31

자기결정권 29
자기존중욕구 113
자료다원화 372
자본모금 217
자산확인 62
자살방지 프로그램 379
자아실현욕구 113
자원 20
자원할당 정보 230

자활 프로그램 23
자활지원정책 23
재순환적 의사결정 287
재원 20
재원개발을 위한 마케팅 215
재원공급자 282
재원의 안정적 공급 28
재정원천 192
재정적 책무성 236
재활 25
재활 프로그램 34
저항력 106
저항중화(neutralize) 62
적용대상 책무성 236
적합성 평가 296
적합한 인력배치 28
전기 371
전기연구 355
전략선택 60
전문기술자 46
전문직의 가치훼손 284
전문평가자 281
전실험설계 323
전형적 사례표집 361
점증모형 48
점증주의 40
정보관리 226
정보관리체계 227
정보제공 25
정부로부터 비용의 상환 193
정부보조금 193
정부와의 계약 193
정책 22
정책 및 의사결정 42
정책개발모델 40
정책적 선택 348
정체성 29
정치사회성 71
제4세대 평가모형 290
제도적 프로그램 33
제품 212
조력자 70
조사대상자 반응성 378
조사방법 263
조사시점 263
조사자 70
조사표 127
조작주의(operationalism) 276
조장자 70
조직가 70
조직관리성 71
조직적 접근방법 250
종속변인 378
종합 프로그램 35
주간보호사업소 351
주요정보제공자 364
주요정보제공자 조사 137
준거 틀 255
중단성시계열조사방법 377
중재자 70
지도작성팀 251
지속기간 379
지속적 개입설계 381
지속적 참여와 관찰 372
지식개발 55
지식기반 279
지식활용 55
지역사회 공청회 134
지역사회정보 230
지역사회활동 22
지역성 177
지역주민 127
지원 프로젝트 27
지지규합 62
직원 정보 230
진실순간 252
질 관리 평가 387
질적 수준 28
질적 평가 295, 355
집단적 협력 39

참여관찰 356, 363, 364
참여자 확인 373
창조적 예술활동 39
채택단계 56
책무 285

책무성 38, 236, 279
처방적 모형 286
철학 29
철회설계 383
청사진작성법 251
청소년 비행문제 385
청소년 성장집단 프로그램 31
초점집단 21, 366
초점집단기법 129
초점집단면접 356
촉진 213
총괄평가 42, 291, 294, 386
총체적 품질관리 247, 253, 254, 266
최대변량표집 361
최일선 분석 121
추진력 106, 109
축코딩 369
측면 46
치료 25
치료 프로그램 34
치료자 70

커버리지 238
커버리지 저해요인 241
커버리지 효율성 240
컨설턴트 281, 298
컴퓨터 통신 216
코드 368
크리밍 179
클라이언트 만족도 249
클라이언트 문제 98
클라이언트 보호 284
클라이언트 정보 230
클라이언트 집단 182

타당도 127, 264
타당도 저해요인 381
타당성 조사 82, 121
탈북이주자 프로그램 36
토의지침서 131
토큰경제 프로그램 385
통계적 분석 384
통제집단 사전-사후검사설계 329
통합성 178
통합적 모형 74
퇴원계획 388
투입 310
투입요소 312
투입평가 288
특별행사 217

파레토 도표 255
판단평가모형 289
편견 364
편승효과 138
편의표집 362
평가 69
평가노력 30
평가단계 56
평가에 대한 부정적 태도 277
평가조사 303
폐쇄형 질문지 139
포괄성 177
포럼 134
포화 368, 370
표본 틀 130
표적집단 33, 127, 179, 181
표적체계 24, 172
표적효율성 185
표준모델 156
표준화된 개방적 면접 366
표준화된 측정도구 317
표집방법 360
표현적 욕구 116
풀 레코딩 133
품목별 예산 190
품질서클 255
프로그램 가설 165, 166
프로그램 감사 237
프로그램 개발 37
프로그램 관리자 282
프로그램 기획 79
프로그램 내용선정 176
프로그램 내용조직원리 177
프로그램 마케팅 213
프로그램 모니터링 233

프로그램 목적 145, 148
프로그램 설계 60
프로그램 성격 30
프로그램 실행 205
프로그램 실행계획 206
프로그램 예산 21
프로그램 예산수립 187
프로그램 예산편성 195
프로그램 적용대상자 238
프로그램 종결 284
프로그램 평가 61, 273, 293, 297
프로그램 평가검토기법 39, 242
프로그램 평가유형 293
프로젝트 27
프로포절 28

하위목표 152, 332
학교사회사업가 382
학습조직 33
할인율 344, 349
합리모형 47
합리적 의사결정 278
합리주의 40
합리-경험적 변화전략 168
합목적성 176
해결가능성 모형 290
행동가 70
행렬조직 205
행정활동 21
허무주의 276
혁신 38
현상학 371
현상학적 연구 355
현실성 177
현장관찰 363
현장노트 363
협의의 사회복지 프로그램 개발 37
형성평가 42, 294, 358, 385
혼합관조모형 48
혼합방법 360
화폐가치 339
화폐가치측정 347
확대방안 241
확산 96, 97
확산단계 56
환경 속의 인간 170
환류적 정보 377
활동 21, 310
활동목표 153
활용중심평가 281
황혼법 95
효과성 30, 42, 300
효과성 평가 294
효율성 42, 300
효율성 평가 294, 337
후광효과 138
희생양 171

2차 자료분석 135
5P 마케팅 믹스 211
5W1H 체크리스트 작성 206
A-B설계 380
A-B-A설계 380
A-B-A-B설계 380, 383
A-B-C설계 381
B-A설계 380
B-A-B설계 385
CIPP 평가모형 287
DM 215
DRG(Diagnosis Related Groups) 387
Head Start Program 22
IMAGINE 모형 61, 65, 66
Kamerman의 모형 63
master plan 48
mini plan 48
MMPI 318
NGO 27
PDCA 관리 사이클 266
PIE 모델 273
PREPARE 모형 61
Rapp과 Poertner의 설계모형 65
reengineering 33
SMART 156
TANF 22
TQM 251, 254, 256

저/자/약/력

■ **황 성 철**(黃聖喆)

〈학력 및 경력〉

St. Louis University 사회복지대학원 석사
University of Illinois at Urbana-Champaign 사회복지대학원 박사
한국보건사회연구원 책임연구원
보건복지부 사회복지관평가위원회 위원장
한국사회복지학회 조사평가 및 특별사업 분과위원장
부산공동모금회 기획홍보분과위원회 위원장
한국사회복지행정학회 회장
현재 신라대학교 사회복지학과 교수
　　신라대학교 인문사회과학대학 학장
　　신라대학교 운영 사직종합사회복지관 관장

〈논문 및 저서〉

Social Workers' Assessment of Client Strengths. Ph. D. Dissertation, University of Illinois at Urbana-Champaign. 1990.
사회복지관 운영평가 및 모형개발. 한국보건사회연구원. 1994.
비교지역사회복지. 한국사회복지관협회. 1997.
현대집단사회사업. 학문사. 1998.
사회문제와 사회복지. 양서원. 2000.
한국의 아동복지법. 소화. 2002.
사회복지행정론. 현학사. 2003.
한국의 사회복지행정. 현학사. 2003.
재가노인복지 정책과 실천. 현학사. 2003. (대한민국 학술원 우수학술도서 선정)
사회복지시설 고객만족도 지표개발. 부산복지개발원. 2007.
그 외 논문 다수

사회복지프로그램 개발과 평가

|저자| 황성철

|1판 1쇄| 발행 2005년 11월 30일
|1판 5쇄| 발행 2008년 3월 10일
|1판 10쇄| 발행 2011년 1월 31일
|1판 15쇄| 발행 2014년 7월 25일
|1판 20쇄| 발행 2021년 2월 5일
|1판 21쇄| 발행 2022년 1월 25일
|1판 22쇄| 발행 2023년 8월 10일

|발행인| 김동훈
|발행처| 공동체

|주소| 경기도 고양시 일산동구 호수로 358-39, 동문타워Ⅰ 905호(백석동)
|전화| 031)814-3000(대표)
|팩스| 031)814-3100
|홈페이지| http://www.compub.co.kr
|전자우편| compub@naver.com
|출판등록| 2005년 10월 6일
|등록번호| 제396-2005-36호

|ISBN| 978-89-91903-01-0
정가 18,000원